Franz Schönhuber

IN ACHT UND BANN

Politische Inquisition in Deutschland

VGB-Verlagsgesellschaft Berg
82335 Berg am Starnberger See

Bilder und Dokumente aus dem
Besitz des Verfassers

Internationale Standard-Buchnummer
ISBN 3 86118 048 0

2. Auflage 1996
1. Auflage 1995
© by VGB-Verlagsgesellschaft Berg mbH
Postfach – 82328 Berg

Satz: VGB-Satz

»Es ist ein hartes Wort, und dennoch sag' ichs, weil es Wahrheit ist: ich kann kein Volk mir denken, das zerrißner wäre, wie die Deutschen. Handwerker siehst Du, aber keine Menschen. Denker, aber keine Menschen, Priester, aber keine Menschen. Herren und Knechte, Jungen und gesetzte Leute, aber keine Menschen – ist das nicht wie ein Schlachtfeld, wo Hände und Arme und alle Glieder zerstückelt untereinander liegen, indessen das vergoßne Lebens im Sande zerrinnt.«

Hyperion an Bellarmin, Hölderlin

Statt eines Vorworts – ein Machtwort!

ALLGEMEINE
JÜDISCHE WOCHENZEITUNG · 23./30. Dezember 1993

Schirinowski, Mussolini, Schönhuber: Droht unserem Kontinent schon bald ein neuer Faschismus?

Von Jürgen Elsässer

Vor allem wirkte die Vereinigung als massenpsychologisches Sesam-öffne-Dich für den Faschismus: Da man im In- und Ausland die deutsche Teilung immer als Strafe für den Nazismus verstanden hatte – was nicht der historischen Wahrheit, dafür umso mehr unbewußten Wünschen und Ängsten entsprach –, begriff man die Aufhebung der Teilung als das Umgekehrte, eine Art Rechtfertigung. In Gesellschaften ohne Moral und Gedächtnis mußte die Tatsache, daß Deutschland den zweiten Weltkrieg schließlich doch noch gewonnen hatte, wie ein Argument für den Faschismus wirken. Kein Wunder, daß Schönhubers Bekenntnis zur Waffen-SS: „Ich war dabei" zum Motor seiner Wahlerfolge wurde.

Noch redet Schönhuber nicht wie Schirinowski, aber er ist genauso populär. Eine schnell vergessene BILD-Umfrage vom September 1992 hat ergeben, daß ihn knapp 40 Prozent gerne als Kohl-Nachfolger sähen.

Wenn sich dieser Sympathie-Bonus bisher nicht in vergleichbare Wählerzustimmung niederschlägt, so liegt das daran, daß das Wahlvolk zwar die rechtsradikalen *Führer* liebt, deren Fußvolk und Parteien jedoch für einen Haufen von Politclowns und Postenjägern hält.

Inhalt

8

Erstes Kapitel
Vorspiel

Der Höhepunkt, 1989

»Heißt der Nachfolger von Franz Josef Strauß vielleicht weder Streibl noch Waigel sondern Schönhuber…Und gibt es mit Schönhuber den bisher gefährlichsten, rechtspopulistischen und rechtsradikalen Führer, der in der Geschichte der Bundesrepublik aufgetaucht ist?«
Peter Glotz, »Die deutsche Rechte«.

Der Niedergang, 1994

Bonn, 16. Juni. Drei Stunden vor der Europawahl. Mit Freunden sitze ich in unserer Bonner REP-Zentrale. Das Kribbeln in der Magengrube nimmt zu. Es ist immer das Gleiche, ja, auch nach einem guten Dutzend vorangegangener Wahlen. Es ist das Gefühl, das der Schauspieler an einem Premierenabend kurz vor Aufgang des Vorhanges kennt, der Boxer, bevor er in den Ring steigt.

Die Stunden verrinnen langsam. Die Wahllokale sind dieses Mal europaweit bis 21 Uhr offen. Unsere Witze klingen gequält, das Lachen hohl. Und immer wieder ein Blick auf die Fernsehschirme. Mein Freund Klaus sagt: »Machen wir noch schnell einen Wahltoto«. Was tun? Gute Miene zu dem sich abzeichnenden bösen Spiel machen? Ich kenne die Umfragen, sage trotzdem 5,2 Prozent, schiebe aber in einem unbemerkten Moment meiner Assistentin einen Zettel zu. Darauf steht 3,8%!

Der Personenschutz meldet sich. Es ist 20.30 Uhr, Zeit zur Abfahrt. Unsere Wahlparty findet außerhalb Bonns in einem Lokal am Rheinufer in der Nähe der Brücke von Remagen statt. Trübe historische Reminiszenzen. Denke an meinen »Freud' schen Versprecher«: »Über diese nur halbzerstörte Brücke gelang den Etablierten der Durchbruch in das Herz des Reiches.« Wir lachen. Galgenhumor kommt hoch. Rein geographisch befinden wir uns auf der Siegerseite, der der Alliierten. Wo werden wir nach der Wahl sein? Wir fahren bewußt langsam. Ich will die Prognose noch im Auto hören, will entsprechend vorbereitet sein.

21 Uhr: Die Prognose. Erst kommen CDU, SPD, FDP und dann mischt sich in die Stimme des Sprechers unüberhörbarer Hohn: »Franz Schönhuber kann in Straßburg schon mal die Koffer packen. Die ›Reps‹ liegen bei 3,4 Prozent.« Später sollten es 3,9 Prozent werden.

Plötzlich bin ich ganz ruhig. Aus! Ich weiß, dies ist das Ende meiner parteipolitischen Karriere. Die schmerzhaften Reaktionen kommen erst später, als ich allein bin. Ich finde keinen Schlaf. Die Gedanken schießen wie elektrische Funken quer durch mein Hirn, durchzucken Vergangenheit und Gegenwart, erhellen blitzartig eine Zukunft, die keine sein wird.

Fest steht: Der Vorhang ist gefallen, ein Abgang ohne Applaus. Verrauscht sind die Beifallsstürme von früher. Jetzt bloß keine Selbsttäuschung: Ich hab' doch alles getan und so! Vergiß' es! Gut gemeint ist das Gegenteil von gut. Nur der Erfolg zählt. Der Sieg hat viele Väter, die Niederlage nur einen. Bloß jetzt kein Selbstmitleid. Spiel' nicht den verkannten Helden und nicht den bedauernswerten Märtyrer. Hör' aber auf, den hartgesottenen Mann, den John Wayne zu mimen. Gib' Deine Verletzbarkeit zu. »Der

Narben lacht, wer Wunden nie gefühlt«, wußte schon Shakespeare.

»Wir spielen alle, wer es weiß, ist klug«, schrieb einst der jüdische Arzt und Dramatiker Arthur Schnitzler aus Wien. Na denn! Auf der Bühne des bundesdeutschen Polit-Theaters lief 11 Jahre lang das Stück »Die Republikaner«. Mit wechselndem Erfolg. Es war eine Mischung aus Don Quichotterie, Burleske und Trauerspiel. Die Motive waren edel und patriotisch, die Besetzung schwach, die Darstellung teilweise miserabel. Übernimm' aber dafür gefälligst die Verantwortung. Es war ja mehr oder minder häufig genug ein Einpersonenstück mit wechselnden Komparsen oder bloßen Stichwortgebern. Bitter, aber wahr. Hätte man das nicht anders machen können? Zu spät!

Schmerzhafte Erinnerungen an große Tage: Parteitag am 17. Juni 1988 auf Schloß Hambach, Symbol des Kampfes um die Freiheit des Geistes gegen Fürstenwillkür. Mantel der Geschichte? Freudetrunkene nächtliche Schifffahrt auf der Havel nach unserem sensationellen Erfolg bei den Wahlen zum Berliner Abgeordnetenhaus im Januar 1989. Einzug in das Europäische Parlament im Juni 1989; 10,9% bei den Landtagswahlen in Baden-Württemberg im April 1992. Triumphzug von Wahl zu Wahl, von Kamera zu Kamera. Vorbei! Vergangenheit, die nicht mehr zurückkehrt; Hoffnungen, die wie Seifenblasen platzten.

Mein Blick gleitet am Bücherregal entlang: Solschenizyn, Tolstoi, Tschechow, Bunin (Kommentar eines französischen Freundes: Deine verdammte Russelei!).

Ganz außen, noch dazu rechtsaußen: »Ich war dabei«. So hat' s angefangen. Ja, wie eigentlich? Wie es in einem Landsknecht-Lied heißt: »Das Leben ist ein Würfelspiel, wir würfeln alle Tage«.

Zweites Kapitel
Handschlag im »Bayerischen Hof«

An einem Spätabend 1980 fielen die Würfel im Münchner Nobel-Hotel »Bayerischer Hof«. Zum »Spiel« gebeten hatte die damalige PR-Dame des Hotels. Ihr berufliches Interesse galt mir, dem Stellvertretenden Chefredakteur des Bayerischen Fernsehens, eine flirtive Prise beigemischt. Sie bat eine kleine Runde zum »Törggelen«, der südtiroler Art, den Genuß des jungen Weins mit gerösteten Kastanien und südtiroler Speck zu begleiten. Dabei waren meine Frau, ein junger Arzt, der später durch Herztransplantationen weltberühmt werden sollte, Prof. Reichart, eine Journalistin und ein Verleger, Dr. Herbert Fleißner. Beflügelt von ein paar Gläsern jungen Weins entwickelte sich in der gemütlichen, holzgetäfelten Nebenstube eine angeregte Diskussion. Es begann mit der Südtirol-Frage. Der mir bis dahin persönlich noch nicht bekannte Verleger erwies sich dabei nicht nur als Kenner, sondern auch als Freund des Landes. Aber die Schlachten gegen Napoleon skizzierte er meines Erachtens zu einseitig, und dies forderte meinen Widerspruch heraus. Ich verleugnete meine Sympathie für den großen Korsen nicht, trotz meiner Wertschätzung für die Tiroler. Verwies auf Goethe, der den Dämon Napoleon höher eingeschätzt hat als die deutsche Freiheitsbewegung. Immer wieder unterbrochen vom Gesang südtiroler Volkslieder steigerten wir uns in ein temperamentvolles Streitgespräch hinein, so temperamentvoll, daß der Arzt mit den begnadeten Händen versehentlich ein Glas Rotwein umkippte und sich der Inhalt über den weißen Rock meiner Frau ergoß.

12

Buchverlage
Ullstein Langen Müller

München, den 20.2.1995
Dr.Fl/es

Lieber Franz,-

tatsächlich habe ich Dein Manuskript mit
Spannung in einem Zug gelesen, denn unabhängig von Deiner persönlichen Entwicklung - allmähliche Distanzierung von der
parteipolitischen Arbeit - enthält es eine
Fülle von Hintergrundmaterial und Beobachtungen, die sonst nirgends zu lesen sind.

Ich kann mir gut denken, daß der SPIEGEl
daran Interesse hat, vor allem, wenn Du
noch weitere Details zu verschiedenen
Themen bekanntgibst. Ein Vorabdruck im
SPIEGEL hat allerdings auch den Nachteil,
daß dann die Öffentlichkeit glaubt, alles
Wichtige bereits zu wissen und erfahrungs-
gemäß das Buch nicht mehr gekauft wird. Man
wird auch versuchen, das Buch zu verschweigen, was dann nicht mehr gehen wird, wenn
z.B. ein prominenter Vorwortschreiber, ich
dachte sogar an Augstein, gewonnen werden
kann.
Viele Überlegungen gehen mir durch den Kopf
und wir sollten uns bald einmal darüber unterhalten, auch wenn ich bei einer endgültigen Druckentscheidung in diesem Falle,
nachdem bei Springer jetzt ein neuer Mann
da ist, den Partner überzeugen muß. Darüber
sollten wir sobald wie möglich sprechen.

Mit besten Grüßen

Dein

Dr.Herbert Fleissner

Herrn
Franz Schönhuber
In der Traten 7

83700 Rottach

Thomas-Wimmer-Ring 11   F.A. Herbig   Deutsche Bank München, Kto.-Nr. 2736700
80539 München   Verlagsbuchhandlung GmbH   (BLZ 700 700 10)
Telefon 089 / 2 90 88-0   Handelsregister: Geschäftsführer:
Telefax 089 / 2 90 88-155   Amtsgericht München   Dr. Herbert Fleissner
                               HRB 77922

13

Meine frankophile Einstellung begründete ich auch mit meiner Kriegszeit in der französischen Freiwilligen-Division Charlemagne. Dies erweckte das Interesse des Verlegers. Am Ende stand ein Vertrag, besiegelt durch Handschlag. So fing's an und »Ich war dabei« war geboren. Fünf weitere Bücher folgten. Dann kapitulierte der Verleger. Vor dem Zeitgeist! Vor seinem Partner, dem allmächtigen Springer-Verlag.

Über den Politiker und Schriftsteller Schönhuber sind im In- und Ausland mehr als ein gutes Dutzend Bücher geschrieben worden. Meistens mit Federn, die in Gift und Galle getaucht waren. In mehreren Büchern habe ich versucht, mich zur Wehr zu setzen. Zu »Ich war dabei«, »Freunde in der Not«, »Trotz allem Deutschland«, »Macht« und »Die Türken« gehört jetzt »In Acht und Bann«, Schlußpunkt einer langjährigen Entwicklung. Und zugleich Anfang einer neuen, der Besetzung des vorpolitischen Raumes. Der Ernst der Lage verlangt eine ungeschminkte, mich selbst nicht schonende Analyse der politischen Zustände, ihrer Entwicklung und ihrer Möglichkeiten.

Es ist kein Buch über die Republikaner. Es sollen Zeitläufe dargestellt werden, bei denen man als Jäger oder Gejagter dabei war. Es ist der Versuch, Situationen zu beschreiben und Menschen in Portraits gerecht zu werden, mit denen man stritt oder gemeinsam handelte. Aus dem Gewesenen muß für die Zukunft gelernt, die Wege müssen neu beschrieben werden.

Der Darstellung nüchterner Fakten werden persönliche Reflexionen gegenübergestellt. Mein Tagebuch war mir dabei eine große Hilfe.

DrittesKapitel
Das Treffen

7. Juli 1989, Genf/Vevey: »Im Schweiße Deines Angesichtes...«. Jean Marie Le Chevallier »mit zwei L«, wie er sich selbst »entadelt«, Europaabgeordneter und »Directeur du Cabinet«, enger Freund von Jean-Marie Le Pen, hat in der Tat Grund zum Schwitzen. Nicht nur die Probleme der Einigung europäischer Rechter im Straßburger Parlament bereiten ihm Schwierigkeiten, sondern zunächst einmal die Wegfindung. Der stämmige Südfranzose, der mich im Auftrag von Jean-Marie Le Pen am Genfer Flugplatz abholt, hat sich verfahren. Zur schweißtreibenden, schwülen Julisonne gesellt sich seine Sorge vor einem Donnerwetter durch seinen Chef. Jean-Marie Le Pen liebt es nicht, wenn man ihn warten läßt. Pünktlichkeit ist die Höflichkeit der Könige, danach handelt er selbst, le roi, der unbestrittene König des Front National, der französischen Rechten.

Le Chevallier erzählt, sein Chef sei sowieso nicht bei bester Laune. Ihn plagten Entzugserscheinungen. Der ausgeprägte Genießer opulenter Menüs will in einem Kurhotel in Vevey einige Pfunde loswerden, um, körperlich fit, bei der kommenden Arbeit und den anstehenden Wahlen an politischem Gewicht zuzulegen.

Langsam nervös werdend, verfolge ich die Orientierungsversuche Le Chevalliers.

Endlich kriegen wir die Kurve. Mit gut einer Stunde Verspätung. Große Überraschung: In der Hotelhalle sitzen die Vertreter des MSI – Movimento Sociale Italiano –, genannt Neofaschisten oder Postfaschisten. Was stimmt nun? Neo-, Post- oder überhaupt? Mal sehen! Wortführer

15

*Im Spiegel vom 29.5.1989 erscheint die Titelgeschichte
über die sog. Schönhuberpartei*

der Italiener ist Gianfranco Fini, spitzgesichtig, schlank, gut gekleidet, leise. So stellt man sich keinen Faschisten vor, zumindest in der veröffentlichten Meinung.

Aus meinem Tagebuch (10.7.89): »Wer ist Fini? Mitvierziger, Sohn eines Tankstellenbesitzers aus Bologna, zeitweilig Chef der Jungfaschisten, von Parteichef Giorgio Almirante zum Kronprinzen ernannt. Nach dessen Tod Parteichef.

Wer war Almirante? Ein Mussolini-Getreuer bis zum bitteren Ende. Hoher Funktionär in der faschistischen Republik von Salò. Glänzender Redner. Allseits respektiert. An seinem Grabe verneigten sich auch die politischen Gegner und das offizielle Italien. Von den Kommunisten bis zu Christdemokraten. Chapeau!

Übrigens, Le Pen kam auf Anraten seiner Freunde nicht zu den Begräbnisfeierlichkeiten von Almirante nach Rom. Angst vor Fotografien mit dem faschistischen Gruß. Gebe einen Rat: Werdet Linkshänder, Freunde, wie ich. Zumindest beim Grüßen!

Stelle immer wieder fest: Kronprinzen sind in der Regel das physische und psychische Gegenteil ihrer Chefs. Nach dem römischen Volkstribun Almirante der pedantische, politische Buchhalter Fini. Höflich, aber wenig kontaktfreudig. Skepsis! Mit dem werde ich wohl nicht warm.

Witz des Tages: In den Abendnachrichten Hinweis auf Treffen Le Pen, Haider, Schönhuber in der Schweiz. Haider will die Verursacher, die Journalisten der Schweizer Tageszeitung »Le Matin« verklagen. Rechts hat Lepra! Haider weiß das, will sich vor Ansteckung schützen! Noch will er in der »Liberalen Internationale« bleiben. Haider hat ein gutes Zeitgefühl. In persönlichen Gesprächen bringt er mir gegenüber stets große Sympathie zum Ausdruck, nach außen handelt er nach dem Prinzip:

Noli me tangere. »*Abgrenzung*« *gehört zum Standardvo-*
kabular der Rechten. Es hilft wenig.« Die Verhandlungen in Vevey beginnen. Worum geht es? Es geht zunächst um Zahlen. Um im Europäischen Parlament eine Fraktion bilden zu können, bedarf es 18 Parlamentarier aus zwei oder 12 aus drei Ländern. Die Franzosen haben 10, wir Deutsche 6, die Italiener 4, hinzu kommt ein Flame. Für Franzosen und Italiener, die in der letzten Parlamentsperiode zusammen mit einem Griechen, der diesmal nicht gewählt worden war, eine Fraktion gebildet hatten, reicht es also zu zweit nicht. Die Situation ist vertrackt. Ich komme durch Parteibeschluß mit gebundenen Händen. Südtirol, wie ich sage, Alto Adige für die Italiener, ist der nicht wegzuräumende Stein des Anstoßes.

Der Flame Karel Dillen, Chef des Vlaams Blok, signalisierte bereits vor dem Treffen telefonisch, daß seine Partei ein Zusammengehen mit der MSI, die Minderheitenrechte mißachte, strikt ablehne. Aber auch die Italiener stehen vor einem Dilemma. Südtirol ist ihre stärkste Bastion, dort hat die MSI ihre größten Erfolge. Diese Position, den Kampf gegen Autonomiebestrebungen aufzugeben, würde politischen Selbstmord bedeuten. Dabei bleibt die Frage im Raum, ob wirkliche Nationale nach ihrem Selbstverständnis Minderheitenrechte mißachten können.

Die Verhandlungen stecken in einer Sackgasse. Jean-Marie Le Pen interveniert. Innerlich steht er auf der Seite der Italiener. Er ist Zentralist wie sie. Was für die MSI-Leute Südtirol, ist für ihn Korsika. Und wenn es bei den Nachfahren Mussolinis um die Bewunderung altrömischen Handelns geht, gibt es keine Kompromisse. »Roma locuta, causa finita«, (Rom hat gesprochen, die Sache ist erledigt), so heißt es bei den Franzosen: »La France d' abord« (Frank-

18

reich zuerst). Das bedeutet, keine Preisgabe französischen Bodens oder was die französischen Nationalisten darunter verstehen. So stand der mehrfach dekorierte Leutnant der Fallschirmjäger Le Pen auf der Seite derer, die de Gaulles Verhandlungsfrieden mit den Algeriern als Verrat bezeichneten. »L' Algerie française«, hieß ihr Schlachtruf. Es waren jene Generäle und Obristen, die sich mit Waffengewalt der Abtrennung Algeriens widersetzten. Einige unter ihnen setzten ihren Kampf im Untergrund in der Widerstandsorganisation O.A.S. auch nach dem Friedensschluß fort.

Aber Le Pen ist auch und vor allem Pragmatiker. Ihm geht es allein um die Formierung einer Fraktion. Nur durch sie bekommt man in Straßburg politischen Einfluß und Geld. Zwar kann er Enttäuschung und Ärger über mein Verhalten nicht verbergen, hatten wir doch einige Wochen vorher bei einem Geheimtreffen in Oberbayern ein gutes menschliches Verhältnis zueinander gefunden, das in eine Duzfreundschaft mündete. Vielleicht springt Le Pen deshalb über seinen Schatten. Er läßt die Italiener wie eine heiße Kartoffel fallen. Sie werden ihm dies fünf Jahre später bitter heimzahlen.

Nächste Verhandlungsrunde ist in Brüssel. Dort gibt es neue Schwierigkeiten. Karel Dillen besteht auf der Akzeptanz der programmatischen Forderung, Flandern den Flamen mit der Hauptstadt Brüssel. Dies würde die Teilung Belgiens bedeuten. Dillen, ein kleiner Mann mit einem Gesicht, das an die holzgeschnitzten Köpfe flandrischer Notabeln erinnert, stets korrekt wie ein Banker gekleidet und von einer altmodischen Melone »behütet«, läßt sich auch in stundenlangen, teilweise heftig geführten Verhandlungen nicht umstimmen. Diesmal kann Le Pen nicht nachgeben. Seine wallonische Anhängerschaft würde ihm

dies nie verzeihen. Für sie ist Brüssel »une ville francopho-
ne«, eine französisch sprechende Stadt. Und war sein
Freund und Kriegsheld Léon Degrelle nicht auch Wallone?
Wir Deutschen versuchen, uns aus diesem Streit herauszu-
halten.

Da eine politische Einigung nicht möglich ist, wird der
gordische Knoten durch die Konstruktion einer »technischen Fraktion« durchgehauen. Dies bedeutet, jede Grup-
pierung kann ohne Fraktionszwang eigene politische
Vorstellungen entwickeln und Erklärungen abgeben. Damit steht die Fraktion: 10 Franzosen, 6 Deutsche, ein
Flame. Ich werde Vizepräsident und dadurch Stellvertre-
ter Le Pens.

Bei allem Verständnis für die Enttäuschung der Italiener
darüber, daß sie von der Fraktionsbildung ausgeschlossen
wurden, trifft mich die Reaktion Finis. Einer französischen
Zeitung gegenüber sagt er in Bezug auf Südtirol: »Schönhuber pire qu' Hitler – Schönhuber schlimmer als Hitler«.
Dabei weiß er genau, daß ich mich auch in der Partei in
dieser Frage nie von Emotionen und nationalistischen Aus-
brüchen leiten ließ. Allerdings machte ich nie einen Hehl
daraus, daß ich Hitlers Behandlung der Südtirol-Frage für
verantwortungslos hielt, was in der Konsequenz vielen
Südtirolern zum Verhängnis wurde. Nicht nur, weil der
deutsche Diktator seinem Freund Mussolini als Dank für
dessen Stillhalten in der Österreich-Krise nach der Ermordung des Austrofaschisten und Bundeskanzlers Engelbert
Dollfuß im Jahre 1934 die Anerkennung der Brennergrenze
feierlich zusagte, sondern auch weil Hitler in einer gewal-
tigen Umsiedlungsaktion Südtiroler nach Deutschland und
Osteuropa transferieren wollte. Nicht wenige folgten fata-
lerweise diesem Ruf. Namenloses Elend für die Optanten
und ihre Familien waren nach der Niederlage die Folge.

Niemals hatte ich einen »Anschluß« Südtirols gefordert. Anschluß an was? An Deutschland? Da liegt bekanntlich Österreich dazwischen. Das »Großdeutsche Reich« war ja von der Landkarte verschwunden. Ich sagte stets, was und wohin die Südtiroler wollen, sei ihre Sache, fügte aber hinzu, das Beste für Südtirol wäre meiner Meinung nach die volle Autonomie. Das könnte Modellcharakter für andere Gebiete Europas haben. Gefühlsmäßig habe ich Verständnis für den Ruf »Tirol isch lei oans« – Es gibt nur ein Tirol! Natürlich bilden Nord- und Südtirol ethnisch noch immer eine Einheit. Aber was wäre die Folge eines »Anschlusses« an Österreich? Die geopolitische Verschiebung des Minderheitenproblems. Man denke daran, daß zwar beispielsweise in Bozen die Steine immer noch deutsch reden, aber dort infolge der brutalen Zuzugspolitik der Faschisten heute etwa 80 Prozent Italiener leben.

Kraftsprüche, hüben wie drüben, bringen da nichts.

Viertes Kapitel
Que Dieu te protège, Jean-Marie!

Die Zusammenarbeit in der Fraktion klappt zunächst gut. Die Franzosen stellen mit Jean-Marc Brissaud einen verständnisvollen und um Ausgleich bemühten Generalsekretär. Zwischen meinen Kollegen und einigen Franzosen entwickeln sich fast freundschaftliche Beziehungen. Le Pen ist zuweilen von Stimmungen abhängig, aber unsere Freundschaft hält allen Belastungen stand. Dillen arbeitet sehr gut mit, bleibt aber etwas außen vor. Wahrscheinlich fühlt er sich ein wenig zurückgesetzt. Bei Pressekonferenzen gilt die Aufmerksamkeit weit eher Le Pen oder mir. Dies zeigt sich besonders bei Reisen. Nach den Erfolgen des Vlaams Blok bei den belgischen Kommunalwahlen 1994 konnte er allerdings aus seiner Statistenrolle heraustreten.

In Paris kann ich für unsere gemeinsame Sache bei einer Pressekonferenz Pluspunkte verbuchen. Die französischen Journalisten schätzen es sehr, wenn man mit ihnen in ihrer Muttersprache diskutiert. Nur einmal, in Berlin, ebenfalls bei einer Pressekonferenz, stelle ich mich schwerhörig. Da wollen die französischen Journalisten partout wissen, was ich von dem Satz Le Pens halte, auch die Judenverfolgungen seien nur ein »détail d' histoire«, ein Detail der Geschichte gewesen. Ich will meinem Freund nicht schaden, interpretiere den Satz dann so, wie Le Pen selbst ihn verstanden haben will. Er wolle den verbrecherischen Charakter der Verfolgungen nicht leugnen, aber sie seien eben ein Teil der Gesamtgeschichte. Ich spüre, daß er sich dabei nicht wohl in seiner Haut

22

fühlt, weiß aber auch aus eigener leidvoller Erfahrung, daß gerade bei großen rhetorischen Auftritten einem ein Satz entschlüpfen kann, der bei ruhigem Nachdenken anders ausgefallen wäre.

Bei einer anderen Gelegenheit demonstriert Le Pen wiederum seine Solidarität mir gegenüber. Die Fraktion tagt vom 6. bis 8. Februar 1990 in Berlin. Auf dem Plan steht dabei auch der gemeinsame Besuch Ostberlins. Der Bus wird von »noch«-DDR-Grenzern aufgehalten, unsere Pässe werden eingesammelt. Wir warten. Die Angelegenheit dauert lange. Ich glaube zu ahnen, worum es geht. Endlich kommt der zuständige Offizier, nähert sich mit ausgesuchter Höflichkeit Le Pen, wünscht gute Weiterreise. Die Pässe werden zurückgegeben, meiner nicht! Der Offizier sagt in schönstem Sächsisch zu mir: »Sie sind in der DDR unerwünscht. Sie unterliegen einem Einreiseverbot.« Ich schaue in sein verkniffenes Gesicht. Er schaut weg, zuckt die Achseln. Befehl ist Befehl. Er murmelt nur noch, er habe mit Modrow gesprochen. Le Pen ist entrüstet. Der Offizier versucht ihn zu beschwichtigen: »Aber Sie und Ihre Kollegen, Herr Präsident, sind doch herzlich willkommen.« Le Pen läßt sich nicht umstimmen: »Entweder wir alle, auch mein Freund Schönhuber, oder keiner!« Der Grenzer windet sich vor Verlegenheit. Aber auch er kann nicht anders. Ein paar Sekunden verstreichen. Dann Le Pen: »Was hier passiert, ist eine Schande, wir lassen Franz nicht im Stich. Wir kehren um.« Gesagt, getan. Aber wir kommen nicht weit. Offensichtlich hat die interne kommunistische Kommunikation schnell geklappt, von drüben nach hüben. Wir werden von einem höchst aggressiven roten Pöbel aufgehalten. Und schon tauchen auch Rudel von Journalisten auf. Le Pen und ich gehen ihnen entgegen, erklären die Situation. Nicht wenige grinsen schadenfroh. Gesamtdeutsche Wirklichkeit: Verbot der Wahlteilnahme der Republikaner an den Volkskammer- und den Kommunalwahlen im Frühjahr 1990 gehören auch zu diesem Bild!

Am Abend gehen meine französischen Kollegen einzeln oder gruppenweise über die Grenze. In mir steigt Bitterkeit hoch, als sie beim Frühstück am nächsten Morgen von ihren Eindrücken erzählen. Ich wäre so gerne dabei gewesen, hätte Erinnerungen aufgefrischt. Wo mag der Grenzoffizier wohl heute stecken, vermutlich in bundesdeutschen Diensten oder als PDS-Funktionär in einem Stadtparlament? Und ich hatte für das gekämpft, was dieser saubere Genosse sicher gerne verhindert hätte: Ein wiedervereinigtes Deutschland mit der Hauptstadt Berlin.

Den größten Eindruck während meiner »Franzosenzeit« hinterließ bei mir der Besuch des VIII. Kongresses des Front National vom 30.3 bis 1.4.1990 in Nizza. Ich war als Ehrengast geladen. Und kam aus dem Staunen nicht heraus. Nizza schien fest in der Hand des Front National zu sein. Die Ehrengäste waren in den berühmtesten und geschichtsträchtigsten Hotels untergebracht. Der Kongreß selbst war perfekt organisiert. Natürlich gab es in den Medien scharfe Proteste gegen meine Anwesenheit in der Stadt, die stark von Juden geprägt war und ist. Ein großer Teil von ihnen war nach Auschwitz deportiert worden. Le Pen ließ sich nicht beeindrucken. Demonstrativ schüttelte er mir vor der Kongreßhalle die Hand, gemeinsam zogen wir ein. Bei der Vorstellung gab es für mich stehende Ovationen, die skandierten »Schönhuber«-Rufe wollten kein Ende nehmen. Die bekannte Journalistin Sophie Huet vom »Figaro« schrieb von einem zweiten Star des Kongresses. Der Verlauf der Versammlung zeigte den Unterschied zwischen dem Front und meiner Partei. Das Ganze hier

24

hatte Stil, oder wie die Franzosen gerne sagen »allure«. Man sah, im Laufe der Jahre war hier eine feste Organisation entstanden, eine straff geführte, alle Berufsschichten erfassende Partei. Le Pen war unumstrittener Mittelpunkt. Er zog unter den Klängen des Chors der Gefangenen aus Verdis Oper »Nabucco« ein, stand dann allein auf der glanzvoll drapierten Bühne, das heißt er stand nicht, sondern hielt seine Rede auf- und ab gehend mit dem Mikrophon in der Hand. Ein an der Stirnseite des Saales angebrachter überdimensionaler Fernsehschirm erfaßte suggestiv alle seine Bewegungen.

Ich saß an der Seite seiner aus einer griechischen Familie stammenden attraktiven Ehefrau Jeanine, die sich in der Finanzwelt Nizzas einen Namen gemacht hatte. Sie ist die dritte Frau Le Pens. Ihr Einfluß auf ihn war nicht zu übersehen. Ich traf auch wieder auf die drei charmanten und politisch sehr aktiven Töchter des Parteivorsitzenden. Sie standen ohne jeden Vorbehalt stets zu ihrem Vater; auch in seiner schwersten Krise, als seine zweite Frau Pierrette ihn nicht nur verlassen, sondern dem Gespött der Franzosen preisgegeben hatte. Sie ließ sich spärlich bekleidet für ein Männermagazin auf dem Boden kniend beim Saubermachen ablichten. Damit wollte sie symbolisieren, daß der Geiz des gewesenen Gatten ihr keine andere Wahl ließe als niedere Arbeiten zu verrichten. Sie war ausgerechnet von einem vermeintlichen Freund Le Pens »umgedreht« worden, der dann perfiderweise die Geschichte der Trennung vermarktete und die Ex-Gattin zu Aussagen verführte, die Le Pen sehr geschadet haben.

Le Pen selbst sprach nie über diese Affäre. Von einigen seiner Freunde weiß ich, daß sie ihn schwer mitgenommen hatte. Verständlich! Unverständlich für alle bleibt, wie die einst so tapfere Mitstreiterin Le Pens so tief fallen konnte. Die Kinder wollen mit ihr nichts mehr zu tun haben.

In meinem Gedächtnis ist vor allem der Ablauf der Vorstandswahlen haften geblieben. Von Deutschland her an pingelige Vorschriften und strikte Satzungsanwendungen gewöhnt, vor allem an die Selbstverständlichkeit geheimer Abstimmungen, kam ich jetzt aus dem Staunen nicht mehr heraus. Alle Personalabstimmungen waren offen und gingen ebenso rasch wie theatralisch über die Bühne. Ein pathetischer Tusch kündigte die obligate Frage an: »Qui est pour – contre?« Bei »pour«- dafür – flogen die Hände hoch, fast immer einstimmig. Dann wieder Tusch, der nächste Name! Man kann gegen offene Abstimmungen vor allem formal viel einwenden, aber warum soll nicht auch öffentlich gezeigt werden dürfen, wem man seine Stimme geben will? Andererseits bekam bei mir die in geheimen Wahlen meist über 90 Prozent liegende Zustimmung jetzt einen höheren Stellenwert. Das sahen auch meine französischen Freunde so. Hundert Prozent wie bei der offenen Abstimmung hätte Le Pen bei einer geheimen wohl auch nicht bekommen.

Der gesellschaftliche Höhepunkt des Kongresses war ein Galadiner im weltberühmten Hotel »Negresco«, das schon nahezu alle Zelebritäten, echte und falsche, aus der ganzen Welt beherbergt hat. Meine Frau und ich saßen am »Table d' honneur«, am Tisch Le Pens und seiner Freunde. Die Ehrengäste lieferten nacheinander ihre Grußworte und Glückwünsche ab. Ich durfte den illustren Reigen beschließen und schloß mit den Worten »Que Dieu te protège, Jean- Marie!« Gott möge Dich beschützen, Jean-Marie! Jeanine umarmte mich gerührt. Dann wurde so lustvoll gegessen und getrunken, wie es eben nur Franzosen können. Von Champagner beflügelt war bald eine geistvolle Diskussion im Gang. Besonders angetan war ich von den witzigen Aperçus zweier charmanter Damen mittleren Alters. Der modische Schick der Kleidung wurde unterstrichen durch wertvollen, aber unauffälligen Schmuck. Während des Diners erfuhr ich, daß die beiden Damen Freundinnen von Jeanine waren und der jüdischen Geschäftswelt von Nizza angehören. An patriotischen Bekundungen für Frankreich, dem Front National und dessen Freunden ließen sie sich nicht übertreffen. Mit großem Interesse und Verständnis lauschten sie meinem Situationsbericht aus Deutschland. Über meine soldatische Vergangenheit waren sie erstaunlich gut informiert. Jetzt hat Nizza einen persönlichen Freund Le Pens zum Bürgermeister: Jacques Perrat.

Aus meinem Tagebuch (3.4.90): »Warum ist das alles bei uns nicht möglich? Undenkbar, daß ich in München im »Bayrischen Hof« einen Saal für ein solches Diner mit rechten Freunden bekäme, obwohl ich mit dem Besitzer Falk Volkhardt befreundet und ein gern gesehener Gast bin. Auch das Hotel »Vier Jahreszeiten« und alle deutschen Nobelhotels blieben uns versperrt. Rechte sind hierzulande eben Schmuddelkinder. Ihr Platz hat das Hinterzimmer zu sein. »Anständige« Menschen lassen sich mit denen nicht sehen, zumindest nicht öffentlich! »Spiel nicht mit den Schmuddelkindern...«

Da hat's ein Gysi leichter, oder ein Stefan Heym, sogar der rote Scherge Markus Wolf. Der hat keine Schwierigkeiten, Räume für Pressekonferenzen und Buchvorstellungen in Nobelhotels zu bekommen.

Die Ultralinken sind aus dem Schatten Stalins herausgetreten, für die Rechten gibt es offenbar kein Entkommen aus dem Schatten Hitlers. Da mögen sie sich noch so bemühen. Bubis und Friedmann samt Hilfswillige werden es zu verhindern wissen. Gysi, Wolf und Heym haben dagegen von ihnen nichts zu befürchten. Warum wohl?«

Einige Zeit nach dem Kongreß von Nizza zerbrach in Straßburg unsere Fraktionsgemeinschaft. Aufgrund von Streitigkeiten in unserer Partei über das Für und Wider der Abgrenzung zu anderen Rechtsparteien – ich war damals dafür – verließ ich zum Leidwesen meiner französischen Freunde die Fraktion und wurde auf der Bank der Fraktionslosen Nachbar der Kollegen der damaligen MSI, der heutigen Alleanza Nazionale. Später folgten drei weitere ehemalige Republikaner. Le Pen reagierte verbittert. Und wie es leider bei solchen Gelegenheiten üblich ist, sparte man nicht mit wechselseitigen Vorwürfen. Aber Le Pen war bald wieder versöhnt, zeigte Verständnis für die »querelles allemandes«, der innerparteilichen Streitigkeiten der deutschen Kollegen. Dankbar vermerkten er und seine Freunde, daß ich bei einer Live-Sendung des französischen Fernsehens, wo man von mir gerne etwas Negatives über den Front National gehört hätte, zur Enttäuschung der Fernsehleute nur sagte: »Je ne veux pas laver ici du linge sale« – ich will hier keine schmutzige Wäsche waschen.

Rückblickend auf das Zerwürfnis mit meinen deutschen Kollegen möchte ich anmerken, daß die Schuld wohl nicht einseitig festzumachen ist. Vielleicht wäre der Bruch vermeidbar gewesen. Für mich gilt hier: Gut gemeint ist das Gegenteil von gut; bei den anderen waren Schmerz und Wut über die Niederlage von Ruhstorf 1990, dem Parteitag, auf dem die Abgrenzung beschlossen wurde, noch nicht überwunden. Und so schaukelten sich die Emotionen wechselseitig hoch. Jedenfalls trug der Bruch zum späteren Untergang mit bei. Daran konnten glanzvolle Ergebnisse wie bei den Landtagswahlen in Baden-Württemberg und den Kommunalwahlen in Hessen 1992 auch nichts mehr ändern. Ich werde darauf noch zurückkommen. Mit Stolz aber erfüllt mich ein Schreiben Hellmut Diwalds nach dem Wahlausgang in Baden Württemberg.

Aus meinem Tagebuch (28.8.90): »*Beneidenswerte Linke. Ihr Internationalismus schiebt alles Trennende beiseite. Zeitgemäße Formel: Statt* »*Proletarier...*« *heißt es jetzt* »*Parlamentarier aller Länder vereinigt Euch*«. *Und so geschieht es. Europäische Rechte dagegen im Schatten beider Weltkriege. Nationalismus verhindert Zusammenarbeit, innerhalb und außerhalb des Parlamentes. Könnte es nicht auch eine Internationale jener Nationen geben, die das globale Interesse ihrer Existenz zusammenschweißt? Aber: tschechische Republikaner wütende Gegner legitimer Ansprüche der Sudetendeutschen, Franzosen bekommen Bauchschmerzen bei Erörterung der Oder/Neiße-Grenze. Im Hinterkopf Napoleon und Maria Walewska, Marschall Poniatowski und gemeinsamer Kampf im Zweiten Weltkrieg, Italiener stolpern über Südtirol, Flamen über Wallonen, Spanier über Basken, ich über meine Vergangenheit. Ab jetzt werde ich in der Presse den Zusatz nicht mehr los:* »*Ançien membre de la SS*«, *ehemaliges Mitglied der SS, das* »*Waffen*« *wird zur weiteren Diskriminierung einfach weggelassen. Einige Zeitungen machen mich dabei gleich zum General, in meinem damaligen Alter von 20 Jahren wäre dies ein* »*Rekord*« *in der militärischen Hierarchie gewesen. Nicht einmal Napoleon hatte dies geschafft. Dabei hatte ich alles getan, um nicht Offizier werden zu müssen. Da mir klar geworden war, daß ich kein hundertprozentig Überzeugter werden würde, stellte ich mich dumm genug an, um nicht befördert zu werden.*«

PROF. DR. H. DIWALD   MITTL. NEUBEROWEG 16a   8700 WÜRZBURG   T 0931/73605

≠ Zi. Bonn, 8.4.92
Venusberg kliniken
Neurologie

Lieber Franz,

na also. Das war kein schwäbisches
Wunder. Das war das Ergebnis Deiner Tapferkeit,
Deiner Unbeirrbarkeit, Deines Formats, Deiner
unvergleichlichen Souveränität und Weitsicht.
Was für einen Genugtuung — und was für
ein Stolz auf Dich!

Ich konnte mich nicht früher melden.
Liege stationär mit einer üblen
Wirbelverletzung. Wie lange — die Ärzte
wissen es nicht.

Ich denke dauernd an Dich

Sei umarmt, samt Ingrid

[Unterschrift]

30

Vergangenheit, die nicht vergehen will. Schatten, die nicht weichen wollen. Oradour? Warum bleiben die Archive gesperrt?

Jeder Mensch trägt einen potentiellen Totenkopf; ich zusätzlich und schon jetzt einen politischen. Der SS-Totenkopf an unserer Mütze war der Geßlerhut, den Europa zu grüßen hatte. Europa hat dies nie vergessen. Ich übrigens auch nicht.

In »Ich war dabei« schrieb ich unter anderem: »Und stellen wir uns vor, welche Rolle wir im Falle eines Sieges zu spielen gehabt hätten? Aus gefürchteten, aber trotzdem geachteten Elite-Kriegern wären die verhaßten Zwangsherren Europas und Asiens geworden. In einer Welt des kalten Lichtes hätten wir überall die ›Geßlerhüte‹ zu bewachen und ›Platz dem Landvogt‹, sprich Gauleiter, zu rufen gehabt. Dieses Bild ist nicht weit hergeholt. Die Münchner werden sich an die Zeit erinnern, wo sie beim Passieren des von der SS bewachten Ehrenmals für die getöteten Demonstranten des Marsches auf die Feldherrnhalle im Jahre 1923 mit erhobenem Arm grüßen mußten. Die Hybris der Macht hätte jene verdorben, die sich ihr ergaben und jene vernichtet, die sich ihr widersetzten. Aber je weiter diese Zeit wegrückt, umso undifferenzierter wird ihre Verurteilung. Nach Gründen wird kaum gefragt.«

In letzter Zeit, nach Lektüre aller greifbaren Bücher, die sich mit diesem Thema beschäftigen, kommen mir allerdings wieder Zweifel, ob ich die gedachte Nachkriegsaufgabe der Waffen-SS völlig richtig eingeschätzt habe. Gab es doch in ihr Kräfte, die die Europäisierung vorangetrieben, die Allmacht der Partei und ihrer Funktionäre aber beschnitten hätten. Aber vorbei ist vorbei. Derzeit zählt nur die Faschismuskeule. Faschismus und Nationalsozialismus sind aber nicht das gleiche. Ausweg: Hitler-Faschismus! Bewußt verschwiegen wird, daß der Faschismus ursächlich keinen Rassismus kannte.

Fünf Jahre später:
Irren ist menschlich aber nicht politisch

Wie man sich täuschen kann. Fini und das römische Wunder! Aus den rechts liegengelassenen »faschistischen« Mauerblümchen, die noch ein Jahr zuvor zwischen 4 und 6 Prozent herumkrebsten, von schweren innerparteilichen Streitigkeiten erschüttert waren, ist in Italien über Nacht ein Machtfaktor geworden. Ihr trojanisches Pferd heißt Berlusconi. Der Medienzar öffnet Fini und seinen Leuten die Bildschirme. Fini entwickelt sich zum charmanten, schlagfertigen Plauderer und wirkungsvollen Redner. Die öffentliche Meinung beginnt zu kippen. Das sind doch keine Schlagetotleute. Der MSI wird salonfähig. Und schon erschallt bei den Bürgermeisterwahlen in Neapel und Rom der antifaschistische Schreckensruf »Mussolini (Sandra!) und Fini ante portas«. Ich schicke ein Telegramm nach Rom: »Bravo Sandra, bravo Gianfranco!« Nicht wenige meiner Parteifreunde nehmen mir dies übel: »Das sind doch Faschisten!« Es sind die gleichen Parteifreunde, die später die Politik Finis wieder für nachahmenswert halten. Tempora mutantur. Fini und Sandra Mussolini verlieren nur ganz knapp im zweiten Wahlgang.

Als Banknachbar von MSI-Parlamentariern erlebe ich den Erfolg des »Bäumchen-wechsle-Dich«-Spiels hautnah mit. Dank Berlusconis medialen und politischen Waschmitteln wird aus der gemiedenen, schwarzen MSI die gebleichte und damit respektierte »Alleanza Nazionale«. Sie befindet sich endlich innerhalb des Verfassungsbogens.

Beim Vereinigungs-Kongreß in Fiuggi bei Rom im Januar 1995 mutieren Faschisten zu Anti-Faschisten. Zum zweiten Mal wird gegen Mussolini geputscht. Diesmal allerdings nur gegen seinen Leichnam. Die Nachkommen jener »Anti-Faschisten«, die Mussolini ermordet hatten, sind Gäste des Kongresses, übrigens auch Berlusconi.

Le Pen sah diese Entwicklung voraus. Ich erinnere mich an unser letztes Gespräch im traditionsreichen Straßburger Restaurant »Kammerzell« in unmittelbarer Nähe der majestätischen »einarmigen« Kathedrale.

Le Pen ist verbittert. Der von Tag zu Tag spürbarer werdenden Distanzierung der einstigen Freunde des MSI vom Front National begegnet er mit dem Satz: »Trahision à l' italienne – Verrat auf italienisch, denk' an Badoglio, Franz!« Ich denke an etwas anderes, an den Tag von Vevey. Das ist die Revanche von Fini. Menschlich kann ich die Enttäuschung Le Pens verstehen, fand er doch für Fini stets lobende Worte.

Allerdings: Die atemberaubende Geschwindigkeit des ideologischen Frontwechsels überrascht auch mich. Seit Jahren sitze ich, nach meinem Weggang von der Technischen Fraktion der Europäischen Rechten mit den Italienern auf der gleichen Bank. Sie wie ich sind Fraktionslose. Unser Verhältnis ist kollegial bis freundschaftlich. Wir stimmen meistens gemeinsam ab. Als ich sie jetzt auf die veränderte Situation anspreche, weichen sie aus, murmeln etwas vom Zwang der Verhältnisse. Nur der Abgeordnete Pino Rauti, der noch in der Republik von Salò tätig war, preist weiter die Politik Mussolinis, vor allem dessen Sozialpolitik. Zurecht kann er darauf hinweisen, daß die italienische Wirtschaft unter Mussolini mit ihren Kooperativen und ständestaatlichen Orientierungen die Weltwirtschaftskrise von 1929 von allen Ländern am besten überwunden hat. Das ist heute kaum noch bekannt, vor allem will es niemand mehr wissen. In der »Südtiroler Zeitung« vom 28.4.95 verkürzt sich eine Nachbetrachtung Mussolinis auf die Schlagzeile: »Diktator, Staatsmann, Hanswurst?« So dürfte dem Phänomen Mussolini allerdings nicht beizukommen sein.

Vielleicht muß man Italiener sein, um das Ganze zu verstehen. Drei Jahre zuvor hatten sich die Anhänger des Partei-Mitgründers Rauti und die Finis bei den Vorstandswahlen sogar handgreiflich auseinandergesetzt. Damals blieb Rauti Sieger. Heute ist er der große Verlierer, Fini der Triumphator. Und die Rauti-Anhänger liefen in Scharen zu ihm über. Ich möchte aber keine Wette darauf abschließen, ob des Kaisers neue Kleider nicht schon morgen verschlissen sein werden. Das Unbehagen in der neuen »Alleanza Nazionale« bleibt. Wie geht man in Zukunft mit dem Namen Mussolini um? Auf dem Kongreß kündigte jedenfalls die schwangere Sandra Mussolini an, daß ihr Baby, sollte es ein Sohn sein, Benito heißen würde. Protest aus dem Bauch? Da mag man denken, eines Ausgleichs unter den Zelebritäten zuliebe sollte eine Tochter nach der Tante Loren, Sofia genannt werden. Wie lange wird Fini noch seine Version aufrecht erhalten, daß Mussolini »der größte Staatsmann dieses Jahrhunderts« war? Wie lange wird es dauern, bis er sich auch von Berlusconi absetzt? Die italienischen Kommunalwahlen im Mai 1995 mit dem nicht berauschenden Abschneiden Berlusconis ließen bei Fini erste »Nachdenklichkeiten« erkennen. Der italienische Volksentscheid über die Medienkonzentration schließlich hat Berlusconi wieder gestärkt; das letzte Wort dürfte in dieser Angelegenheit noch lange nicht gesprochen worden sein.

In Italien hat die Politik zuweilen karnevaleske Züge. Noch vor ein paar Jahren war Fini stets auch Gast bei

Treffen ultrarechter Gruppierungen, die ich bewußt gemieden habe. Mich behandelten Gianfranco Fini und seine Parteifreunde stets mit großer Achtung. Seine MSI-Kollegen im Parlament erzählten immer von der großen Sympathie, die die Parteispitze für die Republikaner hege, daß man uns dem Front National vorzöge. Immer deutlicher sprach man sich für eine Fraktionsgemeinschaft mit den Republikanern nach den Europawahlen aus. Ich revanchierte mich mit wohlwollenden Sätzen über Fini und seine Bestrebungen in den italienischen Zeitungen. Als wir bei der Europawahl 94 scheiterten, verloren wir nicht nur alle Sitze, sondern auch Finis Sympathie. Jetzt waren wir nur noch Ballast. Und der mußte abgeworfen werden, so schnell wie möglich. Niederlagen sind bekanntlich ansteckend. C' est la vie! Aber man muß es nicht übertreiben.

So las ich in »Focus« mit Erstaunen, daß Fini angeblich schon immer gegen ein Zusammengehen mit uns gewesen sei. Die Wahrheit auf den Kopf gestellt! Der italienische Divisionsgeneral a.D. und MSI-Mitglied Ambrosio Viviane, der mich am Tegernsee besuchte, warnte mich eindringlich vor der Doppelzüngigkeit der Leute um Fini. Er sollte recht behalten. Ist Fini also ein Opportunist? Er ist kein Opportunist; er ist Politiker. Er ist italienischer Politiker!

Übrigens, in Straßburg und Brüssel sind die italienischen Parlamentsangestellten sehr geschickt in der Ausweitung ihres Einflusses in der Administration. Neidvolle Konkurrenten sprechen gar von der »italienischen Mafia«, was aber nicht »todernst« zu nehmen ist. Ernst zu nehmen ist allerdings, daß die tatsächliche Mafia auch im Europäischen Parlament Fuß fassen möchte. Sie geht dabei rücksichtslos vor. Als ihr mutmaßlicher Exponent, der seit

1979 im Parlament vertretene christdemokratische Abgeordnete Salvo Lima, Schützling der ewigen grauen Eminenz der italienischen Politik, Giulio Andreotti, wohl nicht mehr zur Zufriedenheit der Auftraggeber arbeitete, wurde er kurzerhand im Frühjahr 1992 in Palermo ermordet. Am Tage seiner Ermordung war ich im Parlament. Große Aufregung, tiefe Betroffenheit. Der damalige Parlamentspräsident, der Deutsche Egon Klepsch, konnte vor Rührung im Plenum kaum sprechen, wies auf die großen Verdienste des Herrn Lima hin, schlug das Kreuz und murmelte ein Gebet. Ein italienischer Kollege flüsterte mir zu: Das hat der Mafia bestimmt gefallen, auch ihre Anhänger sind fromme Leute – vor und nach der Tat!

Fest steht: Niemand begrüßt die europäische Einigung mehr als die Mafia. Der Wegfall der Grenzkontrollen erleichtert beispielsweise den Drogentransfer und schafft ideale außeritalienische »Ruheräume«. Die Anti-Maastricht-Parteien haben immer darauf hingewiesen; es wurde ihnen in den Heimatländern vom Wähler honoriert. Auch aus diesem Grund ist aus der lange Jahre nicht ernstgenommenen Splitterpartei Vlaams Blok im Spätherbst 1994 eine gefürchtete politische Bewegung geworden. Sie wird beispielsweise in Antwerpen mit Abstand zur stärksten Partei. Flandern den Flamen ist keine Utopie mehr. Steht Belgien vor der Spaltung?

Aus meinem Tagebuch (15.6.94): *»Junitage in Südtirol, kurze Ferien in Gottes paradiesischem Garten; verfolge die Ereignisse auf meiner ständigen »Fluchtburg« über Meran. Reflexionen über Rolle des Glücks in der Politik. Der Nachteil von gestern kann der Vorteil von morgen sein. Beispiel MSI. Ihr jetziger Aufstieg ist eine Folge jahrzehntelanger Diskriminierung und Ausgrenzung. Ausgegrenzt vom Verfassungsbogen und da-*

mit auch von staatlichen und politischen Fleischtöpfen. So blieben die Hände sauber. Mani puliti! Wie lange noch? Bei einem Berlusconi als Partner! Die Entwicklung hat eigentlich der Übervater der MSI, Almirante, vorausgesehen. Er setzte von Anfang an auf eine »Strategie der Spannung«. Er hoffte,»daß in Italien solch eine Lage entstehen müsse, daß die allgemeine Unsicherheit und Angst in die Nähe der Panik geraten und daß dann die Stunde der entschlossenen Exekutive gekommen sei«. 1994 war es soweit. Die Volksparteien waren am Ende. Es kam Berlusconi. Und mit ihm die nunmehr gehäutete Alleanza Nazionale.

Denke über fortschreitende Entfaschisierung nach. Beginnt bei der Sprache. Was die Veteranen begeisterte, läßt die Jungen kalt. Schlage in meinem Buch»Freunde in der Not« nach, was ich damals von Ernst Nolte über die Sprache des historischen Faschismus übernommen habe. Lese, was kurz vor Kriegsende der Duce vor der Mailänder Präfektur seinen treugebliebenen Schwarzhemden zugerufen hatte: ›Wir werden das Veltlin erreichen, um uns aufzustellen zur letzten verzweifelten Abwehr: mit der Sonne im Gesicht sterben, den Blick auf die Gipfel der Berge gerichtet, letztes Lächeln des Vaterlandes.‹ Erinnere mich der Reaktion meiner Kinder: Kopfschütteln! Lese weiter: ›Das Ende Mussolinis war kein heroischer Abgang. In einen deutschen Militärmantel gehüllt, einen Stahlhelm auf dem Kopf, zog er in einem deutschen Konvoi nach Norden, als ihn italienische Partisanen erkannten, gefangen nahmen und kurzerhand erschossen. Vorher riefen sie ihm noch zu:›Warum hat Du den Sozialismus verraten?‹«

Ich prüfe mich: Ist Deine Reaktion die gleiche wie die Deiner Kinder? Nein! Sie ist es nicht. Ich kann sie auch nicht vermitteln. Die Erlebniswelt ist naturgemäß eine andere. Kann meine emotionale Anfälligkeit für Pathos und große Gesten nicht leugnen. Clara Petaccis gemeinsamer Tod mit Mussolini rührt mich ebenso wie der Freitod von Eva Braun. Mobilisiere meinen kritischen Verstand, setze ihn gegen die Emotion. Was ist denn von den großen NS-Sprüchen eines Dr. Goebbels übrig geblieben?»Berlin bleibt deutsch, Wien wird wieder deutsch, und Europa wird niemals russisch?« Fast die Hälfte Europas wurde aber russisch. Gäbe es diese emotionale Anfälligkeit auch, wenn ich nicht mit einigermaßen heilen Knochen nach Hause gekommen wäre, sondern verkrüppelt oder blind geschossen? Allerdings eines stört mich nach wie vor: Braun- oder Schwarzhemden haben böse zu sein. Männchen und Weibchen, Alte und Junge – basta!«

Aber ist die Zeit des Pathos wirklich vorbei oder haben sich nur Motive geändert? Linker Pathos allgegenwärtig. Humanismus wird zur Phrase gestempelt. Das gilt für die verbale Behandlung der Dritten Welt ebenso wie für das Thema»Gewalt an Ausländern«. Lichterketten und Sonntagsreden: linker Kitschpathos überall. Niemand denkt an die vielen Opfer von ausländischen Drogenbanden. Ist Humanität teilbar? Die Zeit des Pathos ist noch nicht vorbei! Es muß nur ein anderes, wahreres kommen.

Aus meinem Tagebuch (17.6.94): »Fahre zum ›Gesinnungstest‹ nach Bozen. Ziel: Das jenseits des Talferflusses errichtete Siegesdenkmal. Lese die Verse faschistisch-römischer Großmachtpolitik: ›Von hier haben wir den anderen Sprache, Gesetze und Kunst beigebracht (Hinc ceteros excalnimus lingua, legibus, artibus).

Zwiespältige Gefühle. Kann Respekt vor den Italienern nicht unterdrücken. Stehen zu ihrer Geschichte, auch ihrer faschistischen, im Gegensatz zu uns! Schlage-

terdenkmal geschleift, Gräber blutjung gefallener Solda-
ten der Waffen-SS in Bitburg und anderswo moralisch
besudelt. Hoheitsabzeichen von damals aus Denkmä-
lern herausgebrochen. Und, und, und!
Andere persönliche Erfahrungen mit Faschismus. In
Korsika 1943: Freiwillige der Camicie neri, der Schwarz-
hemden, an unserer Seite nach Abfall Italiens geblieben,
tapfere Soldaten.«

Im Parlament: Mein Banknachbar ist Pietro Mitolo, Chef
der MSI in Südtirol, Bewunderer Mussolinis, ein umgäng-
licher Mensch, kommt meistens in Tracht und Tiroler Hut.
Südtiroler kennen ihn anders. Für sie ist er ein italienischer
Chauvinist und faschistischer Einpeitscher. Für ihn ist und
bleibt Südtirol – er sagt immer Alto Adige – Italien. Er sagt
dies eher beiläufig, zu mir nicht aggressiv. Später lädt er
mich nach Bozen ein. Geht das? Faschisten mit menschli-
chem Antlitz! Ich besuche Mitolo nicht; wohl ist mir dabei
aber auch nicht. Aber könnte ich diesen Besuch meinen
Südtiroler Freunden vermitteln? Nein! Vor allem nicht den
Älteren! Sie haben nichts vergessen, und die Furcht ist
wieder da. Faschismus bedeutete für sie brutale Italienisie-
rung, Verbot von Tracht und Unterdrückung der Tradition, berufliche Nachteile, Gefängnis. Wo liegt die Lösung?
Ein Europa der Völker, aber auch der Regionen. Europäische Regionalisierung könnte Modellcharakter für Schlesien, Baskenland, Korsika und weitere Gebiete haben. Wir
müssen nationale Empfindlichkeiten behutsam überwinden, Kooperation ist gefordert.

Aus meinem Tagebuch (18.6.94): »Verordne mir
›Buße‹ für Zwiespältigkeiten gegenüber Südtirol und
auch wegen meiner Vorliebe für einen großen Korsen
mit Florentinerblut, Napoleon. Steige am nächsten Tag
mit meinem Leibwächter hinauf zur Hütte, wo Andreas

Hofer, der tapfere Freiheitskämpfer, gefangen genommen wurde, verraten von einem Landsmann, der später in Bayern Zuflucht fand. Als ›politischer Asylant!‹ Die bayerische Rolle zur damaligen Zeit war alles andere als eine Glanzrolle. Warum fällt mir jetzt der Name Beckstein ein?«

Sechstes Kapitel
Künstler – Frauen – Karrieristen

Rückblende: Erstes Treffen im Europäischen Parlament. Als Alterspräsident eröffnet der berühmte, über 80 Jahre alte französische Filmregisseur Claude Autant-Lara, Mitglied des Front National, die Sitzung. Erinnere mich an seine großen Filme, vor allem an »Le diable au corps« (Den Teufel im Leib) mit den filmischen Götterlieblingen Micheline Presle und Gérard Philippe. Autant-Laras Rede ist beeindruckend, enthält schwere Angriffe gegen Hollywood und den »American way of life«.

Ich notiere auf meiner Bank (24.7.89): »Aufstand kulturellen Gewissens, Bekenntnis zur europäischen Tradition. Unruhe im Saal, Unbehagen auch beim Front. Anti-Amerikanismus nicht erwünscht. Zumindest nicht in dieser Form. Verträgt sich nicht mit Antikommunismus des Front.«

Nach der Rede stehe ich demonstrativ auf und klatsche begeistert Beifall. Mißbilligende Blicke von Otto von Habsburg, den ich menschlich durchaus schätze. Beglückende Unterhaltung mit Autant-Lara. Endlich ein Künstler von Weltformat auf der rechten Seite.«

Aus meinem Tagebuch (26.7.89): »Autant-Lara wird wohl eine Eintagsfliege bleiben. Wird eine europäische Rechte jemals wieder einen Nobelpreisträger wie den Norweger Knut Hamsun, einen Poeten wie den Amerikaner Ezra Pound, den literarischen Wegbereiter einer ungeschminkten Darstellung der Schattenseiten unseres Daseins wie den Franzosen Céline zu ihren Sympathisanten zählen können? Einen Forscher wie den

*Schweden Sven Hedin? Ihr Schicksal mahnt. Der fast
taube aber geistig gesunde Greis Hamsun entmündigt,
– man lese sein erschütterndes Alterswerk »Auf über-
wachsenen Pfaden« – Ezra Pound in einem Stahlkäfig
bei Pisa wie ein Tier gefangen und den siegreichen Soldaten zur Schau gestellt, später in den USA in ein Irren-
haus verfrachtet, Vae victis!«*

Einige Wochen nach seinem Auftritt zieht sich der Re-
gisseur Autant-Lara von der politischen Bühne zurück. Der
Front National war darüber nicht unglücklich. Er half sogar mit einer finanziellen Abfindung nach, damit ein »rich-
tiger« Parteipolitiker seinen Platz einnehmen konnte. Der
Mohr hatte seine Schuldigkeit getan, der Mohr wurde
sanft und respektvoll hinauskomplimentiert. Der Abgang
war schon vor der Wahl abgesprochen gewesen. Beide
Seiten waren zufrieden. Der unberechenbare Künstler,
der sich keiner Autorität unterwerfen wollte, war mit
seinem Antiamerikanismus ein zu heißes Eisen geworden.
Autant-Lara wiederum kam zu seinem Epilog vor dem
Fallen des Vorhanges. Tusch! Wirkungsvoll in Szene ge-
setzter Abschied eines »père noble«, der in jüngeren Jahren als weltmännischer »homme aux femmes« galt, als
Frauenliebling.

Apropos Frauen im Parlament.

Links, wo der Schick sitzt, rechts, wo der Macho steht.
Vorurteil? Gewiß auch! Aber es ist was dran. Erster Eindruck: Unübersehbar die große Zahl linker Schönheiten,
insbesondere aus den mediterranen Ländern. Die Gänge
des Parlamentes gleichen zuweilen Laufstegen, auf denen
hüftschwenkend, beinahe lasziv die Sekretärinnen, Assi-
stentinnen, Dolmetscherinnen und manche Parlamenta-
rierinnen ihre modischen Einfälle zur Schau stellen, vom
knappsten Mini bis zum demonstrativ getragenen Sari.

Verbeugung vor der Dritten Welt. Und sooo sanft! Bis man sich auf Diskussionen einläßt, wenn diese einem Rechten überhaupt huldvoll gewährt werden. Dabei zeigt sich, daß manches Madonnengesicht Haare auf den Zähnen hat und aus schön geschwungenen Lippen Gift und Galle spritzt. Spöttischer Kommentar eines Freundes im Front National: »Wir sind und bleiben halt die Ewig-Gestrigen. Unser Idol ist die Jungfrau von Orléans. Sie trug einen Brustpanzer, die Linken tragen nicht einmal einen Büstenhalter und treten für die Abtreibung ein. Erlaubt ist, was gefällt.« Im übrigen: Manche Frauen werden den Linken wieder Adieu sagen, wenn die Rechte erfolgreicher ist. Macht und Eros! Noch verkauft sich die Rechte schlecht. Aber die wahrhaft Reaktionären sind eigentlich die Linken. Die Spießer sitzen heute in den Gewerkschaften.

Einmal gelingt es mir sogar, eine linke Schönheit zu einem Rendezvous zu überreden. Die Dame hatte es mir erst gewährt, als sie erfahren hatte, meine erste Frau wäre eine ungarische Halbjüdin gewesen. Dies galt ihr als Legitimation für meine Menschlichkeit. Aber aus dem Rendezvous wird trotzdem nichts. Ich komme zu spät, habe mich in den Gängen des Gebäudes verlaufen. Schuld gebe ich dem Architekten des Europaparlamentes. Er scheint bei seiner Planung an eine Ritterburg mit einem ausgeklügelten Höhlensystem gedacht und die Parlamentarier als Leute gesehen zu haben, die in ihrer Jugend in Pfadfinder-Organisationen waren.

Nicht wenige Damen und Herren Abgeordnete hatten diese Orientierungsschwierigkeiten allerdings nicht. Sie fühlten sich schon sehr bald in Straßburg »zuhause«. Sie nächtigten in ihren Büros, sparten sich auf diese Weise die Hotelkosten. Bei einem Tagessatz von DM 340,- konnten sie so in einer Parlamentswoche von fünf Tagen ein schönes Sümmchen auf die hohe Kante legen. Diese Spar-strumpf-Mentalität wird natürlich vor den Wählerinnen und Wählern zuhause sorgsam verborgen gehalten. Der findige »König der Abzocker« war ein französischer Abgeordneter, der unentgeltliche Schlafwagenfahrten dem Büro vorzog (Abgeordnete haben ja Freifahrtscheine der Bahn, erster Klasse selbstverständlich). So kam er jeden Abend zu einem frisch überzogenen Bett und einer kostenlosen Bedienung. Dieses Spesenrittertum zieht sich quer durch alle Parteien, durch konservative, liberale und progressive, rote, gelbe, schwarze und grüne.

Aus meinem Tagebuch (13.6.94): »Habe eben gehört, daß Nana Mouskuri für die griechische Linke ins gegenwärtige Europäische Parlament gewählt wurde. Sie ist mir neben Edith Piaf die liebste Chansonière: Elegische Süße, gebrochene Gefühle. Klingt kitschig, ich weiß! Warum es aber trotzdem nicht sagen? Was heute Kitsch ist, kann morgen Kunst sein und umgekehrt. Unsere Kulturpäpste in den Feuilletons bestimmen dies ex cathedra.

Ein innerer Zwiespalt macht mir während meiner ganzen politischen Tätigkeit zu schaffen: Weltoffenheit einerseits und Eingehen auf die Haltung gutwilliger, aber in provinzieller Enge verharrender Parteifreunde andererseits. Aber ich sollte ihnen dies nicht vorwerfen. Sind sie nicht Produkte einer Erziehung, die das Ich-Gefühl anstelle des Wir-Gefühls gesetzt hat? Die BILD-Zeitung zeigt Wirkung. Bei mir klaffen Kür und Pflicht auseinander. Hätte manchmal lieber nächtelang über moderne Literatur und klassische Opernmusik geplaudert, als über die nächsten Veranstaltungen und personelle Probleme. Kann dabei der selbstkritischen Frage nicht ausweichen: Trifft auf Dich zu, was Schnitzler einst geschrieben hat: »Die Sentimentalität ist das Alibi der Hartherzigen«? Schließe einen inneren Kompromiß: Es stimmt – zur Hälfte!«

Immer mehr zeigt sich die geringe politische Kompetenz und geistige Potenz der Partei in weiten Teilen ihrer Führungsspitze. Sie lebt vorwiegend vom Protest. Mein Versuch einer Intellektualisierung der Partei scheitert. Zwar findet mein Auftreten bei studentischen Verbindungen viel Beifall, aber der neugegründete »Republikanische Hochschulverband« findet keinen Kontakt zur Basis. Den nichtakademischen Mitgliedern ist die Sprache der neuen Parteimitglieder zu hochgestochen, ihr Auftreten wenig kameradschaftlich. Der Verband verschwindet so schnell, wie er gekommen ist. Was fehlt, ist eine produktive Mitte des gesunden Menschenverstandes.

Der trotzdem fortschreitende Aufstieg der Partei zeitigt nicht zu übersehende negative Begleiterscheinungen. Die Karrieristen beginnen, die Idealisten der Gründerzeit zu verdrängen. Insbesondere nach unserem parlamentarischen Durchbruch bei den Berliner Abgeordnetenhauswahlen am 29. Januar 1989 kommt es zu einer Flut von Neuaufnahmen. Dabei wäre die Wahlteilnahme beinahe gescheitert. Einige Mitglieder des Bundesvorstandes hielten uns für chancenlos. Sie waren auch dem damaligen stellvertretenden Berliner Landesvorsitzenden Bernhard Andres böse, weil er beim Parteitag auf Schloß Hambach am 17. Juni 1988 quasi im Alleingang die Wahlteilnahme angekündigt hatte. Ich mochte den quirligen Polizeibeamten und sprang ihm bei. Nachdem Vorstandsmitglieder Zweifel angemeldet hatten, ob der nur 189 Mitglieder starke Berliner Landesverband überhaupt die geforderten 4200 Unterschriften zusammenbringen könnte, machte der Bundesvorstand seine Zustimmung vom Stand der

Unterschriftensammlung abhängig. Andres und ich ließen uns einen Trick einfallen. Ich beorderte Andres zur Vorstandssitzung nach Nürnberg und trug ihm auf, in einer Schachtel die Unterschriftenlisten mitzunehmen. Da er die geforderte Anzahl noch nicht beisammen hatte, stopften wir kurzerhand den Schachtelboden mit Zeitungspapier aus und legten die vollen Listen darauf. Die Schachtel wirkte randvoll. Die Teilnehmer der Sitzung waren beeindruckt, die Wahlteilnahme wurde beschlossen.

Und es begann ein Wahlkampf, wie ich ihn weder vorher noch nachher wieder erlebt habe. Wir bohrten uns förmlich in das Bewußtsein der Bevölkerung. Morgens bei Arbeitsbeginn standen unsere Leute vor den Fabriktoren und verteilten Werbematerial. Unsere von Kettenrauchern verräucherte Wahlkampfzentrale war nahezu rund um die Uhr besetzt. Wir verengten unsere Themen bewußt auf nationale und soziale Belange. Der Höhepunkt der Kampagne war die Abschlußkundgebung im Berliner ICC. Der Zufall wollte es, daß dort zur gleichen Stunde Willy Brandt im daneben liegenden Raum sprechen sollte. Jetzt gerieten wir voll in das Fadenkreuz der Berliner Antifa-Szene. Von meinem Eintreffen in Berlin bis zum Abflug wurde ich von vier, teilweise sogar sechs Personenschützern unentwegt bewacht. Die Fahrt zum ICC glich einer Geisterfahrt. Überall waren die Straßen blockiert. Etwa 10.000 Demonstranten lieferten sich erbitterte Auseinandersetzungen mit der Polizei. Dutzende von Ordnungshütern wurden verletzt, einige krankenhausreif geschlagen. Trotz allem, ich konnte sprechen. Jetzt nahmen auch Funk und Fernsehen, die uns während des Wahlkampfes totgeschwiegen hatten, von uns Notiz. Natürlich in entstellender Form. »Macht nichts«, sagte ich meinen Freunden, »wir packen es!« Als ich am Wahltag mit dem Schatzmeister Pahl von

AZ, München, 20.01.89

Bayern-Politiker sorgt für Krawalle in Berlin

Berlin – Bayerns umstrittenster Politiker sorgte im preußischen Berlin für Zoff: Wegen Franz Schönhubers rechtsextremen „Republikanern", die bei der Berlin-Wahl antreten, kam es dort in der Nacht zum Donnerstag zu Krawallen. Im Steinhagel von Demonstranten gegen eine „Republikaner"-Kundgebung wurden 95 Polizisten verletzt. Wie viele Demonstranten von Schlagstöcken und Tränengas getroffen wurden, ist nicht bekannt.

Vorwürfe gegen die Polizei richtete ein Sprecher der Berliner Schülervertretung. Die Beamten hätten sich gegenüber den meist jungen Demonstranten aggressiv und brutal verhalten. Für die friedlichen Kundgebungsteilnehmer sei es kaum möglich gewesen, dem Polizeikessel zu entkommen.

Einer der Gründe für die Demonstration: die ausländerfeindlichen Wahlspots der Rechtspartei, die der Sender Freies Berlin nach einer Gerichtsentscheidung ausstrahlen muß. In dem Spot werden Bilder von spielenden Ausländerkindern mit der Melodie „Spiel mir das Lied vom Tod" unterlegt.

Mit Wasserwerfern ging die Berliner Polizei gegen 4500 Demonstranten vor, weil ein paar von ihnen mit Steinen warfen. Die meist jungen Leute waren gegen ein Treffen der rechtsextremen und ausländerfeindlichen „Republikaner" auf die Straße gegangen. Dabei gab es Verletzte auf beiden Seiten – zum Beispiel der junge Demonstrant auf unserem Foto, der von einem Polizeiauto angefahren wurde und jetzt schwer verletzt in einem Berliner Krankenhaus liegt.
Fotos AP

Brandt: Ein guter Deutscher kann nicht sein, wer sich der Versuchung des Nationalismus hingibt

Willy Brandt vor 5000 Zuhörern im ICC bei der Wahlkundgebung seiner Partei

Berlin, 19. Januar holy Während vor dem ICC die Krawalle tobten, hielt Willy Brandt, der Ehrenvorsitzende der SPD, hinter verschlossenen Türen eine Wahlkampfrede – wegen der Zwischenfälle hatten Ordner den Eingang zum ICC gesperrt.

Vor rund 5000 Zuhörern sagte Brandt im Hinblick auf die „Republikaner", es sei das Recht der Deutschen, sich für nationale Interessen einzusetzen. Aber ein „guter Deutscher" könne nicht sein, „wer sich der Versuchung des Nationalismus hingibt".

Brandt sagte auch, daß die SPD in Berlin wieder stärker werden müsse.

„damit an ihr nicht vorbeiregiert werden kann".

Zum Thema Waffenexporte der Bundesrepublik meinte der ehemalige Bundeskanzler: Ich bin für strikte Einschränkung der Waffenexporte, nicht für immer mehr Ausdehnung.

Berlins SPD-Chef und Spitzenkandidat Walter Momper über die Republikaner: Rechtsextremisten dürfen in Berlin politisch nie wieder einen Fußbreit Boden bekommen.

Im Hinblick auf die Berlin-Wahl am 29. Januar sagte Momper: Die Machtfrage stellt sich nicht bei den Republikanern sondern bei der CDU.

Die SPD müsse wieder die bestimmende Kraft werden, sagte Momper.

BZ, Berlin 19.01.1989

47

95 Polizisten in Berlin verletzt

Demonstranten demolieren Geschäfte und Streifenwagen

Berlin (Reuter/dpa/AP) – Bei einer gewalttätigen Demonstration gegen die Partei der Republikaner sind am Mittwochabend in Berlin nach Zusammenstößen mit der Polizei acht Personen festgenommen worden, fünf wegen Sachbeschädigung und drei wegen Landfriedensbruchs. Wie ein Polizeisprecher am Donnerstag weiter mitteilte, wurden 95 Polizeibeamte verletzt. Einige hätten durch Steinwürfe schwere Gesichtsverletzungen erlitten; elf Beamte hätten ins Krankenhaus gebracht werden müssen. Auch auf seiten der Demonstranten hat es nach Augenzeugenberichten durch Tränengas und durch Schlagstockeinsatz Verletzte gegeben. Deren Zahl wollte keine Seite nennen; Sanitäter schätzten die Zahl auf 40 bis 45. Unter den Opfern ist ein junger Mann, der von einem Streifenwagen angefahren wurde.

Vor dem Internationalen Congress Centrum, in dem gleichzeitig 3000 bis 5000 Sozialdemokraten und in einem anderen Saal etwa 500 Anhänger der Republikaner eine Wahlkampfkundgebung veranstalteten, haben der Polizei zufolge Demonstranten die Polizei mit Steinen beworfen und versucht, die Absperrungen zu durchbrechen, um in den Saal der Republikaner zu gelangen. Daraufhin seien Wasserwerfer und Tränengas eingesetzt worden. In der Umgebung des ICC sei der Sachschaden erheblich. Gewalttäter hätten an sechs Geschäften die Scheiben zerstört und herbeigerufene Funkwagen demoliert.

Der Sprecher der Landesschülervertretung, Thymian Bussemer, bezeichnete das Vorgehen der Polizei gegen die 6500 meist jugendlichen Demonstranten als „aggressiv" und „brutal". Für die friedlichen Teilnehmer sei es kaum „schwer möglich gewesen, aus dem von den Polizisten gebildeten Kessel zu entkommen.

Die Wahlkampfrede des Bundesvorsit-

zenden der Republikaner, Franz Schönhuber, wurde trotz scharfer Einlaßkontrollen immer wieder von Protestrufen und Pfiffen unterbrochen. SPD-Anhänger drangen aus dem benachbarten Saal mit Transparenten wie „Nazis raus" vor. Ein Besucher hatte sich im Saal an einem Geländer angekettet und beschimpfte Schönhuber als Nazi. Aus dem Publikum schallte es „Rote Sau, raus" Bei der Kundgebung der SPD warnten der Ehrenvorsitzende Willy Brandt sowie der Landes- und Fraktionsvorsitzende Walter Momper vor einer „Gefahr von rechts".

Gericht: SFB muß Werbespot der Republikaner ausstrahlen

Das Berliner Verwaltungsgericht hat den Sender Freies Berlin (SFB) verpflichtet, am Donnerstag im Vorabendprogramm den am 2. Januar erstmals ausgestrahlten Wahlspot der Partei erneut zu senden. SFB-Sprecher Peter Kröger teilte mit, der Sender habe den Beitrag nicht noch einmal ausstrahlen wollen, weil damit der öffentliche Frieden gestört und möglicherweise auch der Tatbestand der Volksverhetzung erfüllt werde. In dem Spot werden Bilder von spielenden ausländischen Kindern, von Rauschgiftsüchtigen und von „Automnomen", gezeigt und durch die Melodie „Spiel mir das Lied vom Tod" untermalt.

Nach Meinung der Verwaltungsrichter kann der SFB die Sendung des Spots nur ablehnen, wenn der Inhalt gegen Strafgesetze verstoße. Dies sei „mit hoher Wahrscheinlichkeit" aber nicht der Fall. Ferner sei nach der Rechtsprechung des Bundesverfassungsgerichts das Recht der Parteien auf Verbreitung derartiger Werbespots „sehr hoch anzusiedeln". Kröger zufolge wird der SFB auf Rechtsmittel gegen die Gerichtsentscheidung verzichten.

BERLIN (AP/dpa) Im Steinhagel von Randalierern sind am Mittwoch abend in Berlin 95 Polizeibeamte verletzt worden, elf von ihnen so schwer, daß sie ins Krankenhaus gebracht werden mußten. Wie die Berliner Polizei am Donnerstag mitteilte, wurden sieben Personen festgenommen. Zu den Ausschreitungen kam es am Rand einer Protestkundgebung gegen die Teilnahme der rechtsgerichteten „Republikaner" an den Wahlen zum Berliner Abgeordnetenhaus. Das Verwaltungsgericht Berlin hat den Sender Freies Berlin (SFB) verpflichtet, den von den „Republikanern" eingereichten Fernseh-Wahlwerbespot auszustrahlen. Der Spot zeigt unter anderem, musikalisch unterlegt mit der Melodie „Spiel mir das Lied vom Tod", Szenen von spielenden Ausländerkindern. Die Kammer begründete ihre einstweilige Anordnung mit dem Hinweis auf die Rechtsprechung des Bundesverfassungsgerichts, nach der öffentlich-rechtliche Sendeanstalten die Ausstrahlung solcher Wahlspots nur ablehnen dürfen, wenn der Inhalt als offenkundiger Verstoß gegen Gesetze anzusehen sei.

BERLIN (AP) – Im Steinhagel von Demonstranten gegen eine Wahlkundgebung der rechtsgerichteten Republikaner sind am Mittwoch abend in Berlin 95 Polizeibeamte zum Teil schwer verletzt worden.

Elf von ihnen mußten nach Angaben eines Polizeisprechers zur Behandlung in nahegelegene Krankenhäuser gebracht werden. Über die Zahl der durch Schlagstockeinsatz und Tränengas zum Teil schwer verletzten Demonstranten wurden keine Angaben gemacht. Unter den Opfern war auch ein junger Mann, der von einem Polizeifahrzeug angefahren und schwer verletzt wurde. Er mußte ebenfalls in ein Krankenhaus eingeliefert werden. Wie die Polizei berichtete, wurden acht Personen festgenommen. Fünf von ihnen seien wegen Sachbeschädigung angezeigt und wieder auf freien Fuß gesetzt worden, während drei seien wegen Landfriedensbruchs verhaftet worden. Die von mehreren linksorientierten Gruppen veranstaltete Protestkundgebung gegen die Teilnahme der Republikaner an der am 29. Januar stattfindenden Wahl zum Berliner Abgeordnetenhaus wurde nach Polizeischätzungen von 6500 Menschen besucht.

![AZ] leserbriefe *Münchener "Abendzeitung"*
26. Jan 89 Seite 13

Terror gegen Grundrechte

Zu: „Bayern-Politiker sorgt für Krawalle in Berlin" (AZ 20.1.).

Dieser Artikel in der ansonsten geschätzten AZ berührt schmerzhaft: Dies im wahrsten Sinne des Wortes. Was da am 18. 1. 89 bei „Demonstrationen" gegen die Republikaner in Berlin ablief, war kein bayerisch-preußisches Folklore-Festival, sondern eine todernste Angelegenheit. Es war ein blindwütiger Terroranschlag auf demokratische Grundrechte. Die Meute der über 7000 Demonstranten setzte sich zusammen aus Gewerkschaftlern, Jusos, AL,

Grünen, Kommunisten und Autonomen. Die Volksfront marschierte! Mein Dank gilt den Polizisten, meine Verachtung den Chaoten!

Franz Schönhuber, München 22

Danke, liebe AZ, für die kostenlose REP-Propaganda. Der Artikel ist so verfaßt, als wären die Republikaner die Rädelsführer der Krawalle. Im ganzen Bundesgebiet kann die als demokratische Partei der Mitte anerkannte politische Organisation ungestört ihre Versammlungen abhalten, nur nicht

in Berlin. Zu den Krawallmachern gehörten zum größten Teil Ausländer und Autonome. Als linksextreme Boulevardzeitung werden Sie jedoch kaum den Mut haben, diesen Leserbrief zu veröffentlichen.

Hermann Sterner, München 21

Hannover nach Berlin flog, wurde mir im Flugzeug übel. Die letzten Tage und Nächte waren für Körper und Nerven zuviel gewesen.

Wahltag: Republikaner ziehen mit 7,5 Prozent, das heißt mit 11 Abgeordneten in das Abgeordnetenhaus von Berlin ein. Vor dem Schöneberger Rathaus marschiert der rote Pöbel auf. Man spricht von 15.000 Demonstranten. Die mir inzwischen auch menschlich zugetanen Sicherheitsbeamten raten mir von einer Fahrt in die Fernsehstudios im Rathaus ab. Wir wagen es trotzdem. Meinem Freund Andres und mir schlägt beim Betreten des Rathauses ein Haß entgegen, wie ich ihn bis dahin noch nicht erlebt hatte. Die Personenschützer kämpfen uns mühselig den Weg zu den Kameras frei. Wir werden getreten und bespuckt.

Am nächsten Tag überall in Berlin Graffitis: »Kein Reich, kein Volk, kein Schönhuber«.

Ich nahm dies alles kaum wahr. Erst in den Morgenstunden waren wir von einer buchstäblich freudetrunkenen Schiffahrt auf der Havel ins Hotel zurückgekehrt. Auf dem Schiff hatten wir so laut gesungen, daß ich schon befürchtete, die von uns ausgetricksten Chaoten würden uns doch noch finden. Zur Tarnung hatten wir falsche Ab- und Anfahrtszeiten angegeben. Von Hellmut Diwald erhalte ich einen Brief (siehe nächste Seite.)

Berlin war für mich eine Art Schicksalsstadt, führte zu wesentlichen Einschnitten in meinem Leben. In Berlin-Lichterfelde absolvierte ich meine Rekrutenzeit als Soldat der »SS-Leibstandarte Adolf Hitler«. Als Angehöriger eines Truppentransportes in den Osten sah ich die schwer zerstörte Stadt wenige Wochen vor Kriegsende. In Berlin wurde mir aber auch bewußt, was mich als Vorsitzender

HELLMUT DIWALD 87 WÜRZBURG MITTL. NEUBERGWEG 16 T 0931/7.36.95

29. 1. 84

Franz,

überrascht bin ich nicht –
nur irre vor Freude und
unheimlich stolz auf
Dich.
Wenn Du Dich jetzt nicht
erholst für 1990, bist Du
ein Idiot. Das hätten
Deine Freunde nicht ver-
dient. Jetzt bist Du schier
unendlich mehr als eine
(die einzige) Hoffnung!

Dein Hellmut

der Republikaner erwartete: Gnadenlose Jagd, Gefahr an Leib und Leben. Über den Zusammenstoß mit Chaoten bei meinem ersten öffentlichen Auftreten in Berlin am 14. Juli 1987 vor dem Hauptportal des Reichstages schrieb der Korrespondent der »Frankfurter Allgemeinen Zeitung«, Ralf Georg Reuth:

»Sprechchöre wie ›Nazis vertreiben, Ausländer bleiben‹ und ›Es lebe die internationale Solidarität‹ lösen einander ab. Schon kommt es zu einem Handgemenge. Die Verstärkeranlage wird zerschlagen, das Rednerpult umgestürzt. Die Polizei zieht auf und versucht, Autonome und Republikaner auseinanderzudrängen. Im Sprechchor ertönt: ›Deutsche Polizisten schützen die Faschisten‹. Es kommt zu Übergriffen der Autonomen gegen die Polizei. Fünf Randalierer werden festgenommen, unter ihnen ein gesuchter Straftäter. Schließlich gelingt es den Beamten, sich zwischen beide Parteien zu schieben.

Schönhuber, der im Gesicht blutet, will dennoch nicht auf eine Rede verzichten. In ein Megaphon schreit er dem nunmehr skandierten ›Wir kriegen Euch alle‹ entgegen, daß die Republikaner das nächste Mal mit tausend und das übernächste Mal mit zehntausend kämen. Hier vor dem Reichstag beginne der Weg zur ›Eroberung der Hauptstadt‹. Und diese bleibe für die Republikaner Berlin und nicht Bonn.«

Berlin wurde Hauptstadt. Uns Republikanern gelang ein Etappensieg, der endgültige Durchbruch aber nicht.

Schuld daran ist das alte Dilemma der Rechten: Kabalen, Querelen, Richtungskämpfe. Wie gewonnen, so zerronnen. Allmählich bröckelte die Fraktion. Es zeigte sich wieder einmal: Erfolge zu erringen ist leichter als sie zu bewahren. Sicher ist, daß jede Anpassung oder Aufweichung der Programmatik nicht zur Bewahrung des Erfolgs beiträgt.

Eine Genugtuung blieb mir nach dem Berliner Triumph: Heinrich Lummer, der sich zweimal zuvor mit mir zu Sondierungsgesprächen getroffen hatte, – einmal in der Wohnung eines Berliner Parteifreundes und einmal in meiner Münchner Wohnung – aber auf Drängen seiner Parteifreunde kurz vor der Wahl eine Kehrtwendung gemacht und die Parole ausgegeben hatte, jede Stimme für die Republikaner sei eine Stimme für den Gully, hatte nicht recht bekommen. Trotzdem trage ich Heinrich Lummer nichts nach. Auf ihn trifft die Charakterisierung national und konservativ zu.

Bemerkung am Rande: Eine der gepanzerten Limousinen, mit der ich durch Berlin gefahren wurde, stand normalerweise dem damaligen Vorsitzenden des Zentralrates der Juden in Deutschland, Heinz Galinski, zur Verfügung.

Wie auch immer: Berlin war ein bundesweites Signal. Es konnte nicht mehr überhört werden. Einer tat es und machte sich lächerlich, wie in der FAZ zu lesen war: »Der Abgeordnete Josef Hollerith, im Dienste der CSU in Bonn, weiß jetzt, was ein Wechselbad der Gefühle ist. Als er in München ins Flugzeug stieg, um nach Bonn zu eilen, wurde er in der Maschine mit Beifall empfangen, was sein Herz gar sehr wärmte. Bis er feststellen mußte, daß dieser Beifall nicht ihm, sondern Franz Schönhuber galt, der nach ihm ins Flugzeug gekommen war.«

Auch in der Partei kommt es nun zu Veränderungen. Der jetzige REP-Bundesvorsitzende Dr. Rolf Schlierer, der kurz vor der Landtagswahl in Baden-Württemberg 1988 ausgetreten war, weil er für sich keine Chancen mehr sah, entdeckt nach Berlin erneut seine »Liebe« zur Partei und trat wenig später wieder ein.

Aus meinem Tagebuch (19.4.95): »Unser ›Paradepferd‹, der langjährige SPD-Oberbürgermeister von

Würzburg, Dr. Klaus Zeitler, tritt auf dem Höhepunkt unserer Erfolge bei uns ein und drei Jahre später, als die Partei am Boden liegt, im April 1995 wieder aus. Er hatte Angst, daß ihm die Ehrenbürgermeisterwürde aberkannt würde. Kommentar eines Parteifreundes: ›Da hat der »Alte« anders gehandelt. Als der damalige bayerische Innenminister Dr. Stoiber die Partei verfassungsfeindlich nannte, gab Schönhuber den ihm von Ministerpräsident Dr. Alfons Goppel verliehenen Bayerischen Verdienstorden zurück‹. Ich freue mich über diese Äußerung.«

Ältere Parteifreunde erinnern sich an die »Märzenveilchen« oder die »Märzgefallenen« von 1933, die sich nach der endgültigen Etablierung der Nationalsozialisten den neuen Machthabern an den Hals warfen. Zu uns kamen vor allem jene, deren Karriereträume bei den Etablierten nicht in Erfüllung gegangen waren. Der Zuspruch wurde noch größer nach den gewonnenen Europawahlen von 1989, als die FAZ schon mal andeutete, man könne sich den »Law and Order«-Mann Schönhuber vielleicht sogar als Bundesinnenminister vorstellen. Diese Rolle spielt jetzt Bundesinnenminister Kanther. Sie soll zur Beruhigung der Rechten in der Union dienen. Überzeugt hat Kanther in dieser Rolle nicht. Auch er segelt im Winde des Zeitgeistes.

Prof. Carl Zimmerer, renommierter Unternehmensmakler und Chef der Interfinanz, lud mich zur »Herrenrunde« in den noblen Düsseldorfer Industrieclub zum Vortrag ein. Statt der normalerweise rund 50 Gäste kamen mehr als 100 Personen. Geldspenden, leider nicht in astronomischer Höhe, waren die Folge.

Die »Quick« brachte ein sensationelles Interview mit Gerhard Löwenthal. In der Einleitung heißt es: »Diskret vermittelt Gerhard Löwenthal, Galionsfigur der Rechten, zwischen dem Kanzler und Schönhuber«. Und dann kam jener Aufsehen erregende Satz des Fernsehmannes Löwenthal:»Wenn sich der ehemalige verfolgte deutsche Jude Löwenthal neben den ehemaligen SS-Mann Schönhuber stellt, dann hat sich die politische Landschaft total verändert.«

Die politische Landschaft hat sich nicht verändert, dafür aber die»Quick«; sie ging ein, machte pleite.

Namhafte konservative Professoren, Publizisten und Journalisten bekunden in privaten Gesprächen stets ihre Sympathie für unsere Sache; aber sie trauen sich nicht aus der wirtschaftlich abgesicherten Deckung und der gesellschaftlichen Anerkennung heraus. Aber was noch entscheidender ist: Ein Auftreten bei Kongressen der Industrie, bei Stiftungen bringt ihnen hohe Honorare; ein Eintreten für uns brächte sie – gesellschaftlich und beruflich gesehen – um Kopf und Kragen. Dafür ein Beispiel. Als bekannt wird, daß der Mitarbeiter der CDU-Zentrale, dem»Konrad-Adenauer-Haus«, und spätere Chef der Öffentlichkeitsarbeit im Bayerischen Rundfunk, Franz Mödl, an unserem Parteiprogramm mitgearbeitet und mit mir Verhandlungen über den Posten eines Generalsekretärs geführt hatte, entging er mit knapper Not einem Rausschmiß und verschwand in der Versenkung, wo er jedoch immer noch gut leben dürfte.

Als die Kurve unseres Aufstieges abflacht, machen sich die»Sympathisanten« auf die Suche nach einer»Neuen Rechten«, die kein Ziel mehr für die»Faschismus-Keule« abgeben könnte. Mit diesen ständigen Neuerfindungen läßt man jedoch nur wertvolle Zeit verstreichen, statt politisch sinnvoll zu arbeiten.

Lange saßen sie im elfenbeinernen Turm. Jetzt, da ein mildes Frühlingslüftchen von der Straße des Erfolges rechter Parteien aus ganz Europa in ihre Turmzimmer strömt, wagen sich einige »Neurechte«, vorsichtig nach allen Seiten witternd, ins Freie. Im Gegensatz zu Historikern wie Nolte oder dem verstorbenen Diwald, die stets, wenn auch aus unterschiedlichen Motiven, dem Zeitgeist die Stirn geboten hatten, bleibt abzuwarten, wie groß das Standvermögen mancher »Neuer« sein wird. Noch bescheinigen sie sich gegenseitig Heldenmut, daß sie ein paar Luftlöcher in den linken Zeitgeist hineingeschrieben haben. Allerdings, nichts wollen sie zu tun haben mit jenen Zeitgenossen, die ihr rechtes Denken auf die Straße und von Haus zu Haus tragen, die sich schlagen und treten lassen, nachts unter Lebensgefahr Plakate aufhängen. Klar, die Verbindung mit diesen »streetworkern« könnte ihnen ja den Zutritt zu den politischen Salons versperren, wo sie sich wie Exoten bestaunen und vorführen lassen. Das Establishment weiß, daß sie ungefährlich sind, Zierfische unter Polit-Haien und Kraken. Das gilt nicht für alle, aber doch für die meisten.

Siebtes Kapitel
Zitelmann kommt!

Der inzwischen bekannteste »Neue Rechte« heißt Rainer Zitelmann. Ich hatte mit Interesse seine historischen Abhandlungen über das Dritte Reich gelesen. Sie fielen aus dem Rahmen der bislang praktizierten Volkspädagogik und den damit verbundenen Falschdarstellungen und Gehässigkeiten. Mein Interesse steigerte sich, als ich erfuhr, daß er von links her zu seinen jetzt eher rechten Positionen gekommen war. In der 68-er Zeit war er Maoist gewesen. Das galt damals in bestimmten Kreisen als »in«, nicht nur in intellektuellen. Ich verweise auf den Fußballstar Paul Breitner, der aus der Mao-Bibel zitierte und gleichzeitig die hohen Gagen des spanischen Kapitalistenclubs »Real Madrid« kassierte.

In Gesprächen mit meinem damaligen Verleger Dr. Herbert Fleißner hörte ich heraus, daß er an Zitelmann sehr interessiert sei. Bei seiner guten Witterung für sich anbahnende Entwicklungen war ich nicht überrascht, als ich erfuhr, daß Zitelmann seine Position bei der »linken« Freien Universität Berlin aufgegeben hatte und zum Ullstein-Verlag gewechselt war. Hier betreute er nicht unbedingt spannend zu lesende, aber um Differenzierung geschichtlicher Abläufe bemühte Bücher, sowie eine Reihe aktuell politischer Publikationen, von denen die meisten allerdings schon überholt waren, bevor sie auf den Markt gelangten.

Eines Tages flatterte ein Schreiben des Ullstein-Verlages auf meinen Schreibtisch, worin Zitelmann um Zusammenarbeit bat. Er schlug vor, ein Streitgespräch zwischen

56

bekannten Exponenten der Linken und mir unter seiner Moderation in Buchform zu publizieren. Ich sagte zu. Als ich meinem Verleger davon erzählte, verfiel er nicht gerade in Begeisterung.

Als ersten Linken faßte Zitelmann »Joschka« Fischer ins Auge. Dem paßte dies nicht in sein politisches Gesichtsfeld. So ein Gespräch sei nicht vermittelbar, meinte laut Zitelmann der Grüne Fischer. Er lehnte also ab. Dann wollte Zitelmann an Cohn-Bendit herantreten. Da stellte sich der Verleger quer. Mein Vorschlag wäre Henryk Broder gewesen. Ich hielt ihn für den eloquentesten und kundigsten aller in Aussicht genommenen Partner. Aber dazu kam es nicht mehr. Ich spürte, daß ich trotz seiner permanenten Freundschaftsbekundungen für den Verleger immer mehr zu einer heißen Kartoffel geworden war. Es wurde in der Tat auch für ihn immer schwieriger, den Spagat zwischen weiterer gesellschaftlicher Akzeptanz und der Herausgabe »rechter« Bücher zu bewältigen. Seine Partner beim Springer-Verlag, aber auch Mitglieder seiner Familie, die gesellschaftliche Ausgrenzung befürchteten, setzten ihm immer mehr zu. Zunächst leistete er hinhaltenden Widerstand – aber der wurde schwächer. Da half es kaum noch, daß sein Spitzenautor, der Israeli Ephraim Kishon in wahrer Nibelungentreue zu ihm stand und noch steht. Übrigens mit Fairness auch zu mir. Im Gegensatz zu vielen, die mein Buch »Ich war dabei« ohne es gelesen zu haben, verurteilten, kannte Kishon jede Zeile und verteidigte mich unentwegt gegen den Vorwurf, ein »Nazi-Buch« geschrieben zu haben.

Trotz spürbarer Verschlechterung des politischen Klimas in Deutschland – die unqualifizierten Angriffe gegen rechts nahmen zu – gelang Zitelmann erstaunlicherweise ein weiterer Karrieresprung. Er wurde in der »WELT« verantwortlicher Redakteur der wöchentlichen Beilage »Geistige WELT«. Aber nicht für lange. Er stolperte am Ende über »Schindlers Liste«, das heißt über eine in der »Geistigen WELT« erschienene Filmkritik. Autor war der Top-Journalist Will Tremper, einer der besten Filmkenner der Welt des Films und am Rande auch noch Zeitzeuge jener Epoche, war er doch Kriegsberichter bei der Waffen-SS gewesen. Allerdings nur gegen Kriegsende. Tremper wagte kritische Anmerkungen zu »Schindlers Liste« und wies auf historische Ungenauigkeiten hin. Ein Sturm der Entrüstung brach im Springer-Verlag los. Er blies Zitelmann aus seinem Chefsessel. Mit ihm mußten auch seine Getreuen das Feld, das heißt die Schreibtische, räumen.

Zitelmann hätte daran denken müssen, daß man jene Klausel in einem Springer-Vertrag, die es verbietet, gegen die Interessen Israels zu schreiben, so eng wie möglich auslegen müsse. Übrigens, eine wohl einmalige Klausel, die den journalistischen Freiraum einengt oder zur Camouflage zwingt. Was würde man wohl sagen, wenn ein Verlag auf die Idee käme, es vertraglich zu untersagen, gegen die Interessen Deutschlands zu schreiben? Fortan sitzt Zitelmann nun in einer Art redaktioneller Isolierstation. Er bekommt weiter Geld, aber zu sagen, das heißt zu schreiben hat er nichts mehr. Ganz fallen läßt ihn der Verlag nicht. Dafür sorgt der Medienpapst Kirch und seine einflußreichen verlängerten Medienarme wie Chefredakteur Heinz Klaus Mertes in SAT 1 oder der Münchner Report-Leiter Andreas Bönte, der über die CSU-Karriereleiter nach oben geklettert war.

Zitelmann stellte sich auf die neue Situation ein. Mich bat er, ihn nicht mehr direkt in der Redaktion anzurufen, sondern höchstens verschlüsselt, am besten aber über seine Geheimnummer. Aus den Gesprächen konnte ich entnehmen, daß er immer mehr nach rechts rückte und das Establishment zu verachten begann, was nicht bedeutete, daß er ihm nicht weiter angehören wollte. Am meisten machte ihm wohl der drohende Verlust seines augenscheinlich hohen Lebensstandards mit Sportwagen und schicker Wohnung zu schaffen.

Ich telefonierte gerne mit ihm, wenn auch mit zunehmend ironischer Distanz. Die Urteile, die er über neurechte Politiker abgab, fand ich treffend, vor allem seine Einschätzung Manfred Brunners. Nachdem er ihn einige Male »erlebt« hatte, galt er für ihn als absolutes politisches Leichtgewicht, als Schwätzer und Mann ohne politische Zukunft. Er sollte recht behalten. Selten ist ein Politiker derart zwischen Anspruch und Realität durchgefallen wie Brunner. Dabei hatte er im Gegensatz zu mir viel publizistisches Wohlwollen gefunden, zum Beispiel in der FAZ, aber vor allem beim Leitartikler der WELT, Herbert Kremp.

Einige Zeit hörte ich nichts mehr von Zitelmann, lediglich, daß er im Hintergrund bei der »Jungen Freiheit« die Fäden zöge. Umso überraschter war ich, als der Eintritt Zitelmanns und seiner Freunde in die F.D.P. bekannt wurde. Am Telefon versicherte er mir, daß dies an seiner Wertschätzung für mich und meinen Ideen nichts ändere. Aber die Stigmatisierung unserer Partei sei so groß, daß eine offene Zusammenarbeit einer Existenzvernichtung gleichkäme. Jetzt müsse man es eben bei der F.D.P. versuchen. Hier sei die Chance gar nicht so klein, das nationale Element zu verstärken. Ich verhehlte meine Skepsis nicht, meinte, der Liberalismus, ganz gleich welcher Firmierung, habe ausgespielt und das sei gut so. Fast mit Amüsement verfolgte ich dann die weiteren Aktionen Zitelmanns und seiner Freunde. Die etablierte Publizistik schoß mit Kanonenkugeln auf Spatzen. Zu meinen Freunden sagte ich, über Resolutionen kommen die nie hinaus, und Einbrüche in die sogenannte Stahlhelmfraktion der CDU werden ihr auch nicht gelingen. Da kannte ich meine schwarzen Pappenheimer zu gut. Auf sie paßt jede Kopfbedeckung, nur nicht der Stahlhelm, eher die Tarnkappe. Außerdem habe ich in der Nachkriegszeit zu oft erfahren müssen, daß militärische Tapferkeit nicht unbedingt ihre Entsprechung in der Zivilcourage findet. Denn Zivilcourage war es nun gerade nicht, was der tapfere Frontsoldat Alfred Dregger in seiner Haltung zum 8. Mai und den damit verbundenen Veranstaltungen an den Tag legte.

Zitelmann und seine Freunde werden schon nicht untergehen. Nie wurde ich die Empfindung los, daß politische Tätigkeit für sie im Bereich von Spielzeugen angesiedelt sei, die man nach Gebrauch jederzeit wegwerfen könne. Diese Neue Rechte, die sich jetzt die »Neunundachtziger« nennt, wird weniger bewirken, als die ihr wesensverwandten »Achtundsechziger«. Kokett und konsequent gingen jene damals im Establishment auf und veränderten es. Sie sind heute Richter, Staatsanwälte, Fernsehredakteure. Zitelmann und Co. wird dies wohl kaum gelingen. Ich hoffe für sie, daß der Arm ihrer Beschützer wie zum Beispiel der von Dr. Fleißner, bewegungsfähig bleibt und nicht amputiert wird. Eine Kishon-Schwalbe garantiert noch keinen dauerhaften Sommer; denn laut Fleißner ist das Klima, das Meinungsklima, nicht gut für rechte Publikationen. Verständlich, sind doch weite Teile unseres Volkes zu einer »Bild« blökenden Hammelherde geworden. Die Treiber haben Namen: links Bednarz und Pleitgen, rechts Bönisch und Mertes: »Zur Sache Kanzler«, zur Kirch-Sache natürlich, damit der unersättliche Leo noch mehr zu Fressen bekommt.

Achtes Kapitel
Glotz und Diwald

Aus meinem Tagebuch (1.3.95): »*Glotz und immer wieder Glotz! Lese in der* »*Süddeutschen Zeitung*« *einen aus seiner Feder stammenden Aufsatz unter dem Titel:* »*Gegen die Versetzung der Schiffsgeistlichen auf die Brücke*« *mit dem verdeutlichenden Untertitel:* »*Ein neues Fin de Siècle – oder die modische Flucht aus der Politik in angebliche Werte*«. *Wichtigste Stelle:* »*Noch sind die Gurus nicht erkennbar, die, ein paar Jahre nach Verbreitung solcher Gestimmtheit, dann die Konsequenz ziehen könnten. Botho Strauß, Hans Jürgen Syberberg, Alain Finkelkraut, Bernard-Henri Lévy, Susan Sontag sind ein paar Köpfe kleiner als Spengler, Klages, Scheler, Leopold Ziegler, Heidegger. Aber das ist ja kein Trost. Auch die Wiederholung der Tragödie als Farce wäre das Ende jeder europäischen Perspektive.*«

Wie recht hat Glotz in der vergleichenden Gegenüberstellung der Namen. Auf die Erwähnung eines Hans Jürgen Syberberg hätte er allerdings ganz verzichten können. Ich erinnere mich an meine Zeit im Bayerischen Fernsehen. Schon damals fiel mir die ideologische Verquastheit der Syberberg'schen Filmbeiträge auf. Elitäres Gehabe, nichts dahinter! Andreas Molau schrieb in der »Jungen Freiheit« einen erhellenden Artikel über Syberbergs Versuche an Nietzsche. Treffender Titel: »Gestylte Langeweile«.«

Was fasziniert mich an Glotz? Vor allem die gespaltene Persönlichkeit. Auf der einen Seite der hochsensible Intellektuelle, auf der anderen die Karikatur eines Massenredners. Hier der belesene Bildungsbürger, da der umtriebige

Parteifunktionär. Redet er bei Veranstaltungen, versteckt er geradezu krampfhaft den Intellektuellen: wild durch die Gegend fuchtelnde Arme, lautstarkes Gedonnere, einfache Phrasendrescherei. In dieser Rolle ist er eine krasse Fehlbesetzung. Aber: Peter Glotz ist in der SPD der einzige Intellektuelle mit geistigem Bundesliga-Format inmitten der drittklassigen Möchtegern-Intellektuellen von Verheugen, über Scharping bis zu Wieczorek-Zeul. Als Journalist und Kolumnist habe ich des öfteren mit ihm die Klingen gekreuzt. Bei den großen innerparteilichen Auseinandersetzungen in den 70er Jahren in der Münchner SPD stand er dem konservativen Flügel des damaligen Oberbürgermeisters Hans-Jochen Vogel nahe, ich fütterte dessen linke Opponenten mit journalistischen Steilvorlagen. Resultat: Lebenslange Vogel-Feindschaft.

Häufige Begegnungen mit Glotz auf Bahnhöfen und Flughäfen ließen mich vom »Glotz-Reiseunternehmen« schreiben. Kaum eine Talkshow ohne Glotz, kein Streitgespräch, keine Podiumsdiskussion. Semper idem, immer das Gleiche. Peter »Figaro da – Figaro dort!« Abnützung droht. Als Gesprächspartner oder Streitgegner ist er jedoch stets fair. Bundesweites Aufsehen erregt ein in zwei Folgen veröffentlichtes Streitgespräch in der WELT vom 31. Juli 1989 Glotz/Schönhuber. Es kommt zu Schwierigkeiten mit seiner Partei und den sogenannten Linksintellektuellen. Er steht sie mit Anstand durch und besteigt mit mir und anderen Diskutanten wie dem F.D.P.-Baum, dem Grünen Kleinert und dem CDU-Lummer sogar einen Bodensee-Dampfer, um zu diskutieren. Gesprächskapitän ist der kauzige, sich jedem ideologischen und parteipolitischen Zwang entziehende Österreicher Gerhard Nenning. Ursache der Dampferfahrt: Der legendäre Club 2 des Österreichischen Fernsehens lud mich zur Diskussion ein.

Ich befand mich bereits am Flughafen, kurz vor dem Einsteigen. Ein Telefax wird gebracht: Kommen nicht nötig, Teilnahme abgesagt! – Wieder einmal, na ja! Man gewöhnt sich daran. Hörte aus Kreisen des ORF zwei Versionen. Die eine, die CSU habe bei ihrer österreichischen Schwesterpartei, der ÖVP, interveniert; die andere, der SPD-Medien- und Kulturpapst sowie Bürgermeister von Wien, Helmut Zilk, habe die ihm noch ergebene Seilschaft aus seiner Zeit als Fernsehchef dazu gebracht, meinen Auftritt abzublasen. Große Koalition der Feigheit, und die FPÖ Haiders blieb stumm. Nenning erbost! So nicht, »Freunde«! Und er macht mit RTL die Gegenveranstaltung auf einem gecharterten Schiff. Besonderer Gag: Dreiländer Kreuzfahrt Österreich-Schweiz-Deutschland. Die Diskussion verläuft so ruhig wie die Dampferfahrt auf spiegelglattem See. Und ich merke, wie sich Glotz freut, als ich ihn den »Viktor Adler der deutschen Sozialdemokratie« nenne. Glotz ist ein »Prager-Deutscher« wie er im Buche steht, Kosmopolit, erbitterter Gegner der Nationalstaatlichkeit, sein heutiger politischer »Standort« die Toskana, Prag-Ersatz. Leben und leben lassen, passé der Klassenkampf, Genossen kommt auch von genießen. Es grünt so grün, und der Gysi ist so übel auch nicht. Glotz respektiere ich, einen halben Landsmann von ihm, den aus Mähren stammenden, verstorbenen Historiker Diwald verehrte ich.

Ja, wann habe ich Professor Hellmut Diwald, dessen Bücher ich längst kannte und schätzte, denn nun das erste Mal getroffen? Trügt mich meine Erinnerung nicht, so dürfte es 1981 gewesen sein, einige Monate vor Erscheinen meines Buches »Ich war dabei«. Ich war damals Stellvertretender Chefredakteur des Bayerischen Fernsehens und moderierte gelegentlich den »Samstags-Club«, eine

Art Talkshow. Dazu lud ich den Historiker ein, allerdings mit einem etwas mulmigen Gefühl. Es war wie stets eine »gemischte« Runde. An ihr sollte auch ein Fußball-Präsident und eine weitere Person teilnehmen, deren Name mir entfallen ist.

Zu meiner großen Freude sagte Diwald spontan zu. Eine Stunde vor Beginn der Sendung holte ich ihn am Empfang in München-Freimann ab. Vor mir stand ein mittelgroßer, schlanker sportlich durchtrainiert wirkender Mann; in dem braun gebrannten Gesicht warme, forschende Augen.

Die Sendung verlief reibungslos. Einige kurze Einwürfe während des Gespräches über Fußball zeigten, daß hier kein weltfremder Professor saß, der nur kurz sein elfenbeinernes Türmchen verlassen hatte, um in die Niederungen des Fernseh-Alltags hinabzusteigen, sondern ein modern denkender Mann, der das Tagesgeschehen auch jenseits von Politik und Wissenschaft aufmerksam verfolgte. Eine zweite Eigenschaft fiel auf: seine Bescheidenheit. Als die Rede auf den Verkauf seiner Bücher kam, die eine Zeitlang die Bestsellerlisten zierten, winkte er ab und wies auf andere Autoren hin, die seiner Meinung nach verdienstvolle Arbeit geleistet hätten. Keine Spur von dem sprichwörtlichen Autorenneid untereinander.

Diwalds Bücher auf den Bestsellerlisten waren in der Tat Fremdkörper inmitten seichter, vom Winde des Zeitgeistes getriebener und geschriebener Arbeiten zur Geschichte.

Das zentrale Gesprächsthema der Sendung hieß: Geschichte im allgemeinen und »Wallenstein«, Titel seines erfolgreichsten Buches, im besonderen. Ich verhehle nicht die Faszination, die mich bei der Lektüre des »Wallenstein« ergriffen hatte. Das Leben und Sterben dieses Feldherrn

64

und Staatsmannes war von Professor Diwald mit größter historischer Detailtreue und in einem Stil erzählt worden, der gar nicht trocken und auf gelehrten Stelzen daherkam, sondern sich spannend wie ein Krimi las. Ich bin auch heute noch der Meinung, daß Diwalds »Wallenstein« das Buch von Golo Mann, das sich ebenfalls mit dem böhmischen Edelmann beschäftigte, an Qualität weit übertrifft. Das mag unter anderem daher kommen, daß der von einer tschechischen Mutter in Südmähren geborene, in Prag und Nürnberg aufgewachsene Diwald ein größeres Einfühlungsvermögen für Land und Leute zu Wallensteins Zeiten hatte als der trockene Norddeutsche Golo Mann. Niemals ließ sich übrigens der Historiker Diwald zu jenen »volkspädagogischen« Anmaßungen verführen, die die Werke Manns wie ein roter Faden durchziehen.

Fazit der Sendung: Meine Mitarbeiter, die der Einladung zunächst skeptisch gegenüber standen, zeigten sich begeistert vom Auftreten Diwalds und seinem Vermögen, Geschichte auch »volksnah« zu erzählen. Dies schlug sich auch in den vielen Leserbriefen nieder, die die Redaktion nach der Sendung erhielt.

Nach dem Club sitzen Diwald und ich noch bei einem fränkischen Schoppen in einem Lokal im Englischen Garten zusammen. Einige Gäste, die die Sendung vorher gesehen hatten, applaudieren dem Historiker, verlangen Autogramme, die Diwald mit sympathischer Verlegenheit gibt.

Ich wollte einiges aus der Werkstatt des Historikers erfahren, trug ich mich doch damals mit dem Gedanken, meine Memoiren zu publizieren. Die erbetenen Ratschläge gab er mir bereitwillig, wenn auch mit Beimischung einer gewissen Prise freundlicher Skepsis.

Vergessen werde ich nie seinen Rat: »Wenn Sie ehrlich schreiben, kriegen Sie Ärger; wenn Sie sich anbiedern, verlieren Sie Ihre Selbstachtung.« Schon damals war seine auf bittere Erfahrungen zurückzuführende Distanz zu den Medien spürbar. Trotzdem: Mit fast ironischer Zurückhaltung erzählte er mir von den Auseinandersetzungen mit seinem Verlag nach Erscheinen des großartigen Standardwerkes »Geschichte der Deutschen«. Bei allem Understatement aber gelang es ihm nicht, die Enttäuschung darüber zu verbergen, die er durch jene Politiker, Publizisten und Historiker erfuhr, die ihn vor dem Verdammungsedikt des Verlages zu den großen Leuchten der Historikerzunft zählten. Dann aber stimmten sie eifrig in den Chor derer ein, die dieses Buch zum zeitgeschichtlichen Sündenfall stempelten. Dabei tat sich besonders der wohl von Eifersucht und Neid geprägte Stuttgarter Historiker Jaekkel hervor, der mit Diwald nicht einmal in einer gemeinsamen Fernsehrunde auftreten wollte.

Diwald hatte in seinem Werk ein bundesrepublikanisches Tabu durchbrochen. Er hatte sich nämlich an den Fakten orientiert und nicht an der Interpretation von Fakten aus heutiger Sicht. Er verurteilte schonungslos die Untaten des Dritten Reiches, insbesondere den Mord an Juden, hatte aber auch in Bezug auf Auschwitz den Mut, darauf hinzuweisen:»Man beutete eines der grauenhaftesten Geschehnisse der Moderne durch bewußte Irreführungen, Täuschungen, Übertreibungen für den Zweck der totalen Disqualifikation eines Volkes aus.«

Bei späteren Treffen verhehlte mir Diwald allerdings nicht, wie schwer ihm physisch und psychisch diese Auseinandersetzungen zugesetzt hatten, vor allem jedoch seiner Frau, die damals bereits zu kränkeln anfing.

Mein Buch »Ich war dabei« erscheint, und es kommt zu öffentlichen Auseinandersetzungen, die zu meiner rechtswidrigen Entlassung aus dem Bayerischen Fernsehen führen. Die Angriffe beginnen. Diwald schickt mir einen Brief (vgl. nächste Seite). Nun soll mein Buch auch noch als jugendgefährdend indiziert und damit unter den Ladentisch verbannt werden. Die Medien wollen nicht zur Kenntnis nehmen, daß sich namhafte Historiker und Publizisten für meine Aussagen einsetzen. Dazu gehört der hervorragende Kenner der NS-Geschichte und Zeitzeuge, der SPIEGEL-Mann Heinz Höhne. Professor Steinbuch vergleicht das Buch mit Grimmelshausens »Simplizissimus«. Der anerkannte SS-Experte Professor Dr. Hans Buchheim schreibt:»Ich habe den Text ganz gelesen und dabei in Ihren Mitteilungen über die Waffen-SS nichts entdeckt, was historisch unzutreffend wäre oder verfälschend dargestellt würde.« Der damalige Landwirtschaftsminister Josef Ertl bekundet»Respekt und Anerkennung für seinen Beitrag zu einer notwendigen offenen und ohne Heuchelei zu führenden Diskussion über einen Teil der Geschichte unseres Volkes, mit dessen Auswirkungen sich die heutige und kommende Generation ohne Beschönigungen, aber auch ohne Verzerrungen auseinandersetzen muß.« (Vergleiche »Freunde in der Not«, Seite 51). Diwald lädt mich in sein stilvoll eingerichtetes Haus nach Würzburg ein. Wir entwerfen die Abwehrstrategie und ihre Koordinierung. Inzwischen sind wir Duzfreunde geworden.

Aus meinem Tagebuch (4.5.83): »Stundenlange Gespräche. Roter Faden durch die Diskussionen: Was kann Geschichte bewirken? Zur Zeit wenig, meint Diwald. Zu groß ist die Macht der Medien und ihrer Drahtzieher. Trotzdem! Der Historiker bleibt optimistisch. Es mag noch Jahre, vielleicht Jahrzehnte dauern, bis sich historische Wahrheiten durchsetzen. Er verschweigt nicht, daß es immer schwerer wird, den Pressionen standzuhalten, auch jenen, die nunmehr gegen ihn als

PROF. DR. H. DIWALD MITTL. NEUBERGWEG 16a 8700 WÜRZBURG T 0931/73695

31. 10. 1981

Lieber Herr Schönhuber,

Sie sind zwar ein Mensch, der sich selbst beobachten kann, wissen Sie aber wirklich, was für ein phantastisches Buch Sie geschrieben haben? Ihre Erinnerungen scheinen mir geradezu eine ganze Ära unserer Nachkriegszeit zu beenden und in der Haltung eine neue zu eröffnen.

Ihr
Hellmut Diwald

Universitätslehrer zielen. Seine Sorge um die Familie ist allgegenwärtig. Immer wieder hebt er rühmend die Zusammenarbeit mit seiner Frau hervor, übrigens einer hervorragenden Kennerin der Türkei. Eine geraume Zeit lebte das Ehepaar Diwald ja auch zu Studienzwecken in Istanbul.«

An Aufgabe oder Zurückweichen denkt Diwald jedoch nicht. Er hält Vorträge. Bewundernswert sein großer Mut, mit dem er auch gewalttätigen Demonstranten entgegentritt. Einmal bietet ihm der Veranstalter an, er möge die Küche als Ausweg benützen, denn der Eingang sei belagert. Darauf Diwald:»Ich gehe dort hinaus, wo ich hereingekommen bin, durch die Vordertüre.«

Wir treffen uns in Rottach-Egern: Diwald bringt seinen Sohn Hans mit, einen lang aufgeschossenen sportlichen Typ. Vater und Sohn sind begeisterte Surfer.

Aus meinem Tagebuch (Oktober 1983): »Langes Gespräch mit Diwald bei einem Spaziergang entlang der Weißach. Die Bergluft tut gut, macht den Kopf klar. Beherrschendes Thema: Soll man eine Zeitung, eine Zeitschrift, ein Magazin gründen, um historische Wahrheiten in heutiger Sprache unter die Menschen zu bringen? Aber woher das Geld nehmen, ohne auf bestimmte Verpflichtungen und Auflagen einzugehen? Namen werden ins Spiel gebracht und wieder verworfen. Ratlosigkeit!«

Einige Zeit später scheint unser gemeinsamer Freund Dr. Armin Mohler den gordischen Knoten zu durchschlagen. Er lädt zur Gründung eines »Deutschlandrates« ein. Es sagen zu die Professoren Diwald, Willms, Hepp, Arndt, der frühere SED-Berater und Wirtschaftswissenschaftler Seiffert und ich.

Aus meinem Tagebuch (28.12.83): »Beinahe konspirativ treffen wir uns in einer versteckten Waldschen-

ke bei Bad Homburg und reden uns zwei Tage die Köpfe heiß. Es war nicht leicht, die Ansichten der Professoren unter einen Hut, das heißt in ein Kommuniqué zu bringen. Diwald, Mohler, Hepp und ich vertreten in Fragen der Vergangenheitsbewältigung die härtere Linie; die anderen sind zwar nicht grundsätzlich gegenteiliger Meinung, wollen aber lieber dem möglichen Sturm nicht als knorrige Eichen, sondern als biegsame Weiden trotzen. Konfuzius in Bad Homburg!«

Der Sturm blieb aus! Der Versuch, eine deutschlandweite Diskussion in Gang zu bringen, schlug fehl. Die Redaktionen blockten ab. Der Deutschlandrat starb den sanften Tod des Vergessens. Von ihm blieb lediglich sein Kommuniqué:

Erklärung des Deutschlandrates vom Dezember 1983

Die innen- und außenpolitischen Vorgänge des Jahres 1983 haben gezeigt, daß Deutschland im Falle eines Krieges zwischen Ost und West atomarer Vernichtung preisgegeben wäre.

Dies ist die Lage: Deutschlands Vergangenheit heißt Niederlage und Schuld, seine Gegenwart ist Teilung und Fremdbestimmung, seine Zukunft erscheint hoffnungslos.

Aber wir Deutsche haben Zukunft, wenn wir uns wieder auf die Grundsätze nationaler Politik besinnen:

- Frei ist nur, wer über sich selbst bestimmen kann. Dies gilt auch im Leben der Völker. Nur wer souverän ist, kann ein verläßlicher Bündnis- und Vertragspartner sein. Jeder Staat muß über die Waffen auf seinem Boden verfügen können.
- Wir können weder außenpolitisch noch innenpolitisch dauernd in einem Ausnahmezustand leben. Wir wollen

wieder eine normale Nation sein. Dazu gehört auch die Entkriminalisierung unserer Geschichte als Voraussetzung für ein selbstverständliches Nationalbewußtsein. Nur dieser Weg führt zur Wiederherstellung Deutschlands. Der Deutschlandrat: Prof. Dr. Hans-Joachim Arndt, Prof. Dr. Hellmut Diwald, Prof. Dr. Robert Hepp, Dr. Armin Mohler, Franz Schönhuber, Prof. Dr. Wolfgang Seiffert, Prof. Dr. Bernard Willms

Nach dem Scheitern des »Deutschlandrates« beginnt wieder die Zeit der Einzelkämpfer. Hellmut Diwald gerät immer mehr in Isolation. Die Schweigespirale dreht sich um all seine weiteren Werke, um den spannend geschriebenen »Heinrich der Erste«, um »Geschichte macht Mut«, »Deutschland, einig Vaterland« und »Ein Querkopf braucht kein Alibi«.

Alle diese Bücher muß er einem zunehmend schwächer werdenden Körper abtrotzen, Krebs! Das Schicksal seiner Frau, die inzwischen gestorben war, ereilt nun auch ihn. Er will sein Haus bestellen. Fast geschäftsmäßig befragt er die Ärzte, wieviel Zeit ihm noch verbliebe. Aus ihren Antworten kann er entnehmen, daß die Frist in Bälde ablaufen werde. Trotz immer unerträglicher werdender Schmerzen bleibt er in Gesprächen fast heiter und aufgeschlossen gegenüber allen politischen Ereignissen der Gegenwart, gibt Rat, spart auch nicht mit Kritik, wo sie angebracht ist. Letzteres aber immer in der taktvollen Form, die ihn auszeichnet.

Aus meinem Tagebuch (April 93): »Voraussichtlich letztes Treffen in einem Sanatorium am Tegernsee kurz vor seinem Tode. Dabei eine junge Historikerin, die sich seinem Werk verpflichtet fühlt. Diwald kann kaum noch sitzen, auch die Schmerzmittel, deren Dosen immer

mehr erhöht werden müssen, können nicht helfen. Trotz-
dem wieder stundenlange Diskussionen über Deutsch-
lands Vergangenheit und Zukunft. Sollte man nicht ein
Buch über Gregor Strasser schreiben und seinen sozial-
revolutionären Visionen von der tiefen antikapitalisti-
schen Sehnsucht des deutschen Volkes? Welchen Weg
hätte die NSDAP unter Strasser genommen? Diwalds
Analysen sind von bestechender Klarheit, der nahe Tod
läßt auch nicht das geringste Schönreden über Gegen-
wart und Zukunft mehr zu.«

Diwald macht sich nichts vor; er weiß, wo die Gegner
des deutschen Volkes innerhalb und außerhalb der Landesgrenzen zu orten sind. Ich erinnere mich wieder an
jene Sätze, die er bereits 1970 geschrieben hat und die
heute noch Gültigkeit haben: »Der Bundesbürger besitzt
heute nur noch Rudimente eines nationalen Empfindens,
Gefühlsfetzen eines deutschen Einheitsbewußtseins. Hier
liegt ein Traditionsschwund vor, eine innere Organver-
stümmelung, die durch keine anderen Richtmaße ausge-
glichen worden ist.«

26. Mai 1993: Diwald stirbt.

Es bleibt die Erinnerung an Deutschlands unerschrok-
kensten Historiker. Auf einem Denkmal, das wir ihm schul-
den, sollte jener Satz stehen, der wie kein zweiter das
Wesen dieses Mannes offenbarte: »Wer sein Recht nicht
wahrnimmt, gibt es preis!«

Diwalds Tod war für die Partei ein schwerer Verlust. Im
Gegensatz zu »nahestehenden« Kollegen bekannte er sich
rückhaltlos zu uns. Er schrieb die Präambel zum Parteiprogramm.

Wir werden stärker beachtet. Hilfe wird uns verspro-
chen. Schützenhilfe erfahre ich zunächst auch durch das
Militär. Hohe Offiziere bis hin zu Generälen treten bei uns

ein oder helfen uns in beratender Funktion, so zum Beispiel der Nato-Konteradmiral Poser, einst zuständig für Abwehraufgaben; der einstige Kommandant der NATO-Verteidigungsakademie in Rom Generalleutnant a.D. Dr. Franz Uhle-Wettler, der sich mir als Berater in Militärfragen zur Verfügung stellt, aber auch General Ingo Günther aus Hannover. Dies hält nur solange an, wie wir auf dem »Vormarsch« sind.

Einer allerdings marschierte weiter mit, der Oberstleutnant der Bundeswehr a.D. und einstige (oder noch?) Mitarbeiter des Bundesnachrichtendienstes Udo Bösch. »Termingerecht«, zwei Wochen vor der Europawahl 1994 packte er aus »Gewissensgründen« gegen unsere Partei, besonders aber gegen mich aus. Auftrag erfüllt? Im Nachhinein stellen sich mir immer mehr Fragen. Warum wollte der ehemalige Bundesnachrichtendienstler unbedingt ein Treffen Guillaumes mit mir organisieren? Gezielte Provokation? Mein Instinkt bewog mich zur Ablehnung des Angebotes. Warum wollte er, daß ich Kontakt mit seinen Freunden von der »anderen Feldpostnummer«, den ehemaligen Geheimdienstoffizieren der DDR aufnehmen sollte? Ich wollte nicht. Was sagt Pullach zu diesem merkwürdigen Offizier? Mit im Bunde war seine enge Freundin, das Bundespräsidiumsmitglied Martina Rosenberger. Sie entdeckt das Böse in der Partei erst, als sie auf Parteitagen bei all ihren Versuchen, einen günstigen Listenplatz für öffentliche Wahlen zu bekommen, durchgefallen war. Sowohl Frau Rosenberger wie Herr Bösch wurden zu besten Sendezeiten in Funk und Fernsehen nach ihren Austritten wohlwollend »betreut«. Die Chance zu einer Entgegnung bekam ich selbstverständlich nicht; Kampagnenjournalismus!

Zu den »Enthüllungen« des Herrn Bösch noch eine Anmerkung, die auch zu meinen Lasten geht. Warum bloß habe ich die Alarmsignale übersehen, die in mir aufleuchteten, als der Oberstleutnant a.D. fatale Interna aus dem »Dienst« preisgab, möglicherweise ebenso falsche wie jene, die er später über uns verbreitete? Ich erinnere mich: Weit ausschweifend berichtete er, übrigens nicht nur mir, über die Arbeit und den Umgang seines zeitweiligen BND-Dienstherrn, des »Schnösels« Kinkel: Er habe ihn überheblich, die Beine auf dem Tisch liegend, empfangen und sich allen Warnungen, aus denen er Kritik an seiner Haltung herauszuhören glaubte, entzogen. »Der Kinkel, ein kleiner Beamter ohne militärisches Ethos«. Kinkels Dilettantismus habe einem hohen DDR-Marineoffizier, der für den Bundesnachrichtendienst arbeitete, das Leben gekostet.

Mein Glaube an die Effizienz des Bundesnachrichtendienstes wurde angesichts der Arbeitsweise von Herrn Bösch immer geringer. Ich habe selten einen so geschwätzigen Mann erlebt. »A alt's Waschweib« würde man in Bayern zu so einem Typ sagen. Stets lief er wichtigtuerisch mit einem großen tragbaren Telefon herum, mit einem verschwörerischen Gesichtsausdruck ging er damit zum Telefonieren in einen Nebenraum oder in den Garten. James Bond, wie es sich Max und Moritz vorstellen! Besonders schlimm wirkte sich dieses 007-Gehabe bei einem Geheimtreffen im Sommer 1993 mit sächsichen Sympathisanten in einem Gasthaus in der Nähe von Leipzig aus. Seine wiederholten Telefongespräche im Garten irritierten die Gäste und verstörten die Wirtsleute. Auch die anwesenden Staatsschützer warfen sich vielsagende Blicke zu. Einer sagte zu mir: »Wenn der so weitermacht, haben wir bald die »Antifa« am Hals, ein anderer fragte mich spöttisch: »War der wirklich beim Bundesnachrichtendienst?« Mir platzte der Kragen und ich stellte »007« zur Rede. Beflissen versprach er Besserung, wies weinerlich darauf hin, daß er es ja nur gut meine. Dies alles im Stil seiner an mich gerichteten Briefe, die vor peinlicher Liebedienerei geradezu trieften. War ich außer Sichtweite, trieb er das alte Spiel weiter. Darüber hinaus knüpfte er immer engere Verbindungen zu jenen Leuten in der Partei, die im Geheimen auf meinen Sturz hinarbeiteten. Darunter war der damalige geschäftsführende stellvertretende Bundesvorsitzende Alexander Hausmann. Die Schriftführerin im Bundesvorstand, Martina Rosenberger, enthüllte später in einem Interview in »Die Woche« ihre wahre Gesinnung: »Ich habe die Partei mit aufgebaut, und ich werde sie jetzt mit zerstören.« Diese Dame und Bösch traten bald nur noch gemeinsam auf. Kam das »Pärchen«, grinsten die Vorstandsmitglieder und tauschten spöttische Blicke aus. Frau Rosenberger »avancierte« später zur Kronzeugin des Verfassungsschutzes.

Warum habe ich keine Konsequenzen aus meinen damaligen Überlegungen gezogen? Wer so sein altes Haus verrät, geht mit dem neuen wohl kaum anders um. Zu spät! Der von mir als Vorzeigetyp gedachte Mann namens Bösch hatte sich als das Gegenteil erwiesen. Er sollte faule Eier in der Partei aufspüren und hat sich dabei selbst als das faulste entpuppt, als Kuckucksei.

Aber diese Einsicht kommt zu spät. Der Schaden ist nicht mehr gutzumachen. Die kurz vor der Europawahl 1994 in »Frontal« im ZDF und anderen Fernsehsendern ausgestrahlten, in Zeitschriften und Zeitungen wiedergegebenen »Enthüllungen« bis in meinen Privatbereich durch das Verleumder-Duo Rosenberger/Bösch waren so fürchterlich, daß sie uns mit größter Wahrscheinlichkeit den Wiedereinzug in Straßburg kosteten. Es nützt mir wenig, daß mehr als ein Jahr später das Landgericht Weiden in der Oberpfalz Frau Rosenberger untersagte, nahezu alle über mich in der Öffentlichkeit verbreiteten Behauptungen bei

Androhung eines Ordnungsgeldes von 500.000,-DM bzw. sechs Monaten Haft zu wiederholen.

Aber damit war das Foul-Spiel noch nicht endgültig abgepfiffen. Als Beweis für meine angebliche antisemitische Gesinnung zitierte der bayerische Innenminister Dr. Beckstein anläßlich der Vorlage des bayerischen Verfassungsschutzberichtes 1994 mit vor innerer Empörung bebender Stimme eine Aussage, die ich gegenüber Frau Rosenberger gemacht haben sollte: »Wenn ich wüßte, daß wirklich 20 Prozent des deutschen Volkes Antisemiten sind, und wenn ich wüßte, daß 5 Prozent davon uns wählen würden, dann könnten wir in der Judenfrage schärfer rangehen. Denn die Juden sind wirklich Stinker.«

Dieser verheerende Satz ging durch die ganze deutsche Presse. Ich kochte vor Wut und verklagte Frau Rosenberger auf Unterlassung der mir unterstellten Aussage. Am 6. Juli 1995 gab mir das Landgericht Weiden in der Oberpfalz recht. Es untersagte die weitere Verbreitung dieser Sätze, obwohl Freund Bösch seiner Komplizin mit einer eidlichen Zeugenaussage unter die Arme gegriffen hatte.

Aber es gab ein weiteres Nachspiel:

Am gleichen Tag, einige Stunden vor der Verkündung des Urteils in Weiden übergab Innenminister Manfred Kanther der Presse in Bonn den Bundesverfassungsschutzbericht 1994. Darin wurden die Republikaner als extremistische Partei eingestuft. Abgesehen davon, daß ich selten ein so schlampiges, leichtfertiges und eindeutig auf die politische Absicht zugeschriebenes Pamphlet gelesen habe, griffen die Verfasser auch noch in eine üble Trickkiste. Sie setzten das Rosenberger-Zitat in einen verkürzten Konjunktiv, vermieden meine Namensnennung und schrieben es nur noch einem »hohen Funktionär« zu. Der Trick ging schief. Das Verwaltungsgericht

Köln durchschaute ihn. Es gab in letzter Minute einem Antrag der Partei auf Erlaß einer Einstweiligen Anordnung statt. Das Zitat mußte geschwärzt werden. Die Pressekonferenz begann deshalb eine Stunde später. Die zweite schallende Ohrfeige für den Verfassungsschutz kam dann postwendend aus Weiden.

Herr Kanther hatte sich bei der ganzen Angelegenheit nicht mit Ruhm bekleckert. Der stets forsch auftretende Mann mit den kalten Augen hatte sich als Gummilöwe erwiesen. In diesem Zusammenhang eine grundsätzlich Anmerkung: Der Verfassungsschutz hat sich gerade in diesem Fall als Etablierten-Schutz demaskiert. Dies zeigte auch die teilweise Einstufung der PDS als verfassungsfeindlich. Obwohl ich ein eindeutiger Gegner dieser Partei und ihrer Zielsetzungen bin und obwohl ich des öfteren Gegenstand von sogar gewalttätigen Demonstrationen durch die PDS war, bin ich auch hier der Meinung, daß diese Partei politisch bekämpft werden muß. Ich bleibe bei meiner Ablehung von Radikalenerlassen, sei es vor Jahrzehnten gegen links, sei es jetzt gegen rechts. Auch wenn die Kommunisten selbst stets nach dem Prinzip handelten, recht hat, wer die Macht hat, so pervertiert sich eine demokratische Staatsform, wenn sie ähnlich verfährt. Die Zeit sollte vorbei sein, wo der politische Kampf von Bespitzelungen seitens der Kölner Schlapphüte begleitet, Telefone angezapft und Wanzen versteckt werden. Als besonders abstoßend empfinde ich dabei, daß diese Aktionen von C-Parteien gesteuert werden. Haben sie den christlichen Spruch denn vergessen: Du sollst nicht falsches Zeugnis ablegen wider Deinen Nächsten? Zuweilen empfinde ich das »christlich« im Zusammenhang mit Parteien als schiere Gotteslästerung, in Italien sowieso, aber ich klammere Deutschland nicht mehr aus. Dem Leser aber möchte ich nicht vorenthalten, welche Kriterien der Verfassungsschutz zur Bestimmung von Verfassungsfeindlichkeiten anwendet. Ich zitiere die mich betreffenden Stellen im Verfassungsschutzbericht zum Punkt Antisemitismus. Sie lauten:»Auf der Aschermittwochveranstaltung der REP am 16. Februar in Osterhofen (Bayern) erklärte Schönhuber, er frage sich, ob er immer die Hand vorhalten müsse, wenn der Bubis huste? Er sage nein. 50 Jahre Demut seien genug, wenn es in Deutschland (wieder) Antisemitismus gebe, dann sei Herr Bubis mitschuldig«.

Zu der in einer Fernsehsendung aufgestellten Behauptung von Bubis, Anhänger der REP würden Häuser anzünden, nahm Schönhuber wie folgt Stellung:»Der verachtenswerte Antisemitismus in Deutschland hat einen Namen, Ignatz Bubis, auf dem linken Auge blind, auf dem rechten einen Zerrspiegel. Die Deutschen haben es satt, von Herrn Bubis unentwegt geschulmeistert zu werden. Hat dieser selbsternannte Sittenrichter wirklich eine so weiße Weste, daß sie ihn für diese Aufgabe qualifiziert? Zweifel sind angebracht. Ohne auch nur einen Funken eines Beweises für seine ungeheuerliche Behauptung zu haben, liefert er Gegnern unserer Partei eine Art moralische Rechtfertigung für den immer stärker werdenden physischen und psychischen Terror gegen uns. Herr Bubis erfüllt damit die Funktion eines Schreibtischtäters. Wenn in der Tat der von uns nicht nur abgelehnte, sondern auch aktiv bekämpfte Antisemitismus wieder zunimmt, so muß sich der Zentralrat der Juden die Frage gefallen lassen, ob er gut beraten war, eine so zwielichtige Figur wie I. Bubis an die Spitze zu stellen.«

Soweit die Zitate zum Antisemitismus.

Unter Punkt »Agitation gegen die angebliche Umerziehung der Deutschen« werde ich so zitiert:»Ich habe es satt, daß unsere Kinder und Kindeskinder von Lehrern und Pastoren, die umerzogen worden sind, bis das Rückgrat überhaupt nicht mehr sichtbar und verkrümmt ist, daß die weiterhin unsere Kinder vergiften dürfen. Wir fordern auch neue Geschichtsbücher – nicht zur Verherrlichung des Dritten Reiches. Das Dritte Reich war ein Unrechtsstaat, aber zur geschichtlichen Darstellung von Dingen, wie sie wirklich waren und nicht so, wie es uns einige Amerikaner aus der Ostküste gerne vorgaukeln würden.«

Ich bin überzeugt, daß es nicht mehr lange dauern wird, bis man sich mit diesen Sätzen intellektuell und unvoreingenommen auseinandersetzen und sie nicht zur Kriminalisierung meiner Person mißbrauchen wird. Im übrigen: Würde der Verfassungsschutz auch bei den etablierten Parteien ähnliche Kriterien anwenden, dann müßte beispielsweise auch die CSU im Verfassungsschutzbericht landen. Ich erinnere an den Ausspruch des bayerischen Ministerpräsidenten Edmund Stoiber von der »durchraßten und durchmischten Gesellschaft«, an die Forderung des früheren Staatssekretärs in der Bundesregierung, Erich Riedl, nach einer »asylantenfreien Zone«. Aber auch in der SPD gab es solche Sprücheklopfer: Hätte ein Republikaner eine ähnliche Vorgehensweise gegenüber Asylanten empfohlen wie der SPD-Spitzenmann und damalige Fraktionsvorsitzende im nordrhein-westfälischen Parlament Dr. Friedhelm Farthmann, nämlich sie am Genick und Hintern zu packen und hinauszubefördern, er wäre fettgedruckt im Bericht erschienen. Aber was soll man generell von einem Verfassungsschutz halten, der sich dubioser Zuträger bedient. War es in Nordrhein-Westfalen der Chef der dubiosen Solinger Kampfsportgruppe Hak Pao, Bernd Schmitt, wo vornehmlich sogenannte Neo-Nazis verkehrten, so wurde in Bayern der Vorzeige-Nazi Bela Ewald Althans als Spitzel für den bayerischen Verfassungsschutz enttarnt. Ist es gänzlich abwegig, daß unser Althans Bösch heißt?

Aber das Ziel der Verfassungsschützer ist erreicht. Semper aliquid haeret, es bleibt immer etwas hängen. Rufmord praktiziert in den Medien, moderne Inquisition! Gefoltert wird nicht mehr wie im Mittelalter der Körper, geschunden werden Geist und Seele. Vernichtet werden Existenzen. Eine Hoffnung bleibt: Eines Tages schlägt das Pendel zurück und trifft jene Medienmacher, die den Kopf nicht rechtzeitig einziehen. Es würde mich nicht zu Tränen rühren.

Neuntes Kapitel
Meine Antrittsrede

Rückblende 16. 9. 1989: Das vollbesetzte Straßburger Plenum wirkt wie elektrisch aufgeladen. Auf den Zuschauerrängen ist kein Platz mehr frei. Die Feindseligkeit ist fast körperlich zu spüren. Kaum habe ich zu reden begonnen, hagelt es Zwischenrufe. »Nazis raus.« Ich lasse mich nicht einschüchtern. Meine Antwort hat das Protokoll festgehalten: »Wissen Sie, ich bin Kummer gewohnt. Ich habe das in Deutschland ausgehalten, diese Zwischenrufe ›Nazi‹ oder so. Ich werde es auch hier aushalten, weil ich eines weiß. Ich bin kein Nazi, sondern ich bin ein deutscher und europäischer Patriot.« Die Antwort: Noch wütenderes Geschrei. Trotzdem bringe ich meine Rede zu Ende.

Es geht um das Ost/West-Verhältnis. Mein respektvoller Hinweis dabei, daß es die Polen waren, die mit Hilfe französischer Militärexperten, darunter General Weygand, den Ansturm der Roten Armee auf Europa vor Warschau zum Stehen brachten, irritiert meine Gegner, findet aber auch bei deutschen Ultras nicht ungeteilte Zustimmung.

Über den weiteren Sitzungen des Parlamentes liegt bereits die Morgenröte der deutschen Wiedervereinigung. Immer mehr DDR-Bürger versuchen, über andere Ostblockländer in die Bundesrepublik zu gelangen. Am 19. 9. 89 ergreife ich im Namen der Technischen Fraktion der Europäischen Rechten im Parlament erneut das Wort:

»Herr Präsident, meine Damen und Herren! Ich bedauere es sehr, daß die EG weder politisch noch ideell bereit ist, den

Flüchtlingen aus der DDR zu helfen. Es fällt auf, daß wir hier zwar Anträge zu Guatemala, Kolumbien oder Hongkong haben, die deutsche Tragödie aber nahezu untergeht.

Die Flüchtlinge aus Mitteldeutschland sind Opfer kommunistischer Tyrannei, und das scheint einigen Kollegen, die sonst das Wort Menschenrechte so gerne im Munde führen, die Sprache verschlagen zu haben. Ich bin Jean-Marie Le Pen und Karel Dillen sehr dankbar, daß sie ein Zeugnis wahrer Völkerverständigung ablegten und unser Bemühen und unsere Landsleute leidenschaftlich unterstützten. Ich bedaure sehr – das sieht man auch an der Leere des Saales –, daß die Deutschen manchmal Angst zu haben scheinen, hier ihre eigenen Interessen zu vertreten. Ich habe den Eindruck, daß hier zwar die Deutsche Mark eine große Rolle spielt, weniger aber die Tragödie der Deutschen vor Ihrer Haustür. Konkret: Ich schlage vor, daß die DDR als Unrechtsstaat an den Pranger gestellt wird. Man kann nicht permanent über Südafrika sprechen und über die DDR schweigen!«

Aus unserer Pressemeldung vom gleichen Tag: »Kurz vor Schönhubers Rede hatte die Abgeordnete der Grünen, Dorothee Piermont, Bundeskanzler Helmut Kohl und die Christdemokraten heftig angegriffen. Diese hätten in der Polenhilfe längst »vor dem SS-Mann Schönhuber Kotau gemacht.« Schönhuber reagierte in seiner Ansprache mit dem Hinweis, er lasse sich keine Morallehren von einer Partei erteilen, in deren Reihen, bis hin zur Führungsebene, vorbestrafte Terroristenhelfer zu finden seien. Schönhuber wörtlich: ›Ich war nicht bei der SS, sondern Frontsoldat der Waffen-SS.‹

Mit Franz Schönhuber machte zum erkennbaren Staunen des Plenums erstmals ein Redner im Europäischen Parlament darauf aufmerksam, daß auch führende Vertreter der

Christdemokraten und Sozialdemokraten bis hin zur Ministerebene Angehörige der Waffen-SS gewesen waren.« Zeitweilig entwickelte sich im Parlament ein wahrer »Sängerkrieg«. Schrien die Linken »SS«, antworteten die Rechten mit »Samtleeb, Samtleeb« und »Beckèr, Beckèr!« Sie zielten damit auf den SPD-Oberbürgermeister von Dortmund, Samtlebe, der Fahnenjunker der Waffen-SS war und sich später als wütender Antifaschist hervortat; sie erinnerten an den früheren Pressesprecher des DGB und späteren Intendanten des Deutschlandfunks, Becker, ebenfalls Soldat der Waffen-SS. All dies ärgerte insbesondere die deutschen Sozialdemokraten ungemein. Dieser »Krieg« schien ihnen nicht zu gewinnen. Deshalb gab es bald keine »SS«-Zwischenrufe mehr. Übrigens: Keine einzige der zahlreichen weiteren Reden, die ich im Laufe der fünf Jahre im Plenum hielt, wurde gestört, zuweilen sogar mit Beifall bedacht. So bestand für die Franzosen auch nicht mehr die Notwendigkeit, den Namen des früheren SPD-Kultusministers von Nordrhein-Westfalen Girgensohn, der ebenfalls einst den Totenkopf auf seinem Käppi trug, phonetisch zu proben. Ich hätte auch noch den Namen Karl-Heinz Spielker, CSU-Bundestagsabgeordneter und Schatzmeister, einst Offizier der Waffen-SS in die Debatte werfen können, aber das wollte ich nicht. Immerhin hatten wir nach dem Kriege gemeinsam beim Bayerischen Rundfunk als Mitarbeiter angefangen. Die von mir gegenüber einstigen Kameraden der Waffen-SS geübte Solidarität fand jedoch meistens keine Erwiderung.

»Unsere« Franzosen nahmen die ganze Angelegenheit nicht sonderlich ernst. Sie handelten wie die Fan-Clubs auf den Rängen eines Fußballstadions.

Bei der Vergangenheitsbewältigung à la française hielten sie sich auffallend zurück. Obwohl sie genauestens über die Verstrickungen ihres Präsidenten Mitterrand in das Vichy-Regime informiert waren, wollten sie den alten Herrn im Elysée-Palast nicht reizen. Von ihm hing es ja ab, ob die Fernsehschirme für Le Pen weiterhin geöffnet blieben. Umso genüßlicher aber droschen sie auf den Professor Duverger ein, einem der Wortführer der italienischen PDS, der auch einst in Frankreich dem Vichy-Regime seine geistige Unterstützung geliehen hatte. Immer wieder zitierten sie die verräterischen Sätze. Der Mann konnte ihnen ja nicht schaden. Die Linken aber ließen den Professor nicht fallen; was sie bei Rechten ein Verbrechen nennen, ist bei einem aus ihren Reihen ein zeitbedingter Fehler oder eine »Jugendsünde«.

Umgekehrt muß man sagen, daß es sich hier um einen Grad von Solidarität handelt, den man auf der rechten Seite kaum erwarten darf. Die eigenen Reihen knicken meist schon ein, bevor das Establishment richtig losgelegt hat. Man denke nur an Filbinger. Der wurde von seinen »Freunden« schon fallengelassen, bevor er sich rechtfertigen konnte. Die Linken verteidigen ihre Mannen dagegen mit Klauen und Zähnen. Bestes Beispiel: Herbert Wehner. Im Moskauer Exil denunzierte er seine eigenen Leute und lieferte sie der bolschewistischen Terroreinheit, dem NKWD, ans Messer. Die gleichen Genossen, die bei Filbinger noch lauthals nach Sühne schrien, halten sich im Fall Wehner auffallend zurück. Weder wird sein Portrait aus den Fraktionsräumen der SPD in Bonn verbannt – er bleibt Vorbild für die Genossen –, noch schloß man den Denunzianten, der sich damit zum Handlanger Stalins machte, aus der Partei aus. Quod licet jovi, non licet bovi. Der liebe gute Onkel Herbert, das vielzitierte »Urgestein« der Bonner Demokratie.

Den Rechten fehlt im Gegensatz zu den Linken eben etwas ganz Entscheidendes: Die Verwurzelung im norma-

84

len Bürgertum, den »Stützen der Gesellschaft«, wie sie Ibsen ironisch nannte. Die Rechte macht sich selbst oft genug zum Narren.

Wir Deutschen freuen uns geradezu kindlich, wenn wir wieder einmal einen Beweis dafür finden, wie unmenschlich wir sein können, wie groß in der Selbstgeißelung und Schuldzuweisung!

Zivilcourage bleibt für fast alle meiner deutschen Kollegen ein Fremdwort. Die meisten grüßen mich nur, wenn es niemand von den anderen sieht. Ich frage mich: War ein Herr von Wechmar nicht wie ich Soldat im Zweiten Weltkrieg, kein Berufskollege, als er das Wiener Studio des ZDF leitete? Wohltuende Ausnahme ist sein Kollege in der liberalen Fraktion, der General Holzfuß. Sein Pech, der Name; Nomen est Omen, nicht gerade erfreulich für militärische Zukunftsperspektiven. Dabei ist der Mann drahtig und durchaus gut zu Fuß.

Begebenheiten wie diese sind die Ausnahme. Finanzminister Waigel besucht das Europaparlament. Als ich aus dem Lift steige, laufe ich einer Gruppe um Waigel in die Hände. Irritiertes Gemurmel, hastiges Wegschauen. Waigel stutzt einen Augenblick, geht dann auf mich zu, schüttelt mir die Hand: »Servus Franz, wie geht' s Dir, persönlich hoffe ich gut!« Die Gruppe reagiert wie von einem Zauberstab berührt. Freundliches Nicken, Scherzworte! Wie der Herr, so' s G' scherr – diesmal positiv gemeint. Waigel ist im Gegensatz zu Stoiber kein Fanatiker. Aber er bleibt die Ausnahme, die die Ausgrenzungsregel bestätigt. Im übrigen ist sein Verhalten kein Gnadenakt, sondern eigentlich eine Selbstverständlichkeit. Daß man dies überhaupt erwähnen muß, zeigt, wie weit unsere zwischenmenschlichen Beziehungen auf dem Gebiet der Politik bereits verkommen sind.

Da sind die Italiener anders. Die führende christdemokratische Abgeordnete Cassanmagnago Cerretti findet es
durchaus natürlich, in meinem Beisein den »harten« Faschisten Rauti zu umarmen: »Caro Rauti!« Und dieser Rauti
saß wegen »terroristischer Umtriebe« sogar im Gefängnis.
Wir aber, die wir niemals in Anspruch genommen hatten,
Nachfolgeorganisation der NSDAP zu sein, im Gegensatz
zur MSI, die sich als Erben der Faschisten betrachtet, wurden in Deutschland wie auch in Brüssel und Straßburg zu
Unpersonen, zu Geächteten.

Überall in den Gängen zum neuen Plenarsaal in Brüssel
hingen 1993 Ausstellungsplakate zum Thema »Fremdenfeindlichkeit in Europa«, auf denen Le Pen und ich als
die europäischen Beelzebuben abgebildet waren. Gra-
phisch geschickt wurden die verachtenswerten Brandanschläge mit uns in Verbindung gebracht. Das ging schon
unter die Haut. Es war ein makabrer Zufall, daß ich gerade
in dem Augenblick an einem der Poster vorbeiging, als der
spanische Sozialist und Präsident der ersten Periode des
Parlamentes, Baron Crespo, dem israelischen Ministerpräsidenten Rabin die Darstellungen erklärte und mich seine
Begleitung kritisch musterte. Ich hätte sagen sollen, verdammt noch mal, was habe ich damit zu tun? Ich hätte den
Sozialisten ihre doppelte Moral vorwerfen sollen, als sie
zum Beispiel beim Besuch Nelson Mandelas im Straßburger Plenum ihre Plätze mit einer roten Rose schmückten.
Für mich waren es blutrote Rosen. Ich habe in Namibia,
dem früheren Deutsch-Südwestafrika, die von der SWAPO
niedergebrannten Farmen gesehen und von den Ermordeten gehört. Es waren Bundesgenossen von Mandela, die
dies taten. Aber dies alles hat die westliche Welt nicht
daran gehindert, Mandela und Genossen ihre Salons zu
öffnen.

Zehntes Kapitel
Vom Umgang mit rechten Abgeordneten

Der Kampf gegen Mißstände und Kriminalisierung wurde den Rechten in Straßburg und Brüssel schon allein aus formalen Gründen schwer gemacht. Sie mußten ihre Reden im D-Zugtempo herunterrasseln, weil bei ihnen auch die kleinste Zeitüberschreitung von den Linken und Liberalen sofort lautstark mit »Time – Time«-Rufen begleitet wurde. Ließ die jeweilige Tagungspräsidentschaft bei den Spitzenvertretern der etablierten Parteien sogar ein minutenlanges Überziehen zu, obwohl ihnen aufgrund der Fraktionsstärke sowieso ungleich mehr Redezeit zur Verfügung stand, klopfte bei uns Rechten schon nach wenigen Sekunden der Präsidentenhammer auf das Pult. Reagierte dann der Redner nicht sofort, wurde ihm kurzerhand das Mikrophon abgeschaltet.

Höchst unterschiedlich war auch der Umgangston. Manche Sitzungsleiter übersahen geflissentlich rechte Wortmeldungen oder erteilten das Wort in einem Tonfall, als koste es ihnen Überwindung, die Namen auszusprechen. Ganz anders war das Verhalten gegenüber den sogenannten »großen« alten Männern, wie dem früheren französischen Staatspräsidenten Giscard d'Estaing, der wie ein aufgeblähter Pfau durch das Parlament stolzierte, oder gegenüber der »Grande Dame«, der früheren Parlamentspräsidentin Simone Veil. Kam man nicht umhin, die etablierten Spitzenpolitiker nach manchmal viertelstündigem Überziehen unterbrechen zu müssen, so geschah dies in fast entschuldigender Form. Übrigens, die couragierteste und fairste Tagungsleitung lag in den Händen der Damen.

87

Ich denke an zwei Französinnen, die Gaullistin Nicole Fontaine und die Sozialistin Nicole Pery. Sie amtierten souverän mit Takt und Charme.

Höchst unterschiedlich war auch die Qualität der Redebeiträge. Die besten Redner kamen meines Erachtens aus Frankreich und Italien; die schlechtesten aus England und Deutschland. Letztere hatten der romanischen Eloquenz wenig entgegenzusetzen. Allerdings war bei manchem südländischen Redner die Attitüde oft beeindruckender als der Inhalt. Ich denke hier vor allem an den Italiener und Angehörigen der sogenannten Regenbogen-Fraktion Marco Panella, der sich effektvoll einmal in französisch und ein anderesmal in italienisch in Szene setzte. Obwohl der Römer der Linken zuzurechnen ist, verstand ich mich mit ihm gut. Auch er saß wie die rechten MSI-Leute und ich in den Reihen der Fraktionslosen, wahrlich ein bunt gefiederter Haufen. Mehrsprachig, einmal in italienisch und dann wieder in deutsch, hielt auch der grüne Spitzenpolitiker aus Südtirol, Alexander Langer, seine Reden. Am 3. Juli 1995 beging Langer Selbstmord. Dieser sensible Politiker zerbrach an der Diskrepanz zwischen dem Anspruchsdenken in Straßburg und Brüssel und der europäischen Wirklichkeit. Im Front National saßen ebenfalls brillante Redner. Neben Le Pen der hervorragende Satzungsspezialist Bruno Gollnisch, der Abgeordnete des Elsaß, Yvan Blot und der ebenso witzige wie scharfzüngige Professor für Recht und Politische Wissenschaft, Jean-Claude Martinez. Sein beißender Witz brachte das Blut der Linken zum Kochen. An Mut, sich gegen linke Beschimpfungen zur Wehr zu setzen, ließ sich die »Front«-Dame Martine Lehideux von niemandem übertreffen. Übrigens, einmal wäre es im Plenum beinahe zu einer Schlägerei gekommen, als sich die Rechten lautstark gegen die Provokationen von links zur Wehr setzten. Die Ordnungskräfte schritten gegen das Handgemenge ein, die Front-Leute sangen die Marseillaise, der Tagungspräsident ließ Mikrofone und Lichter ausschalten. Die Sitzung wurde abgebrochen. Der Vorgang war für uns nicht gerade ruffördernd. Die Medien zeigten nur die äußere Wirkung, die Ursachen aber wurden verschwiegen. Wie üblich!

So wie das deutsche Volk derzeit gramgebeugt durch die Weltgeschichte schlurft, so agierten seine etablierten Vertreter, von wenigen Ausnahmen abgesehen, auch devot im Europäischen Parlament.

Da aus ausgehandelten Proporzgründen die Präsidentschaft in der Hälfte der Legislaturperiode wechselte, habe ich zwei Präsidenten erlebt: den spanischen Sozialisten Enrique Baron Crespo und den deutschen Christdemokraten Egon Klepsch. Der 51jährige spanische Jurist, umgänglich und höflich, geriet bei Fragen der Satzungsauslegung nicht selten in Schwierigkeiten und hatte Mühe sich durchzusetzen. Mein persönliches Verhältnis zu ihm war vielleicht deshalb relativ unverkrampft, weil wir einen gemeinsamen Freund hatten, den Leiter der Friedrich Ebert-Stiftung in Spanien, Dieter Koniezki. Er war mit meiner Frau befreundet und mit ihr gemeinsam in den fünfziger Jahren im »Liberalen Studentenbund Deutschland« (LSD) gewesen. Dort spielte er auf nationaler wie internationaler Ebene eine führende Rolle in den studentischen Organisationen. Er galt als eloquenter und gefährlicher Gegenspieler der kommunistischen Jugendverbände. Um ihn auszuschalten, wurde er 1960/61 unter einem Vorwand nach Ostberlin gelockt, dort verhaftet und nach Prag überstellt. In der tschechischen Hauptstadt wurde er wegen zurückliegender angeblicher Devisenvergehen und Spionage zu zehn Jahren Gefängnis verurteilt. Neben seinen Freunden, darunter meine Frau, hatten sich auch Persönlichkeiten des öffentlichen Lebens wie der damalige Bundespräsident Heinrich Lübke und der Chef der Liberalen, Erich Mende, um seine Freilassung bemüht. Er wurde nach vier Jahren in einem Austauschverfahren vorzeitig entlassen. Sowohl Baron Crespo wie auch ich schätzten ihn als politischen Analytiker von hohen Graden.

Der Deutsche Egon Klepsch war in Satzungsfragen trittsicherer als Baron Crespo, aber farblos und hölzern in seinen Reden. Er verkörperte den Typ des pflichtbewußten Parteifunktionärs, dessen Karriere nach klassischer Ochsentour verlaufen war. Den jetzigen Präsidenten Klaus Hänsch konnte ich während meiner Parlamentszeit beobachten. Er ist der Prototyp eines humorlosen, streberischen SPD-Funktionärs in Gewerkschaftsausgabe: unhöflich, kalt, komplexbeladen.

Aus meinem Tagebuch (26.7.94): »Mein Verhältnis zu den Gewerkschaften hat sich verändert. Was ist aus einer Organisation geworden, die sich einst in ihrem Kampf für die Armen und Unterdrückten, gegen Kinderarbeit und Benachteiligung der Frauen im Berufsleben epochale Verdienste erworben hat? Eine neue Klasse, deren Funktionäre sich nicht anders verhalten als die öffentlich angeprangerten Kapitalisten! Flog einmal nach einem Interview mit dem damaligen Gewerkschaftschef Heinz Oskar Vetter von Düsseldorf nach München zurück. Der spätere Europaabgeordnete und NS-belastete Mann erzählte ungeniert und mit einem Anflug von Stolz, mit welch eisernem Besen er doch in seinem Bereich regiere: Hire and fire!

Die Gewerkschaften, insbesondere die IG-Medien und die HBV (Handel, Banken und Versicherungen) sind zu Speerspitzen linker Desinformationspolitik geworden,

90

Träger eines Kampfes gegen einen aus Tarnzwecken herbeigeschriebenen und herbeigeschwätzten Faschismus. Faschisten sind all jene, die sich linkem Medienterror nicht beugen wollen.

Bekomme die Macht der IG-Medien auch als Autor zu spüren. Als »Ich war dabei«, das als Lizenzausgabe im Lübbe-Verlag als Taschenbuch erschienen war, dann bei Ullstein herauskommen sollte, drohte die Springer-Belegschaft mit Streik. Mein Buch konnte nicht bei Ullstein erscheinen. Der Verleger mußte auf den ebenfalls zur Verlagsgruppe gehörenden Herbig-Verlag ausweichen.«

Immer mehr stellt sich heraus, daß die mehrfache Belastung als Parteivorsitzender, Wahlkampfleiter, Herausgeber und Chefredakteur der Parteizeitung, sowie permanente Rednereinsätze im Superwahljahr 1994 über meine Kräfte geht. Die Partei ist gnadenlos. Will ich einen Rednereinsatz irgendwo in Deutschland unter Hinweis auf Termine in Brüssel und Straßburg absagen, finde ich kaum Verständnis. Unterschwellig schwingt da und dort der Vorwurf mit: Na ja, Brüssel und Straßburg sind halt auch attraktiver als unser Dorf!

Die teils gewaltsamen Demonstrationen hören nicht auf. Mit meinen Nerven steht es nicht mehr zum Besten. Schlaflosigkeit stellt sich ein. Meine Umgebung registriert zunehmende Gereiztheit. Bitternis kommt hoch, als ich erfahren muß, daß die gleichen Parteifreunde, die mir die Absage eines Rednertermins wegen parlamentarischer Verpflichtungen übelnahmen, sich nun vorwurfsvoll über mich äußern, als mir gezielt in den Medien mangelnde Präsenz bei Ausschußsitzungen vorgeworfen wird. Das Sprichwort mißachtend »Wer selbst im Glashaus sitzt, soll nicht mit Steinen werfen« hatte der gewiß nicht zu den fleißigsten Parlamentariern zählende SPD-Mann Detlev

Samland sein Büro beauftragt, die Anwesenheitslisten zu durchforsten, um mich mangelnder Präsenz bezichtigen zu können. Ein perfides Unterfangen, Ausdruck politischer Gesinnungslosigkeit. Einerseits legten die Vertreter der etablierten Parteien Wert darauf, jeglichen politischen und menschlichen Kontakt mit uns zu meiden, sich einer Zusammenarbeit zu verweigern, andererseits wiesen sie triumphierend auf unsere Abwesenheit hin. Dabei lagen die Gründe nicht allein in der persönlichen und politischen Überlastung, sondern auch in der Erkenntnis, daß es nicht sehr ehrenwert ist, lediglich zum Kassieren von Tagegeldern nach Brüssel zu fahren. Bewußt verschwiegen wird nämlich die Tatsache, daß einige der etablierten Volksvertreter ihre Präsenz lediglich beim morgendlichen Eintragen in die Anwesenheitslisten zeigten, dann aber nicht mehr gesehen wurden. Die Medienvertreter, die über diesen Komplex berichteten, verschwiegen auch die Schwierigkeiten, die ein Einzelkämpfer, also ein Mitglied der Fraktionslosen, bei der Materialbeschaffung und Auswertung hat. Er ist gegenüber den Fraktionen, denen ein Stab von Experten zur Verfügung steht, hoffnungslos im Nachteil.

Die Medien versagten sich auch, Vergleiche unter den jeweiligen Parteivorsitzenden zu ziehen. Der einstige italienische Ministerpräsident und Parteiführer der Sozialisten Benito Craxi ließ sich weder in Straßburg noch in Brüssel blicken, kaum anders war es bei anderen internationalen Größen. Der französische Gaullist und Pressezar Hersant beschränkte seine Präsenz auf eine einzige Sitzung, auf der es darum ging, ob Brüssel oder Straßburg zur europäischen »Hauptstadt« werden sollte. Zur Freude Hersants, der in seinen Zeitungen vehement für Straßburg gekämpft hatte, machte die Stadt am Rhein das Rennen.

Selbst die Bürgermeisterin von Straßburg, Cathérine Traut-
mann, fiel nicht gerade durch besondere Aktivitäten im
Parlament auf. Und Willy Brandt, der dem ersten Europaparlament angehörte, gab diesem kaum mehr als seine
Wünsche aus der Ferne.

Trotz der für mich besonders schwierigen Ausgangsla-
ge brauchte ich mich hinter meinen Kollegen, die außer
ihrem Mandat kaum andere Verpflichtungen hatten, nicht
zu verstecken. Immerhin nahm ich in den fünf Jahren
meiner Abgeordnetenzeit an 81 Prozent aller Plenarsitzun-
gen teil. Selbstverständlich waren mir Rednerauftritte und
Abstimmungen aus parteipolitischen und öffentlichkeits-
wirksamen Gründen im Plenum des Straßburger Parlamentes wichtiger als mehr oder minder sinnloses Herum-
sitzen in den Ausschüssen, wo gerade ein fraktionsloser
Parlamentarier kaum Einflußmöglichkeiten hatte. Mich
hat dabei nicht selten gewundert und amüsiert, mit welcher Naivität und Realitätsferne in meinem Ausschuß für
Kultur, Jugend, Bildung und Medien die Mitglieder beispielsweise über Medienpolitik sprachen: Die Linken mit
einem ideologischen Brett vor dem Hirn, die Rechten
ängstlich bemüht, die meist konservativen Medienmogule
nicht zu reizen. Es wird vielleicht überraschen, wenn ich
im Ausschuß für Kultur, Jugend, Bildung und Medien
jenem Mann zumindest in einem Bereich gute Arbeit bescheinigen kann, dessen Namen die SPD-Genossen am
liebsten im Orkus des ewigen Vergessens verschwinden
lassen möchten: den wegen Verbreitung von Falschgeld
angeklagten Abgeordneten Dieter P.A. Schinzel. Er legte
zusammen mit dem Luxemburger Ben Fayot eine be-
achtenswerte Studie über Medienkonzentration und Me-
dienvielfalt vor. Darauf antwortete ich im Plenum am
9.7.1992:

»Herr Präsident! Als ehemaligem Chefredakteur und Vorsitzendem des Bayerischen Journalistenverbandes mit mehr als 40jähriger Berufserfahrung fallen mir folgende zusätzliche Bemerkungen gewiß nicht leicht. Selbstverständlich bin ich dafür, daß der Einfluß von Politikern gerade bei den öffentlich-rechtlichen Medien massiv zurückgedrängt werden soll. Aber es geht nicht allein darum, die Journalisten vor den Politikern zu schützen, sondern auch die Politiker vor einem Journalismus, der dazu geführt hat, daß man heute in manchen Ländern von einer Telekratie spricht, die die Demokratie bedroht. Die Medien bestimmen weitgehend das politische Tagesgeschehen; die Arbeit in Parlamenten wird weniger von sachlichen Berichten und gründlichen Analysen begleitet, sondern von einem kurzatmigen und vordergründigen Aktionismus, der Politiker nicht selten zu Marionetten degradiert. Was ist dagegen zu tun?

Erstens: Der zunehmenden Konzentration in der Presse muß Einhalt geboten werden. Das Schicksal des Verbrechers Maxwell sollte ein Warnsignal sein. Aber die Berlusconis, Hersants und wie die Tycoons alle heißen, werden immer machtbewußter. Sie sind zudem überaus geschickt. Sie halten sich in ihren Presseimperien quasi als Alibi für Meinungsvielfalt auch Zeitungen, die in Detailfragen von der Generallinie durchaus abweichende Meinungen vertreten, in Grundsatzfragen aber sofort wieder auf Linie gehen. Der Leser aber wird durch solche Roßtäuschertricks irregeführt.

Zweitens: Im Bereich der öffentlich-rechtlichen Funk- und Fernsehanstalten muß dafür gesorgt werden, daß der folgenschwere Sündenfall, nämlich der Werbung immer größeren Raum zu geben, rückgängig gemacht wird. Da die öffentlichrechtlichen Anstalten bei uns Gebühren eintreiben lassen, führt dies zu einer Verminderung der Chancen von privaten Anstalten, die sich lediglich über Werbung finanzieren. Wenn die Parlamente hier nicht ein deutliches Wort sagen, das diese Chancenungleichheit beendet, werden in zunehmendem Maße Fernsehzuschauer zur Selbsthilfe greifen und durch Blockade des Empfanges von Sendungen der öffentlich-rechtlichen Anstalten in ihren Apparaten einen Grund zur Gebührenverweigerung finden.

Gefragt ist nicht das Herumdoktern an Hunderten von Details, sondern das Herausarbeiten von Prinzipien, die das hohe Gut der Pressefreiheit stärken und dem Informationsbedarf des mündigen Bürgers Genüge leisten.«

Aus meinem Tagebuch (26.9.94): »Großes Aufatmen bei meinen EU-Kollegen der CSU in Straßburg und Brüssel. Ihren langjährigen Aufpasser, Reinhold Bocklet, sind sie los. Er ist im Kabinett Stoiber Landwirtschaftsminister geworden. Selten einen so unsympathischen Zeitgenossen erlebt. Überwacht und verpetzt alles und jeden. Bekannt, daß er das Verhalten seiner CSU-Kollegen an die Münchner CSU-Landesleitung meldet. Typ des karrieresüchtigen bayerischen Provinzpolitikers. Das Wort vom »Blockwart« ging in der CSU-Fraktion um.«

Elftes Kapitel
Salonfähigkeit

Die Etablierten blieben trotz aller Skandale salonfähig. Wir wurden es nicht. Unser Scheitern kommentierend schrieb die FAZ 1994 zu diesem Thema: »Es ist den Reps nie gelungen, »salonfähig« zu werden.«

Aus meinem Tagebuch (9.12.94): »*Wer ist ›salonfähig‹? Wer bestimmt dies? Gibt es überhaupt noch Salons mit politischem Dekor? Nein! Es gibt keine Rachel Varnhagen mehr und keine Henriette Herz. In ihren Salons verkehrten im vorigen Jahrhundert Menschen mit Witz und Verstand, die politisch und kulturell etwas bewirkten. Zeitgemäße Talkshows auf hohem Niveau. Heute segeln Politiker im Winde des Zeitgeistes, sind beglückt, neben einer Domina, einer Pornodarstellerin sitzen und Verständnis für »Knastis« heucheln zu dürfen. Sind die Salons nicht eher ein politisches Freudenhaus mit Karriere-Prostitution und akzeptierter Korruption? Warum wohl sehen etwa 40 Prozent unseres Volkes dieses Haus für nicht mehr betretbar, will sagen nicht mehr wählbar an?*

Selbstkritische Anmerkung: Gehörtest Du nicht auch einmal dazu? Warst Du nicht ein bekannter ›Fernsehmensch‹, der sich als Salonlöwe vorführen ließ? Hast Du es nicht genossen, daß Du stets von einem Rudel Salonlöwinnen umgeben warst? Hast Du nicht gespürt, daß sie weniger Dir aus schierer Zuneigung um Deinen Bart gingen, sondern um bei der Beuteverteilung einen Löwenanteil an Vergabe von Moderationen, Aufträgen für Berichte und Reportagen oder Gehaltserhöhungen

*Die Eltern:
Maria
Schönhuber, geb.
Gschwender und
Xaver Schönhu-
ber. Die Mutter,
warmherzig,
fromm, wenn
auch labil. Der
Vater, Metzger-
meister, tatkräf-
tig und Freigeist.*

*Elternhaus der
Mutter des Autors
in München-
Haidhausen. Als
Schüler der
Luitpold-
Oberrealschule
wohnte er hier.*

Als Kind vor der Metzgerei in Altenmarkt bei Trostberg.

Mit Mutter und jüngerem Bruder

Vater (Gefreiter) und Sohn (Unterscharführer der Waffen-SS) im 2. Weltkrieg. Der Vater war Rekrut vor 1914, dann vier Jahre im 1. Weltkrieg und drei Jahre Soldat im 2. Weltkrieg.

Mit den Eltern und dem jüngeren Bruder.

Ehrenmal für die gefallenen Soldaten des »Freien Frankreichs« auf dem Col de Teghime oberhalb Bastias.

Befestigungsanlagen der Sturmbrigade RF SS. auf dem Col de Teghime

Mit einem Kameraden in
englischer Gefangenschaft,
Kiel-Holtenau.

Der Gefangene in der Uni-
form der Labour-Units.

Mit Kameraden in englischer Gefangenschaft. In der Mitte ein
englischer Bewacher.

Der Bergwanderer und Skifahrer.

Der Tennisspieler.

Mitglied von Fußballprominentenmannschaften.

Der Sportreporter mit dem dreifachen Olympiasieger, Toni Sailer.

Im Gespräch mit dem legendären Fußballbundestrainer, Sepp Herberger.

Der russisch-sprechende Ostexperte.

Fernsehinterview mit einem Wegbereiter des »Prager Frühlings«, Pavel Kohout.

Interview mit dem Bruder des »rasenden Reporters«, Egon Erwin Kisch.

Mit dem ungarischen Dramatiker Julius Hay, einem der Wegbereiter des ungarischen Aufstandes von 1956.

Aus der Ehe mit der ungarischen Dramaturgiestudentin Eva Kolar. Die Ehe wurde nach sieben Jahren geschieden. Mutter und Tochter leben in den USA.

Seit über 30 Jahren verheiratet mit der Münchener Rechtsanwältin Ingrid, geb. Feuchtenberger. Trauzeugen waren der General der Bundesluftwaffe, Werner Streib (rechts im Bild), und der ehemalige Münchener Polizeipräsident, Dr. Manfred Schreiber.

*Ingrid Schönhuber
als Mitglied des
Münchener SPD-
Stadtrates.*

*Ingrid Schönhuber
verläßt 1974 die
SPD und Stadtrat
und zieht 1990 für
die Republikaner
erneut in das
Münchener Rat-
haus als Stadträtin
ein und wird
Fraktionsvorsitzende.*

Als Chefredakteur der tz-München. Hier im Großraumbüro mit dem damaligen SPD-Landesvorsitzenden, Volkmar Gabert.

Studiogespräch über Medienpolitik mit Dr. Peter Glotz.

Fernsehberichte über Jordanien. Gesprächspartner König Hussein.

Als Mitglied einer Olympiadelegation in Kenia. Empfang beim damaigen Präsidenten Jomo Kenyatta.

Fernsehaufnahmen in Prag zum Thema tschechische Nationalcharakter »Schwejk oder die Hussiten«.

Mit BR-Intendant Reinhold Vöth (rechts neben dem Autor) bei einem Besuch der Moskauer Sendezentrale.

In New York.

bei vielen Fernseh-
ten in der ganzen
Hier in Ceylon.

Redaktionsbesuch im Bayerischen Rundfunk durch den damaligen Bundeskanzler Willy Brandt. Der Autor moderiert das Gespräch.

Mit BR-Intendant Reinhold Vöth beim Starkbieranstich auf dem Nockherberg.

einzustreichen? Sei ehrlich, hast Du es gewußt, ja oder nein? Ja! Aber so ist es nun einmal. Daß Löwinnen den Clan wechseln, wenn der ›Alte‹ vom Futterplatz vertrieben wird, ist natürlich, im wahrsten Sinne des Wortes. Schlag' nach bei Darwin. Ausnahmen bestätigen die Regel.

Und – hast Du nicht selbst dazu beigetragen, daß Politik immer mehr zu einem Medienspektakel verkam? Zu deiner Fernsehzeit saßen dicke Unternehmer in den Kabaretts und ließen sich, besonders wenn das Fernsehen dabei war, mit Genuß von den bösen Kabarettisten beschimpfen. Jeder bessere Salon hielt sich etwas zugute, Politiker einzuladen und als Unterhaltungskünstler hatten sie einen besonders hohen Stellenwert.«

Im weiß-blauen Freistaat, laut einem Lexikon aus dem zaristischen Rußland: »Die Bayern, ein wildes Bergvolk«, gehen die Uhren anders, auch was die Salonfähigkeit betrifft. Den Gipfel der gesellschaftlichen Anerkennung stellt kein parfümgeschwängerter Salon dar, sondern ein Bierkeller. Nur wer zur alljährlichen Salvator-Probe, dem Starkbier-Anstich, auf dem »Bier-Olymp«, dem Nockherberg eingeladen wird, darf sich zur crème de la crème zählen; angefangen bei allen Kabinettsmitgliedern, Spitzenpolitikern aus Bund und Ländern, Vertretern der Kirchen, der Gewerkschaften, Journalisten und natürlich Sportlern und Künstlern.

Höhepunkt dieser bierseligen und schweißtreibenden Veranstaltung ist eine Rede, aber eine ganz besondere. Mit einem sonst nirgends zu hörenden Freimut werden Politiker und andere »bedeutende« Zeitgenossen auf's Korn genommen oder, wie man auf bayerisch sagt, »derbleckt«. Nur wem die Ehre des »Derblecktwerdens« zuteil wird, der ist wer!

Der »Demosthenes« auf dem Bier-Olymp war zunächst der in Bayern sehr bekannte und geschätzte Conferencier, Dr. Emil Vierlinger. Dann wurde er krank, und ich trat an seine Stelle. Nach zwei Jahren übernahm der später ermordete Walter Sedlmayer meinen Part. Allerdings nur den des Sprechers; den Text schrieb fortan statt meiner der WELT-Mitarbeiter Hannes Burger.

Obwohl die Brauerei den Namen von unerschrockenen, der Nächstenliebe verpflichteten Mönchen führt, wagte auch sie es nach meinem Karrieresturz, der Entlassung aus dem Bayerischen Rundfunk und der anschließenden Parteigründung nicht mehr, mich einzuladen. Ich fand mich damit ab und zeigte Verständnis für diese Handlungsweise. Den braven Schäflein konnte eben aus Geschäftsgründen nicht mehr zugemutet werden, daß in ihrem Bier-Pferch ein schwarzes Schaf, das man bald zu einem braunen machte, das traute Herdengefühl stört. Gute 12 Jahre war Funkstille. Umso größer mein Erstaunen, als mir im Februar 1993 eine Einladung für den »Europaabgeordneten Franz Schönhuber« ins Haus flatterte. Die Überraschung dauerte nicht länger als acht Tage. Dann wurde ich wieder ausgeladen. In dem Schreiben wies der Veranstalter auf ein »technisches Versehen« des Sekretariats hin. In Wirklichkeit hatten CSU-Spitzen mit ihrem Fernbleiben gedroht, wenn ich käme. Aber so sicher war man meiner Reaktion nicht. Über die Presse ließ die verunsicherte Brauerei vorsorglich verlauten, daß sie ihr Hausrecht auch polizeilich schützen könnte. »Ja, so san's, die alten Rittersleut«, war meine amüsierte Reaktion. Wie stets zeigte sich meine Frau solidarisch, trotz innerer Vorbehalte zu manchen meiner Aktionen. Als eingeladene Stadträtin verzichtete sie auf ihr Kommen, obwohl sie gerne den Bier-Olymp erklettert hätte. Generell traf sie die allgemeine gesellschaftliche Ausgrenzung mehr als mich. Die Abkehr von Menschen, die sie als Freunde betrachtet und denen sie viele Beweise ihrer Hilfsbereitschaft und Verläßlichkeit geliefert hatte, verletzte sie tief.

Ihre Angst vor Anschlägen gegen mich nimmt zu. Ich fange an, Zeitungen zu verstecken, die Demonstrationen gegen uns ankündigen; verschweige tätliche Angriffe gegen mich. Erfinde Ausreden für den dauernden Hotelwechsel. In der Tat wird es für mich und meine Mitarbeiter immer schwieriger, ein Hotel zu bekommen. Auch wohlwollende Hoteliers halten den Druck nicht aus: Personalkündigungen, Bombendrohungen, Absagen von Vereinsfesten, Hinweise in den örtlichen Zeitungen. Der niedersächsische Hotel- und Gaststättenverband geht sogar so weit, alle Hotels offiziell aufzufordern, uns abzuweisen. Gab es nicht schon einmal so etwas? Ich weiß, aufgrund der historischen Ereignisse kann man Unvergleichbares nicht miteinander vergleichen. Aber bedenklich stimmen diese Vorgänge mich schon; besonders die Slogans »Kommt Zeit, kommt Rat, kommt Attentat« und »Tötet Schönhuber!«

Im Feuilleton der »Zeit« wurde in einem mehrseitigen Gespräch mit André Müller am 26. Juni 1992 auch dieses Thema erwähnt:

»Müller: Die »Bild«-Zeitung hat Sie nach dem Wahlerfolg Ihrer Partei in Baden-Württemberg mit Hitler verglichen. Verletzt Sie das?

Schönhuber: Ja, denn damit bin ich, auch als Person, zum Abschuß freigegeben.

Müller: Haben Sie Leibwächter?

Schönhuber: Ja.

Müller: Genügt das, um sich zu schützen?

André Müller: Streitgespräch mit Franz Schönhuber (Seiten 55/56)

OSSIER

Apokalypse
Stau
siten 15 – 17

magazin

Das Plättenbau
Erbe: Sanieren
oder abreißen?

DIE ZEIT

26. Juni 1992, 47. Jahrgang · WOCHENZEITUNG FÜR POLITIK·WIRTSCHAFT·HANDEL UND KULTUR   C 7451 C   Preis 4

Schönhuber: Nein, aber wissen Sie, ich bin, was das betrifft, Fatalist. Ich meine, wenn Sie einer umbringen will, dann schafft er es allemal. Wenn Sie, wie das bei mir schon der Fall war, in einer Massenveranstaltung vor achttausend Leuten sprechen, und irgendwo steht einer mit einem Gewehr mit Zielfernrohr, dann nützt Ihnen der beste Schutz nichts.

Müller: In den Medien würde man Ihre Ermordung womöglich begrüßen.

Schönhuber: In einem Teil der Medien. Man würde sagen, der Mörder habe heroisch gehandelt. Wissen Sie, ich habe nichts gegen Kämpfe, aber es ist absurd, einen Menschen, der seit über vierzig Jahren ein demokratisches Leben führt, auf diese Stufe zurückzuwerfen.«

Aus meinem Tagebuch (28.3.95): »Der Fernsehmoderator ›Hajo‹ Friedrichs ist gestorben. De mortuis nil nisi bene – Über die Toten nichts, es sei denn Gutes. Seine Freundin und Kollegin Wiebke Bruhns schreibt in einem Nachruf: ›Im Grunde seiner Seele, denke ich mal, war er unpolitisch, jedenfalls brannte er nicht, für keine Idee, auch nicht für Menschen.‹

Eine Zustandsbeschreibung nicht nur für den Moderator, sondern auch für die politische Klasse unseres Landes. Kokette Depression: Wenn Du stirbst, was dann? Schweigen und Aufatmen! Stimme aus dem Grabe: Götz von Berlichingen!«

100

Trotz allem blicke ich auf meine Medienkarriere zurück ohne Zorn. Altern hat auch seine Vorzüge. Macht milder gegen sich und andere. Genoß ich nicht einen späten Hauch der heute verklärten »Belle Epoque«? Genuß ohne Reue? Ganz so ist es nicht. Die innere Stimme warnt, verwechsle nicht Kür und Pflicht. Laß' Dich nicht gehen. Entzieh' Dich nicht der gesellschaftspolitischen Verantwortung. Denk' an jene, die auf der Schattenseite des Lebens stehen.

Verständnis für Schwächen darf dem Willen zur Veränderung nicht im Wege stehen. Die liberalistische Formel: ›Alles verstehen, heißt alles verzeihen‹ trägt das Kainsmal einer untergehenden Gesellschaft.

Zwölftes Kapitel
Prag – München

Unserer Gesellschaft drohen Gefahren aber nicht nur von einer Seite. Nach dem Motto »Les extrêmes se touchent« – die Gegensätze berühren sich – dürfen auch nicht jene destruktiven politischen Kräfte unerwähnt bleiben, die die Grenzen vom respektablen Patriotismus zum menschenverachtenden Chauvinismus überschreiten. Bitter, hier eine Partei nennen zu müssen, die sich Republikaner nennt und in Tschechien beheimatet ist.

Anläßlich der Gründung dieser tschechischen Republikaner kam ihr Chef Miroslaw Sladek nach München und ließ sich dort bei einer Veranstaltung der deutschen Republikaner am 15. März 1990 als Ehrengast feiern. Er hielt eine flammende Versöhnungsrede, erwähnte dabei positiv auch die Sudetendeutschen. Als Träger des Publizistikpreises der Sudetendeutschen Landsmannschaft erfreuten mich die Ausführungen des Tschechen, der mich zu einem Gegenbesuch nach Prag einlud. Persönlich erzählte er mir, daß seine Partei in Prag als Befürworter des Münchner Abkommens und als »Biertrinker-Partei« verteufelt würde. Zum Prag-Besuch kam es nicht. Sladek und ich trafen uns dafür am 5. Juli 1991 in Nürnberg. Und hier zeigte sich der Pferdefuß unserer »Freundschaft«. Sladek wollte von uns eine finanzielle Unterstützung seiner Partei. Selbst in permanenten Geldnöten, konnten wir nicht helfen. Dann trat Funkstille ein. Mit zunehmender Enttäuschung las ich dann und wann von negativen Äußerungen und Demonstrationen der tschechischen »Schwesterpartei« gegen alles, was deutsch ist. So richtig die Katze aus dem antideutschen Sack aber ließ Sladek anläßlich der Deutschlandrede des tschechischen Präsidenten Havel am 17. Februar 1995 in der Aula der Prager Karls-Universität. Sladek giftete:»Ganz Deutschland sollte unter Quarantäne gestellt werden. Die Deutschen sind genetisch vorgezeichnet und gebrandmarkt. Wenn ein deutscher Vater im Konzentrationslager Hunderte von Leuten ermordete, glauben Sie, daß der Sohn ein Demokrat sein kann?« Benesch läßt grüßen! Sladek spielte hier auf der gleichen Klaviatur des Hasses und des Revanchismus, der den damaligen tschechischen Staatspräsidenten während der Zeit der Vertreibung sagen ließ:»Wenn Ihr sie (die Sudetendeutschen, Anm.d. Verfassers) nackt über die Grenzen treibt, dann laßt ihnen wenigstens die Taschentücher, damit sie ihre Schande hineinweinen können.«

Dies war die Folge jener Denkweise der Parteifreundin von Benesch, Frau Seminova, die 1938 im Prager Parlament den sudetendeutschen Abgeordneten zuschrie:»Wir haben euch gejagt, wir jagen euch, wir werden euch jagen!«

Daran will heute niemand mehr erinnert werden. Die Zeitgeschichte lebt von Verdrängungen. Das muß nicht nur negativ gesehen werden. Die Zeit heilt Wunden. Aber dieser Heilungsprozeß funktioniert nur, wenn der Abbau von Emotionen nicht einseitig praktiziert wird. Einseitige Schuldzuweisungen, Darstellungen von Wirkungen, ohne die Ursachen zu erwähnen, führen letztlich zu Geschichtsfälschungen. Und wenn diese Fälschungen Eingang in die Schulbücher finden und die Nachkriegsgeneration die Erlebnisgeneration damit konfrontiert, schüttet sie Salz in noch immer schmerzende Wunden. Von der Erlebnisgeneration Vergessen zu fordern, ist zuviel verlangt, allenfalls Vergebung und Verständnis sind möglich. Auf beiden

Seiten! Mit ätzendem Spott, billiger Satire lassen sich solch leidvolle Perioden der Geschichte nicht bewältigen. Die Franzosen kennen den Spruch:»Der Schlüssel zur Versöhnung ist die Wahrheit«. Heute geht es den Politikern eher darum, sie weiter gut versteckt zu halten, statt sie zu suchen. Den jungen Politikern, Politologen und Historikern sei aber an dieser Stelle wieder der Satz Shakespeares entgegengehalten:»Der Narben lacht, wer Wunden nie gefühlt.« Gewiß ist Kritik an manchen Darstellungsformen bei den Sudetendeutschen Tagen, den Treffen der Schlesier und Siebenbürger Sachsen durchaus legitim, aber muß deshalb – wie häufig in Bild und Ton zum Ausdruck gebracht – Heimatliebe als Revanchismus, Brauchtumspflege als Chauvinismus denunziert werden? Die Haltung vieler etablierter Politiker zu diesem Teil unserer Geschichte gleicht bei den einen der Vogel-Strauß-Politik, andere handeln nach dem Floriansprinzip:»Heiliger St. Florian, verschon' mein Haus, zünd' andere an.«

Dafür steht»Bruder Johannes«, Synodale der Evangelischen Kirche und Ministerpräsident von Nordrhein-Westfalen, Johannes Rau. Bei einem Gespräch mit dem tschechischen Staatspräsidenten Vaclav Havel nach der umstrittenen Deutschlandrede machte Rau die daraus entstandenen Irritationen und Empörungen auf sudetendeutscher Seite schlicht und einfach zu einer rein bayerischen Angelegenheit. So, als gäbe es in Nordrhein-Westfalen und anderen deutschen Ländern keine Sudetendeutschen und deren Verbände, keine Forderungen nach historischer Gerechtigkeit. Wie wenig die heutige SPD noch mit jener der unmittelbaren Nachkriegszeit zu tun hat, die solche Fragen nicht aus parteipolitischer und regionaler Enge sah, sondern als parteiübergreifende gesamtdeutsche Verpflichtung, habe ich vorausschauend schon 1983 festgestellt. In meinem Buch »Freunde in der Not« heißt es: »Die inzwischen verstorbenen Jaksch und Reitzner, beide ehemalige Bundestagsabgeordnete, hätten übrigens in der heutigen Sozialdemokratie kaum noch eine Wirkungsmöglichkeit gefunden. Beide fühlten sich nämlich zuerst als Sudetendeutsche und erst dann als Sozialdemokraten. Jaksch vor allem prangerte öffentlich das Unrecht der Vertreibung an. Schon während seiner Emigration in London hatte er Eduard Benesch vor Rache und Revanche-Aktionen gewarnt... In der heutigen Sozialdemokratie finden sich kaum noch herausragende Freunde der Sudetendeutschen, außer vielleicht zu Wahlzeiten.«

In diesem Zusammenhang möchte ich eines Sozialdemokraten gedenken, der die Entwicklung ähnlich wie ich sah und sich nicht an dem vorzugsweise von sozialdemoraktischen Funktionären betriebenen Kesseltreiben nach Erscheinen meines Buches »Ich war dabei« beteiligte: Almar Reitzner, der früh verstorbene Sohn des Bundestagsabgeordneten Richard Reitzner! Er war Chefredakteur der SPD-Vertriebenenzeitung »Die Brücke«, Vorsitzender der Seeliger-Gemeinde, der Organisation sudetendeutscher Sozialdemokraten und Redakteur im Bayerischen Rundfunk. Während des Dritten Reiches war er mit seinem Vater in der Londoner Emigration und mit der Royal Airforce im Kampfeinsatz in Ostasien. Aber über diese Leute ist die SPD heute längst hinweggegangen. Sie wären nach jetzigem Verständnis Ewig-Gestrige und Rechtsradikale!

Fazit: Die prägende Kraft der Kriegs- und Erlebnisgeneration nimmt rapide ab. Die biologische Lösung des Problems rückt näher. Leid und Bitternis verwittern mit den Inschriften auf Grabsteinen. Es ginge aber auch anders. Man denke an die Juden und ihr Verhältnis zum Gelobten Land.

An dieser Stelle habe ich Selbstkritik zu üben. Ich zeigte mich in den Nachkriegsjahren nicht immer immun gegen den Bazillus einer Vergangenheitsbewältigung, mit dem die Bundesrepublik von jenen Zeitgeschichtlern und Historikern angesteckt wurde, die sich von volkspädagogischen Erwägungen leiten ließen. Sie haben die Geschichte so zurecht geschneidert, daß der Mantel der Umerziehung sozusagen wasserdicht gemacht wurde. Das galt und gilt auch für die sudetendeutsche Frage.

Erst als ich Anfang der sechziger Jahre für die ARD einen Film über die Sudetendeutschen drehte, dabei erfahren mußte, daß der herrschende Zeitgeist weniger von der Wahrheit inspiriert ist, dafür umso mehr vom Ungeist der Fälschung, wurde ich nachdenklich. Aus einem Saulus wurde zwar kein Paulus, zu einem Damaskus reichten die Auseinandersetzungen über diesen Film allerdings nicht. Ich fand mich lediglich dort wieder, wo der Sitz eines Journalisten legitim ist, zwischen zwei Stühlen. Mir wurde jedoch klar, daß das insbesondere von den linken Politikern und Politologen als böse definierte Verhalten bestimmter sudetendeutscher Kreise ebensowenig der Wirklichkeit entsprach, wie andererseits die apologetische Haltung der Betroffenen sich eben auch nicht hundertprozentig mit der historischen Wahrheit deckte.

Aus diesem Zwiespalt »befreite« mich die journalistische Umsetzung des juristischen Spruches: Im Zweifel für den Angeklagten. Meine weiteren journalistischen und publizistischen Tätigkeiten wurden davon geleitet. Mein Ansehen bei den Sudetendeutschen stieg. Es wurde gekrönt durch die schon erwähnte Verleihung des Publizistikpreises der Sudetendeutschen Landsmannschaft während des traditionellen Pfingsttreffens in Nürnberg im Jahre 1978. Ich war der erste »Reichsdeutsche«, der diese Ehrung erfuhr. Die Laudatio hielt der damalige Sprecher der Landsmannschaft Dr. Walter Becher. Diese Ehrung vermehrte die Zahl meiner journalistischen und politischen Gegner. Schon sah ich mich auf den Startplatz zur Strecke der »Ewig-Gestrigen« gestellt. Hinzu kam das Verhalten meiner Frau. Als damalige SPD-Stadträtin lehnte sie es 1973 ab, den Beschluß der Mehrheitsfraktion, der SPD, mitzutragen, den Sudetendeutschen das traditionelle Grußwort der Stadt München zu ihrem Pfingsttreffen zu verweigern. Es war die einzige SPD-Gegenstimme. Den anderen Landsmannschaften erging es ähnlich.

Die Angriffe gegen mich steigerten sich nach dem Erscheinen meines Buches »Ich war dabei«! Hier schilderte ich wahrheitsgemäß, daß ich während meiner Soldatenzeit in Prag in den Anfangsmonaten von 1945 keinerlei Anzeichen eines Widerstandes bemerkt habe. Dies wurde mir als Leugnung des tschechischen Widerstandswillens ausgelegt. Dabei gab und gibt es genug Zeitzeugen, die meine Beobachtungen bestätigen. Wie anders waren doch meine Eindrücke als Soldat in Warschau. Hier spürte man die tödlichen Gefahren an jeder Straßenecke. Der Haß gegen uns war in den Gesichtern zu lesen. Umso dankbarer bleibe ich zwei Tschechen, die wirklich im Widerstand gegen das NS-Regime waren und mich nach dem Erscheinen von »Ich war dabei« öffentlich verteidigten. Der eine war Jiri Pelikan, der ehemalige Präsident des Kommunistischen Weltjugendverbandes, später Generaldirektor des tschechoslowakischen Fernsehens, der als Anhänger des »Prager Frühlings« in politische Schwierigkeiten geriet. Er emigrierte nach Italien und saß als Abgeordneter der Sozialistischen Partei Italiens zehn Jah-

107

re im Europaparlament. Zusammen mit seinem Bruder war er im April 1940 von der Gestapo verhaftet worden. 1941 konnte er fliehen. Seine Eltern wurden 1942 als Geiseln verhaftet, seine jüdische Mutter kam im Konzentrationslager um. Er schrieb zu den Angriffen gegen mein Buch »Ich war dabei«: »Ich kann nicht mit den Kritikern des Buches einverstanden sein, daß das Buch den Krieg verherrlicht und daß es sogar rassistisch ist. Im Gegenteil, ich bin der Meinung, daß Franz Schönhuber aufgrund bitterer Erfahrungen den Leser zur Versöhnung zwischen den Völkern auffordert. Man kann und soll mit dem Buch polemisieren (mit dem Autor), aber man soll das Buch nicht tabuisieren und einer wahren Debatte über diese Probleme ausweichen. In diesem Sinne ist das Buch »Ich war dabei« nützlich zum Studium der Vergangenheit des deutschen Volkes und des nationalsozialistischen Deutschland.«

Der hochgeschätzte, in liberalen und konservativen Zeitungen oft zu Wort kommende tschechische Schriftsteller Ota Filip schickte mir einen Brief, der mich nachdenklich stimmte.

Am meisten aber freute ich mich über die Zeilen, die mir eines der sportlichen Idole meiner Jugend schickte: Roderich Menzel, einer der weltbesten Tennisspieler seiner Zeit und Rivale Gottfried von Cramms. Der Sudetendeutsche Roderich Menzel aber war nicht nur ein großer Sportler, sondern auch ein namhafter Schriftsteller.

Freundschaftliche Hilfe bot mir auch ein Tscheche an, der heute auf der rechten Seite des politischen Spektrums steht, der Schachgroßmeister und konservative Politiker Ludek Pachmann. Auch er saß während der Besatzungszeit in einem nationalsozialistischen Gefängnis und später in einem kommunistischen.

108

München, 31. Mai 1982

Lieber und sehr verehrter Herr Schönhuber!

Nach unserem Gespräch in Nürnberg wollte ich Ihnen nur noch sagen — vielmehr, Sie bitten, mich stets als Ihren ergebenen Freund anzusehen

Herzlichst

Ihr

Roderich Menzel

Ota Filip
Amalienstraße 71
8000 München 40

10.10.11981

Lieber Herr Franz Schönhuber!

Gestern habe ich Ihr Buch " Ich war dabei" zu Ende gelesen.

Ein ehrliches und für die Generation nach uns äußerst notwendi-
ges Buch eines Mannes, der weiß,was er sagt und weshalb.

Heute, es ist Samstag, fürchte ich vor dem Abend. Im Fernsehen
werden die ganz bestimmt Bilder aus Bonn und Cairo ausstrahlen.

Ich gestehe es: Ich habe Angst das Bild am Abend einzuschalten.

Was kommt wieder auf uns zu ?,frage ich mich.

Lieber Herr Schönhuber, haben Sie auch nicht das verzweifelte Gefühl,
daß Ihre Irrtümer, Verzweiflung und Ihr guter und zugleich hartnäckiger
Wille all dies den jungen Menschen nach uns mitzuteilen, sie zu warnen,
zu scheitern beginnt?

Ich wünsche Ihnen und Ihren Buch alles Gute - und dem Buch viel
Leser, die es tatsächlich verstehen.

Mit freundlichen Grüßen

Ota Filip

In Deutschland fand ich weniger »Freunde in der Not«. Auch nicht bei jenen, die mir politisch nahegestanden waren. Das galt auch für manche sudetendeutschen Funktionäre, die gleichzeitig Mandatsträger der CSU, der SPD oder der F.D.P. waren. Auch mein »Freund«, der ehemalige Napola-Schüler und spätere CSU-Minister Hans »Jonny« Klein ging auf Tauchstation. Karrieristische parteipolitische Erwägungen hatten einen höheren Stellenwert als der gemeinsame Kampf um historische Gerechtigkeit. Eine Ausnahme bildete auch hier Otto von Habsburg. Ähnlich verhielt sich der zu früh verstorbene ehemalige bayerische CSU-Sozialminister Fritz Pirkl.

Manchmal war die Situation geradezu grotesk. Einträchtig signierten der Kaisersohn und ich bei den Pfingsttreffen unsere Bücher. Viele Sudetendeutsche titulierten Otto von Habsburg ehrfürchtig mit »Majestät« und mich, den zukünftigen Republikaner, bezeichneten sie als Freund. Meine sich anbahnende politische Tätigkeit mag manchen der Sympathisanten unter den Sudetendeutschen in nicht geringe Probleme gestürzt haben. Hie Schönhuber-Partei, dort CSU. Ich hatte und habe Verständnis für diesen Zwiespalt. Gleichwohl kann nicht darüber hinweggesehen werden, daß die Führung der Sudetendeutschen Landsmannschaft heute nur noch der Transmissionsriemen der CSU ist. Ihren Publizistikpreisträger Schönhuber wagten sie nicht mehr, zu den Pfingsttreffen einzuladen.

Ein parteipolitisches Problem war auch meine Kolumnistentätigkeit in der »Sudetendeutschen Zeitung«. Auch hier war ich Kollege von Otto von Habsburg. Als ich dann Europaabgeordneter wurde, wollte ich nicht länger Stein des politischen Anstoßes sein und gab diese Kolumne auf. Dies fiel mir umso leichter, als ich feststellen konnte, daß Otto von Habsburg in ostpolitischen Fragen kaum eine

DR. FRITZ PIRKL
STAATSMINISTER
MITGLIED DES BAYER. LANDTAGS

8000 MÜNCHEN 40, DEN   26.4.1982
SCHELLINGSTRASSE 155
FERNSPRECHER 12531

An den
Intendanten des
Bayerischen Rundfunks
Herrn Reinhold V ö t h
Rundfunkplatz 1

8000 München 2

Lieber Reinhold,

ich darf Dich heute nochmals auf die Sendung "Hüben und drüben"
ansprechen. Gerade auch in Vertriebenenkreisen ist verschiedent-
lich über die Plazierung der Sendung in das ARD-Programm gesprochen
worden. Dabei wurde ich erneut ausdrücklich gebeten, mich um eine
gute Sendezeit im ARD-Programm zu bemühen. Deshalb bitte ich meinem
abermaligen Vorstoß Verständnis entgegenzubringen.

Ich persönlich und viele meiner Freunde können es sich einfach nicht
vorstellen, daß eine Sendezeit am Freitagnachmittag das Richtige
sein kann. Da ich um Deinen großen Einfluß in der ARD weiß, würde
ich Dich herzlich bitten zu versuchen, eine Sendezeit zu finden,
die auch mit Einschaltquoten Erwachsener rechnen kann. Dabei bin ich
mir absolut sicher, daß durch die Redaktionsverantwortung von
Franz Schönhuber auch Sendungen entstehen werden, die sich bundesweit im wahrsten Sinne des Wortes sehen lassen können. Neben der
Sendezeit ist mir dabei auch ein echtes Anliegen, daß wirklich ein
qualifiziertes und engagiertes Team die Redaktion dieser neuen und
schwierigen Sendung führt. Wobei es sicher einen echten Zusammenhang
zwischen Sendezeit und Qualität des Redaktionsteams gibt.

111

andere Richtung vertrat. Ähnliche Übereinstimmungen ergaben sich dann auch bei unseren Reden und dem Abstimmungsverhalten im Straßburger Parlament.

Dort in Straßburg aber fand ich schon sehr bald bestätigt, was ich in meinem Buch »Trotz allem Deutschland« schon 1987 geschrieben hatte: »Von wenigen Ausnahmen abgesehen, hat sich der deutsche Patriotismus einem lähmenden Rechtfertigungszwang unterworfen. Man schämt sich fast, in einer Diskussion die Wahrnehmung nationaler Interessen zu fordern. Nahezu jeder Vorstoß in dieser Richtung wird begleitet von der überbetonten Versicherung, daß man kein Nationalist, kein Chauvinist oder gar ein Neonazi sei. Es ist die Furcht vor Unterstellungen und bösartigen Verdächtigungen! ›Hitler ist jemand, an den sich alle immer wieder erinnern, Hitler hat immer wieder Konjunktur‹ , sagte der amerikanische Historiker Gordon A. Craig über die Neigung, nationale Regungen der Deutschen mit dem braunen Diffamierungsknüppel zu zerschlagen.«

Man denke an den Satz des größten deutschen Philosophen Immanuel Kant: »Wer sich zum Wurm macht, darf sich nachher nicht wundern, wenn er getreten wird.« Kein Wunder, daß wohl bei den meisten Abgeordneten aller Mitgliedsstaaten der damalige Bundespräsident Richard von Weizsäcker als beliebtester Deutscher galt und am häufigsten zitiert wurde. Dem wendigen Freiherrn gelänge es sogar, bei einer Diskussion um die Probleme des Walfanges einen Bezug zur Bewältigung der NS-Erblast zu finden, sagte mir ein christdemokratischer Abgeordneter, dessen Namen ich verschweigen will, damit er nicht auf die schwarze Liste der Süßmuths, Geißlers und Pflügers gesetzt wird. Die Frage ist, ob das bei selbstbewußten Vertretern anderer Nationen wirklich zu Sympathie oder nicht vielmehr zu stiller Verachtung führt, weil man in den Deutschen die nützlichen Idioten erblickt!

Zu diesem Thema schrieb Hellmut Diwald unter dem Titel »Unsere gestohlene Geschichte«: »Amerikaner, Franzosen, Italiener, Spanier, Portugiesen, Russen, Tschechen besitzen ein einheitliches Geschichtsbild. Auch für uns Deutsche existiert ein solches Geschichtsbild. Allerdings existiert es seit 1945 nicht mehr im Geschichtsunterricht, nicht mehr bei den professionell tätigen Historikern, nicht mehr im Bewußtsein des Volkes. Man hat es uns gestohlen. Zunächst mit dem Werkzeug der Umerziehung, dann mit seiner verfeinerten Weiterentwicklung, dem über der Bodenlosigkeit schwebenden Pluralismus.«

Diese deutsche Demutshaltung zeigte sich in Straßburg bei einem Vorgang, der wohl einmalig bleibt. Die Übergangs-DDR unter Modrow erließ ein Verbot für die Republikaner und ein Einreiseverbot für mich. Zweimal versuchte ich trotzdem, in die DDR zu fahren, wurde jedoch an der Grenze unter entwürdigenden Umständen zurückgewiesen. Dann fuhr ich illegal in den anderen Teil meines Vaterlandes, für dessen Einheit ich jahrelang gekämpft hatte. Dabei entging ich nur mit Mühe einer Verhaftung durch die »Organe« der DDR: Meine Anwesenheit bei einem geheimen Treffen von Sympathisanten in Pegau, in der Nähe Leipzigs, war verpfiffen worden. Der gleiche Vorgang wiederholte sich in Gotha. Die Bundesregierung hielt sich zurück, ein Vertreter des Außenministeriums bedeutete mir bedauernd, die DDR sei ein souveräner Staat: Ha, Ha, Ha!

Aber wen wundert das. Lag da nicht ein augenzwinkerndes Einverständnis zwischen Kohl und Modrow vor? Wenn es stimmt, daß bei der Fahrt zur deutschen Einheit Kohl allein am Steuer saß, dann hätte ein Hupsignal genügt und die Schlagbäume hätten sich für mich geöffnet. Als ich in Straßburg im Plenum auf das Einreiseverbot hinweise, beklatschen die Sozialisten das Verhalten der DDR. Es sind die gleichen Sozialisten, die aufschreien, wenn einer ihrer Abgeordneten bei Grenzkontrollen ein paar Minuten aufgehalten wird. Die demokratisch gewählten Volksvertreter im Parlament widersetzen sich nicht dem gebeugten Recht. Das Parlament entrüstete sich auch nicht, als der spätere Alterspräsident des Bundestages, Stefan Heym die Mauer als »antifaschistischen Schutzwall« pries und ihren Erhalt forderte. »Um die Republikaner fernzuhalten«, begründete er seine Forderung.

Aus meinem Tagebuch (29.3.95):»Entscheidung des Bundesgerichtshofs: Wandschmierereien wie ›Ausländer raus‹ sollen nicht mehr wie bisher nur als Sachbeschädigung verurteilt werden, sondern als kriminelle Tat und Ausdruck rassistischer Gesinnung. Auch ich bin der Meinung, daß diese oft von politisch unbedarften Jugendlichen verübten Handlungen das Gegenteil von Patriotismus und schädlich für das Ansehen unseres Landes sind. Aber wie steht es mit der juristischen Einschätzung von Wandschmierereien der chaotischen Linken und ihrer Gesinnungsgenossen aus der türkischen Szene: ›Deutschland verrecke!‹? Abgesehen von dem Tatbestand der Sachbeschädigung ist diese Parole ausdrücklich erlaubt. Gilt hier das gleiche wie für den Satz: ›Soldaten sind Mörder‹? Da sage einer, unsere Justiz sei auf dem rechten Auge blind!«

Vergangenheitsbewältigung im Fernsehen wird immer mehr zur Domäne von Krimi- und Pornoautoren. Sex und Nazi-Crime! Noch heute wird der längst widerlegte Kitsch von dem aus Menschenhaut gefertigten Lampenschirm der Ilse Koch, Frau des Kommandanten von Buchenwald, von »Historikern« verbreitet. Als würde das generell Abscheu erregende Benehmen der »Kommandeuse« nicht genügen! Ernsthafte Forschung ist nicht gefragt, Volkspädagogik muß es sein. Den Reichstag müssen deshalb die Nationalsozialisten selbst angezündet haben, auch wenn alle bekannt gewordenen Fakten dagegen sprechen. Ich sehe am 28.3.95 den Fernsehfilm »Der Verräter« im ZDF, politisch in schwarz/weiß wie eh und je. Hinterhältig und ohne jeden dramaturgischen Sinn wird mein Name mit einer Gruppe von gewalttätigen, sogenannten Neonazis in Verbindung gebracht. Warum es verschweigen: Es trifft mich, erfüllt mich mit ohnmächtiger Wut. Dies mag Sie freuen, Michel Friedman, geheimer Intendant des ZDF!

Es macht mich auch wütend, wenn die Menschen nach einem persönlichen Zusammensein sagen: »So haben wir Sie uns nicht vorgestellt; Sie sind ja ganz anders.« – Ja, wie denn? Wie Dracula etwa? Warum fallt Ihr auf die Verunglimpfungen dieser televisionären Schreibtischtäter herein? Auf die zynischen Dick und Doof, den roten Kienzle und den schwarzen Hauser? »Frontaler« Quatsch! Muß man denn einen Menschen, der gute Absichten hat, kriminalisieren? Kann man ihn denn nicht politisch fair bekämpfen? Das wäre angewandter Liberalismus. Aber die Medienleute wissen genau, daß es vom Erhabenen zum Lächerlichen nur ein Schritt ist. Ich nenne dies die »Pancho-Villar-Methode«. Die amerikanische Meinungsindustrie verstand es, aus dem mexikanischen Freiheitskämpfer und zeitweiligen Mitstreiter von Zapata, Pancho Villar, einen Eisenbahnräuber zu machen.

Schon allein wegen der Kinder, die meinen Namen tragen, muß ich meine Ehre und menschliche Würde verteidigen.

Ein Gedicht von George Forestier/Krämer kommt mir dabei in den Sinn:

Schweigen ist *keine* Antwort

Wir graben, und graben
und graben
unser Gewissen ein.

Bald werden deine Kinder dir
nicht mehr glauben, daß du
nicht der Mörder warst,
vor dem die anderen
sich entsetzen.

Bald werden sie in deinem Blick
nach den Pistolenaugen suchen,
nach dem Henkerszeichen
auf deiner Stirn.

Sie werden dich verfluchen
und fluchend dich begraben,
ohne zu begreifen,
daß alles anders war,
nur weil wir geschwiegen haben!

Deshalb habe ich auch dieses Buch geschrieben: Scripta monent, verba volent – Geschriebenes bleibt, Worte verfliegen.

Dreizehntes Kapitel
Späte Genugtuung

Die Wiedervereinigung steht kurz vor ihrer Vollendung. Der Politische Ausschuß des Europäischen Parlaments trifft sich im Frühsommer 1990 in Berlin. In einem vom Ausschuß gecharterten Bus fahre ich als offizieller Delegierter mit nach Ostberlin, in die Höhle des Löwen, in den Palast der Republik, der Behausung der Volkskammer. Diesmal kann man mich nicht mehr zurückweisen.

Der Genosse Pförtner sieht mich bei meinem Eintreten an, als sei ich der Teufel höchstpersönlich. Der DDR-Feind Nummer 1 im roten Machtzentrum, welch' eine Schmach!

Bei meinem Betreten des Saales, in dem nacheinander »Außenminister« Meckel und »Verteidigungsminister« Eppelmann, dieser wie üblich mit Leninmütze, sprechen sollen, fahren deren Leibwächter wie von der Tarantel gestochen hoch, stürzen auf meinen Leibwächter und mich zu: Was wir denn hier wollten? Blitzschnelle Erkenntnis: Die verstehen nur Kasernenhofton, die Sprache der Obrigkeit! Also schnauze ich sie an: »Nehmen Sie Haltung an, vor Ihnen steht ein Abgeordneter des Europäischen Parlamentes. Hauen Sie ab!« Das wirkt! Sie stottern eine Entschuldigung und verziehen sich.

Rache ist süß, sogar bei nebensächlichen Anlässen.

Ich erzähle diese Begebenheit einige Jahre später bei einer Wahlveranstaltung in Sachsen den mir vom dortigen Innenministerium beigeordneten Personenschützern, bemerke, wie sie sich verstohlen zublinzeln. Sie sagen aber nichts. Im Laufe der Fahrt bricht das Eis. Die Personenschützer werden lockerer, eine Diskussion über

Schutz- und Sicherheitsfragen kommt in Gang. Etwas unsicher meint einer der Beamten, ob ich mir denn vorstellen könne, wen sie »früher« bewacht hätten? »Keine Ahnung!« »Den Herrn Honecker beispielsweise«, antwortet er im gemütlichen Sächsisch. Aber ein so gutes gepanzertes Auto wie das unsere hätte der noch nicht gehabt. Fachsimpeln unter Kollegen, mein Leibwächter stellt Waffenvergleiche an. Politik tritt in den Hintergrund. Ideologische Sprüche sind nicht mehr gefragt. Die Professionalität ist ein Überlebensanker. Jedes Regime braucht gute Beschützer. Und so haben gerade diese die Wende glücklich geschafft. Alles schon einmal dagewesen! Hatte der frühere österreichische Bundeskanzler jüdischer Herkunft, Bruno Kreisky, nicht ehemalige Offiziere der Waffen-SS in seiner Umgebung? Waren bei den ersten Einheiten des Bundesgrenzschutzes unter den Ausbildern nicht Unteroffiziere und Offiziere der Waffen-SS? Gelang es in der Bundeswehr nicht drei ehemaligen Offizieren der Waffen-SS, sogar Generäle zu werden? Daran will man heute nicht mehr erinnert werden. Aber General Dr. G. Kießling, der unmittelbar nach seiner skandalösen Entlassung aus der Bundeswehr und vor seiner späteren Rehabilitierung in meiner Wohnung unbefangen und mit soldatischer Offenheit davon erzählte, hatte eben noch Zivilcourage. Kommt sie wieder? Jüngste Generalsäußerungen lassen hoffen.

Aus meinem Tagebuch (24.11.89): »Straßburg zu Zeiten der sich vollendenden Wiedervereinigung. Etablierte Politiker erobern die DDR. Fernsehen überträgt Jubelstürme für Brandt, vor allem aber für Kohl. Bittere Gefühle. Wir haben den Wiedervereinigungszug erst auf die Geleise gestellt, dann unter Dampf gehalten. Jetzt springt Kohl in das Führerhaus und hängt uns ab. Wir

sind die Verlierer. Zolle widerwillig dem Taktiker Kohl
Respekt. Spielt raffiniert auf der Klaviatur der Gefühle.
Handelte nach Bismarcks Rezept: ›Wenn der Wein aus-
getrunken ist, mag die Flasche zerbrechen.‹ Rauschhafte
Begeisterung für Kohl und Co., Katzenjammer bei uns.
Vergebliche Trotzreaktionen.«
Kohl kommt am 22.11.89 nach Straßburg, hält im Parlament eine Rede. Nicht sehr beeindruckend, ein Demosthenes ist er nun wirklich nicht. In unserer Fraktion kommt es zu einem ernsthaften Zerwürfnis. Als Fraktionsvorsitzender will Jean-Marie Le Pen die volle Redezeit ausnützen und dem Kanzler antworten. Diesmal widersetze ich mich, bestehe darauf, daß dies eine deutsche Angelegenheit sei, die Redezeit also von einem Deutschen genutzt werden sollte. Endlich gibt Le Pen nach, fordert aber seine französischen Kollegen auf, der Debatte fernzubleiben. Einige kommen trotzdem und hören meiner Rede zu:

»Herr Präsident, meine Damen und Herren, verehrter Herr Bundeskanzler! Ich habe diese Debatte sehr aufmerksam verfolgt und muß gestehen, daß ich selten so viele Leerformeln gehört habe wie hier. Alle sprechen vom Wind der Geschichte und landen beim Geschäft. Ich weiß sehr genau, und das ist meine Skepsis, die ich hier ausdrücken möchte, daß es auch unter den Abgeordneten hier nicht wenige gibt, die genauso denken wie der bekannte französische Schriftsteller Mauriac, der einmal gesagt hat: ›Ich liebe Deutschland so sehr, daß ich glücklich bin, daß es gleich zwei davon gibt.‹ Wir Republikaner sind der Meinung, daß es nur ein Deutschland geben kann und darf. Obwohl wir uns durchaus zur historischen Schuld des verbrecherischen NS-Regimes bekennen, sagen wir sehr deutlich: Die BRD und die DDR sind nichts anderes als schreckliche Betriebsunfälle der deutschen Geschichte! Wir müssen an die Reparatur dieses Betriebsunfalles gehen. Das heißt konkret, wir streben ein Gesamtdeutschland an, und die Hauptstadt dieses Gesamtdeutschlands wird wieder Berlin sein und nicht Bonn! Wir sollten in diesem Haus nicht das beschämende Beispiel bieten, das ich derzeit in der Bundesrepublik erlebe, wo die tragische und gleichzeitig freudvolle Situation zu kleinlichem Wahlkampfkalkül, zum Schielen nach bestimmten Umfragen – wer ist vorne, wer ist hinten – mißbraucht wird. Für mich ist nicht interessant, ob Herr Kohl vorne ist oder Herr Vogel. Für mich ist nur interessant, ob das deutsche Volk vorne ist, denn das deutsche Volk spricht und nicht seine merkwürdigen Repräsentanten in den Parteien.

(Unruhe, Beifall von der Technischen Fraktion der Europäischen Rechten)

Sie werden mich ausreden lassen. Ich vertrete hier zwei Millionen Wähler, und niederschreien geht hier nicht! Ich werde zu Ende sprechen. Ich bin es gewohnt, in Deutschland unterbrochen zu werden, doch ich habe mich noch immer durchgesetzt. Ich werde mich auch hier durchsetzen! Davon können Sie ausgehen!

Wir Republikaner sagen: Wir wollen keinen nationalen Alleingang um jeden Preis. Wir kennen die Abhängigkeiten. Wir wissen auch um Empfindlichkeiten, die zweifellos ihre historische Wurzel haben, aber wir wollen es nicht allein der Geschwindigkeit des EG-Zuges überlassen, wann unsere Wiedervereinigung kommt – wobei wir nicht einmal genau wissen, ob dieser EG-Zug exakt in die Wiedervereinigung führt, die wir anstreben.

Eines können Sie sicher sein. Bei all dem taktischen Kalkül, das auch hier spürbar ist, bei all den Politikeraussagen, die hier zu hören sind, wird der Ruf des Volkes stärker sein –

und zwar nicht nur stärker als die Stimme jener Leute, die Sie heute im französischen oder deutschen Fernsehen sehen, jener Intellektuellen, die noch vor zwei Jahren gehorsame Troubadoure der Kommunisten waren. Die Wiedervereinigung wird erzwungen werden – und da lesen Sie bitte die Züricher Zeitung nach – von den Arbeitern und Bauern, die die Wendehälse in der DDR satt haben, seien sie auch die Favoriten der Sozialisten. Eines muß klar sein, und da nützt auch die ganze Gorbimanie nichts: Der Kommunismus ist tot! Der Kommunismus ist weder demokratisierbar noch reformierbar!

Deshalb meinen wir, daß es auch bei allen Hilfen, die wir gerne geben würden, nicht zu einer Stabilisierung des kommunistischen Regimes kommen darf. Ich warne noch einmal vor den lobenden Worten für Herrn Gorbatschow. Auch Herr Gorbatschow hat eine Vergangenheit...

(Unruhe)

und sie ist nicht so edel, wie man hier vorgibt. Auch Herr Gorbatschow war einmal ein KGB-Mann. Nehmen Sie das bitte zur Kenntnis.

(Unruhe, Zurufe)

Der Schönhuber geht nicht raus, der bleibt hier! Wir sind der Auffassung, daß in diesem Parlament Fraktur gesprochen werden muß. Da muß Ehrlichkeit einziehen und nicht ein permanentes Winseln vor der öffentlichen oder der veröffentlichten Meinung des Volkes, da können Sie sicher sein.

Wir sind kooperativ. Wir sind der Meinung, wir müssen allen helfen, aber wir bitten auch Sie: Legen Sie jedes Mißtrauen gegenüber dem deutschen Volk ab. Wir sind geläuterte Patrioten. Wir wissen, was wir erlebt haben, und es sind vielleicht die anständigsten Patrioten, die ihre Geschichte nicht verleugnen. Wir Republikaner denken, daß man eines

Tages im Osten wie im Westen die gleiche Hymne singen wird: Einigkeit und Recht und Freiheit für das deutsche Vaterland!«

Bei der anschließenden Pressekonferenz findet der Bundeskanzler wenig freundliche Worte für uns, spricht vom »Müllhaufen der Geschichte«, auf den wir gehörten. In der Fraktion beratschlagen wir, wie wir den weiteren Vormarsch von Kohl und Co. stoppen können. Die Umfragen sacken in den Keller. Vorschläge: Sollten wir nicht darauf hinweisen, daß Kohl noch vor ein paar Monaten gesagt hat, die Wiedervereinigung stünde nicht auf der Tagesordnung der Weltgeschichte? Gegenargument: Wen interessiert das noch? Wir müssen uns eingestehen, daß der Pfälzer die Tagesordnung richtig eingeschätzt und entschlossen gehandelt hat. Widerwillig räumen wir ein, daß er uns lieber ist als jene Parlamentarier, die jetzt im Bundestag lauthals die Nationalhymne anstimmen. Jetzt auf einmal! Jetzt gilt dies als patriotisch; wenn wir Republikaner früher die Hymne sangen, war dies Ausdruck unseres Chauvinismus.

Diwald bringt es auf den Punkt: »Für einen guten Politiker ist ein schlechtes Gedächtnis unersetzlich. Wer von den Bonner Volksbeauftragten mochte sich damals oder heute noch an seine Sprüche von gestern über die deutsche Einheit erinnern? Alle waren sie plötzlich dafür. Was sie uns jetzt in ihren Reden zumuten, ist viel zu heuchlerisch, um wahr zu sein. Man kann nicht einmal lachen über soviel Unverfrorenheit. Dergleichen verdient kaum, daß man sich stellvertretend dafür schämt.

Die Einheit Deutschlands? Das übersteigt, wie wir uns erinnern sollten und was leicht nachzulesen ist, auch die Vorstellungskräfte oder -wünsche des weiland Bundeskanzlers Helmut Schmidt, den die Aura der schlechthinnigen Fortschrittlichkeit umgab: ›Irgendwann im nächsten Jahrtausend.‹ Ganz zu schweigen von dem hurtigen Ehemals-Generalsekretär der CDU, Heiner Geißler, der dem Völkerrecht die Pappnasen der Jahre X,Y oder Z aufsetzte. Noch am 3. Oktober 1989 wandte sich schließlich SPD-Chef Hans-Jochen Vogel mit der uns allen so liebgewordenen pädagogischen Energie ›gegen das leichtfertige und illusionäre Wiedervereinigungsgerede.‹ Das war noch zurückhaltend im Vergleich zu Willy Brandt, der am 14. September 1988 klipp und klar die Wiedervereinigung zur ›spezifischen Lebenslüge der zweiten deutschen Republik‹ erklärt hatte. Beide Politiker drückten die Überzeugung der Sozialdemokraten aus. Willy Brandt war in diesem Punkt gerade und offen. Im Februar 1985 hatte er in einer Rede die deutsche Frage als ›eine Fiktion‹ bezeichnet. Die Tore zur deutschen Einheit seien geschlossen, sie sei ›ein Traum, der vorüber ist, wenn man aufwacht‹. Es wäre nur verwunderlich, ›warum denn in aller Welt heute noch darüber geredet wird, wie offen die deutsche Frage sei‹. Er nickte, als ihm Erich Honecker für diese Liquidation Deutschlands vor dem Zentralkomitee der SED lauten Beifall zollte.«

Mit Bestürzung aber bemerke ich, daß nicht wenige unserer Parteifreunde, die sich lauthals für die Wiedervereinigung aussprachen, als diese noch weit weg schien und nichts kostete, nur Lippenbekenntnisse geleistet hatten. Jetzt aber sind sie da, die Brüder und Schwestern. Und jetzt ist Hilfe gefragt. Aber da geht manches leise Murren durch die Reihen der Parteifreunde, wenn sie gebeten werden, nicht nur die Herzen weit aufzumachen, sondern auch den Geldbeutel. Die Presse bemerkt dies sehr wohl. Dementsprechend abfällig sind die Kommentare. Inner-

123

lich gebe ich manchem meiner Ex-Kollegen recht, in der Öffentlichkeit aber wehre ich mich erbittert gegen solche Einschätzungen. Denn Fakt ist und bleibt: Wir, die wir so leidenschaftlich für den Fall der Mauer gekämpft hatten, wurden dann bei ihrem Einsturz politisch buchstäblich erschlagen. Trotzdem versuche ich im Parlament uns weiterhin als die Wiedervereinigungspartei darzustellen, beispielsweise am 10.7.1990:

»Herr Präsident, meine Damen und Herren! Der Penders-Bericht zeugt von dem ehrlichen Bemühen, die Probleme im Ostblock aufzuzeigen. Dies ist durchaus anerkennenswert. Aber es bleiben nach meiner Ansicht viele Fragezeichen und Ungereimtheiten. Zunächst scheint mir die Feststellung falsch zu sein, daß nur noch Albanien sich gegen eine Demokratisierung sperre. Ich halte auch die gegenwärtigen Regierungen von Bulgarien und besonders von Rumänien für mehr als fragwürdig, was ihre demokratische Legitimation angeht.

Zweitens wurde nicht klar herausgearbeitet, daß das Streben nach Selbstbestimmung, nach nationaler Identität nichts mit einem destabilisierenden Nationalismus zu tun hat. Ich darf auch auf den begrifflichen Unterschied zwischen national und nationalistisch aufmerksam machen.

Auch in diesem Bericht kommt noch eine gewisse, wie ich meine, Gorbimanie zum Ausdruck. Gorbatschow will, was er gerade in letzter Zeit immer wieder betont hat, einen anderen, das heißt aus seiner Sicht besseren Kommunismus. Wir aber wollen überhaupt keinen Kommunismus, weil er freiheits- und damit menschenfeindlich ist. Dieser Meinung sind meines Erachtens in der überwiegenden Mehrheit auch und gerade die Betroffenen, das heißt die Völker der Sowjetunion und im sich – Gott sei Dank – auflösenden Ostblock.

Hilft man heute Gorbatschow, unterstützt man unter Umständen morgen Ligatschow oder einen im sowjetischen Sinne erzkonservativen Marschall. Wir sollten also abwarten, wer
das Vertrauen in der Sowjetunion erhält. Es gibt genügend
demokratische Gruppierungen, deren Chancen nicht durch
eine Bevorzugung Gorbatschows geschmälert werden dürfen. Es ist außerdem nach meiner Meinung politisch schizo-
phren, Sanktionen gegen de Klerks Südafrika zu fordern und
Gorbatschows Sowjetunion zu subventionieren. Hier teile ich
die meines Erachtens zurückhaltende Position von Margaret
Thatcher.

Einen weiteren interessanten Punkt habe ich heute in einem Leitartikel der angesehenen »Süddeutschen Zeitung«
gelesen. Hier sagte der Journalist Josef Joffe, ›den Amerikanern paßt es ohnehin nicht, Gorbatschow zu alimentieren,
damit er so Milliarden an Castro vor ihrer Haustüre weitergeben kann.‹ Sie wissen, daß ich stets große Skepsis gegen
den American way of life geäußert habe, aber hier kann
man Präsident Bush eine berechtigte Skepsis nicht vorwerfen.

Noch ein Wort zur deutschen Wiedervereinigung. Ich bin
der Meinung, daß die europäischen Partner durchaus ein
Mitspracherecht bei diesem Einigungsprozeß haben sollen,
die letzte Entscheidung aber bei uns liegen soll. Das Selbstbestimmungsrecht muß ohne Wenn und Aber auch für uns
gelten.«

Am 12.6.1991 versuchte ich Verständnis für die Situation der Jugendlichen zu wecken:

»Herr Präsident! Fairness und Patriotismus gebieten es,
häuslichen Streit nicht, wie hier von den Grünen erfolgt,
nach außen zu tragen und innerdeutsche Wahlschlachten

weiterzuführen. Deshalb möchte ich mich darauf beschränken, die Situation von hier aus zu schildern. Dazu folgende Punkte:

1) Die wirtschaftliche und – wie ich hinzufügen möchte – die nicht minder wichtige sicherheitspolitische Lage in den neuen Bundesländern hat einen enormen Einfluß auf die wirtschaftliche und sicherheitspolitische Stabilität Europas. Ich darf daran erinnern, daß in der Nähe der ehemaligen Zonengrenze jener Stein steht, den Napoleon mit der Inschrift aufstellen ließ: ›Hier ist die Mitte Europas‹. Ist die Mitte krank, strahlt dies bis auf die Ränder Europas aus.

2) Zurecht ersuchen deutsche Politiker und Wirtschaftler das Ausland, in der früheren DDR zu investieren und sich zu engagieren. Hier ist jedoch erst wenig geschehen. Mit einer Ausnahme: Wie die Geier stürzten sich Rauschgiftorganisationen und Pornofirmen auf die neuen Bundesländer und erweiterten ihren schändlichen Markt. Pressezaren wie Murdoch und Maxwell exportieren mit Hilfe bundesdeutscher Presseorgane die papierenen Schlammfelder der Fleetstreet in jene Gebiete, die diesem Ansturm hilflos ausgesetzt sind. Hier blüht leider der Profit.

Und man kann dem Papst nur recht geben, wenn er gegen die zunehmende moralische Verkommenheit Europas zufelde zieht. So haben sich jene Streiter für die Einheit unseres Landes die Wiedervereinigung weiß Gott nicht vorgestellt. Hier soll keiner kleinbürgerlichen Verbiestertheit das Wort gesprochen werden, sondern daraus spricht die Sorge um Menschen, die noch nicht wissen können, wie sie moralisch und politisch unterminiert werden.

3) Es geht ja aber nicht nur um die geistige Umweltverschmutzung, sondern auch um die ökologische. Gerade auf diesem Gebiete zeigte sich, wie hemmungslos die Kommunisten das ihnen anvertraute Land zugrunde gerichtet haben.

Einen besonderen Beitrag dazu lieferte die Besatzungsmacht. Die Sowjetarmee hat eine ökologische Katastrophe sondergleichen hinter sich gelassen, und ich bin der Meinung, daß dieses Parlament auch daran denken sollte, wenn es über materielle Hilfe für die Sowjetunion diskutiert.

4) Und zum Schluß darf ich Sie bitten, auch Verständnis für jene jungen Menschen aufzubringen, die sich in Dresden oder Leipzig, nicht selten von bestimmten Massenmedien dafür bezahlt, wie die Nachfahren einer schlimmen Zeit aufführen und über das Fernsehen überall Ängste in ganz Europa hervorrufen. Ich verstehe diese Ängste, und wir müssen diese Auswüchse bekämpfen. Dabei darf aber niemals vergessen werden, daß dies alles die Reaktionen auf 40 Jahre roten Meinungsterrors und der Unmenschlichkeit sind. Grenzen wir diese jungen Menschen, die ohne erkennbare Aussicht auf Ausbildung und Arbeit sind, aus und überlassen sie ihrem Schicksal, so werden sie dann erst recht zu einer wirklichen politischen und sozialen Zeitbombe. Ich bitte Sie von hier aus, helfen Sie unserem Land, damit die Schatten von Weimar nicht länger werden. Auch am Unverständnis des Auslandes sind jene guten Kräfte in Deutschland vor mehr als 50 Jahren gescheitert, die den Weg der Vernunft gehen wollten, ohne ihren Patriotismus zu verleugnen.«

Am 9.10.1991 wende ich mich gegen die Falschdarstellungen der deutschen Verhältnisse im Europäischen Parlament:

»Frau Präsident! Der Kampf gegen den verachtenswerten Rassismus und gegen die Ausländerfeindlichkeit darf wirklich nicht zu vordergründiger, parteipolitischer Auseinandersetzung verkommen nach dem Motto: Links ist gut, rechts ist böse. Dies halte ich für scheinheilig. Was beispielsweise über meine Partei und mich im Bericht des Untersuchungsausschusses des Parlaments steht, ist teilweise nichts anderes als ein politischer Hintertreppenroman, geschrieben von linken Agitprop-Autoren.

Meine Meinung über den Ford-Bericht: Dies ist, was die Beschreibung der Zustände in der Bundesrepublik angeht, kein Bericht. Dies ist ein Pamphlet, ein übles obendrein. Die antideutsche Zielsetzung ist erkennbar. Aber das deutsche Volk hat keinen höheren Anteil von Rassisten als andere Länder auch, vielleicht sogar weniger. Wer selbst im englischen Glashaus sitzt, sollte nicht mit Steinen auf Deutsche werfen.

Ich habe in meinem Beruf als Journalist gewiß genug Länder und Völker kennen und schätzen gelernt und weiß, wovon ich rede. Bei allem Respekt vor diesem Hohen Hause, für die Einstufung meiner Partei und meiner Person ist für mich das nationale Ministerium, das Innenministerium, zuständig. Hier wird uns Republikanern weder Rassismus noch Fremdenfeindlichkeit vorgeworfen. Hier wird uns Republikanern trotz politischer Gegnerschaft bestätigt, eine verfassungskonforme Partei zu sein. Und dies lassen wir uns von dem Engländer Ford nicht nehmen.

Fassen wir zusammen: Nach wie vor gilt ›Vae victis – Wehe den Besiegten‹. Bei den Siegern gilt Patriotismus als Tugend, bei den Besiegten als chauvinistisch und rassistisch. Man stelle sich das Aufheulen überall vor, ich hätte, analog zu den Äußerungen des französischen Politikers Giscard d'Estaing vom Recht des deutschen Blutes gesprochen. Rosenbergs »Mythus des 20. Jahrhunderts« wäre zu meiner Bibel gemacht worden. Die verblichenen NS-Blut- und Boden-Apostel werden übrigens in Walhall markerschütternd gelacht und den französischen Ex-Präsidenten in ihre Wotansgemeinschaft aufgenommen haben. Ich aber spreche lediglich vom Recht des deutschen Volkes, endlich vom Marterpfahl der Geschichte losgebunden zu werden, auch vom grünen und roten. Ich bekenne mich zum Verständnis und zur Achtung anderer Kulturen, aber auch zum Recht auf eigene Identität. Wer dies nicht wahrhaben will, bereitet den Boden vor, auf dem Rassismus gedeiht und gibt Scharfmachern Rückenwind.

Aber eines sollten Sie auch nicht vergessen, es läßt sich am leichtesten von jenen über Asylanten sprechen, die am weitesten von den Problemgebieten entfernt leben. Dazu gehören wir – Sie alle. Es sind keine sogenannten Rechtsextremisten, es sind Arbeiter, häufig sozialdemokratische, die sagen: Wir haben genügend sozialen Sprengstoff in unseren Arbeitervierteln, belastet uns nicht weiter. Wir Deutsche haben die liberalste Praxis, was das Asylrecht angeht. Verstehen Sie denn nicht, oder wollen Sie nicht verstehen, daß wir gegen den Mißbrauch sind? Wir Republikaner sind für das Recht auf politisches Asyl, aber es geht nicht an, daß der Kampf gegen Wirtschaftsflüchtlinge als faschistoid, rassistisch oder ausländerfeindlich verteufelt wird.«

Aus meinem Tagebuch (17.10.94): »Ein Tag nach der Bundestagswahl: So, jetzt habt ihr's. Die PDS ist im Bundestag, wir draußen. Die Drecksarbeit hat der CDU-Blockflötist Peter Michael Diestel geleistet. Er hatte als Innenminister der Übergangs-DDR unsere Partei verboten, die PDS aber gefördert. Und er fand in dem Staatssekretär im Innenministerium, dem CSU-Mann Eduard Lintner einen Helfershelfer. Lintner sagte zu meinem Parteifreund, dem früheren CSU-Bundestagsabgeordneten Voigt:› Wir wollen euch in den neuen Bundesländern nicht. Wir haben die DSU.‹ Hatten, Verehrtester! Die DSU ist tot!«

Später sehe ich Kohl im Gespräch mit meinem ehemaligen Kollegen vom Bayerischen Rundfunk und jetzigen Intendanten des Mitteldeutschen Rundfunks Dr. Udo Reiter zum Thema 8. Mai. Ein politischer Slalomlauf des Bundeskanzlers. Flucht in die Unverbindlichkeit. Permanenter Hinweis auf Reaktionen im Ausland. Wie lange noch? Wo bleibt die Lobby für die Millionen gedemütigter Deutscher? Der Hinweis auf die Gnade der späten Geburt ist zu wenig. Er sollte Ihnen, Herr Bundeskanzler, doch nur das Engagement für das deutsche Schicksal erleichtern. Die deutsche Rechte hat sich für die deutschen Opfer engagiert. Sie wurde dafür kriminalisiert, auf dem Sühnealtar der sogenannten Versöhnung geopfert.

Vierzehntes Kapitel
Das Parlament – Ein Medienbasar:
Illustre Gäste

Es ging im Parlament zu wie in einem Taubenschlag. In immer kürzeren Abständen präsentierten sich die Mächtigen unserer Erde in Straßburg. Einige kamen über gedrechseltes Bla-Bla nicht hinaus, andere wollten im politischen Sonntagsstaat den schäbigen Alltagsanzug von zuhause vergessen machen. Das galt vor allem für afrikanische Potentaten. Es stellten sich aber auch Politiker ein, deren Ansprachen rhetorische Glanzlichter aufwiesen. Ich denke an den dunkel gebräunten sportlich-drahtigen Staatspräsidenten von Argentinien, Carlos Menem, der sein Land glänzend, wenn auch nicht voll der Wahrheit entsprechend »verkaufte«. Einen augenfälligen Gegensatz zu Menem bot der italienische Staatspräsident Oscar Luigi Scalfaro, dessen Rede derart langweilig und gestelzt war, daß einem die Augen zufielen.

Einen nachhaltigen Eindruck durch ihre schlichte Würde hinterließ die englische Königin Elisabeth II. Dabei kam es zu einer bezeichnenden Episode. Am Tage des königlichen Besuches war auch eine von mir eingeladene Gästegruppe auf der Tribüne und verfolgte die Rede der Königin. Durch Zufall ergab es sich dann, daß justament, als die Königin die breite Treppe hinab dem Ausgang zustrebte, meine Freunde zur Stelle waren. Ganz aufgeregt kamen dann ein paar von ihnen in mein Abgeordnetenbüro und berichteten, daß die Königin in unmittelbarer Nähe an ihnen vorbeigeschritten sei: »Sie hat uns sogar nett zugelächelt,« meinte einer noch ganz beeindruckt.

»Und sie wirkt so bescheiden«, sagte eine Parteifreundin, während eine Dritte sich jede Einzelheit der königlichen Kleidung eingeprägt hatte: »Das muß ich zuhause erzählen, die werden staunen!« Menschlich, allzu menschlich! Einen höchst irdischen Eindruck machte auf mich auch die »göttliche Inkarnation« des Dalai Lama. In drolligem Englisch gab er sich wie ein primanerhafter Lausbub, der über seine eigenen Streiche witzelt. Vor dem brauchen die Chinesen nun wirklich keine Angst zu haben, dachte ich.

Manche Gäste bekamen schon Beifall, bevor sie überhaupt den Mund aufmachten. Nelson Mandela wurde von einer Woge der Begeisterung quer durch alle Parteien getragen, besonders von den Linken. Aber ausgerechnet diese setzten einen anderen zumindest damaligen Linken, den heutigen russischen Staatspräsidenten Boris Jelzin buchstäblich vor die Tür. Er hatte es vor der versammelten sozialistischen Fraktion gewagt, deren Idol Gorbatschow die erwartete Reverenz zu verweigern. Der gekränkte Russe machte eine Kehrtwendung und marschierte schnurstracks zu den Konservativen, die ihm einen begeisterten Empfang bereiteten.

Aber nicht nur die Promis dieser Welt gaben sich im Europaparlament quasi die Klinke in die Hand, an jedem Sitzungstag schoben sich Hunderte von Besuchern durch die Gänge, bekundeten beim Auftauchen von Parlamentariern Gunst oder Abneigung. Kleiderordnung gab es so gut wie keine. Manchmal wurde ich an Kostümbälle bei Faschingsveranstaltungen erinnert.

An allen Ecken und Enden lauerten die Nachrichtenjäger, die Journalisten, die mit ihren Jagdwaffen, den Kameras, bewaffnet waren.

In diesem Parlament bedarf es keiner Wanzen zur Gesinnungsforschung, keiner versteckten Kameras zur Dokumentation von sich anbahnenden Allianzen. Der »Große Bruder« hat heute einen Presseausweis. Es ist ein wirklicher »Passepartout«, ein Jagdschein. Er macht ihn zum Jäger, die Parlamentarier zu Gejagten. Kameraleute lauern ihnen vor den Bürotüren auf, verfolgen die Wege der Abgeordneten bis zum Plenum. Die »Galgen«, die Mikrophone an langen Stangen befestigt, hängen über Gruppen diskutierender Parlamentarier, um zumindest Wortfetzen im »Kasten« zu haben. Kaum ein Abgeordneter wagt eine Gegenwehr. Sie machen gute Miene zum bösen Spiel. Ja, mehr noch. Sie behandeln Journalisten, Hörfunk- und Fernsehberichterstatter wie rohe Eier, buhlen um ihre Gunst, gehen auf die absurdesten Wünsche ein: »Stellen Sie sich dahin, dorthin, jetzt gehen, jetzt stehenbleiben« usw. Dementsprechend selbstbewußt, zum Teil überheblich, treten die selbsternannten medialen Scharfrichter auf, machen sich obendrein lustig über die Willfährigkeit ihrer Opfer. Gemeinsam aber ist Journalisten wie Parlamentariern das Wissen um die geringe Resonanz der Interviews in den einzelnen Heimatländern. Es sind Pflichtübungen; es sind Tests für den Stellenwert in den Medien. »Nachrichten für die Heimatfront« nennen die Parlamentarier ihre Statements, die nichts anderes als Demonstrationen der Betriebsamkeit für das Wahlvolk zu Hause sind. Das Heimatblättchen wird es schon richten, laden wir halt den Herrn Redakteur mal nach Straßburg ein, »kostet ja nichts!« Das Parlament ist großzügig in punkto Spesen.

Unter den Parlamentarieren gibt es wahre Artisten auf dem Drahtseil der veröffentlichten Meinung. Die Krone, wenigstens diese, trägt Otto von Habsburg. Er tritt auf, als wäre er der Repräsentant aus dem »Land des Lächelns«. Hieß es bei seinen Vorfahren noch »Tu felix Austria nube« – Du glückliches Österreich heirate, so hält es der letzte

Kaisersohn mit: Nicke da, lächle dort, grüße überall! Aber – und das ist das Erstaunlichste: All das macht er mit jener anerzogenen Noblesse, die den meisten seiner Kollegen abgeht. Übrigens, phantastisch seine körperliche Konstitution. Der 82jährige fährt noch heute mit seinem Auto non stop von Starnberg nach Straßburg. So ist das mit den Habsburgern. Entweder sie sterben früh, enden durch Mord oder Selbstmord, oder werden steinalt. Der Enkel Otto scheint hier seinem Großonkel, Kaiser Franz Joseph, nachzugeraten.

Ich gehöre nicht wie Otto von Habsburg zu den Günstlingen der Medien. Im Gegenteil! Bis zu einem gewissen Grad bin ich selbst schuld, lasse sie meine Abneigung spüren. Selbst ehemaliger und hochrangiger Journalist, in Zeitungen, Funk und Fernsehen treffe ich immer wieder auf ehemalige Kollegen, deren Chef ich früher war. Die meisten sind ängstlich bemüht, ihre einst guten Beziehungen zu mir höchstens durch ein verständnisvolles Augenzwinkern anzudeuten.

Bei dieser Gelegenheit eine Art Fußnote. Man mag mir alles mögliche vorwerfen, alle Bruchstellen in meinem Leben, eines aber kann man mir nicht absprechen: Das ständige Eintreten für soziale Gerechtigkeit. Und dies ohne Rücksicht auf persönliche Karriere. Als Vorsitzender des Bayerischen Journalistenverbandes forderte ich den Ausschluß der Verleger aus dem Verband, da ihre Mitgliedschaft eine Interessenskollision beinhalte. Bei Tarifverhandlungen können sie ja nicht Partner im Sinne der Verbandsinteressen sein, da sie am Verhandlungstisch als unsere Kontrahenten sitzen. Allgemeiner Aufschrei. Auch bei linken Verlegern und Journalisten. Die alte Erfahrung bestätigt sich wieder einmal: Links das Herz, rechts der Geldbeutel. Und der wiegt schwerer. Das soziale Element wollte ich auch in der Partei als gleichrangig neben dem nationalen sehen. Ich machte die gleichen Erfahrungen wie beim Journalistenverband. Nach außen soziale Bekundungen, im Handeln aber verblasene wirtschaftsliberalistische Vorstellungen. Das kommt davon, wenn man von Bankern und von der Politik existenziell abhängigen Menschen an der Spitze umgeben ist. Nehmen ist für diesen Kreis eben seliger als Geben.

Im Gegensatz zu deutschen Funk- und Fernsehstationen, die mich schneiden, bemühen sich die ausländischen Medien umso mehr um Interviews. Bei BBC London werde ich eine Art Stammgast, italienische Journalisten klopfen immer wieder an, in Frankreich gehöre ich einer Teilnehmerrunde der Live-Sendung von »Antenne 2« unter der berühmten und gefürchteten Moderatorin Christine Ockrent an. In England bin ich Gast einer dreistündigen Live-Sendung von »Channel Four«. Als »Kontrahent« hatte man u. a. den kurz vorher aus dem Gefängnis entlassenen Terroristen Wackernagel geladen.

Die Gründe für dieses Verhalten sind vielschichtig. Da ist zunächst der Aha-Effekt, Vorführung des deutschen »Extremisten«, »Ançien Waffen-SS«, oder gar »Erbe Hitlers«, einerseits und andererseits die bequeme Tatsache, daß man für Interviews in Englisch, Französisch und Russisch keine Dolmetscher braucht.

Einmal gelang es mir, sogar französische Kollegen zu Sympathiebekundungen zu bringen. Das kam so: Mein französischer Kollege vom Front National, Bruno Gollnisch, Professor für Japanologie, verheiratet mit einer Japanerin, hatte mich im März 1990 zur Wahlkampfhilfe zu einem Blitzbesuch in seine Heimatstadt Lyon eingeladen. Ich sagte zu, allerdings mit einem gewissen Bauchgrimmen. Meine Ahnungen trogen mich nicht. Der Bürger-

VISITE

MARCOS

SCHONHUBER EXPRESS

Franz Schonhuber, député européen et ancien Waffen-SS, dont l'annonce de la venue à Lyon avait suscité des oppositions et l'interdiction formulée par Michel Noir d'utiliser une salle municipale, était hier à Lyon. Le temps d'une très courte visite à la foire internationale, de quelques instants place des Terreaux, d'une conférence de presse et d'une rencontre avec les cadres du FN dans les locaux du Front national. *"J'ai le droit d'être ici*, a déclaré le député européen de RFA, invité par Bruno Gollnisch, *Je respecte les sentiments des Français qui ont souffert de l'occupation allemande. Mais la guerre est finie"*. Au même moment, à quelques dizaines de mètres de là, quelque trois cents personnes manifestaient derrière une banderole affirmant: *"Pas de SS à Lyon"*. Un service d'ordre très important avait été mobilisé.

J.P.

Visite sous haute surveillance

Le leader de l'extrême-droite allemande, ancien des Waffen SS, était hier à Lyon. A l'invitation du Front National. Plusieurs centaines de personnes ont manifesté contre la « provocation »

Franz Schoenhuber, Bruno Gollnisch et Denis Bouteiller empêchés par les forces de l'ordre de s'approcher de l'Hôtel de ville de Lyon.

VISITE rapide à la toilette : balade du chef de la place des Terraux et de l'Hôtel de ville de Lyon et conférence de presse au siège du Front National, à Villeurbanne, sous haute surveillance policière : l'émoi suscité par la venue, hier de l'ancien membre des Waffen SS, Franz Schoenhuber, à l'invitation du front national surtout eu pour conséquence de mettre les services chargés de la sécurité sur les dents. Après que Michel Noir eut interdit de meeting Bruno Gollnisch et son collègue du parlement européen, et l'appel à la manifestation lancé par plusieurs organisations pour protester -sous les fenêtres du président des « républicains » allemands, la préfecture avait en effet choisi de prévenir tout éventuel incident.

C'est dans un siège du front national protégé par plusieurs dizaines de CRS et quelques gros bras du parti de Jean-Marie Le Pen -la représentante de l'extrême-droite allemande et le responsable régional du FN, Bruno Gollnisch ont récusé toutes les attaques et surtout le passé de Franz Schoenhuber. « En 1933, quand Hitler est arrivé au pouvoir j'avais dix ans, quand je suis entré dans l'armée allemande j'en avais dix-huit, je n'ai pas un passé nazi, mais un passé normal comme 90 % des hommes de mon époque » a notamment déclaré le jaison des « républikaners », ajoutant : « les waffen SS étaient des soldats d'élite, nous avons été trahis par un régime criminel ».

L'ambiance était à la dénazification et à la dédramatisation. Pendant que Bruno Gollnisch fustigeait « l'engagement héréditaire et tardif de Michel Noir », Franz Schoenhuber, lui, en appelait à la mémoire du général de Gaulle pour affirmer que « la guerre est finie; on ne peut rester dans la haine entre l'Allemagne et la France, ont est tous des européens ».

Un sentiment que ne partageaient pas vraiment, hier, les quelques trois-cents manifestants qui se sont retrouvés, place Albert Thomas à Villeurbanne, à deux pas du siège du front national. Une manifestation à l'appel du CRUF -comité régional des institutions juives de France- qui avait réuni plusieurs organisations politiques et syndicales, rassemblées par la même volonté de s'opposer à la « provocation » du Front national. Derrière une banderole où étaient inscrits les mots « Fas de SS à Lyon », les manifestants se sont dirigés vers l'Hôtel de ville de Villeurbanne pour déposer une gerbe de fleurs au monument aux morts et rendre un hommage à toutes les victimes du nazisme.

M. d.F.

Photos : Serge
MOURARET et Jean-Pierre
GAREL

meister, Michel Noir, erklärte mich zur unerwünschten Person und wollte mir das Betreten der Stadt verbieten lassen. Das ging rechtlich nicht. Also kam ich. Und blieb zwei Tage, polizeilich und von den Freunden des Front gut beschützt. *Aus meinem Tagebuch (29.3.90): »Mein Auftreten gleicht einer Hetzjagd. Begleitet von einem großen Polizeiaufgebot wird unser Wagen verfolgt von einem Pulk von Fernsehleuten, Fotoreportern und Presseleuten. Bürgermeister Michel Noir hat verlauten lassen, daß die Türen des Rathauses für mich geschlossen blieben. Um der Drohung Nachdruck zu verleihen, hat er vor den Eingangstüren ein gutes Dutzend martialisch blickender Polizisten postieren lassen. Als wir vor dem Rathaus ein Foto machen, sagt ein Funktionär des Front National augenzwinkernd zu mir: ›Welche Ehre, hier siehst Du die französische Leibstandarte Michel Noir.‹ Mir war nicht zum Lachen zumute. Die Stadt ist spürbar in Unruhe.«*

In der Lyoner Vorstadt Villeurbanne, einem Zentrum des Widerstandes gegen die deutsche Besatzung, kommt es zu einer Demonstration. Aufgerufen hatten die Gewerkschaften, Antifa-Verbände und die jüdische Gemeinde, angeführt vom Lyoner Großrabbiner Richard Wertenschlag. Einige Demonstrationsteilnehmer tragen KZ-Kleider. Sie marschieren hinter einem Spruchband: »Pas de SS à Lyon!« Die Presse schäumt: Ein »SS'ler« in der »Stadt der Helden« des Widerstandes und der Märtyrer ist ein SS'ler zuviel.

Zu meinem »Empfang« hatte ein Journalist der Lyoner Ausgabe von »Figaro« seinem Leitartikel eine deutsche Überschrift vorangesetzt: »Raus, Mensch!« Dieser Satz sollte an Verhaftungen von Widerstandskämpfern durch

Deutsche erinnern. Der Artikel wurde mir bei der überfüllten Pressekonferenz auf meinen Platz gelegt. Meine Antwort kam spontan: »Ich finde es nicht unehrenhaft, als Soldat für mein Land gekämpft zu haben, aber ich finde es nicht fair, ausgerechnet von einem Redakteur beschimpft zu werden, dessen Chef ein Kollaborateur des Vichy-Regimes war. Ich lasse mich vom ›Figaro‹ nicht als Alibi mißbrauchen.« Einen Augenblick Totenstille, dann zögernd Beifall! Ich hatte nicht wenigen Journalisten aus dem Herzen gesprochen, als ich auf die Vergangenheit des Herausgebers des »Figaro« und französischen Pressezaren Robert Hersant hinwies.

Ausdrücklich bekundete ich meinen Respekt vor den wahren Widerstandskämpfern, aber nicht vor denen der letzten Minute. Natürlich sprach man mich auf den zu Ende gegangenen Prozeß gegen den »Schlächter von Lyon«, Klaus Barbie, an. Meine Antwort: »Er ist verurteilt worden. Den Prozeßverlauf kann ich nicht beurteilen. Ich bin Deutscher und möchte keinen weiteren Stein werfen. Aber fragen darf man wohl, ob der Transfer des ehemaligen deutschen Sicherheitschefs von Bolivien nach Frankreich legal war. Aber die französische Geschichte ist Ihre Geschichte und nicht die meine.« Erstaunlicherweise gab es zu diesem Thema keine weiteren Fragen.

Übrigens, Männer wie Hersant – gaullistisches Mitglied des Europäischen Parlamentes, aber nie anwesend – gibt und gab es auch in Deutschland und anderen europäischen Ländern. Dieses Kapitel ist noch nicht abgeschlossen, auch wenn es der biologischen Lösung immer näher kommt.

Grundsätzlich galt in Frankreich und anderswo: Es gibt nicht nur einen Häftlingsfreikauf, sondern auch einen Vergangenheitsfreikauf. Entscheidend ist dabei die Höhe der Summe und des Angebots einer publizistischen Unterstützung einer politischen Richtung. Also ließ man die Großen laufen und hängte dafür die Kleinen. Deutschland liefert dazu derzeit wahre Paradebeispiele. Man denke an Stolpe, an de Maizière, an Gysi und Heym.

Einen weiteren Pluspunkt konnte ich bei dieser Pressekonferenz erzielen. Zynisch lächelnd fragte ein Journalist nach »Madame Jean«? Er spielte dabei auf die kurz vorher bekanntgewordene Meldung an, daß meine Stellvertreterin und REP-«Frauenbeauftragte« Johanna Grund sich einer Geschlechtsumwandlung unterzogen hat. Meine Antwort: »Gentleman-like ist Ihre Frage nicht und Ihr Zynismus unangebracht. Jeder Mensch hat das Recht, nach seiner Veranlagung leben zu dürfen.«

Eine Zeitung schrieb daraufhin, da mußte erst ein »SS-Mann« aus Deutschland kommen, um die Grundrechte eines Menschen zu verteidigen.

Übrigens, honoriert hat mir Johanna Grund mein Eintreten für sie nicht. Das hat psychologische Gründe. Ich habe Verständnis dafür. Sie hat es nicht leicht mit sich selbst.

Aus meinem Tagebuch (30.3.90): »Ich hatte Verständnis für die Reaktion in Lyon. Wunden brennen noch. Stigma bleibt. Besuch im Schatten von Barbie-Affäre. Ob auf Befehl oder aus eigenem Jagdeifer, die Judendeportationen verbinden sich mit dem Namen Barbie. Hatte die ersten Seiten seines aus dem Gefängnis herausgeschmuggelten Tagebuches in den Händen. Als Journalist bin ich interessiert. Gebe es trotzdem zurück. Parteivorsitzender siegt über Publizisten. Denke an das Treffen mit seiner Tochter in München, sympathisches Mädchen, hieß damals Altmann, trug einen Poncho und hatte eine Gitarre dabei, wollte die Verteidigung des Vaters organisieren. Schweres Schicksal. Bruder beim

Gleitschirmfliegen tödlich verunglückt, Mutter an Krebs gestorben. Erinnere mich an Zusammenkunft mit Maître Verges, einem der berühmtesten französischen Strafverteidiger – sagen die einen –, einer der berüchtigsten – die anderen. Kündigt große Abrechnung mit dem Widerstand während der Okkupationszeit an. Verteidigung von Barbie dann merkwürdig flau. Gab es einen Deal? Wer sollte geschont werden? Hoffte Barbie auf amerikanische Unterstützung? Er war ja zeitweilig auch in amerikanischen Geheimdiensten tätig. In diesem Milieu gibt es kaum menschliche Skrupel. Eines Tages werden wir mehr erfahren. Möchte dazu beitragen. Als Zeitzeuge. Aber interessiert das noch? Umfragen in allen Ländern zeigen eine erschreckende Unkenntnis der handelnden Personen der Geschichte. Gelehrt werden nur noch deutsche Untaten. Wie lange wird es noch dauern, bis auf die Frage, »Wer war Bismarck?«, die Antwort kommt: »Ein Hering«!?

Verhältnis zur Parteipolitik beginnt sich zu ändern. Meine Zweifel an dem Erfolg unserer Partei wachsen. Werde ich je die historische Bürde los? Gespräche in Lyon über Kollaboration und Widerstand haben mich aufgewühlt. Auch die gegen mich angesetzte Demonstration von Juden aus Lyon. Ich kann sie verstehen. Sie werden die bitteren Erinnerungen wohl nie mehr los. Eingeständnis: Spurensuche in der Vergangenheit schwächt das Interesse an aktueller Politik. Wie soll das weitergehen? Anzeichen von Resignation.«

Fünf Jahre später: Der Nebel lichtet sich immer mehr. Eine Legende der französischen Schickeria, Chérie aller Salons und Begleiterin prominenter Zeitgenossen, die weltberühmte Modeschöpferin Coco Chanel hatte ein gutes Verhältnis mit dem höchsten Vorgesetzten Barbies, mit dem Chef des SD – des Sicherheitsdienstes der SS – Walter Schellenberg und ein Liebesverhältnis mit einem seiner Mitarbeiter. Kommen jetzt die klassischen Chanel-Kostüme außer Mode, müssen wir auf den noch immer verführerischen Duft von »Chanel No.5« verzichten? Wer ist der, wer ist die Nächste? Was wird man noch alles über Mitterand hören?

Habe eben gelesen, daß der saubere Herr Bürgermeister von Lyon, Michel Noir, wegen Subventionsbetrugs zu 15 Monaten Gefängnis auf Bewährung verurteilt worden ist. Das hinderte meinen Intimfeind Heiner Geißler nicht in seinem im Februar 1995 erschienenen Buch »Gefährlicher Sieg«, sich auf Seite 80 so zu äußern: »Ein französischer Demokrat wie Philip Noire, der Oberbürgermeister von Lyon, steht mir näher als ein deutscher Schönhuber«. Allzu viel scheint Geißler von dem »Oberbürgermeister« nicht zu wissen, sonst hätte er ihn nicht zu einem »Philip« gemacht und dem Noir kein »e« hinzugefügt. Die Tochter Noirs schrieb über ihren Vater: »Er ist ein Schuft, der die Leute benutzt und dann nichts mehr von ihnen wissen will.« Daß Geißler diesen Herrn mir vorzieht, betrachte ich als Ehrenerklärung für mich.

Meine Fernsehauftritte in Frankreich haben mir im Parlament sehr geholfen. Weniger bei den auf Stigmatisierung festgelegten deutschen Kollegen, umso mehr aber bei den ausländischen, vor allem aber beim Personal. Hier konnte ich steigende Sympathiewerte verbuchen. Dies hat man in Deutschland zu verhindern gewußt. Zu diesem Thema waren in der WELT vom 22.4.94 folgende Zeilen zu lesen:

»Die bekannt engagierte Journalistin und mittlerweile Direktorin des Landesfunkhauses Hannover des NDR, Lea Rosh, meinte gar befürchten zu müssen, die Republikaner könnten 35% der Stimmen bekommen, wenn ihr Vorsitzender Schönhuber im nächsten Jahr Gelegenheit erhielte, vor jeder Wahl an einer Fernsehdiskussion teilzunehmen.«

Aber die WELT selbst verhielt sich ähnlich. Nachdem sie unter ihrem damaligen Chefredakteur Manfred Schell ein groß aufgemachtes Streitgespräch Glotz/Schönhuber in zwei Folgen druckte, ließ auch sie mich in das Medienloch fallen. Der Kanzler und Leo Kirch hatten wohl nachgeholfen.

Immerhin: Am 12.9.1992 startete »Bild« eine Umfrage, wen die Deutschen am liebsten als Bundeskanzler hätten. Aufgeführt waren: Helmut Kohl, Björn Engholm, Richard von Weizsäcker, Rita Süßmuth, Hans Jochen Vogel, Wolfgang Schäuble, Volker Rühe, Franz Schönhuber. Mich hatte man wohl in der Hoffnung aufgeführt, vom »Bild«-Volk eine TED-Hinrichtung zu erfahren. Doch das Ergebnis war eine Ohrfeige für die Initiatoren der Umfrage und ein politischer Schock für die Etablierten. Auch das Ausland nahm die Umfrage zur Kenntnis:

1. Franz Schönhuber 39%, gefolgt von Helmut Kohl mit 26%, Björn Engholm mit 18,9%, Volker Rühe mit 5,3%, Wolfgang Schäuble 4,6%, von Weizsäcker 3,9%, Hans Jochen Vogel 3,3%, Schlußlicht, Rita Süßmuth mit 1,8%.

Am Tage nach der Umfrage herrschte Funkstille. Der TED führte zu einer Krise in der »Bild«-Spitze. Dem Chefredakteur wurde vorgeworfen, warum er denn überhaupt eine solche Umfrage in Auftrag gegeben habe. Aber nachdem man die TED-Umfrage so groß auf der Seite eins angekündigt hatte, mußte man zwei Tage später, zähneknirschend zwar und das Ergebnis abschwächend, es letztlich doch bekanntgeben, allerdings nicht mehr auf Seite eins.

DIE WELT IM GESPRÄCH

Glotz im Streit mit Schönhuber:

> *Verfassungspatriotismus ist notwendig. Was Sie wieder versuchen, ist das Aufkochen der alten protestantisch-kleindeutschen Gefühle, die es in Deutschland immer gegeben hat.*

Peter Glotz

Sie setzten sich zum Disput an den Tisch der WELT: Peter Glotz (SPD) und Franz Schönhuber, der Vorsitzende der „Republikaner". Heute die erste Folge des mehrstündigen, von Manfred Schell moderierten Streitgesprächs.

> *Ich bejahe den Nationalstaat. Die Sowjetunion wird geradezu ein Exempel für meine These sein, daß die Nationen ihr Selbstbewußtsein zeigen*

Franz Schönhuber

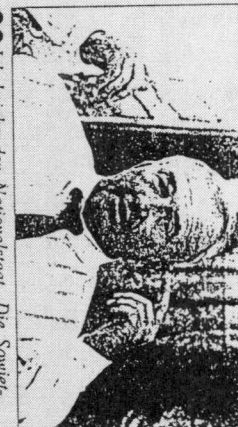

Wohin treibt unser Land?

Aber »Bild« suchte und fand eine Gelegenheit zur Revanche. Und das kam so: Völlig überraschend erhielt ich am 24.2.1994 von dem renommierten amerikanischen »Council of Foreign Relations« eine Einladung zu einem Vortrag für den 11. April in New York. An der anschließenden Diskussion sollten hochrangige Journalisten und Persönlichkeiten des öffentlichen Lebens teilnehmen. Den Kontakt hatte der amerikanische Lobbyist Curtis J. Hoxter hergestellt, ein enger Freund des österreichischen Bundeskanzlers Vranitzky und Gegner Haiders.

Es war übrigens schon das zweite Mal, daß ich nach Amerika eingeladen wurde. Bereits 1989 hatte mich die Howard J. Rubenstein Associates Inc., eine Organisation jüdischer Intellektueller, zu einem Vortrag eingeladen. Die Flugkarte war bereits nach München geschickt worden; dann kam die Absage. Mit Bedauern teilte man mir mit, daß der Zeitpunkt in den Wahlkampf um den New Yorker Bürgermeisterposten fiele und der Besuch als Einmischung verstanden werden könnte. Man werde ihn auf einen späteren Zeitpunkt verschieben und bäte um Verständnis. Das tat ich. Dann hörte ich nichts mehr und dachte, da muß doch jemand an der Sache gedreht haben, um diese von mir sehr gewünschte Diskussion zu hintertreiben. Sei's drum. An Absagen hatte ich mich mittlerweile gewöhnt.

Bei der Einladung des Foreign Councils aber schien alles in Ordnung zu gehen, und ich bereitete mich auf den Vortrag gründlich vor. Wie ein Blitz aus heiterem Himmel schlug jedoch »Bild« zu: Mein besonderer »Freund« Lothar Loewe, ein Hans Dampf in allen Mediengassen, mußte von der Einladung Wind bekommen haben und führte sich auf, als würde es durch diesen Besuch zu einer Trübung des deutsch-amerikanischen Verhältnisses kommen.

BILD 9/3/94

Die Ausladung kam prompt. Man spürte, wie der Council sich vor Verlegenheit wand. Der SPIEGEL brachte eine faire Zusammenfassung:

DEUTSCHLAND

14.3.94

Republikaner

Schönhuber unerwünscht

Durch eine gezielte Indiskretion ist vorige Woche ein Auftritt des Bundesvorsitzenden der rechtsradikalen Republikaner, Franz Schönhuber, 71, vor dem renommierten New Yorker „Council on Foreign Relations" (CFR) geplatzt. Der CFR, zu dessen Gästen mehrere deutsche Bundeskanzler gehörten, hatte den Rep-Chef für den 11. April zu einer knapp zweistündigen Diskussionsrunde nach New York eingeladen. Thema des geplanten Schönhuber-Vortrages beim CFR sollte „Die Zukunft Europas" sein. Die Vereinigung, zu der auch jüdisch-amerikanische Persönlichkeiten gehören, lud Schönhuber wieder aus, als die Einladung in Deutschland bekannt wurde. Schönhuber selbst will den Ruf in die Vereinigten Staaten „diskret behandelt" haben. Bereits 1989 hatte die Howard J. Rubenstein Associates Inc., eine Organisation jüdischer US-Intellektueller, Schönhuber zu einem Vortrag eingeladen, die Einladung dann aber wieder rückgängig gemacht.

146

COUNCIL
ON FOREIGN
RELATIONS

February 24, 1994

Honorable Franz Schoenhuber
Chairman
Republikaner Party
c/o Curtis J. Hoxter
President
Curtis J. Hoxter, Inc.
380 Lexington Avenue
Suite 1015
New York, NY 10168

Dear Mr. Schoenhuber,

We are pleased to confirm the Council on Foreign Relations meeting and lunch
with you on Monday, April 11 from 12:15 p.m. until 2:00 p.m.

The meeting begins at 12:15 p.m. with a luncheon. At 1:00 p.m. you will be
introduced and present your opening remarks of 15 minutes. The remainder
of the time will be devoted to questions and discussion. The Council's
traditional rule of non-attribution will apply to both the initial remarks
and the ensuing discussion to promote the candid exchange of views. The
meeting will conclude no later than 2:00 p.m.

We would also like to confirm "The Future of Europe" as the title of your
remarks. Please let us know if this title is acceptable to you. As a
courtesy, speakers are permitted to bring one or two guests to such
occasions. If you choose to do so, please inform us of their names and
titles.

I would be happy to answer any questions you might have concerning these
arrangements and we look forward to seeing you on Monday, April 11.

Sincerely,

Louis A. Ferro
Program Associate, Meetings

LAF/bd

147

Lieber Herr Schönhuber, 24.2.94

Es ist uns eine Ehre, die Einladung des »Rates für auswärtige Beziehungen« zu einem Treffen mit Mittagessen für Montag, den 11. April von 12.15 bis 14.00 Uhr zu bestätigen. Das Treffen beginnt um 12.15 Uhr mit einem Mittagessen. Um 13.00 Uhr werden Sie offiziell eingeführt. Sie haben dann Gelegenheit, zur Eröffnung 15 Minuten zu sprechen. Die verbleibende Zeit ist für Fragen und zur Diskussion reserviert. Der »Council« hält sich an seine Grundsätze der Unparteilichkeit; in diesem Sinne werden Sie auch vorgestellt werden. Die Diskussion soll ebenfalls vom Gedanken des freien Meinungsaustausches geprägt sein. Das Treffen endet spätestens um 14.00 Uhr.

Wir möchten hiermit als Titel Ihres Vortrages das Thema »Die Zukunft Europas« bestätigen. Teilen Sie uns bitte mit, ob Sie mit der Formulierung einverstanden sind. Jeder Gastredner hat ebenfalls das Recht, ein oder zwei Gäste mitzubringen. Sollten Sie dies wünschen, so teilen Sie uns bitte deren Namen und Titel mit.

Für Rückfragen jedweder Art stehen wir Ihnen gerne zur Verfügung. Wir freuen uns, Sie am Montag, den 11. April begrüßen zu dürfen.

Hochachtungsvoll
Louis A. Ferro – Programmkoordination –

- 60 -

COUNCIL
ON FOREIGN
RELATIONS

KAREN SUGHRUE
Vice President
Meetings

March 16, 1994

Mr. Franz Schönhuber, MdEP
European Office, Die Republikaner
Plittersdorfer Strasse 91
53173 Bonn
Germany

By Fax

Dear Mr. Schönhuber,

I am writing to formally rescind the invitation issued to you for an appearance before a group of Council on Foreign Relations members. I understand that you have been previously informed of this decision by a contact of yours in the United States.

The reason for it is recent news reports of statements attributed to you or someone representing your political party which, in our view, invoked the Council as an ally of your party's political efforts which it is not.

As you were aware, the Council is a private, non-partisan, non-governmental scholarly institution with a reputation for impartiality. We are not afraid of controversy and indeed have presented controversial international figures to our membership in the past. However, the Council must avoid even the perception of involvement in political campaigns and therefore, we feel we must take this action.

Sincerely,

Karen M. Sughrue
Vice President, Meetings

58 EAST 68TH STREET, NEW YORK, NY 10021 ■ TEL (212) 734-0400 ■ FAX (212) 861-2504

149

Lieber Herr Schönhuber, 16.3.94

mit diesem Schreiben widerrufe ich offiziell die Einladung, mit der Sie zu einem Gastvortrag vor Mitgliedern des »Rates für auswärtige Beziehungen« geladen wurden. Wie mir bekannt ist, wurde Ihnen diese Entscheidung bereits von einer Ihnen bekannten Person in den Vereinigten Staaten übermittelt.

Der Grund für die Ausladung Ihrerseits ist in jüngsten Pressemeldungen zu sehen, wonach Sie oder ein Vertreter Ihrer Partei, nach unserem Empfinden, den »Council« als Verbündeten Ihrer politischen Vorstellungen darstellten. Dies trifft nicht zu.

Wie Ihnen bekannt ist, handelt es sich beim »Council« um eine private, überparteiliche, regierungsunabhängige Institution, die den Ruf genießt, unparteilich zu sein. Wir gehen Kontroversen trotzdem nicht aus dem Weg; in der Vergangenheit haben bereits umstrittene Persönlichkeiten von internationalem Rang vor unseren Mitgliedern gesprochen. Nichtsdestotrotz ist der »Council« gehalten, selbst den Anschein einer Parteinahme für eine politische Richtung zu vermeiden; wir sehen uns daher zu dieser Maßnahme gezwungen.

Hochachtungsvoll
Karen M. Sughrue Vizepräsidentin – Konferenzen –

150

Meine Antwort und der darin enthaltene Hinweis, daß die Gründe der Ablehnung nur vorgeschoben seien, war nur noch eine Formsache. Sie änderte nichts. Ich habe diesen Vorgang bewußt ausführlich dargestellt, um zu zeigen, wie groß die Macht der Medien ist, und zwar weltweit.

Ich bedauere noch heute die entgangenen Möglichkeiten, mein Verhältnis zum nationalen und internationalen Judentum klarzustellen, Vorurteilen und Fehlinterpretationen entgegenzutreten. Dankbar bleibe ich dem scharfzüngigsten aller deutsch-jüdischen Polemisten, Henryk Broder, der mir in einem im österreichischen »Profil«, der schweizerischen »Sonntagszeitung« und der »taz« abgedruckten Interview Gelegenheit gab, meinen Standpunkt zu erläutern. An dieser Dankbarkeit ändert auch die Tatsache nichts, daß er mich später in seinen Veröffentlichungen bissig »aufgespießt« hat.

Fünfzehntes Kapitel
Typen und Rollen

Wer im öffentlichen Leben steht, muß sich damit abfinden, von Berufenen und Unberufenen nicht nur kritisiert, sondern auch »hingerichtet« zu werden. In der veröffentlichten Meinung wird von selbsternannten Experten ein Persönlichkeitsbild vorgegeben, das dann nur noch, je nach politischem Standpunkt, höchstens im Detail verändert, also verstärkt oder abgeschwächt wird. Ist man für die einen noch ein »Populist«, halten sich die anderen bereits an den »Tribun« und weitere steigern auf »Demagoge«. Eines aber haben alle in der Beurteilung gemeinsam: ein normaler Redner ist man nicht mehr. Ergebnis einer Propaganda jenes Rassismus, den uns die »humaneren« Menschenfreunde immer vorwerfen.

Zur Beschreibung gehören die passenden Attribute und Verben. Ein Populist spricht nicht, er redet nach dem Munde; ein Tribun tönt oder posaunt; ein Demagoge poltert, brüllt oder hetzt. Dazu liefert man die passenden Bilder: Schweißtropfen in Großformat, weit geöffneter Mund, wirr in die Stirne hängende Haare – Assoziationen mit einem gewissen Herrn von gestern sind nicht zufällig.

Und das Publikum? Es hat dumpf, bierselig und ewiggestrig zu sein. Nur bei uns!? Man denke nur an den Aschermittwoch bei der CSU!

Wer in diesem Raster steckt, kommt nicht mehr heraus. Je mehr er dies versucht, umso stärker provoziert er die Meinungsmacher. Sie verdoppeln ihr Bemühen um Bestätigung der vorgefaßten Meinung. Die publizistische Antwort auf neue und leisere Töne des – sagen wir einmal –

Populisten besteht darin, ihn müde und ausgelaugt zu nennen, oder zu unterstellen, er habe Kreide gefressen. Wie wird man damit fertig? Zunächst durch Gegenüberstellung des medialen Zerrbildes mit dem eigenen selbstgezeichneten Spiegelbild. Doch Vorsicht! Der Weg von der Selbstdarstellung zum Selbstbetrug ist kurz. Theater und Politik haben hier sehr viel gemeinsam, auch im Rollenverständnis. Das Bestreben eines politisch Handelnden, wie ein Schauspieler mehrere Rollen darzustellen, ist nicht nur legitim, sondern von der Mediengesellschaft sozusagen vorgegeben. Seine eigenen Anhänger fordern, daß sich ihr Mann gut »verkauft«. So versucht er gleichzeitig volksnah und staatsmännisch zu sein, entschlossen und kompromißfähig, gütig und unbeugsam. »Wie es Euch gefällt«.

Schon fällt einem der Satz von Franz Josef Strauß ein: »Wer jedermanns Darling sein will, endet als jedermanns Depp!« Die Politiker ein Deppenhaufen? Nein. Das ginge zu weit. Das wäre nichts anderes als ein Alibi für die Nichtwähler. Tatsache aber ist auch, daß der ganze Firlefanz, das Ballyhoo amerikanischer Wahlkämpfe auch bei uns Schule macht, zum Schaden echter demokratischer Streitkultur. Die Verpackung ist wichtiger als der Inhalt politischer Botschaften. Das Beschreiten des *american way* in der Politik kann eine Selbstfindung des Politikers verhindern, das heißt, seine wahren Qualitäten und Eigenschaften richtig einzuschätzen. So wie mancher Schauspieler, der seine Erfolge in der Darstellung von Naturburschen hatte, nun unbedingt auch einen Bonvivant spielen möchte, ein Komiker sich als jugendlicher Liebhaber sieht, ein Charakterdarsteller zwielichtiger Rollen plötzlich entdeckt, daß er besser einen strahlenden Helden abgäbe. Gemeinsam aber ist fast allen die Lust nach der Glanzrolle

153

schlechthin, des innerlich gespaltenen, von Selbstzweifeln geplagten Hamlet. Eine sehr zeitgemäße Rolle übrigens. Der spröde Norddeutsche Willy Brandt kam der Mentalität des Dänenprinzen wohl am nächsten! Übrigens kurioserweise in einer Art Falstaff-Ausgabe auch Franz Josef Strauß. Egon Bahr sah in ihm ein »Kraftwerk mit der Sicherung eines Kuhstalls«. Strauß selbst hielt sich für einen nachdenklichen Intellektuellen und einen gnadenlosen Analytiker. Andere meinten, er sei ein Papiertiger, ein entscheidungsschwacher Mann, der, wie man witzelte, in München bei seinen Attacken gegen Bonn als Löwe absprang und in Bonn als Bettvorleger landete. Ich selbst erlebte ihn meistens als Cunctator, als Zauderer.

Das historische Pendel schlug zurück. Mussolinis Satz »Männer machen Geschichte« wurde ausradiert. Stalin und Hitler schmoren jetzt in der Hölle; Franco, Mussolini, Peron und Mosley erdulden die Prüfungen des Fegefeuers. Bei weitgehender Ablehnung ihres politischen Gedankengutes kann ich eine gewisse Sympathie für den Menschen Mussolini, den früheren argentinischen Staatspräsidenten Juan Peron und den englischen Faschistenführer Sir Oswald Mosley nicht verhehlen. Im Gegensatz zu den seltsam körperlosen Menschen Stalin und Hitler, die keine Sportsleute waren und denen deshalb auch der Sinn für Fairplay fehlte, waren Mussolini, vor allem aber Mosley und Peron große Leistungssportler. Es ist wohl kein Zufall, daß der Argentinier wie der Engländer, die beide erstklassige Fechter waren, über das Rom Mussolinis zum Faschismus kamen. Der leidenschaftliche Flieger Mosley war sogar Mitglied der englischen Nationalmannschaft im Degenfechten.

Man wird mich jetzt in die vom Zeitgeist arg gebeutelte Kaste der Machos einreihen, wenn ich hinzufüge: Wer ein

154

so ausgeprägtes Verhältnis zu seinem Körper, zur Leistung hat, für den sind Macht und Eros Brüder. An der Seite Perons und Mosleys standen die schönsten Frauen Südamerikas und Europas. Vergleiche zu den Frauen bundesdeutscher Spitzenpolitiker und auch zu Politikerinnen möchte ich mir ersparen, vor allem, wenn ich an die neudeutschen Vorzeigefrauen wie Hildebrandt und Süßmuth denke. Nach meinen Vorstellungen muß ein charismatischer Politiker von den Musen geküßt, von den Frauen geschätzt und vom Sport geformt sein. Das heißt, die Beziehung zum Sport darf sich nicht, wie häufig bei den Grünen, auf das Tragen von Turnschuhen beschränken. Wenn man die Bezeichnung Frauen mit Männern austauscht, gilt das eben Geschriebene auch für Politikerinnen und ihr Verhältnis zu Männern.

Alle diese rechten Führer kamen von der linken Seite des politischen Spektrums. Mussolini war ursprünglich Sozialist, und Lenin zählte ihn zu den größten Hoffnungen der kommunistischen Bewegung. Peron wurde vom argentinischen Proletariat, den »Hemdlosen«, unter der Assistenz seiner ebenso schönen wie mutigen Frau Evita an der Macht gehalten, nachdem er durch seinen Kampf gegen die amerikanischen Kapitalisten emporgetragen worden war. Mosley gehörte eine Zeitlang zu den Hoffnungsträgern der Labour Party. Und was wäre aus der NSDAP geworden, wenn sich Gregor Strasser durchgesetzt hätte?

Diese Sätze werden mir nicht gut bekommen. Sie lassen sich zu passend zitieren. Aber meine Bewunderung für den starken Mann/die starke Frau, gleich welcher Couleur, konnte ich nie verhehlen. Er/sie muß nur demokratisch eingebunden und nicht nur wähl- sondern auch abwählbar sein. Generell gilt: Eine Zeit, in der geistiges und körperliches

Mittelmaß herrscht, tut sich mit wirklich Großen immer schwer. Deshalb kam man auch von der Maxime »Männer machen Geschichte« zur Geschichte des Alltags, die mehr subjektiv verdunkelt, als sie erhellend wirkt.

Ich selbst hatte dort die größten meßbaren Erfolge, wo ich mich eigentlich nicht übertrieben wohl fühlte, nämlich in großen Bierzelten. Das fing schon beim Einmarsch an. Die »Alten Kameraden« und der »Bayerische Defiliermarsch« haben gerade in Bayern eine achtenswerte Tradition, aber ich wäre lieber weniger stramm beim »Lied der Gefangenen« aus Verdis Oper »Nabucco« eingezogen oder noch lieber bei dem aus einer patriotischen Aufbruchsstimmung stammenden Lied: »Die Gedanken sind frei...«. Die Märsche hätte ich gerne der Bayernpartei oder der CSU überlassen. Ebenso die dazu passende Tracht. Auch wenn es mich gerade in Bayern Sympathie kosten sollte: Ich bin ein Trachtenmuffel. Gewiß hat die Tracht nicht nur eine rühmenswerte Tradition, sie war und kann auch Ausdruck politischer Überzeugung und gelebter Tradition sein, man denke an Südtirol. Aber auch die Trachten sind nicht mehr die »alten«. Sie sind wie die »neudeutsche« Volksmusik zu einem reinen Konsumartikel geworden. Und um das Maß voll zu machen: ich bin kein Bier- sondern ein Rotweintrinker. Aber man stelle sich vor, auf dem Vorstandstisch hätte kein Bierkrug gestanden, sondern ein Weinglas, nicht auszudenken! So trat ich lieber in unterkühlten Konferenzräumen auf, wo man leise sprechen konnte und sich selbst nicht unter Druck setzen mußte, um auf die eine Beifallssalve sofort eine weitere dranhängen zu müssen.

Man warf mir oft den Gebrauch von »Stammtisch-Parolen« vor. Ich teile die arrogante Verspottung des Stammtisches von den meist blutleeren, selbsternannten Intellektuellen nicht. Der Stammtisch ist die kleinste politische Einheit, eine Art Bürgerparlament. Gleichwohl habe ich nie einem Stammtisch angehört, mochte die allzu große körperliche Nähe und das bierselige Schulterklopfen nicht. Wie »zuhause« fühlte ich mich dagegen in Wiener Café-Häusern und Pariser Bistros. Alleine an einem Marmortisch zu sitzen, einen »Schwarzen« vor sich, einen Packen Zeitungen neben sich, dazu ein paar Zettel, um Beobachtungen festzuhalten, das gefiel mir.

Am liebsten aber waren mir Fernsehdiskussionen- und Interviews. Hier hatte ich auch die größten Erfolge. Das wurde den Fernsehgewaltigen sehr schnell klar; die Folge: ich wurde »abgeschaltet«. Ausschlaggebender Anlaß war mein Auftritt am 26. November 1992 bei der »Late Night Show« von Thomas Gottschalk. Sie hätte ihm beinahe seinen Kopf gekostet. Nebenbei bemerkt: Zu seinen ersten großen Fernsehauftritten im Regionalprogramm hatte ich ihm noch in meiner Zeit als Hauptabteilungsleiter im Bayerischen Fernsehen verholfen.

Die Atmosphäre der Studios der »Late Night Show« war mir wohlvertraut: München-Grünwald, Bavaria-Filmgelände. Hier war ich Mitarbeiter bei Filmfirmen, nahm an Festivitäten von Politik- und Mediengrößen teil. Wie ein Rennpferd die Bahn schnuppert, so animierte mich der Geruch aus Farbe, Leim, Puder und Staub von den herumstehenden Kulissen. Es kommt Gottschalk mit Gefolge; eine andere Welt voll Klunker und Glitzer. Branchenmäßige Begrüßung. Jovialität gepaart mit Unsicherheit. Wie geht man mit einem »Ungeheuer« um, dessen freier Mitarbeiter man einmal war? Kurzes Gespräch in der Maske, dem Schminkraum. Gottschalk wirkt fahrig, unkonzentriert. Ich merke sofort, daß er nicht besonders gut informiert ist und sich auf seine Plaudermasche verlassen

157

will. »Mönchlein, Mönchlein, Du gehst einen schweren Gang«, denke ich und konzentriere mich auf den Auftritt. Erste Überraschung: Als ich von Gottschalk aufgerufen aus den Kulissen trete, wird mein Gang zum Interview-Stuhl von Beifall begleitet. Gottschalk ist überrascht. Die Sendung ist nicht live. Sie wird aufgezeichnet, also später gesendet. Möglichkeit für Schnitte! So geschieht es auch. Der Weg des Gastes, der sonst immer gezeigt wird, fällt diesmal der Schere zum Opfer. Dies passiert noch ein paar Mal, und zwar immer, wenn es Beifall gibt. Dabei ist das Publikum gut ausgewählt und bestimmt nicht republikanerfreundlich. Gottschalk wird immer nervöser. Schon die Vorstellung seines Gesprächspartners und die Einleitung fallen ihm schwer. Wie sag' ich' s meinem Kinde? Er weist auf Umfragen hin, die uns in Bayern bei über 20 Prozent ansiedeln, murmelt, man müsse deshalb, könne nicht anders, warum diese Gefahr...? Die üblichen Plattitüden und Floskeln. Das Wasser steht ihm schon bis zum Hals. Bei jeder Frage rutscht er aus. Er nennt mich einen Anhänger der Todesstrafe. Hätte er vor der Sendung seine Hausaufgaben gemacht, wäre ihm dieser Lapsus nicht unterlaufen. Die Partei ist gegen die Todesstrafe; in allen meinen Reden weise ich darauf hin.

Asylproblematik, Container-Unterkünfte, soziale Spannungen...? Da ist er hilflos. Er kennt sich gewiß in den Nobelquartieren von Los Angeles oder Miami besser aus. Ob er je einen Container aus der Nähe gesehen hat? Ich sage: Warum bringt man Asylanten in dichtbevölkerten Arbeitervierteln unter, die sowieso unter sozialen Problemen zu leiden haben, und nicht in den dünn besiedelten Nobelvierteln am Rande der Großstädte, zum Beispiel dort, wo wir uns jetzt befinden, in München-Grünwald? Starker Beifall. Die Passage wird herausgeschnitten. Gottschalk nähert sich dem K.O. Angeschlagen sucht er Unterstützung beim Publikum. Die fällt dürftig aus.

Endlich ist die Sendung zu Ende. Er verabschiedet sich rasch, grummelt: »War alles zu lang, muß man schneiden. Sie wissen doch, Sie sind ja Profi«. Mir tut er leid, ist ja ein sympathischer Bursche, aber ich bin eben kein Haribo. Spüre in den Minen seines Gefolges eine Mischung aus Unsicherheit und mühsam unterdrückter Bewunderung für mich. Dazu gesellt sich Mitleid mit Gottschalk. Überraschung und Freude: Ein Mitglied der eingeladenen schwarzen Band kommt breit lachend auf mich zu, schüttelt mir die Hand: »Oh, boy, that was bloody good!« Ich bedanke mich für das Kompliment.

Am nächsten und übernächsten Tag ist die Hölle los. Gottschalk muß schwer einstecken. Seine Kollegen dreschen auf ihn ein, sagen, es sei ein Fehler gewesen, mich überhaupt einzuladen, man kenne doch meine Medienraffinesse usw. Einige erklären, an der Spitze der liebe Alfred Biolek, sie würden sich grundsätzlich nicht mit mir unterhalten wollen; andere geben offen zu, sie seien mir auf politischem Gebiet nicht gewachsen; zu letzteren zählen Moderatorinnen wie Elke Heidenreich. Sie sagte der Münchner »Abendzeitung«: »Leute wie ich und Gottschalk sind Schönhuber nicht gewachsen. Wir dürfen ihm kein Forum bieten, seine gräßlichen Thesen abzuladen.« Welch' vernichtendes Urteil über die Qualität der Politiker, die sie sich »zutraute«.

Nur allmählich wächst Gras über die Sache. Und ich finde keine Medienwiese mehr, auf der ich ernten könnte. Schade, denn die Zeit der großen Massenauftritte ist wohl generell vorbei. In dem Wind des Zeitgeistes segeln die sanften, kompromißfähigen Typen besser als die sogenannten »starken Männer«. Eine Feminisierung der Politik

☎ (089) 2377-0

1,20 DM ÖS 11,- ★ Lit 1900,-

Nr. 276/48 Samstag/Sonntag, 28./29. November 1992 Postfach 20 01 04, B 1017 A
8 München 2 ★ ★ ★

Empörung über
Gottschalks
Polit-Blamage

Thomas Gottschalk

Der Fernseh-Moderator lief
Schönhuber ins offene Messer

In München - Wie naiv muß ein Unterhalter sein, wenn er ausgerechnet nach der Mordnacht von Mölln dem Republikaner-Chef Franz Schönhuber eine Plattform bietet? Empörung über Thomas Gottschalk und seine RTL-Show vom Donnerstagabend. „Unglaublich, wie die Kommerzsender den neuen Rechtstrend salonfähig machen", entrüstet sich Polit-Lady Hildegard Hamm-Brücher. Und Talkmasterin Elke Heidenreich zur Abendzeitung: „Leute wie ich und Gottschalk sind Schönhuber nicht gewachsen." Der eingeseifte Entertainer verteidigt sich: „Ich wollte Schönhuber meine eigene Betroffenheit klarmachen und wissen, wie weit er sich von den Anschlägen gegen Ausländer distanziert." Alles über die Polit-Blamage: Seite 6

Der BR sagte
nein – Testbild
statt Trauerfeier

Seite 2, HEUTE Seite 3

160

Pfui, Gottschalk!

Show bei RTL Werbung für Schönhuber

Zuschauer empört – Thommy:
Ich habe mich überschätzt

Einvertiges Gespräch: Republikaner-Chef Franz Schönhuber, links, und Gastgeber Thomas Gottschalk.

Jahrgang 33, Nr. 277 ••• F 1277 A

Düsseldorf EXPRESS 60₰

Sonntag, 29. November 1992   **EXPRESS**   1   Seite 3

Harte Kritik von Kollegen und Politikern

Gottschalk ist ein Bildschirmtäter'

Von ERWIN GENTEN, GÜNTER SÖHNGEN und ANDREA STUPPE

exp M ü n c h e n – Der Proteststurm gegen Gottschalks Skandalshow mit dem rechtsradikalen Franz Schönhuber, der Donnerstag ungehindert seine Parolen verbreiten konnte, reißt nicht ab. Bei RTL stand das Telefon nicht still. Denn Thommy hatte Freitag selbst für neuen Wirbel gesorgt, obwohl er sich erst in der Late-Night-Show einsichtig zeigte: „Es ist mir nicht gelungen, Schönhuber auf negative Dinge festzulegen." Hätte er es nur dabei belassen.

Er machte alles noch schlimmer. „Ich sehe zwei positive Sachen: Erstens, Schönhuber hat Dinge gesagt, auf die man ihn festnageln kann. Und zweitens wissen jetzt junge Reps, die ihm bisher folgten, weil er gegen Ausländer war – so nicht." Wie blauäugig ist Gottschalk? Plötzlich war er wieder Plaudertasche: „Wenn Sie mich wählen wollen, weil ich nett bin, wählen sie lieber mich, ich bin noch netter."

„Schlicht ein Debakel", schüttelt Premiere-Talkmaster Roger Willemsen den Kopf: „Ich gestehe Thommy zwar lautere Absicht zu, doch er hat es versäumt, den Biedermann als Brandstifter zu entlarven."

Ähnlich empört sich Hermann

Rappe, SPD-Abgeordneter und Vorsitzender der IG Chemie: „RTL verschaffte dem Brandstifter Schönhuber einen Auftritt als Biedermann vor einem Millionenpublikum, Gottschalk reichte ihm die Streichhölzer. Wenn Gutgläubige dem Rechtsextremisten auf den Leim gehen, ist das die Schuld Gottschalks und von RTL." Rappe fordert RTL-Chef Thoma auf: „sich in einer Sondersendung zu entschuldigen und ein Versprechen abzugeben, daß sowas nicht mehr passiert."

Rudi Walther (SPD), Vorsitzender des Haushaltsausschusses des Bundestags: „Gottschalk ist ein Bildschirmtäter. Er hilft, rechtsradikale Parolen hoffähig zu machen. Er hätte wissen müssen, daß so einer seinen Auftritt als Werbeaktion mißbraucht." Und Micha Guttmann vom Zentralrat der Juden in Deutschland: „Das verstößt gegen jede journalistische Ethik."

„Ein Skandal", findet Margret Funke-Schmitt-Rink, jugendpolitische FDP-Sprecherin: „So etwas darf nie wieder vorkommen. Sonst: Nie wieder Gottschalk!"

Ulf Fink (CDU-Chef Brandenburg): „Im Plauderton mit Rechtsradikalen zu sprechen, ist sehr gefährlich. Es ist falsch, einem wie Schönhuber in einer Talk-Show ein Forum zu geben."

Die Kritik läßt Gottschalk nicht kalt, der Sonnyboy ist zerknirscht. Sein Produzent und Freund Holm Dressler: „Wir werden Montag nicht zur Tagesordnung übergehen. Thommy ist das sehr an die Nieren gegangen. Sofort nach dem Verbrechen von Mölln sagte er, daß er sich mal an einem aus der rechten Politi-Szene reiben will. Ein echtes Feindbild sollte es sein. Thommy wollte die Diskussion emotional führen, doch das ist total mißlungen. Er wird sich Montag noch einmal vor den TV-Zuschauern entschuldigen."

Will sich Montag entschuldigen-Thomas Gottschalk

Bild 29.11.92

161

ist unverkennbar. Dabei fällt die schöpferische Spannung weitgehend weg. Vor allem aber haben es die Linken und ihre intellektuellen Vordenker verstanden, aus ihrer Not eine Tugend zu machen. Seit Willy Brandt tot ist, haben sie keinen charismatischen Führer mehr. Wer ist noch fähig, Massen zu begeistern? Doch wohl nicht ein Scharping! Sie können zwar alle gut diskutieren, aber nicht mehr mitreißen. Sie drücken sich um Entscheidungen herum, nebeln die Zuschauer mit unverbindlichem Geplauder so lange ein, bis die Gründe nicht mehr sichtbar sind. Deshalb versuchen sie jene Politiker, die es können, mit den ästhetischen Vorstellungen der »Toskana-Fraktion« vereinfachend zu plebejisieren. Peter Glotz schrieb einmal: »Ein gefährlicher Rechter ist nur der, der nicht schwitzt und nach dem Kriege geboren ist.« Das zweite mag übrigens stimmen.

Aber der Mensch müßte ein medizinisches Wunder darstellen, wenn er in einem dicht gefüllten, von Zigarettenrauch und Bierdunst geschwängerten Zelt nicht schwitzen würde. Der Parteifreund von Peter Glotz, einer der führenden bayerischen Sozialdemokraten, Karl-Heinz Hiersemann, bringt es fertig, sogar in unterkühlten Konferenzräumen Schweißausbrüche zu bekommen. Aber die führenden Linken lassen ihre Nasen lieber von einem, wie es wiederum Glotz ausdrückte, »Herrenparfum« kitzeln als von gesundem Arbeiterschweiß.

Sechzehntes Kapitel
Das Zelt

Im Laufe der Zeit aber verstärkt sich der Druck des Staates und der etablierten Parteien auf uns. Immer drohender wird die Keule des Verfassungsschutzes geschwungen. Die Existenzbedrohung unserer Beamten nimmt zu. Versammlungssäle werden uns verweigert. Wir werden zu Geächteten, zu Vogelfreien.

Trotzdem: Meine Popularität steigt und steigt. Sie erreicht ihren Höhepunkt bei der traditionellen Aschermittwochs-Veranstaltung 1994 in Niederbayern. Hier treffen sich alljährlich die Spitzen der bayerischen Parteien zur Heerschau mit ihren Anhängern. Die CSU versammelt sich in Passau, die SPD in Vilshofen. Wir waren bisher im oberpfälzischen Cham. Der alljährliche Massenandrang bei unserer Veranstaltung war der CSU ein Dorn im Auge. 8000 Menschen drängten sich 1990 in die Ostbayern-Halle. Unter fadenscheinigen Umständen wurde sie uns im folgenden Jahr gekündigt. Das gleiche Spiel wiederholte sich dann in Eggenfelden. Auch dort war der Saal restlos überfüllt. Verzweifelt versuchten wir, einen anderen großen Saal in Niederbayern zu bekommen. Absage auf Absage. Die Angst vor der bayerischen Obrigkeit ist allgegenwärtig. Da bietet uns ein Bauer, das langjährige Mitglied Klaus Obendorfer, seine Hilfe an. Er stellt uns sein Ackergelände zur Verfügung, um darauf ein Zelt errichten zu können. Abenteuerlich und einmalig.

Nach zähem Kleinkrieg mit den Behörden ist es soweit. Das Zelt steht mutterseelenallein in der Landschaft, ein paar Kilometer vom niederbayerischen Osterhofen entfernt. Einen Zufahrtsweg müssen wir selbst errichten. Ein privater Ordnungsdienst schützt uns vor einer Zerstörungsaktion. Antifa-Leute hatten gedroht, Brandpfeile auf das Zelt zu schießen. Wildwest in Niederbayern! Nächtelang kann ich nicht schlafen. Kann man dieses Abenteuer, die hohen Kosten, verantworten? Wie sollen die Menschen einen Ort finden, der nicht einmal auf der Landkarte verzeichnet ist? Und was ist, wenn Tauwetter kommt, die Autos im verschlammten Acker versinken. Bloß nicht daran denken. Hauptsorge: Werden wir das riesige Zelt unter diesen Umständen mit einem Fassungsvermögen von 10.000 Menschen überhaupt voll bekommen? Das bei uns übliche Eintrittsgeld setzen wir auf DM 5,- fest.

Und dann kann uns nur noch Gott helfen. Und er hilft! Wir können es kaum fassen. An dem frostklaren Morgen des Aschermittwochs sind bereits Stunden vor Beginn die Zufahrtsstraßen kilometerlang verstopft. Die Polizei dirigiert uns mit einem dicht über uns fliegenden Hubschrauber auf Nebenwege, damit wir rechtzeitig zum Zelt kommen können.

Das Zelt ist brechend voll. 10.000 Menschen stehen und sitzen dicht an dicht. Mit einem Jubelsturm werde ich empfangen. Der Weg vom Zelteingang zum Podium dauert 25 Minuten. Umarmungen, Händeschütteln.

Es war die größte Aschermittwochs-Veranstaltung, die Bayern jemals erlebt hat. Wir übertrafen die CSU-Konkurrenz in Passau. In den Medien aber wurden wir mit einer Fußnote abgefertigt. In den spärlichen Fernsehberichten wurde sorgsam das vollbesetzte Zeltinnere »übersehen«. Ein Jahr später, nach meinem Abgang, herrschte beim REP-Aschermittwoch, wie einige Zeitungen schrieben, »Grabesstille«.

164

Doch mit des Schicksals Mächten ist kein ew' ger Bund zu flechten. Gerade in der Politik gilt das alte Soldatenlied: »Heute noch auf stolzen Rossen, morgen durch die Brust geschossen.«

Wenn der sozialdemokratische Medienpapst Peter Glotz von meinem Hinweis auf dieses Lied hört, wird er seine, in dem nicht unfairen Buch »Die deutsche Rechte« geäußerte Meinung über den »Typ Schönhuber« bestätigt sehen wollen. Dort hieß es: »Über den Typ Schönhuber kann man übrigens schon bei Jakob Burckhardt nachlesen, ›in unserem veränderungslustigen Italien‹, so zitiert Burckhardt einen Autor des 15. Jahrhunderts, wo nichts feststeht und keine alte Herrschaft existiert, ›können leicht aus Knechten Könige werden.‹ Das ist das, was Schönhuber gerne möchte. Die höchste und meist bewunderte Form der Illegitimität ist im 15. Jahrhundert der Kondottiere, der sich – welches auch seine Abkunft sei – ein Fürstentum erwirbt.«

In eine ähnliche Kerbe schlägt der bekannte Journalist der Frankfurter Allgemeinen Zeitung Dr. Friedrich Karl Fromme in einer Besprechung meines Buches »Trotz allem Deutschland.« Da heißt es in der Kritik des renommierten Journalisten: »Die Republikaner sind für ihn ein Abenteuer, weil es einem Mann seiner Art wohl immer gelegen hat. Er überschätzt dieses Abenteuer nicht – aber er ist, das ist dem Buch zu entnehmen, der Ansicht, daß der Tag einer konservativen, einer ›rechten‹ Partei kommen werde. Ob das die ›Republikaner‹ sein werden, das ist für Schönhuber offenbar nicht so wichtig. Wenn er ein Vorläufer wäre, würde es ihm genügen.«

Gerade Frommes Stil in seinen Ausführungen ist bezeichnend dafür, wie schwer es ist, eine faire und positive Kritik so zurechtzustutzen, daß sie für eine angesehene, dem Establishment verpflichtete Zeitung wie die FAZ noch druckwürdig ist. Da kommt immer wieder abschwächend die Wendung »ein wenig« vor. So heißt es an einer Stelle: »Das Interessanteste an diesem Buch sind die Rückblicke, die die nachgewachsene Generation *ein wenig* erschüttern könnten. Da wird zum Beispiel berichtet von den verschlungenen Schicksalen, die ›Bürgerliche‹ und deutsch-national gesonnene Juden haben konnten, die Deutsche sein wollten, was ihnen die Nationalsozialisten auf schließlich mörderische Art versagten.

Man kann Schönhuber nicht *rundweg* widersprechen, wenn er die Nachgeborenen, die sich zu Richtern der Kriegsgeneration aufschwingen, bittet, sich zu entscheiden: ob sie es lieber haben, wenn sich jemand zu seinen jugendlichen Verirrungen bekenne und nicht so tue, als habe das Feuer des Widerstandes damals unentwegt, aber still in ihm gelodert, oder ob es besser sei, zu bestreiten, abzuleugnen, umzudeuten. Beides ist, wie aktuelle Beispiele zeigen, verkehrt, und *ein wenig* kann man Schönhuber darin folgen, daß es unwürdig ist, jedenfalls nicht so demokratisch-aufklärerisch, eine ganze Generation in einen solchen Anklagestand zu versetzen.« (Hervorhebungen durch den Verfasser)

Immerhin, Fromme war einer der wenigen, der sich mit dem Buch wirklich kritisch auseinandergesetzt hat. Ich bleibe ihm dafür dankbar.

Das gilt in hohem Maße aber jenem Mann, der das gleiche Buch in so lobenden Tönen besprochen hat, wie ich sie eigentlich kaum verdiente. Es war Professor Diwald. Er faßte seine Meinung zum Schluß der Besprechung so zusammen:

»Sein jüngstes Buch ›Trotz allem Deutschland‹ ist ...sein bestes. Dieser keineswegs umfangreiche Band läßt sich nur schwer mit wenigen Sätzen treffend charakterisieren. Daß Schönhuber ein brillanter Schriftsteller ist, weiß jeder, der ihn einmal gelesen hat. Aber nicht die Dynamik des Buches sucht ihresgleichen, sondern der Scharfsinn und die Sicherheit, mit der Schönhuber selbst belanglos scheinende Erlebnisse, zumal bei seinen politischen Veranstaltungen, in den größeren Zusammenhang einordnet, ihren objektiven Gehalt heraushebt. Keiner unserer Politiker besitzt eine solche Fähigkeit, sich kein X für ein U vormachen zu lassen und auch nicht dasselbe seinen Hörern oder Wählern anzutun. Dabei geht es um die Würdelosigkeit so vieler Deutscher, die politisch verantwortlich sind – um die Würdelosigkeit so vieler anderer in den Medien, die aus Bequemlichkeit und Opportunität Nationalmasochismus betreiben –, so vieler schließlich, die sich aus Enttäuschung und verkappter Ohnmacht ins Desinteresse zurückgezogen haben.

Vor diesem Hintergrund wirkt Schönhuber wie ein Partisan unserer verlorenen Normen, wie ein Einzelkämpfer, eine Mischung aus Aberwitz, Sisyphus und Winkelried – und nicht zuletzt ist er die Verkörperung eines ständigen Appells an alle guten Eigenschaften der Deutschen. Er löst fast den Effekt eines nationalen Aha-Erlebnisses aus, freilich macht er das mit Intelligenz und souveräner Ironie. Das steckt selbst im Titel seines neuesten Buches. Das erste Wort heißt ›trotz‹, der ganze Titel aber ›Trotz allem Deutschland‹. Wer stimmt ihm da nicht zu?«

Diwalds hohe Meinung war für mich stets Verpflichtung, das Beste zu geben und der Wahrhaftigkeit verpflichtet zu bleiben.

Siebzehntes Kapitel
Der Umbruch

Aber die Zeit der Kondottieris und der Abenteuerer ist nur noch Geschichte, zumindest in unseren Breiten. Es gibt keine Heerhaufen mehr, sondern höchstens Stadtguerillas. Gewandelt hat sich auch die Einstellung der Zeitgenossen. Die Medien haben den neuen »Erfolgstyp« à la Kennedy vorgegeben: jung, dynamisch, smart, clever. Die Reihung der Fremdwörter ist absichtlich erfolgt.

Es gilt nicht mehr »Ex oriente lux«, das Licht kommt vom Osten, es kommt höchstens von der Ostküste, der amerikanischen. Man vergleiche einmal die Fotos von dem ermordeten Amerikaner Kennedy mit denen des höchst lebendigen Europäers Jörg Haider. Verblüffend die Ähnlichkeiten: Das gleiche raubtierhafte Lächeln, die gleiche spektakuläre Art des Ankündigens von Umbruchsvisionen, die gleiche gezielt und kalkuliert eingesetzte Kumpelhaftigkeit, das kalte Fallenlassen unbequem gewordener Weggenossen. Und es gilt nicht mehr das, was der römische Philosoph Marcus Tullius Cicero über das Spannungsverhältnis von alt-jung einst geschrieben hat:

»Das Gedächtnis nimmt ab, wenn man es nicht übt. Und wenn ihr die Geschichte fremder Völker lesen oder hören wollt, so werdet ihr finden, daß die größten Staaten von jungen Männern erschüttert, von alten hingegen aufrecht erhalten und wiederhergestellt worden sind«. (Aus: Cato der Ältere)

In der Bewertung historischer Abläufe in unserer Zeit kann man zu der Erkenntnis kommen: Die Zeit der »großen« alten Männer scheint abgelaufen zu sein. Weit und breit ist kein de Gaulle, kein Adenauer, kein Franco, kein Churchill in Sicht. Der letzte Mohikaner hieß Mitterrand. Mit seinem Abgang verflüchtigt sich auch die Aura der Unnahbarkeit, die diese »Unsterblichen« vor den gewöhnlichen Sterblichen abschirmte.

Ich saß einmal als Vize-Präsident der Europäischen Rechten im Europäischen Parlament bei einem zu Ehren des französischen Staatspräsidenten gegebenen Mittagessen in dessen unmittelbarer Nähe und konnte meine Beobachtungen machen.

Mitterrand wirkte unnahbar, glacial, also eisig, wie die Franzosen sagen. Er beteiligte sich kaum an den Gesprächen, warf seinen Tischnachbarn höchstens ein paar Wortbrocken hin, auf die sie sich gierig stürzten und beflissen weiterreichten. Das wächserne, schon damals von der Krankheit gezeichnete Gesicht erschien mir seltsam entrückt, die Augen suchten einen fernen Fixpunkt. Auf mich machte diese Haltung den Eindruck einer wohleinstudierten Rolle. Respektlos dachte ich: Vielleicht grübelt er jetzt nicht über das Schicksal Europas nach, sondern darüber, welche Weinsorte er zum nächsten Gericht ordern sollte. Aber woran er auch immer gedacht haben mochte, welch ein Unterschied zwischen dem fragil und vergeistigt wirkenden Franzosen und dem poltrigen, sich in alle Duzfreundschaften mit den Mächtigen der Welt stürzenden Helmut Kohl. Das »savoir vivre« ist eigentlich unübersetzbar, auch nicht mit »Kunst des Lebens«. Die handhabt jeder anders. Aber der historischen Gerechtigkeit wegen sollte man sich wiederum davor hüten, den Kohlkopf stets mit dem Saumagen in Verbindung zu bringen. Ob mit oder ohne Saumagen, die Speisekarte für das europäische Menü trägt die Handschrift des Bundeskanzlers und nicht die des ehemaligen französischen Präsidenten. Er war nur der Hilfskoch. Vorbildlich aber bleibt seine Verteidigung der deutschen Soldaten. Leider hat Kohl sich nie so deutlich geäußert.

Aber auch Kohl ist bereits ein Auslaufmodell. Auf ihn werden jene Technokraten folgen, die zwar die Ausstrahlung eines Kühlschrankes haben, für das Funktionieren der sinnentleerten Gesellschaft mit ihren immer komplizierter werdenden technischen Zusammenhängen jedoch gerade wegen ihrer Gefühlskälte und ihres rein verstandesmäßig diktierten Handelns am richtigen Platz sind. Dafür stehen Namen wie Schäuble, Bohl, Rühe, Rüttgers, Schily, Verheugen und andere. Sie entfernen sich mehr und mehr vom Volk, das das Ganze immer weniger über- und durchschauen kann. Diese Technokraten werden zu den neuen Diktatoren. Volk und Gesellschaft werden es noch zu spüren bekommen.

Aber nicht nur die Typen werden sich immer ähnlicher, auch die Parteiprogramme. Eine kleine Partei hat nur dann eine Aufstiegschance, wenn sie eine klare Zielvorgabe hat. Bei den Republikanern waren es Wiedervereinigung und Asylfrage. Nach dem Wegfall der beiden Generalthemen begann der Abstieg. Haiders »Freiheitliche« dagegen leben von der Korruption der Volksparteien, Finis »Alleanza Nazionale« vom Zusammenbruch des etablierten Parteiensystems, der Vlaams Blok von der Autonomie, Le Pens Front National vom Kampf gegen muselmanische Zuwanderung.

Der Wegfall unserer griffigen Themen hatte für die Partei zunächst fatale Folgen. Die Schweigespirale zog sich immer enger zusammen. Sie konnte nur noch durch bewußtes Provozieren von Negativ-Meldungen durchbrochen werden: Bad news are better than no news! In Deutschland ist dies jedoch eine Fehleinschätzung. Ich habe sie zum Teil auch mir selbst anzulasten. Vielleicht waren meine Sätze zu deutlich. Kassandra wählt man nicht! Wir störten das Harmoniebedürfnis unserer Wohlstandsgesellschaft. Die Hemmschwelle für die Wahl einer solchen Partei ist noch zu groß. Deren Abbau ist nun vordringliche Aufgabe des vorpolitischen Raumes. Aber auch dies wird kein Honiglecken sein. Hier kann ich meine Erfahrungen einbringen. Mir gegenüber saßen im Regelfall keine Journalisten, sondern selbsternannte Staatsanwälte. Ihre Interviews glichen Verhören. Kamen sie dabei nicht zum Ziel, wurde abgeschaltet. Generell: Ich habe wohl nicht immer die Befindlichkeit der Deutschen richtig beurteilt. Die junge Generation hat sich mit dem Satz angefreundet:»Politisch Lied – ein garstig Lied«, Wahlabstinenz ist die Folge. Das gilt vermutlich noch mehr für die ältere Generation.

Die mittlere Generation traf die volle Wucht der Umerziehung. Sie blieb nicht folgenlos. Gottseidank sagt das offizielle Deutschland, das sich selbst das Bessere nennt. Und bei der älteren Generation glaube ich entdeckt zu haben, daß der sogenannte »deutsche Blick« noch immer da ist. Das ängstliche Umschauen, der dazu gehörende gedämpfte Umgangston. Mein Leben lang werde ich in meinem inneren Gesichtsfeld an das offizielle Plakat im Dritten Reich erinnert:»Psst, Feind hört mit!« Gemeint waren die äußeren Feinde Deutschlands; jetzt ist es die Angst, mit der eigenen, häufig braun eingesprenkelten Vergangenheit wieder konfrontiert zu werden. Ich habe mir dazu eine ironische Formel zurechtgelegt. Bemerke ich bei einer älteren Dame oder einem älteren Herrn den unsicheren »deutschen Blick«, so nenne ich dies »H.J.«- oder »B.D.M.«-Blick, das heißt Hitlerjugend oder Bund Deutscher Mädchen-Verdrängungsblick. Er ist besonders häufig in den betuchten Villengegenden der Großstädte anzutreffen. Berufsgruppen: Banker, Kaufleute, Industrielle, Direktricen. Im Gegensatz zu den Mitscherlich-Thesen haben diese Leute nicht ihre Schuld bezüglich des Dritten Reiches verdrängt, sondern ihre Identität verloren.

Die typologische Umstrukturierung hat mittlerweile auch den Osten erreicht. Im einstigen Eldorado der alten Männer, den Ostblockstaaten im allgemeinen und der ehemaligen Sowjetunion im besonderen, haben wertfreie Technokraten die Macht übernommen. Die Sowjetunion ist genauso alt geworden, wie im Durchschnitt ihre Führer, von Stalin über Breschnjew, Andropow bis Tschernenko. In den letzten Monaten ihres Lebens waren sie, mit Ausnahme Stalins, nur noch durch Tabletten und Spritzen am Leben gehaltene Marionetten, die an den Fäden der Technokraten funktionierten. Aber auch der Mann, der das »Paradies der Werktätigen«, die Sowjetunion, endgültig zerstörte, war nichts anderes als eine Marionette. Gorbatschow war Wachs in den Händen westlicher Kapitalisten. Je mehr man ihn außerhalb der Sowjetunion lobte, umso mehr verfluchte man ihn zuhause. Diese Diskrepanz wollte man im Westen lange nicht wahrhaben. Die hierzulande herrschende »Gorbimanie« war nichts anderes als ein Medienprodukt. Im Europäischen Parlament wurde der Name Gorbatschow mit dem gleichen ehrfürchtigen Blubber genannt wie der eines Mandela. Ihr weltfremden Narren, dachte ich, schafft euch eine eigene Welt, die mit der real existierenden keine Ähnlichkeit hat. Schließlich war der hierzulande verniedlichte »Gorbi« als ehemaliger Geheimdienstchef auch ein moderner Technokrat.

Zu jener Zeit besuchten mehrfach sowjetische Delegationen Straßburg. Als russisch sprechender Parlamentarier wurde ich stets zu diesen Treffen geladen. Nach ein paar Gläschen Wodka, den die Russen »Tränen Gottes« nennen, machten sie kein Hehl mehr aus ihrer Verachtung gegenüber der »Gorbimanie«. Wie groß übrigens die Fehleinschätzung der Situation in der Sowjetunion, insbesondere bei den europäischen Sozialisten war, ging daraus hervor, daß sie Jelzin bei seinem Besuch des Parlamentes die Tür wiesen. Der spätere Duzfreund von Kohl, der »liebe Boris«, hat sich zwar später als genauso wenig charakterfest wie Gorbatschow erwiesen, aber er hat zumindest damals die Stimmung der Russen richtig eingeschätzt.

Achtzehntes Kapitel
Moon und die Parteien

Gerade in Umbruchzeiten macht die Politik nicht selten Bocksprünge. Wer hätte sich je vorstellen können, daß der Kommunist Gorbatschow später gemeinsame Sache mit dem glühenden Antikommunisten und Führer der nach ihm benannten Sekte, Moon, machen würde? Das Honorar dürfte hoch gewesen sein. Es war für alle Beteiligten gewiß ein denkwürdiger Tag, als der Todfeind der Kommunisten, Reverend Moon aus Südkorea, mit seinem Gefolge von Gorbatschow in der Zentrale des Atheismus und jahrzehntelangen Zwingburg des Kommunismus, im Kreml, empfangen wurde. Später machte Gorbatschow dem Moon-Führer in Korea seine Aufwartung. Beide Herren entwickelten ein beinahe freundschaftliches Verhältnis zueinander. Ob in der Tat bei dem bekannt geschäftstüchtigen ehemaligen Kreml-Chef das »pecunia non olet« – Geld stinkt nicht – eine Rolle gespielt hat, bleibt im Bereich der Vermutung. Handfeste Beweise fehlen.

»Normal« ist das Ganze nicht. Aber was ist in Zeiten eines solchen Umbruches noch normal? Etwa die Duzfreundschaft Kohl-Gorbatschow-Jelzin? Unter der politischen Decke verschwindet, daß Gorbatschow ein Günstling des Mitverantwortlichen für das Blutbad beim ungarischen Aufstand von 1956 und späteren Generalsekretärs der KPDSU, Andropow, war. Ich brachte diese Einschätzung am 24.1.91 in Zusammenhang mit der Situation in den baltischen Ländern in einer Rede im Straßburger Plenum offen zum Ausdruck:

»Frau Präsident, ich warne davor, im Baltikum falsche Hoffnungen zu wecken. Wir sollten an die psychologischen Auswirkungen unserer Entschließung denken.

Ich habe meine Erfahrungen nicht vergessen, die ich als Journalist während des Ungarn-Aufstandes 1956 und bei der Invasion von Prag 1968 durch sowjetische Truppen machte. Damals haben die Westmächte vollmundige Erklärungen abgegeben, trügerische Hoffnungen geweckt, die dann nicht eingelöst wurden, was grausame Enttäuschungen bei den Ungarn und bei den Tschechen hinterließ. Hüten wir uns dieses Mal vor pathetischen, aber nichtssagenden Erklärungen! Drohungen, die sich als leer erweisen, sind schlimmer als Schweigen, und vor einem falschen Zungenschlag möchte ich warnen. Man spricht hier permanent von den bösen konservativen Kräften in der Sowjetunion. Das sind keine konservativen Kräfte, das sind reaktionäre Kräfte! Ich meine auch, der Glaubwürdigkeit unserer Beteuerungen dient es nicht, wenn wir akzeptieren, daß Macht vor Recht geht. Ich meine, man sollte klar feststellen, daß die Amerikaner deshalb eine etwas milde Haltung einnehmen, weil sie Gorbatschow in bezug auf den Irak bei der Stange halten wollen. Eines sollten wir aber jetzt schon tun: Die Beziehungen zu Gorbatschow einfrieren, solange im Baltikum sowjetisches Faustrecht herrscht und das Selbstbestimmungsrecht mit Füßen getreten oder von Panzern überrollt wird. Nach meiner Auffassung hat Gorbatschow den Vertrauensvorschuß, den er im Westen bisher hatte, schon längst verbraucht.«

Kaum mehr Erwähnung findet auch, daß Kohl-Freund Boris Bezirkschef von Swerdlowsk war, der nunmehr wieder wie vor der Oktober-Revolution Jekaterinburg genannten Stadt, wo die Zarenfamilie von den Bolschewiken viehisch ausgelöscht wurde. Auch er hat jede Erinnerung an diese Bluttat unterdrückt. Die Frage steht im Raum, ob er nicht auch ein Handlungsreisender in Sachen Kommunismus für die DKP in der Bundesrepublik war.

Noch nie hat die Welt eine so große Anzahl von politischen Verwandlungskünstlern erlebt, sieht man von der Zeit der Französischen Revolution ab. Da konnte ein Blutsäufer und Königsmörder wie Fouché erst die Guillotine beliefern, dann Geheimdienstchef und Polizeiminister unter Kaiser Napoleon I. werden, um dann nach dessen Sturz wieder in königliche Bourbonen-Dienste zu treten. Heutzutage sind es die Medien, die alles möglich machen. Sie verwandelten den zuhause gehaßten Gorbatschow hierzulande in einen demokratischen Strahlemann. Mich widerten die CSU-gesponserten Jubel-Auftritte von »Gorbi« in der Münchner Innenstadt und im traditionsreichen Hofbräuhaus an, noch mehr allerdings die Tatsache, daß auch meine Parteifreunde im Münchner Stadtrat, mit Ausnahme meiner Frau, sich ebenfalls als Jubelperser hervortaten. Die REP-Stadträte hingen mehr an ihren Amtsketten, die sie beim Empfang stolz tragen durften, als an politischer Moral: Obrigkeitshörige, um Anerkennung buhlende kleine Leute! Denke an den berühmten Ausspruch des letzten sächsischen Königs August III.: »Ihr seid mir scheene Rebubligaaner«.

Randnotiz: Die Sympathie für Gorbatschow übertrug sich nicht auf seine neuen Moon-Freunde. Sie blieben außerhalb der Gesellschaft. Zumindest offiziell.

Vordergründig und nicht mehr aufrichtig finde ich deshalb in Teilen der Parteien die Distanzierung von Moon. Unbestreitbar ist, daß Moon über längere Jahre dem Front National finanziell unter die Arme gegriffen, Wahlkämpfe für ihn organisiert und seine Verbindungen zur Verfügung

176

gestellt hatte. Einladungen ins Weiße Haus, zur höchsten Regierungsebene in Japan, auf den Philippinen und anderswo waren die Folge und wurden von Le Pen publicityträchtig verwertet. Ich mag daraus Le Pen keinen Vorwurf machen, denn auch sein Anti-Kommunismus war aufrichtig. Die Zusammenarbeit erfolgte nach dem Motto: »Der Zweck heiligt die Mittel!«

Ein Moon-Jünger, Pierre Ceyrac, aus der französischen Großbourgeoisie stammend, saß als Abgeordneter des FN zwei Perioden im Europäischen Parlament, ein weiterer namens Roger Johnstone gehörte dem Stab der Fraktion an. Beide leisteten gute, sachbezogene Arbeit. Ein anderer Moon-Jünger war Mitglied der Jugendbewegung des MSI.

Der breiten Öffentlichkeit blieb es verborgen, daß sogenannte Sekten in Gesellschaft und Politik zuweilen größeren Einfluß haben als die traditionellen und verkrusteten Kirchen. Das gilt für die Scientology Church vor allem im wirtschaftlich-technischen Bereich, für Moon im politischen. Die von Moon finanzierte »Washington Times« spielt in der amerikanischen Politik keine geringe Rolle. Sie war vor allem Sprachrohr der Reagan-Administration. Moon selbst war Ehrengast bei der Amtseinführung Reagans. Aber auch Richard Nixon oder George Bush scheuten den Kontakt nicht. Wichtig für Moon war auch, daß es ihm gelang, hohe Politiker und Militärs für seinen Kreuzzug gegen den Kommunismus einzuspannen.

Sein Kampf gegen den Kommunismus hatte auch persönliche Gründe. In nordkoreanischen Gefängnissen war er von chinesischen Kommunisten grausam gefoltert worden. In dem von ihm ins Leben gerufenen »International Security Council« (ISC) gab es Diskussionen von prominenten Fachleuten über die militärische Lage im Zusammenhang mit der kommunistischen Bedrohung, an denen sich auch der ehemalige amerikanische Außenminister General Alexander Haig und der damalige Nato-Generalsekretär Dr. Joseph Luns oder Sir Edward Heath, ehemals britischer Premier, beteiligten. Auch bei den Tagungen, die vom Braintrust der Moon-Bewegung, Causa (Causa: abgeleitet von der lateinischen Bedeutung Ursache/Ursprung), organisiert wurden, gab es hochrangige Besetzungen, insbesondere auf amerikanischer und deutscher Seite. Politiker und Publizisten ließen sich an der Teilnahme auch dadurch nicht abhalten, daß der Reverend wegen einer undurchsichtigen Steueraffäre in Amerika eine Haftstrafe verbüßen mußte. Einflußreiche Kreise verhalfen ihm zur vorzeitigen Entlassung. Übrigens, auch ein Herr Lummer scheute sich nicht, eine Einladung der Moon-Organisation »International Security Council« ins Berliner Hotel Kempinski anzunehmen.

Amerikanische Konferenz-Teilnehmer bei der politikwissenschaftlich orientierten Causa waren der einflußreiche republikanische Politiker Jesse Helms, der in der Iran-Affäre ins Zwielicht geratene Oliver North, der engste Mitarbeiter des ermordeten Martin Luther King, Ralph Abernathy sowie viele andere, unter anderem bei Wissenschaftskonferenzen der deutsche Nobelpreisträger Hayek.

Gut dotierte Vorträge bei Causa hielten: General a.D. Kießling, der Historiker Werner Maser, die Politologen Günther Rohrmoser und Klaus Hornung, der Weikersheim-Mitarbeiter Dr. Albrecht Jebens, aber auch Prof. Michael Voslensky, Siegmar Faust, Prof. Dr.Dr. Hermann von Berg, Prof. Konrad Löw, Werner Obst, um nur wenige zu nennen. Dazu gesellte sich der »Wanderer durch sämtliche Parteiwelten«, Professor Emil Schlee. Er hat es inzwischen auf mehr als ein halbes Dutzend Mitgliedschaften in Parteien und Gruppierungen gebracht. Causa rückte von ihm ab, als seine privaten Ambitionen allzu große Ausmaße annahmen. So wollte er Moon-Leute veranlassen, ihm die Möglichkeit zu verschaffen, den begehrten Doktorhut auf einer der von Moon gesponserten Hochschulen zu erwerben. Er mußte weiter »unbehütet« bleiben. Immerhin brachte er es infolge der dünnen Personaldecke zum Europaabgeordneten der Republikaner.

In Deutschland waren bei ISC zunächst mit von der Partie: der ehemalige Ministerpräsident von Schleswig-Holstein Kai-Uwe von Hassel und der General der Bundeswehr Karst, sowie der CSU-Politiker Hans Graf Huyn, der Europaabgeordnete Franz Ludwig Graf Stauffenberg, aber auch Dr. Lothar Rühl, die sich nach Kenntnis der Zusammenhänge distanzierten. Aber die Frage bleibt, waren die Herren politisch wirklich so naiv oder bekamen sie Druck aus den Parteizentralen?

Antifaschistische Bücher wie das von einem Thomas Klaus »Der Messias mit dem Hakenkreuz« stürzten sich mit Genuß auf dieses Thema. Bei Klaus heißt es unter dem Titel »Skrupellose Federhalter«: »Zu der Förderkolonne, zu den publizistischen Helfershelfern/innen gruppierten sich manche konservativen Aushängeschilder. Die inzwischen verstorbene Dr. Helga Wex, stellvertretende Bundesvorsitzende der CDU/CSU und der gleichfalls nicht mehr lebende Dr. Werner Marx, Vorsitzender des Auswärtigen Ausschusses des Bundestages, tanzten zu Lebzeiten auf Moons Nirwana und gewährten inländischen Munie-Zeitungen Exclusiv-Interviews.« Auf diese billige und gehässige Weise wird man allerdings dem Problem nicht gerecht.

Inzwischen scheint der Einfluß der Moon-Sekte zurückzugehen. Es fehlt das einigende Band des Anti-Kommunismus. Im Front National setzte sich der Anti-Moon-Flügel durch. Der Europaabgeordnete Pierre Ceyrac verließ die Partei, ebenso der Fraktionsangestellte Roger Johnstone. Er war übrigens der Paradiesvogel der Fraktion. Die dunkle Hautfarbe, die er seiner indischen Herkunft verdankt, diente den Front-Leuten auch als Beweis ihrer antirassistischen Bekenntnisse.

Steigend ist dagegen der Einfluß von Scientology. Diese Sekte hat die straffere, an westlichen Maßstäben und Gepflogenheiten orientierte Logistik. An der Spitze stehen im amerikanischen Existenzkampf geschulte Manager mit teilweise brillantem Intellekt. Die asiatische Herkunft der Moon-Sekte verschaffte ihr im Westen dagegen ein mystisches, schwer durchschaubares Image.

Das Thema Sekten wird im Regelfall oberflächlich und zweckgesteuert behandelt. Auch von sogenannten Experten. Die Grenzen zwischen traditionellen Kirchen und Sekten sind oft fließend. Was ist mit den Altkatholiken, den Adventisten, Methodisten? Sind die Mormonen eine Sekte? Und was ist mit den Quäkern? Beide Religionsgemeinschaften stellten hervorragende Politiker. Der von den Mormonen beherrschte US-Staat Utah ist eine Art amerikanisches Musterländle. Ist alles eine Sekte, was im religiösen Widerspruch zu den »klassischen« Religionen steht? Der »Brockhaus« sagt zu diesem Thema:

»Sekte, entsprechend dem griech. Häresie (Richtung, Schule, Partei) die anfänglich wertungsfreie Bezeichnung politischer, philosophischer, religiöser Einzelgruppen.«

Ich persönlich habe zu dieser Welt keinen inneren Bezug. Auch wenn ich z.B. bei manchem Moon-Politiker eine ehrliche Überzeugung feststellen konnte, ebenso wie mir manche Bibelforscher mit ihren »Wachtürmen« ob ihrer Standhaftigkeit einen wenn auch widerwilligen Respekt einflößten. Bei der Moon-Bewegung störten mich nicht nur die Geheimniskrämerei, sondern auch die Riten. Die Massentrauungen mit den von Reverend Moon ausgewählten Partnern erscheinen mir mit der Entscheidungsfreiheit und Würde des Menschen unvereinbar. Nationales Denken findet sich bei dem Koreaner nicht. Seine Vorstellungen sind internationalistisch und haben als Zielvorstellung einen Verschmelzungsprozeß der Völker. Nur so würden Kriege endlich vermeidbar, meint Moon. Seine Utopie ist das Aufgehen bestehender Religionen in seiner Vereinigungskirche. Dies alles geht Hand in Hand mit durchaus geschickten irdischen Geschäftspraktiken. Das Ginseng-Geschäft ist weitgehend »vermoont«. Auch an europäischen Firmen, vor allem der hochwertigen Schmuckindustrie in Frankreich, aber auch in der Maschinenbauindustrie Deutschlands ist Moon beteiligt.

Meine Abwehrhaltung bezieht sich aber nicht allein auf Sekten. Den gleichen Widerwillen flößen mir auch die agitierenden und politisierenden evangelischen Pastoren und die politischen Strippenzieher im Gewande katholischer Prälaten ein. Spielt bei der Verteufelung der Sekten durch die traditionellen Kirchen nicht auch der Konkurrenzkampf eine Rolle? Und was die Einflußnahme bei Parteien angeht, verhält sich die katholische Kirche beispielsweise keinen Deut besser als die Moon-Sekte.

Die »allein seligmachende katholische Kirche« erhebt diesen Anspruch zwar nicht offiziell, aber in ihren Tätigkeiten auch in der Politik ist ihre Einflußnahme dennoch gegeben. Deshalb bekämpft sie mit vielleicht noch größerer Härte als die Sekten das Freimaurertum. Diese Thematik spielte 1994 plötzlich auch in unserer Partei eine Rolle, als der geschäftsführende stellvertretende Bundesvorsitzende Alexander Hausmann erwähnte, daß auch er den Freimaurern angehört habe. Als er merkte, daß dies bei den Mitgliedern durchwegs nicht gut ankam, zog er sofort den Kopf ein und beteuerte, daß er aber schon längst wieder ausgetreten sei und die von ihm inzwischen als verhängnisvoll angesehene Freimaurerei in einem Buch »entlarven« werde. Dies brachte ein anderes inzwischen aus der Partei ausgetretenes Vorstandsmitglied auf die Palme. Es handelte sich um den Bundeschriftführer und Landtagsabgeordneten von Baden-Württemberg Bernhard Amann. Er hatte nie einen Hehl aus seiner Zugehörigkeit zu den Freimaurern gemacht, was seine Chancen bei Aufstellungsparteitagen stets gemindert hatte. Ich schätzte und schätze den Kriminalhauptmeister menschlich sehr.

Bei den sich entwickelnden Auseinandersetzungen wurde mir klar, daß ein großer Teil unserer katholischen Parteimitglieder sich den Glauben ihrer Kindheit kritiklos bewahrt hatte. Obwohl patriotisch gesonnen, oder was sie darunter verstanden, ließen sie sich auch von Amanns Argumenten nicht beeindrucken, viele der großen deutschen Patrioten seien Freimaurer gewesen: Friedrich der Große, Blücher, Scharnhorst, Fichte, Lessing, Herder, Goethe, sowie die Komponisten Haydn und Mozart (siehe »Zauberflöte«).

Aber wie heute bei der Einschätzung von Moon-Sympathisanten kommt man durch eine bloße Aufzählung der Namen von Freimaurern deren Vorstellungen nicht näher. Erstens tragen die Freimaurer durch ihre strikte Geheimhaltung selbst dazu bei, zweitens sind die politischen und gesellschaftlichen Gegebenheiten heute andere als zu Zeiten der Aufklärung. Und drittens haben die Freimaurer vor allem in Frankreich ganz entscheidend das politische Leben bestimmt. Viele der sozialistischen Minister sowohl der Vor- wie auch der Nachkriegszeit waren und sind Mitglieder des »Grand Orient«, der französischen Loge.

Diese spielt in der Freimaurerei stets eine von den Kollegen in den anderen Ländern mit Argwohn betrachtete Sonderrolle.

Aber meine Versuche, bei Diskussionen differenziert zu argumentieren, stießen entweder auf Gleichgültigkeit oder Ablehnung. Sicher ist richtig, daß der eine oder andere Politiker eine Sekte oder die Mitgliedschaft bei den Freimaurern als Karriere-Beschleuniger benutzte. Dem Front National mag in den Anfangszeiten die materielle und ideelle Hilfe von Moon willkommen gewesen sein, der Sekte ausgeliefert hat er sich aber deshalb nicht. Le Pen war und ist überzeugter Katholik. 1985 empfing ihn der Papst zu einer Audienz.

Die Pastoren und religiösen Eiferer, die ich im Europäischen Parlament kennengelernt habe, bis hin zu dem fanatischen nordirischen protestantischen Pfarrer, Oppositonsführer und Mitglied der »Democratic Unionist Party« Ian Paisley bestärkten mich in meiner Distanz zu politisierenden Pfarrern und Pastoren. Das christliche »Fußvolk« schätze ich nach wie vor. Auch Paisley saß mit mir auf der Bank der »Non-Inscrits«, der Fraktionslosen. Das politische Spektrum reichte hier von ganz links bis rechts. Mit allen konnte man auskommen, mit Ausnahme dieses Iren, wobei man Mühe hat, der Versuchung zu widerstehen, der Herkunftsbezeichnung nicht ein weiteres »r« hinzuzufügen.

Als ich einmal Verständnis für die Freiheitsbestrebungen der katholischen Iren und ihrer damit verbundenen antienglischen Zielsetzung äußerte, brach bei dem »Gottesmann« ein derartiger Haß durch, den wohl auch ein Cromwell in sich getragen haben mußte, als er Irland verwüstete.

Einen ähnlichen Fanatismus bei einem kirchlichen Würdenträger wie Paisley habe ich als Ausbilder und Dolmet-

scher bei der französischen SS-Division Charlemagne kennengelernt. Es handelte sich um den damals 70jährigen
Monsignore Comte de Mayol de Lupé, Major und katholischer Seelenhirt zugleich. Für ihn war der Feldzug gegen
die Rote Armee ein Kreuzzug für christlich-abendländi-
sche Werte und das Töten eines jeden Bolschewisten eine
Art Gottesdienst. Er tat dies im stillen Einverständnis mit
weiten Teilen der höchsten französischen katholischen
Würdenträger und gewiß nicht gegen den Willen des
Papstes Pius XII. Die Kirchenoberen hielten auch nach
dem Zusammenbruch ihre schützende Hand über den
Monsignore und ließen ihn in einem abgelegenen Kloster
verschwinden.

Neunzehntes Kapitel
Kirche damals und heute

Aus meinem Tagebuch (12.7.91): »*Habe in meiner
ländlichen Kindheit fromme, manchmal leicht schmud-
delige Dorfpfarrer kennengelernt. Meistens Sympathisanten der Bayerischen Volkspartei, der* ›*Schwarzen*‹*.
Meine Mutter religiös, Vater nicht. Er sprach nur abwertend von den* ›*Pfaffen*‹*. 1933: Jahr der Bräunung. Erzbischof von München und Freising, Kardinal Faulhaber
lobt Hitler. Später wieder vorsichtige Absetzbewegung.
1945: Ende gut, alles gut! Zumindest für die Kirchen, der
evangelischen wie der katholischen. So tut man wenigstens. Vergessen die schwarz-braunen Mitläufer. Jetzt
zählen ehrwürdige Namen, wie Bischof von Galen, Pa-
ter Rupert Mayer, der im Zusammenhang mit dem 20.
Juli hingerichtete Jesuitenpater Delp bei den Katholi-
ken, der ebenfalls hingerichtete Pfarrer Bonhoeffer und
Pfarrer Niemöller bei den Protestanten. Aber allzu viele
Widerstandshelden gab es wohl nicht, auch wenn sich
manche ungerechtfertigterweise als solche ausgeben.
Ähnliches gilt für den Antisemitismus.*«

In Frankreich war das Verhalten der »Mère d' église«, der
Mutter der katholischen Kirche, nicht anders, aus historischen Gründen eher noch stärker ausgeprägt. Die Kirche
war die Stütze des Vichy-Regimes. Sie sah in Marschall
Pétain den Überwinder der liberalistischen Freigeisterei
und des parlamentarischen Jakobinertums. 1940 war die
Revanche für 1789! Die Kirche förderte Pétains Gesun-
dungsprogramm für Frankreich: »Travail et famille« – Arbeit und Familie. Bin hier Zeitzeuge. Am Anfang war die

Mehrzahl der Franzosen Pétainisten. Zu ihnen zählte der Ex-Staatspräsident, der spätere Sozialist François Mitterrand, der in Vichy für die Betreuung der Kriegsgefangenen zuständig war und für seine Verdienste um das Pétain-Regime den höchsten Orden bekam, die »Françisque«. Als sich das Kriegsglück gegen die Deutschen wendete, wechselte er zur Résistence. Während meiner Zeit als Besatzungssoldat führte ich viele Gespräche mit Bauern und Arbeitern, von Haß gegen uns war wenig zu spüren. Ich diskutierte mit Pfarrern, die abschreckende Wirkung der SS-Runen hielt sich in Grenzen. Man hielt sich an den Menschen, weniger an die Uniform. Ich habe in meinem Buch »Ich war dabei« über die Situation geschrieben:

»Einer der höchsten katholischen Würdenträger Frankreichs, der Kardinal Baudrillart, Direktor des berühmten Institut Catholique, machte bei der Abreise der L.V.F. (›Légion des Volontaires Français contre le Bolchevisme‹, Anm. des Verfassers) nach Rußland die Legionäre zu Verteidigern des christlichen Abendlandes. Er sagte: ›Als Priester und Franzose wage ich zu sagen, daß diese Legionäre zu den besten Söhnen Frankreichs zählen. An die Spitze des entscheidenden Kampfes gestellt, ist unsere Legion das lebende Abbild des mittelalterlichen Frankreichs, unseres Frankreichs der wiederauferstandenen Kathedralen. Und ich betone, und ich bin mir dessen sicher, daß diese Soldaten dazu beitragen, die große französische Wiedergeburt vorzubereiten. In Wahrheit stellt diese Legion in ihrer Art ein neues Rittertum dar. Die Legionäre sind die Kreuzfahrer des 20. Jahrhunderts. Ihre Waffen sollen gesegnet sein. Das Grab Christi wird befreit werden.‹« (Seite 130, ebd.)

Die L.V.F. (Legion französischer Freiwilliger gegen den Bolschewismus) ging später in der SS-Division Charlemagne auf und brachte ihre religiöse Grundhaltung – wie ich selbst bezeugen kann – mit ein. Auch in der Uniform der Waffen-SS ging man in der »Charlemagne« in die Kirche. Die Rolle Baudrillarts in Frankreich spielte bei seinen Besuchen der muselmanischen SS-Freiwilligen der Großmufti von Jerusalem, Husseini, ein fanatischer Hitler-Anhänger in Deutschland. Die Freiwilligen kamen vorwiegend aus Bosnien. Ich sehe sie noch vor mir: An der Stirnseite des Fez die SS-Rune. Husseini machte sie zu Soldaten Mohammeds und zu Verteidigern des Islam. Von der »Befreiung des Grabes Christi« dürfte er nichts gehalten haben, vom »Heiligen Krieg« schon mehr.

Aber sonst: Der Moslem Husseini, zu dessen Familienclan auch der Palästinenserführer Jassir Arafat zählt, wie der Katholik Baudrillart waren gewiß Antisemiten. Der eine mehr, der andere weniger. Husseini war ein fanatischer Befürworter der Ausrottungspolitik: »Palästina den Palästinensern« – um jeden Preis! Baudrillart ging es sicher nicht um die Vernichtung des jüdischen Volkes, im Gegenteil: Ein solches Vorgehen wäre mit seinem christlichen Glauben unvereinbar gewesen; aber er sah im Bolschewismus ein Werkzeug der intellektuellen, antichristlichen Juden. Eine im französischen Klerus damals weit verbreitete Meinung.

Baudrillart starb rechtzeitig kurz vor dem Einmarsch der Alliierten in Paris. Ihm blieb die Abrechnung erspart. Seinen Anhängern aber nicht. Die Legionäre, deren Waffen er gesegnet hatte, wurden gefoltert oder getötet. Teile des Klerus zeigten darüber ein schlechtes Gewissen. So fanden nach Kriegsende einige führende Kollaborateure in Klöstern Zuflucht, oder man schleuste sie durch aktive Fluchthilfe nach Südamerika. Die offizielle Kirche aber schwieg. Wo gehobelt wird, fallen Späne. Das Leben geht weiter. Man paßte sich an. Und dies mit Siebenmeilen-schritten.

Auf diesem Weg blieb für die Franzosen historische Größe auch dann bewundernswert, wenn sie braun eingesprenkelt war. Dies zeigte der Verlauf der Säuberungen nach Kriegsende. Das Gewicht der Buße wurde immer schwerer bemessen, je geringer die politische Bedeutung des Schuldigen war; es wurde leichter mit zunehmender Größe. Während die einfachen Soldaten und Offiziere der französischen Waffen-SS zu drakonischen Strafen, darunter die Todesstrafe, verurteilt wurden, hat unlängst die »Banque de France«, die französische Zentralbank, auf ihren neuen 200 Franc-Scheinen einen Mann verewigt, der zu gerne mit den deutschen Truppen an der Ostfront gegen die Russen gekämpft hätte. Es handelt sich um Auguste, den älteren der Lumière-Brüder, die vor hundert Jahren die Lichtbilder zum Laufen brachten.

Aber da er wegen seiner damals achtzig Jahre zum Waffendienst nicht mehr fähig war, ließ er sich als Ausdruck seiner Sympathie in das Ehrenkomittee der L.V.F. wählen. Vichy-Frankreich dankte es ihm mit der Verleihung des höchsten Ordens, der »Françisque«. Auch sein jetzt gemeinsam mit Auguste auf den Banknoten prangender Bruder Louis war ein engagierter Befürworter der Zusammenarbeit mit dem nationalsozialistischen Deutschland. Davon legte er in der französischen Akademie der Wissenschaften mehrfach Zeugnis ab.

Frankreich hat den Lumières die Lichter nicht ausgeknipst; im Gegenteil: Es läßt sie dort leuchten, wo sie am kostbarsten sind, auf Geldscheinen. Aber »La grande nation« sorgte stets auch für Ausgleich in den historischen Gewichtungen.

So hat heute Frankreich einen Gottesmann an der Spitze, der polnisch-jüdischer Herkunft ist: Kardinal Lustiger.

Da hat sich seit Jahrhunderten nichts geändert: Es gibt neben der »Heiligen Wandlung« eine höchst irdische Verwandlung. Die Witterung für atmosphärische Veränderungen im Zeitgeist ist hoch ausgeprägt. »Out« ist der Don-Camillo-Typ eines Papst Johannes XXIII. »Out« sind die intellektuellen Kennedy-Typen (»Dornenvögel«) mittleren Alters. »In« sind Kirchenfürsten vom Typ Reagan: Schauspieler, volksnah, stockkonservativ! Idealbesetzung Johannes Paul II. Der Papst, der aus der Kälte kam, wärmt Gefühle und Herzen. Besonders die »Dritte Welt« liegt ihm zu Füßen. »Kritische« Intellektuelle in Soutane und mit Professoren-Hüten liegen mit ihm im Krieg. Sie werden ihn verlieren. Der Pole ist zu gut. Ich mag ihn. Trotzdem: An die allein seligmachende Kirche, die Kirche meiner Kindheit glaube ich nicht mehr, wohl aber an Gott. Nicht wegen, sondern trotz der Institution Kirche.

Das sogenannte, gerade in Bayern tonangebende katholische Milieu ist mir zu muffig. Bei den katholischen Intellektuellen geht der »Waschweiberstil« um, getratscht wird über alles und jeden. Von dem Erzbischof von München und Freising, Kardinal Wetter, wird hinter vorgehaltener Hand als der »Tante Frieda« geflüstert. Es gibt Priester, die verteidigen am Freitag den Zölibat und fahren dann mit ihrer Freundin zum Wochenendurlaub in das versteckte Liebesnest in den Bergen.

Die verklemmte Bigotterie von weiten Teilen des »katholischen Milieus« findet ihre Entsprechung in dem verblasenen »Guter Mensch«-Schmus der durch und durch politisierten evangelischen Kirche. Weit stärker als die katholische Kirche hat sich die evangelische dem Zeitgeist gebeugt. Viele Pastoren sind längst nicht mehr Diener Gottes, sondern angepaßte Politfunktionäre, deren geistliche Gewänder nichts anderes als Tarnanzüge sind. Dazu ein Beispiel. Meine Frau, evangelisch und sehr sozial engagiert, war mehr als 20 Jahre Kuratoriumsmitglied des von der evangelischen Kirche mitgetragenen »Collegium Augustinum«, einer gemeinnützigen Einrichtung, die bundesweit Seniorenheime unterhält. Dem »Collegium Augustinum« gehören hochrangige Persönlichkeiten aus Kirche, Politik, Wirtschaft und Medien an. Meine Frau nahm ihre Aufgabe sehr ernst. Aber sie trägt seit Gründung der Republikaner einen Makel. Und dieser heißt Franz Schönhuber. Am 30. März 1994 kam es zum Schwur. Meine Frau erhielt folgenden Brief.

Zu diesem Brief vom 7. April 1994 eine Anmerkung. Auf seiner sogenannten Flucht aus der DDR, Wolfgang Schäuble weiß darüber mehr, wurde der Stasi-Oberst Schalck-Golodkowski zunächst von der Familie Rückert versteckt. Da hatte man offensichtlich keine Berührungsängste!

Aber die Schwarzen, die CSU-Leute, handelten nicht besser. Der zum Strauß-Clan zählende gute Katholik und Firmenbesitzer März aus Rosenheim gab dem »armen« Schalck-Golodkowski ein Darlehen von 400.000,- DM, damit er wirtschaftlich wieder auf die Beine komme. Das Ganze ist wohl als Gegenleistung für die jahrelange Vorzugsbehandlung durch Schalck-Golodkowski für die Firma März zu verstehen, die beispielsweise zu Dumpingpreisen Bullen aus der DDR einführen konnte. Den Schaden hatten die bayerischen Bauern. Aber die Firma März hatte einen Protektor: Franz Josef Strauß, Gott hab' ihn selig. »Wenn das Geld im Kasten klingt, die Seele in den Himmel springt«.

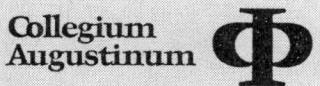

Collegium Augustinum

Frau
RA Ingrid Schönhuber
Fraunhoferstraße 23

80469 München

München, am 30. März 1994

Unsere Jubiläumsfeierlichkeiten

Sehr verehrte Frau Schönhuber,

Sie sind zum Fest des 40-jährigen Bestehens des Collegium Augustinum eingeladen und diese Einladung besteht weiter, denn Sie sind eine „alte Freundin" unseres Hauses und über Herrn Dr. Martin Habdank und die Bekanntschaft zu meinem Vater schon lange zum Unternehmen gehörig.

Sie haben sich allerdings zu unserer Jubiläumsfeier mit zwei Personen angemeldet, und ich nehme an, daß Sie gerne mit Ihrem Mann gekommen wären. Ich verstehe das gut! Ich muß Sie aber heute - so schwierig das für unsere langjährige Beziehung ist - darum bitten, nicht die Begleitung Ihres Mannes zu wählen. Es ist in den vergangenen Tagen eine Diskussion um ihn entstanden, mit der wir unsere Feier keinesfalls belasten wollen.

Ich weiß, daß diese Bitte einigermaßen ungewöhnlich und ihrerseits ein Politikum ist; aber es ist meine Aufgabe zu vermeiden, daß unser Haus zum Forum von Polarisierungen wird, die mehr Furore machen, als Feststimmung aufkommen lassen; ich bitte daher um Ihr Verständnis.

Mit freundlichem Gruß
COLLEGIUM AUGUSTINUM

Briefanschrift: Besucher- und
Collegium Augustinum   Lieferanschrift: Hypobank München
Eingetragener   Postfach 700 129   Stiftsbogen 74   Telefon (089) 7098-0   Konto 6030157000
gemeinnütziger Verein 81301 München   81375 München   Telefax (089) 7098-88   BLZ 700 200 01

191

Zugelassen
bei dem Bayer. Obersten Landesgericht,
dem Oberlandesgericht München
und den Landgerichten München I und II

Telefon 089/ 301 70 70
Postgirokonto München 2226 87 - 805
Bankkonto
Bayer. Hypotheken- und Wechsel-Bank München
Nr. 3740045004 (BLZ 700 200 01)

Telefax 089/2010204

Rechtsanwältin Ingrid Schönhuber, ...schüterstraße 23, 8000 München 5

Collegium Augustinum
z. Hd. Herrn Dr. Markus Rückert
Postfach 70 01 29

81301 München

8000 MÜNCHEN 5
Haushofenstraße 23

neue PLZ: 80469

mein Zeichen
sch/ma

Datum
07.04.1994

Ihr Schreiben vom 30.03.1994

Sehr geehrter Herr Dr. Rückert,

sicher ist Ihnen Ihr Brief an mich nicht leicht gefallen und Sie haben auch durchaus mein Verständnis, um das Sie mich darin baten. Allerdings ist mir dadurch wieder einmal die zeitgeistige Heuchelei der evangelischen Kirche und ihrer Institutionen so recht bewußt geworden, wo ein Ministerpräsident Stolpe, diverse Stasi-Pfarrer oder gar ein Herr Schalck-Golodkowski zweifellos gerne gesehene Gäste bei Ihren Jubiläumsfeiern gewesen wären.

Konsequenterweise bitte ich jetzt Sie um Verständnis, daß ich unter diesen Umständen nicht länger das Collegium Augustinum mit meinem Namen belasten möchte und meinen Rücktritt als Kuratoriumsmitglied und meinen Austritt aus dem Collegium Augustinum nebst den angeschlossenen Vereinen erkläre. Den mir vor ca. zehn Jahren von Ihrem Vater verliehenen Philadelphischen Ring darf ich Ihnen in der Anlage zurückgeben.

Mit freundlichen Grüßen,
insbesondere an Ihre Frau Mutter

Ihre

Ingrid Schönhuber

Ingrid Schönhuber

PS: Sie unterschätzen mein Taktgefühl. Zur Jubiläumsfeier des CA wollte ich unsere Tochter mitbringen, die Fernsehredakteurin in Berlin ist und die ich auf Ihre erfolgreiche Berliner CA-Aktivität hingewiesen habe. Es dürfte Ihnen auch nicht entgangen sein, daß mein Mann von sich aus niemals Wert auf Ihre Feiern gelegt hat und es mir in den langen Jahren meiner Zugehörigkeit zum CA höchstens viermal gelang, mich zu begleiten.

D.O.

Sprechstunden nach Vereinbarung
Fernmündliche Auskünfte sind nur verbindlich bei schriftlicher Bestätigung

192

Franz Schönhuber erhält 1976 aus der Hand des damaligen Ober-bürgermeisters, Georg Kronawitter, die Medaille » München leuchet«.

Im Gespräch mit Kardinal Josef Ratzinger in der Katholischen Akade-mie, München.

Begegnungen und Gespräche mit Franz Josef Strauß.

Als Mitglied des einflußreichen »Franzens Club« während einer der Club-Reisen. Hier wurde Politik aus erster Hand gemacht.

Franz Josef Strauß legte stets Wert auf gute Beziehungen zu Israel.

Franz Schönhuber war ein gern gesehener Gast bei vielen Verbänden und Vereinen

In Rodach/ Oberfranken: Empfang beim Bürgermeister.

Der Autor pflanzt die sog. Schönhuber-Eiche.

Nach dem Bruch mit dem Establishment.

Summarische Hinrichtung von Wachsoldaten in Dachau durch die US-Amerikaner, 1945.

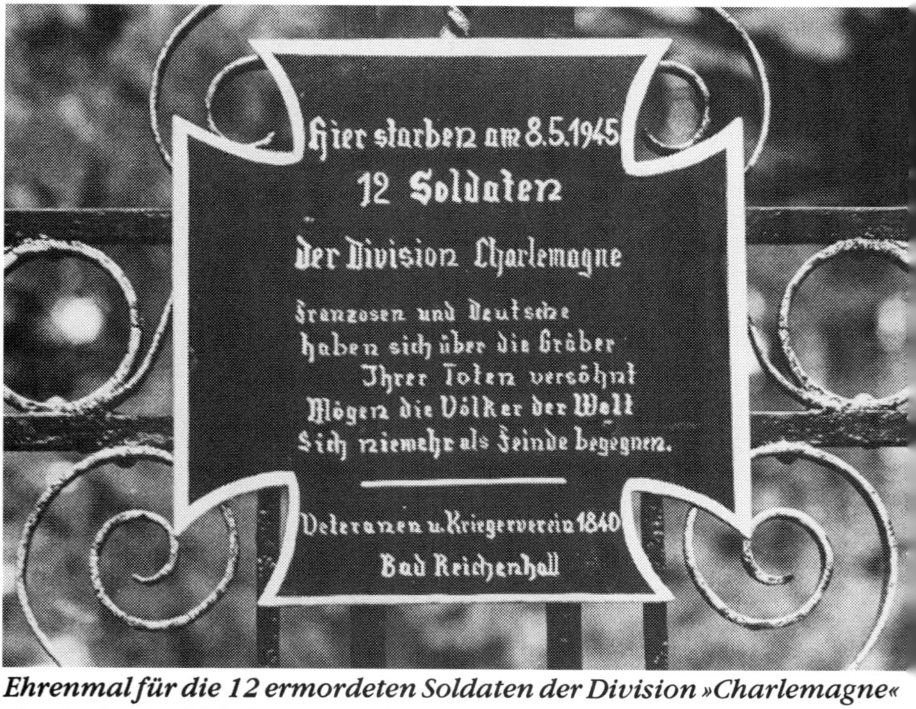

Hier starben am 8.5.1945
12 Soldaten
der Division Charlemagne

Franzosen und Deutsche
haben sich über die Gräber
Ihrer Toten versöhnt
Mögen die Völker der Welt
sich niemehr als Feinde begegnen.

Veteranen u. Kriegerverein 1840
Bad Reichenhall

Ehrenmal für die 12 ermordeten Soldaten der Division »Charlemagne« durch den Befehl des General Leclerc.

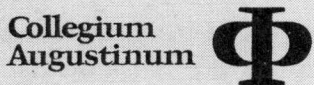

Collegium Augustinum

Frau Rechtsanwältin
Ingrid Schönhuber
Fraunhoferstr 23

80469 München

München, am 12. April 1994

Ihr trauriges Schreiben vom 7. April

Sehr verehrte Frau Schönhuber,

über Ihre traurige Reaktion auf meine sicherlich ungewöhnliche, aber
gleichermaßen unglückliche Bitte um Ihr freundliches Verständnis in der
delikaten Angelegenheit politscher Dinge, die wir miteinander wohl
nicht teilen können, bin ich nun meinerseits sehr betroffen; vielleicht
habe ich tatsächlich Ihr Fingerspitzengefühl unterschätzt.

Andererseits bitte ich es mir abzunehmen, daß es in unserem Haus eine
alte Tradition der Verehrung der Ingrid Schönhuber gibt, die nicht abgebrochen werden sollte. Vielleicht haben wir Sie das zu wenig spüren lassen.

Ein wenig unterschätzen Sie mich freilich auch, wenn Sie der Meinung
sind, ein Herr Stolpe oder gar ein Herr Schalck-Golodkowski seien bei
uns gern gesehene Jubiläumsgäste. Beziehungen zu Herrn Stolpe bestehen
überhaupt nicht und die zu Schalck wurden über Nacht und aus der Not
geboren und bleiben so persönlich wie notvoll.

Sehr verehrte Frau Schönhuber, es geht nicht um politische Programme,
es geht lediglich um deren gewollte verbale Zuspitzungen, die zuerst die
Atmosphäre und dann die Beziehungen in einem Land sterben lassen.
Leiden werden darunter immer die, die sich weniger wehren können als
andere, und das ist nun einmal weithin unsere Klientel. Wir wollen Pola-
risierung nicht! Und wir wollen sie bei uns nicht! Um mehr als um Verständnis dafür wollte ich gar nicht gebeten haben.

Mit freundlichem Gruß

Ihr

Briefanschrift: Besucher- und
Collegium Augustinum   Lieferanschrift: Hypobank München
Eingetragener   Postfach 700129   Stiftsbogen 74   Telefon [089] 7098-0   Konto 6030157000
gemeinnütziger Verein   81301 München   81375 München   Telefax [089] 7098-88   BLZ 70020001

193

In der Partei ließ ich nicht locker, das Thema »Kein Einzug der Kirchensteuer durch staatliche Organe« auf' s Tapet zu bringen. Die Angst unserer Funktionäre vor den braven »Muaterln und Vaterln« auf dem Lande war jedoch größer als die Einsicht, daß Kirchensteuer in nur ganz wenigen Ländern erhoben wird, interessanterweise nicht in den klassisch katholischen Ländern wie Frankreich, Italien oder Spanien. Wie jeder andere Verein sollten sich auch die Kirchen durch Spenden unterhalten können. Die guten Hirten müßten sich allerdings dann mehr um ihre braven Schäflein kümmern, um deren Seelenheil und soziale Belange wohlverstanden und weniger um die große Politik.

Zwanzigstes Kapitel
Reisen in die Vergangenheit

»Le Congrés ne marche pas; il danse« (Der Kongreß kommt nicht vom Fleck; er tanzt) zitierten zeitgenössische Spötter gerne das Bonmot des Fürsten de Ligne über den Verlauf der Wiener Friedensverhandlungen nach dem Sturz Napoleons. Sie verwiesen dabei auf die vielen Feste und Bälle, die den Kongreß begleiteten, und auf die amourösen Eroberungen von »Wiener Madels« als süße Zugabe zu den territorialen Eroberungen am Verhandlungstisch. »Das Parlament reist«, mit diesem Untertitel könnte auch die Tätigkeit des Europaparlamentes beschrieben werden; die amourösen Eroberungen bedurften allerdings keiner Reisen; hier genügten Brüssel und Straßburg.

Um es vorweg zu nehmen: Die meisten Reisen der Parlamentarier sind ebenso überflüssig wie kostspielig. Und der Steuerzahler ist stets dabei – mit seinem Geldbeutel! Die Sache ist so: Jede Fraktion kann mindestens viermal im Jahr eine Reise in ein EU-Land ihrer Wahl veranstalten. Zu dem Parlamentstroß gehören »Marketenderinnen« in Gestalt von Sekretärinnen, Referentinnen und Dolmetscherinnen, weiter Rundfunktechniker, Quartiermeister und Zahlmeister. Warum das Ganze? Die offiziellen Begründungen lauteten, den Europagedanken zu verbreiten, Land und Leute kennenzulernen. Eine reine Leerformel! Was die Parlamentarier kennen lernten, waren Offizielle und Funktionäre des jeweiligen Landes, verbunden mit small talks und belegten Brötchen. Andere Straßburger Parlamentsversion: »Intensive Arbeitsatmosphäre« – Unsinn!

195

Die anstehenden Themen und Probleme hätten sich genauso gut, wenn nicht besser, zumindest aber weit billiger in den Fraktionsräumen von Brüssel und Straßburg diskutieren lassen. Auf eine einfache Formel gebracht: Außer Spesen nichts gewesen! Diese Reisen bedeuteten für die Parlamentarier nichts anderes als kostenlosen Polittourismus, der übrigens nicht immer störungsfrei verlief. Dies traf insbesondere bei den Ausflügen der Technischen Fraktion der Europäischen Rechten zu. Sie tat sich überdies bei der Auswahl von Tagungsländern besonders schwer; denn sie war nahezu überall unerwünscht. Schaffte sie es doch, wurden Flughäfen blockiert, Zufahrtswege mit Öl und Schmierseife »präpariert« und Hotels verweigert. Gewalttätige Demonstrationen waren an der Tagesordnung. Die härteste und blutigste erlebte ich in der dänischen Stadt Helsingör in unmittelbarer Nähe des Hamlet-Schlosses Kronsborg. Das friedlichste Treffen fand vom 2.-6. Oktober 1989 in Bad Reichenhall statt. Aufgrund der guten Beziehungen, die noch aus meiner Fernsehzeit herrührten und den emsigen Bemühungen meiner Frau war es gelungen, ein renommiertes Hotel als Tagungsstätte zu bekommen. Es gehört pikanterweise einem hoch angesehenen CSU-Stadtrat. Liberalitas Bavariae! Für die Reichenhaller war die Straßburger Invasion eine Abwechslung inmitten eines langweiligen Bürgeralltages, für die Franzosen der Höhepunkt ein sogenannter »Bayerischer Abend« mit Jodlerinnen, Schuhplattlern und »Goaßl-Schnalzern« – formidable! Eine politische Veranstaltung wurde mit dem Bayerischen Defiliermarsch und der Marseillaise eröffnet. »Entente Cordiale« im Schatten des Predigtstuhls, Reminiszenz an die französisch-bayerische Koalition unter Napoleon. Die Tiroler auf der anderen Seite der Berge wurmt dies noch heute.

196

Die Schatten der NS- und Vichy-Vergangenheit lagen aber auch über dieser gemütlich-friedlichen Tagung, die sogar dem eher links eingestellten Begleitpersonal durchaus gefiel. Häufig gehört: »Les Bavarois sont comme nos montagnares«, charmante französische Version des russischen: »Die Bayern, ein wildes Bergvolk«.

Die beidseitige Vergangenheit manifestiert ein Grabkreuz in der Nähe der Feste Karlstein, wenige Kilometer von der Reichenhaller Ortsmitte entfernt. Hier wurden am 8. Mai 1945, dem Tag der deutschen Kapitulation, zwölf Freiwillige der französischen SS-Division Charlemagne von einem Hinrichtungskommando der gaullistischen Truppe, die Bad Reichenhall vorübergehend besetzt hatte, standrechtlich erschossen. Der jüngste Freiwillige war 17 Jahre alt. Der Erschießung ging ein Wortwechsel zwischen dem Chef der französischen Truppen, General Leclerc, Vicomte de Hautecloque und einem jungen Gefangenen voraus. Der in einer US-ähnlichen Montur und mit einem Spazierstock à la Montgomery auftretende General herrschte den jungen Landsmann an: »Schämen Sie sich nicht, hier in der Uniform eines Boche zu stehen?« Darauf dieser unerschrocken: »Mon Général, Sie scheinen sich aber in der amerikanischen Montur auch ganz wohl zu fühlen.« Wutentbrannt befahl daraufhin der wegen seines hochfahrenden Wesens bekannte französische Adelige: »Fusillez les!« – Erschießen!

Was folgte, bleibt eine Schande für die Sieger. Ich habe die Vorgänge in meinem Buch »Ich war dabei« erwähnt. Die Leichen der Hingerichteten blieben drei Tage unbestattet liegen. Dann begann eine makabre Odyssee. Zunächst kamen die Franzosen in Gräber mit Holzkreuzen. Am 2. Juli 1949 wurden sie exhumiert und in einem Sammelgrab beerdigt. Am 6.7.1963 wurden sie erneut umgebettet. Sie bekamen im städtischen Friedhof ein Wandgrab, unmittelbar neben dem Grabmal zur Erinnerung an die im Ersten Weltkrieg gefallenen Reichenhaller Bürger, von denen die meisten in Frankreichs Erde ruhen. Europäischer Wahnsinn? Der Fiedhofsverwalter sagte mir, daß immer mehr Menschen aus ganz Europa, sogar aus Amerika kämen, um das »Franzosengrab« zu besuchen und dort Kränze und Blumen niederzulegen. Es ist das Verdienst des Gewerkschaftlers und SPD-Stadtrates Fritz Hofmann, der im Kriege bei den Fallschirmjägern gedient hatte, in seinem Buch »Die Schreckensjahre von Bad Reichenhall« auf dieses Verbrechen hingewiesen zu haben. Damals, vor gut zwei Jahrzehnten, konnte dies ein SPD-Funktionär und Gewerkschaftler noch schreiben.

Heute steht an der Hinrichtungsstelle ein »Marterl«, die bayerische Bezeichnung für eine Erinnerungstafel an ein Unglück. Die Inschrift lautet: »Hier starben am 8. Mai 1945 12 Soldaten der Division Charlemagne. Franzosen und Deutsche haben sich über den Gräbern der Toten versöhnt. Mögen die Völker der Welt sich nie mehr als Feinde begegnen.« Ein frommer Wunsch! Was er wert ist, zeigt das Völkergemetzel im ehemaligen Jugoslawien.

Die Abgeordneten des Front National waren an den Hintergründen dieses Vorganges in Bad Reichenhall, die sie nur bruchstückhaft kannten, sehr interessiert. Dies galt insbesondere für Martine Lehideux, deren Ehemann gleich mir in der Division Charlemagne gedient hatte. Auch Karel Dillen, dessen Vlaams Blok sich stets für die Rehabilitierung der flämischen Kriegsfreiwilligen der Waffen-SS einsetzte, war sehr wißbegierig.

Was tun? Gräberbesuch ja oder nein? Reichenhall ist eine kleine Stadt. Da bleibt kaum etwas verborgen, schon gar nicht, wenn es um fremde »Eindringlinge« geht, die sich der besonderen Obhut von Polizei und Staatsschutz erfreuen. Sollte also Le Pen mit Karel Dillen und mir die Gedenkstätte besuchen? Kontroverse Diskussionen. Ein Teil der französischen Kollegen äußert unverhohlen ihre Sympathie für die Waffen-SS-Freiwilligen und plädiert für den Besuch im Gegensatz zu einigen deutschen Kollegen, die negative Schlagzeilen befürchten. Le Pen zeigt sich unschlüssig. Einerseits will er mir nicht weh tun und Solidarität demonstrieren, andererseits muß er an Reaktionen zu Hause denken. Dort hatte er sich bereits herbe Kritik gefallen lassen müssen, als er auf eine Frage nach der Partnerschaft mit mir die Waffen-SS als eine soldatische Elite bezeichnet und darauf hingewiesen hatte, daß sie mit den KZ-Bewachern nicht in einen Topf zu werfen sei.

Es wurde Le Pen auch vorgehalten, daß er einst Aufnahmen mit deutscher Militärmusik verlegt hatte. In der Tat machte es ihm, dem soldatischen Haudegen, stets Spaß, zur vorgerückten Stunde deutsche Soldatenlieder zu singen, von »Schwarz-braun ist die Haselnuß« bis zu »Lili Marleen«. Aber im Gegensatz zu manchen seiner französischen Kritiker, die während der deutschen Besatzung alles andere als Widerstandskämpfer waren, gehörte Le Pen in seinen jungen Jahren der Résistance an. Dies hat ihn allerdings nicht daran gehindert, die Exzesse der Epuration, der gegen Vichy-Anhänger gerichteten blutigen Säuberungen nachdrücklich zu verurteilen.

Letztlich aber wollte er kein Risiko eingehen und verzichtete auf den Gräberbesuch. »Weißt Du, Franz, ich sehe schon die Schlagzeile: ›Lebende Faschisten salutieren toten Faschisten‹«. Ich verstand ihn, auch seinen Hinweis: »Laß' die Toten die Toten begraben.« So gingen Dillen, einige französische Abgeordnete und ich mit deutschen

Freunden zur Erinnerungsstelle und gedachten der Ermordeten. Keine Probleme aber gab es bei der Planung eines Ausfluges von Bad Reichenhall nach Salzburg. Jeder war am Obersalzberg, am »Adlernest«, interessiert. Während der Fahrt im gecharterten Bus erzählte ich von den hier stattgefundenen Kampfhandlungen während der letzten Kriegstage. Sie standen im Zeichen französisch-amerikanischer Rivalität. Jeder wollte damals der erste auf dem Obersalzberg sein. Zur Enttäuschung meiner französischen Kollegen mußte ich mitteilen, daß die Amerikaner die ersten waren. Dabei geriet das 7. US-Infanterieregiment sogar unter Beschuß französischer »Kameraden«. Gönnerhaft aber überließen die Amerikaner, sozusagen als »Trostpreis«, den Franzosen die Besetzung des höher gelegenen, aber weniger bekannten Teehauses auf dem Kehlstein. So waren sie zwar nicht die Größten, dafür aber die Höchsten!

Mein Bericht löste lebhafte Diskussionen in der Delegation aus. Einer beteiligte sich nicht daran: Es war Le Pen! Er hatte die friedliche Busreise auf den Obersalzberg verschlafen. Ob er dabei in Morpheus oder der Taktik Armen lag, ich kann' s nicht sagen!

Ich aber grüble: Was bewog die jungen, lebensfrohen Franzosen, in deutschen Uniformen freiwillig nach Berlin zu marschieren, um dort die letzten Verteidiger der Reichskanzlei zu werden? Was bewog die Kosaken angesichts der nicht mehr abwendbaren Niederlage, noch gegen die Sowjets in den sicheren Tod zu reiten? Sie alle erinnern mich an die letzten Goten. Ritt Teja nicht mit seinen Getreuen zum Vesuv, in dem Wissen, daß dort nicht der Sieg, sondern der Tod wartete? Der selbstmörderische Zug der Lemminge zu den Klippen des Abgrundes fällt mir ein. Der Politiker meldet sich: Laß' doch die Toten ruhen, beschäftige Dich mit Zeitproblemen. Eine andere Stimme hält dagegen: Feigling, Opportunist, zeitgeschichtlicher Fluchthelfer!

Gab es denn auf der einen, der Siegerseite, nur Gute, bei den Verlierern nur Schlechte? Mach' Dir jetzt die Antwort nicht leicht, werd' vor allem nicht pathetisch. »Wenn alle untreu werden, so bleiben wir doch treu«. Treu wem? Nein, so geht es nicht. So einfach nicht! Sag' wahrheitsgetreu, was Du damals erlebt hast. Also, ich habe Opportunisten und Idealisten getroffen, Gläubige und Glücksritter, Landsknechte und Überzeugungstäter. Einem Unrechtsregime gedient zu haben – und das war und bleibt es – konnten viele damals nicht erkennen. Manche erkannten es, gingen aber trotzdem nicht ›von der Fahne‹. Sie ergaben sich dem Zynismus. Erinnere mich an jene Kameraden der ›Charlemagne‹, die bei Hitler nicht ›Heil‹ schreien wollten, sondern mit zusammen gepreßten Zähnen statt einem deutlichen ›Heil Hitler‹ ein phonetisch kaum unterscheidbares ›Drei Liter‹ von sich gaben. Mit französischem Akzent, der zur Entschuldigung herangezogen werden konnte. Gewiß nur ein ›détail d' histoire‹ aber immerhin ein Détail. Aber die Geschichte schreiben die Sieger, ihre Helfershelfer bei den Besiegten sind jene Historiker, die sich nicht an Fakten orientieren, sondern an der Interpretation der Fakten aus heutiger Sicht. Habe eine Vorahnung. An meinem Zwiespalt werde ich scheitern. Die parteipolitische Karriere wird nicht von langer Dauer sein. In gewissem Sinne bleib' ich also ›gestrig‹. Hab' halt nicht die Gnade der späten Geburt. Muß mit dem Geburtsdatum 1923 leben. Aber ist nicht jemand, der das Gestrige kennt, am prädestiniertesten, die Zukunft beurteilen zu können?«

Einundzwanzigstes Kapitel
Petersburg – Moskau – Kiew

Sinnvoll dagegen waren die Fraktionsreisen und Besuche von Parlamentsdelegationen in Nicht-EU- und außereuropäische Länder. Sie blieben in bestimmten Ländern nicht ohne politische Nachwirkungen. Das traf insbesondere auf die Sowjetunion zu. Als Mitglied einer Delegation des Europäischen Parlamentes war ich vom 24. November bis 4. Dezember 1991 in der Sowjetunion. Dies war nicht meine erste Reise dorthin. Vorangegangen waren mehrere Besuche als Teilnehmer einer Delegation des »Deutschen Journalistenverbandes« vom 15. bis 29. Juni 1973; ich war damals Vorsitzender des Bayerischen Journalisten Verbandes. Dann flog ich als Mitarbeiter des Bayerischen Rundfunks, später als Stellvertretender Chefredakteur des Bayerischen Fernsehens in die Sowjetunion. 1972 gehörte ich einer Olympiadelegation unter Leitung des damaligen Olympia-Pressechefs Hans »Jonny« Klein zusammen mit dem politischen Chef und damaligen Münchner SPD-Oberbürgermeister Dr. Hans-Jochen Vogel an.

Unsere Parlamentsreise knapp 20 Jahre später fiel in die Zeit des Zusammenbruchs der Sowjetunion und des Endes der Ära Gorbatschow. Unser erstes Reiseziel war also Petersburg, das noch beim Abflug am Hamburger Flughafen Leningrad hieß. Wohl kaum eine andere Stadt ist so oft umbenannt worden; aus St. Petersburg wurde im Ersten Weltkrieg Petrograd, dann Leningrad, jetzt wieder St. Petersburg. Mir kam unser Unternehmen wie eine »Reise ins Chaos« vor. Ich dachte an eine Neuauflage der historischen »Smuta«, wie die russischen Historiker die »Zeit der Wirren« oder auch die »Polenzeit« nennen. Sie dauerte nach dem Tode Iwans des Schrecklichen aus dem Hause der Rurikiden 1584 fast 30 Jahre bis zur Thronbesteigung des ersten Romanows, Michael Fjodorowitsch, am 21. Februar 1613. Es war eine schreckliche und gesetzlose Zeit.

Ende 1991 war der Verfall jeder staatlichen Autorität überall mit den Händen zu greifen; auch in Petersburg, wo die vom Panzerkreuzer »Aurora«, was bezeichnenderweise Morgenröte heißt, am 7. November 1917 um 21.45 Uhr abgeschossene Granate auf das Winterpalais den Startschuß zur Niederwerfung einer faulen, bürgerlichen Gesellschaft einleitete. Dieser Schuß war einer der großen »Volltreffer« der Weltgeschichte. Jetzt war das 70 Jahre während »Paradies der Arbeiter und Bauern« zur Hölle gefahren.

Im Fernsehen sehe ich ein Interview mit Gorbatschow. Er kommt mir wie eine zeitgenössische Ausgabe des begabten, aber unglücklichen Zaren Boris Godunow vor. Der Duzfreund Kohls wirkt ausgelaugt und gebrochen, um Jahre gealtert. Nur stockend, mit langen Pausen, übersteht der sonst so redefreudige Gorbatschow das Interview.

Einen anderen Eindruck macht bei einem Empfang im Rathaus der Bürgermeister von Petersburg, Anatoli Sobtschak. Beherrscht, aber gezeichnet von den übermenschlichen Anstrengungen, schildert er die Maßnahmen, um die Stadt vor dem Zusammenbruch zu bewahren. Obwohl er sonst bei seinen Ausführungen die Attitüde eines nüchternen Geschäftsmannes einnimmt, gerät er bei seiner Vision eines zukünftigen Europa geradezu in eine euphorische Stimmung. Der europäische Stier sollte den Ural überspringen und in Wladiwostok landen. Dieses Zukunftsbild gefällt der charmanten Geschäftsführerin der gaullistischen Fraktion im Parlament, Christine Lelièvre, ganz und gar nicht. Sie flüstert mir zu:»Il exagère. Il faut respecter l' Europe à la de Gaulle, une Europe entre l' Ural et le Bospore.« (»Er übertreibt. Man muß die Grenzen im Sinne de Gaulles respektieren, eines Europas zwischen dem Ural und dem Bosporus.«) Ich stimme ihr zu. Auch ich halte es mit der Definition de Gaulles, eines Europas zwischen dem Ural und dem Bosporus. Dieser Sobtschak will für mich zuviel auf einmal.

Ich sehe mich im Raum um. Überall ist Lenin noch gegenwärtig, drohen Hammer und Sichel von den Wänden. Denke, da hat der Sobtschak noch einige demokratische Hausaufgaben vor sich. Aber meine Beobachtungen teile ich nur leise der Französin mit. Sie hier in die offizielle Diskussion zu bringen, scheue ich zurück. Überheblichkeit steht uns Gästen schlecht zu Gesicht, ist doch der Westen mitschuldig daran, daß Hammer und Sichel hier Eingang gefunden hatten. Hat das kaiserliche Deutschland nicht Lenin und seine Genossen in einem plombierten Waggon von Zürich quer durch Deutschland nach Petersburg bringen lassen? Hat der Westen auch nur einen Finger gerührt, um die Ermordung der Zarenfamilie zu verhindern? Ich denke, der Lenin ist nicht so leicht zu »stürzen«. Überall auf öffentlichen Plätzen sehe ich ihn als Statue mit seiner typischen in die Zukunft weisenden Handbewegung. Sogar den Platz zu »Ehren« des Erfinders der wohl größten Mörderorganisation aller Zeiten, der Tscheka, Felix Dserschinskij, finde ich vor.

Wir Deutschen hatten auch später am Erhalt des kommunistischen Satellitenstaates, der DDR, einen ganz besonderen Anteil. Nicht nur durch den von Franz Josef

204

Strauß in Zusammenarbeit mit Schalck-Golodkowski eingefädelten Milliardenkredit. Manche Erinnerungen prominenter Politiker, wie zum Beispiel Egon Bahr, der den Wandel durch Annäherung propagierte, sind höchst aufschlußreich. Aber die besten Beweise für die DDR-Stützungsaktionen liefern die Stasi-Akten. Hier gibt es meines Erachtens noch ungehobene Schätze.

Aus meinem Tagebuch (27.11.1991):»Klischee und doch wahr: Petersburg, das Venedig des Nordens. Erinnere mich der »Weißen Nächte« auf der vorausgegangenen Reise. Glücksgefühl und Kopfweh. Bewundernswert, wie es die Sowjets verstanden haben, die nahezu zerstörte Stadt wieder originalgetreu aufzubauen. Ähnliche Bewunderung habe ich Jahre später in Breslau empfunden, als ich die Restaurierung der einst zerstörten Altstadt sah. Das Gegenstück dazu liefern die Außenbezirke der Stadt: trostlos! Sondere mich jetzt von der Parlamentsdelegation ab, so oft es geht. Will allein mit Erinnerungen sein, neue Eindrücke mit niemandem teilen. Wandere durch die Gassen, in deren Häusern Puschkin, Tolstoi, Dostojewski gelebt, geliebt, gestritten und geschrieben haben. Schirokaja Natura – breite Natur, es gibt keine kongeniale deutsche Übersetzung für das, was man leichthin russisches Wesen nennt. Und immer wieder zieht es mich zum Reiterdenkmal Peters des Großen, zum Winterpalais an der Newa. Wo war die Hintertür, durch die der sozialdemokratische letzte Ministerpräsident Rußlands, Kerenskij, den neuen Machthabern entschlüpfte, seine Anhänger treulos zurücklassend? Später durfte er in Amerika den Helden spielen. Ich frage Passanten. Sie zucken die Schultern. Was interessiert sie das. Sie haben andere Sorgen. Wo gibt's Brot, wo Wodka? Paßt in das triste Alltagsbild.«

Es ist eine unglaubliche Stadt, erbaut von Peter dem Großen mit Blut, Schweiß und Tränen. Unter der Knute für Inländer, mit Unsummen von Aufträgen für Ausländer, vor allem Deutsche und Italiener.

Wandere weiter zur Reiterstatue Peters des Großen, vorbei an dem Platz vor dem Winterpalais, wo die Hoffnungen der Dekabristen bei ihrem Aufstand im Dezember 1825 zu Blut geronnen sind. Ist es ein Zufall, daß die beiden bedeutendsten Zaren, die Rußland hervorgebracht hat und die es zur Größe führten, auch die unmenschlichsten waren: Iwan der Schreckliche und eben dieser Peter, den man den Großen nennt? Seinen Sohn ließ er zu Tode quälen, eigenhändig brachte er seine Rivalen um. Aber die Geschichte wird nicht von (meist zahnlosen) Menschenrechtskommissionen geschrieben, sondern von der Durchsetzungskraft einzelner Personen und politischen Konstellationen. Die Frage ist, gibt es überhaupt universelle Menschenrechte?

Mein Weg führt mich zur »Peter-und-Pauls-Festung«. Hier in modrigen Zellen lagen sie, krank von der Feuchtigkeit, die aus der nahen Newa hereindrückte, an Ketten geschmiedet, die großen Revolutionäre. Hier legte der Anarchist Bakunin seine Beichte ab, erbat die Gnade des Zaren. Sozialrevolutionäre, vom Tode verschont gebliebene Dekabristen vegetierten hier in der Vorhölle, bevor man sie in die sibirische Hölle verbannte.

Man kann Stalin und die Gulags nicht begreifen, wenn man die zaristische Geschichte geschwänzt hat. Dies scheint der Bundeskanzler, der sich Historiker nennt, zumindest teilweise getan zu haben. Na ja, wer schon in jungen Jahren regieren mußte, fand zum Studieren wenig Zeit. Die Geschichte, die ich jetzt erzähle, ist verbürgt. Sie stammt von einem der namhaftesten deutschen Auslandskorrespondenten, der insbesondere die osteuropäische Geschichte wie kaum ein zweiter kennt. Also: Als Kohl bei seinem ersten Besuch in der Sowjetunion war, zeigte er dem mitreisenden Korrespondenten ganz stolz den Ablaufplan des nächsten Tages: Leningrad, Besuch Panzerkreuzer »Aurora«! Der Korrespondent fiel aus sämtlichen Sowjetwolken.

›Um Gottes willen, Herr Kohl, wissen Sie denn nicht...?‹ Nein, er wußte nicht, der Historiker, war aber so viel Politiker, um dann auf den Besuch zu verzichten.

All die Semester seines langen Geschichtsstudiums hätten eigentlich ausreichen müssen, um die Grundelemente der neueren Geschichte in Erfahrung zu bringen. Stoppt die Historikerschwemme! Augstein ist ein Historiker, ohne sich so zu nennen.

In diesem Zusammenhang eine weitere Anmerkung zum Historiker Kohl. Sein Geschichtsbild scheint von der Tagespolitik abhängig zu sein und dementsprechend zu variieren. Bei der Ehrung der von der NS-Justiz hingerichteten Teilnehmer des 20. Juli 1944 sagte er 1994: »Es waren nur wenige, aber es waren die Besten.« In der Tat waren es wenige, und ihr Vorgehen fand weder bei der Wehrmacht noch beim Volk nennenswertes Verständnis. Aber die Besten? So pauschal kann diese Wertung doch nicht stehen bleiben. Gewiß, die meisten der Teilnehmer des 20. Juli waren Menschen, denen die patriotischen Motive ihres Handelns nicht abgesprochen werden dürfen und die Respekt verdienen.

Aber waren unter den »Besten« nicht auch Massenmörder wie der oberste Chef der Kriminalpolizei, Arthur Nebe, der als Leiter von Einsatzkommandos für die Vergasung von zehntausenden von sogenannten Schädlingen hinter der Front verantwortlich war? Gehörte nicht auch der von sich demokratisch nennenden Kräften so bitter bekämpfte Polizeipräsident von Berlin, Graf Helldorf, dazu? Galt er in den Jahren der Weimarer Republik nicht als Prototyp des »SA-Schlägers« und ewigen Landsknechts? Waren nicht auch Militärs dabei, die sich zu Zeiten der Hitler' schen Erfolge durchaus zur NS-Rassen- und Eroberungspolitik bekannten? Ich werde also stets zum 20. Juli ein gespaltenes Verhältnis haben.

Der Mitwisser Genoberst Fromm, Chef des Ersatzheeres, ließ die Attentäter Stauffenberg, von Haeften und Olbricht im Hof des Bendlerblockes erschießen, um seinen eigenen Kopf zu retten – vergeblich. General Stieff bejahte in den ersten Kriegsjahren noch die überhebliche Haltung der Deutschen zu den osteuropäischen Völkern.

Meine uneingeschränkte Bewunderung gilt dagegen einem Manne wie dem Generalmajor Fritz Fullriede. Er verteidigte in den letzten Monaten des Krieges die Stadt Kolberg nicht im Sinne des von Hitler befohlenen »Festungsmythos«; nein, er rettete Menschenleben. Der beispiellosen Tapferkeit der deutschen Soldaten, darunter auch meine französischen Kameraden von der Division Charlemagne, verdanken tausende von Flüchtlingen ihr Leben, Frauen entgingen bestialischen Vergewaltigungen durch die sowjetischen »Befreier«.

Aber wie weit geschichtliche Realitäten von der Umerziehung überlagert werden, bewies der wendige bayerische Ministerpräsident Dr. Edmund Stoiber. Meine angeblich verfassungsfeindliche Grundeinstellung begründete er unter anderem mit dem Hinweis, daß ich in einer Rede gesagt habe, mir stünde der 17. Juni 1953 näher als der 20. Juli 1944. Ersterer sei ein Volksaufstand gewesen, das zweite Datum bezeichne einen Putsch. Dabei war zur Zeit der Stoiber' schen Geschichtsdeutungen der 17. Juni noch

Christlich-Soziale
Union
in Bayern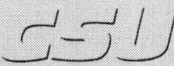

Der Generalsekretär

Herrn
Franz Schönhuber
Knöbelstraße 28

8000 München 22 —   München, den 1o.9.82 S/z

Sehr geehrter Herr Schönhuber,

vielen Dank für Ihr Schreiben vom 6.9.1982 bzw.
für die zugesandten Unterlagen, die ich mit großem
Interesse gelesen habe.
Unabhängig davon, ob man nun mit Ihrem Buch in toto
oder en Detail übereinstimmt oder nicht, sind die
Stellungnahmen der Historiker sehr bemerkenswert.

Mit freundlichen Grüßen

Dr. Edmund Stoiber

209

Dr. h. c. Franz Josef Strauß
Bayerischer Ministerpräsident

8000 München 22
Prinzregentenstraße 7
Tel. 089 - 2 16 51 · FS 05-23 809

1 6. Jan. 1982

Herrn Journalist
Franz Schönhuber
Knöbelstraße 28

8000 München 22

Lieber Franz Schönhuber!

Unter den vielen Glückwünschen, die mich zu den Festtagen erreicht haben, waren auch Deine von Herzen kommenden Zeilen. Darüber habe ich mich sehr gefreut. Ich möchte die Grüße erwidern und Dir sowie Deiner Familie für das Jahr 1982 ebenfalls alles erdenklich Gute wünschen.

Für das übersandte sturmumwitterte Buch "Ich war dabei" danke ich Dir herzlich. Ich werde das Buch in den kommenden, etwas "ruhigeren" Tagen aufmerksam lesen.

Mit freundlichen Grüßen

Dein

F.J. Strauß

210

Marianne Strauß Hirsch-Gereuth-Straße 25
8000 München 71 17.7.79

Herrn
Franz Schönhuber
Abt. Fernsehen/Bayern Information
Bayer. Rundfunk
Postfach 200508
8000 München 2

Lieber Franz,

herzlichen Dank für Deinen überaus schmeichelhaften Artikel.
Ich habe mich sehr darüber gefreut.

Wie es weitergeht werden wir ja sehen. Es wird ungeheuer schwierig
sein, die Wahl zusammen mit der recht halbherzigen CDU-Führung
(wenn ich mich mal freundlich ausdrücken darf) zu gewinnen. Insbesondere bleibt auch abzuwarten, wie der kommende Winter mit
seinen allerersten, sicher bescheidenen Engpässen in der Energie-
versorgung einerseits, der endgültige Niedergang Carters und der
weitere außenpolitische Aufstieg der Sowjetunion andererseits
auf unsere Wähler wirken werden. Mir scheint jedenfalls die entscheidende Frage zu sein: wagt man es überhaupt noch einen Strauß
zu wählen, selbst wenn man ihn gerne an der Spitze hätte?

Im übrigen genieße ich die Festspiele, obwohl die Everding'schen
Inszenierungen immer leerer, ideenloser und langweiliger werden.

Ich hoffe es geht Dir und Deiner Familie gut. Bitte grüße alle
sehr herzlich. Ich hoffe Euch bald einmal wieder in Rottach zu
sehen.

Mit freundlichen Grüßen

Marianne S

211

ein Feiertag, der 20. Juli lediglich ein Gedenktag. Die Stoiber-Version erweckte sogar bei vielen seiner Parteifreunde Kopfschütteln, und selbst Kollegen von der liberalen bis linken Presse mokierten sich über den Amateurhistoriker. Aber so ist es, wenn man Geschichten mit Geschichte verwechselt. Offensichtlich hatte Stoiber auch vergessen, was er mir am 10. September 1982 als CSU-Generalsekretär in bezug auf mein Buch »Ich war dabei« geschrieben und auf das Urteil von Historikern hingewiesen hatte. Dieses Urteil über mein Buch schloß auch meine Bemerkungen zum 20. Juli ein.

Die Geschichte des Zweiten Weltkrieges verfolgt uns auch in Petersburg. Zwei Pflichtbesuche stehen auf dem Programm: Heldenfriedhof und Jüdischer Friedhof. Am Heldenfriedhof stehe ich zum dritten Mal, kenne die von tragischer Musik umrahmten Rituale, die Hinweise auf Untaten der »Faschistischen Horden«, dazu gehört an dieser Stelle auch die Wehrmacht, ja, auch die Wehrmacht, hier hat die SS ihre makabre Exklusivität verloren.

Leningrad bleibt Symbol russischen Widerstandswillens. Zwei Millionen Menschen sind während der Belagerungszeit hier umgekommen.

Der Bus bringt uns zum Jüdischen Friedhof. Ein mehrsprachiger Jude empfängt und begleitet uns durch den Friedhof. Die Erläuterungen gibt er meist in englisch. Abseits der Gruppe lese ich die Grabinschriften, auffallend viele deutsche Namen, verbunden mit akademischen Titeln, Ärzte, Anwälte, Ingenieure. Ein bärtiger älterer Herr kreuzt meinen Weg, bleibt plötzlich stehen, mustert mich. Ich sehe in warme, freundlich blickende Augen. »Sind Sie nicht Herr Schönhuber?« Sein deutsch hat die aufweichende slawische Akzentuierung. Zögernd sage ich »ja« – »Ich kenne Sie von Bildern aus deutschen Zeitungen.« Meine anfängliche Befangenheit löst sich. Wir kommen ins Gespräch. Der fremde Herr ist auffallend gut über deutsche Verhältnisse informiert, war auch bereits in Deutschland zu Besuch. Er entstammt einer alten baltisch-jüdischen Petersburger Familie. Wie er denn die Sowjetjahre überstanden habe? Er macht eine beiläufige Handbewegung und gebraucht das russische Wort »nitschewo«, das alles und gar nichts heißt. Hier im Reich der Toten wird die Vergangenheit lebendig. Literarische Namen beleben unser Gespräch. Was er denn von Solschenizyn halte? Mein Gesprächspartner zögert: »Der Mann hat viel gelitten, hat viel Wahres gesagt, aber ich mag ihn trotzdem nicht allzu sehr. Er ist russischer Nationalist, antiwestlerisch.« Es kommt die Gegenfrage: »Und Sie, Herr Schönhuber – Sie müßten ihn eigentlich doch schätzen?« Ein leicht ironisches Lächeln umspielt dabei seine vollen Lippen. – »Ja, das tu' ich, wenngleich auch mir manches fremd ist in seinen Werken. Aber seine Warnungen vor westlichen Einflüssen teile ich.«– »Hab' mir's doch gedacht und philosemitisch ist übrigens unser Solschenizyn nun gerade auch nicht. Aber«, – und hier macht mein Gegenüber eine kleine Pause – »aber für einen Antisemiten halte ich Sie nicht, auch wenn ich Gegenteiliges gelesen habe. Doch manche Ihrer Äußerungen waren nicht besonders geschickt. Juden sind empfindlich, gerade auch russische Juden. Sie haben das Recht, empfindlich zu sein. Denken Sie an »Babij Jar«. Er sagt dies alles völlig unaggressiv, in einem fast väterlichen Ton.

Eine gute Viertelstunde reden wir, springen von Thema zu Thema, den Zeitdruck im Nacken. Ich muß die Gruppe im Auge behalten, darf die Abfahrt nicht versäumen. Wir verabschieden uns. »Und noch einen Rat, Herr Schönhuber. Lesen sie weniger Solschenizyn, dafür mehr

Kishon, das macht das Leben leichter. Übrigens, der Herr
Kishon ist doch auch ein Nationaler, wenn auch ein israe-
lischer.«

Moskau

Wieder, wie Jahre zuvor, fahre ich mit dem »Roten Pfeil«
nach Moskau. Es ist bitter kalt. Die Heizung ist ausgefallen.
Aber nicht allein deshalb kann ich nicht schlafen. Historische Ereignisse kommen mir in den Sinn, drängen sich auf.
Auf gleicher Strecke nur in umgekehrter Richtung, mit
dem Sonderzug von Moskau nach Leningrad, erreichte die
Fahrt ins Grauen ihren makabren Höhepunkt. Unmittelbar nach der Ermordung Kirows in Leningrad im Jahre
1934 bestieg Stalin diesen Zug in die Stadt der Bluttat. Bis
heute sind die genauen Umstände des Mordes an dem
nach Stalin zweitmächtigsten Mann nicht in allen Einzel-
heiten bekannt. Wollte sich Stalin eines potentiellen Ne-
benbuhlers entledigen?
Wie auch immer: Die Säuberungen waren unter Stalin
von einer bis dahin noch nicht gekannten Grausamkeit.
Stalin festigte seine Macht. Die meisten der alten Mitstreiter Lenins gingen in Sibirien zugrunde. Dabei darf jedoch
nicht vergessen werden, daß der Terror bereits unter
Lenin begann! Nur allzu gern wird der »gute« Revolutionär
vor der blutigen Folie seines Nachfolgers Stalin zur Licht-
gestalt erkoren. Die Tscheka war bereits unter Lenin für
unvorstellbare Grausamkeiten verantwortlich zu machen.
Sie war als Instrument des »Roten Terrors« nicht nur, wie
Ernst Nolte feststellt, für die Beseitigung »der nationalrus-
sischen Intelligenz« verantwortlich.

Ich will darüber diskutieren. Mein französischer Kollege und Schlafwagen-Partner zeigt sich nicht sonderlich interessiert. »Kirow, connaît pas!« – »Kirow, kenne ich nicht!« Unseren sowjetischen Begleiter, der im Gang zuhört und ansonsten ein durchaus redefreudiger Mann ist, überfällt plötzlich Schwerhörigkeit. Er murmelt etwas von Müdigkeit, verabschiedet sich rasch und verschwindet in sein Abteil. Kommt mir alles ein bißchen bekannt vor. Wie war das bei uns nach dem Krieg? Ein ganzes Volk schien unter Gedächtnisschwund zu leiden.

Ankunft in Moskau auf dem Petersburger Bahnhof, der jedoch noch überall Leningrader heißt. Verfall und Verwahrlosung, leere Flaschen und Lebensmittelreste liegen herum. Schlecht gekleidete Passanten, nicht wenige angetrunken, bahnen sich fluchend und um sich stoßend ihren Weg durch das Menschengewühl. So ist es also, wenn ein Land von einem Extrem ins andere fällt, von der Diktatur in die Anarchie. 1968 und 1972 herrschte hier noch Respekt vor der Autorität, vor jeglicher Uniform und sei es die eines Gepäckträgers. Jetzt werden Polizisten verlacht oder gar angepöbelt. Damals verlief alles, wenn auch unfreundlich und grob, nach Plan. Jetzt ist alles planlos. Damals war die Planversessenheit zuweilen lächerlich; jetzt ist die Planlosigkeit beängstigend.

Aus meinem Tagebuch (21.12.1991): »*Umschwünge zeigen sich in Kleinigkeiten, Nebensächlichkeiten, sind wie Kompaßnadeln für Richtungen. Erinnere mich an die Moskau-Leningrad-Tallin-Reise von 1968, die ich als Mitarbeiter des Leiters der Unterhaltungsabteilung im Bayerischen Rundfunk, Dr. Rolf Didczuhn, gemacht habe. Reisezweck: Aufnahmen zu einer musikalisch umrahmten Unterhaltungssendung. Politik bleibt außen vor. Darüber wacht unser ›Begleiter‹. Spüre sein*

Mißtrauen wegen meiner Russischkenntnisse und Wissen um Land und Leute. Erkundigt sich auffallend oft nach meiner Herkunft. Läßt durchblicken, daß er eine Verbindung meinerseits zu weißrussischen Emigrantenkreisen in der Bundesrepublik für möglich hält. Stellt immer wieder Fangfragen. Und der Name Didczuhn, der meines Kollegen, kommt ihm auch ›spanisch‹ vor. Deutsch klingt der nicht! Dieser ›Begleiter‹ ist mir rundum unsympathisch.

Mache eine andere ›Entdeckung‹. Bildschönes Liftgirl. In der Hand deutsche Gedichte. Komme ins Gespräch: Literaturstudentin. Mir gelingt ein Rendezvous, Treffpunkt in einer Ausländerbar. Lange, typisch russische Gespräche: Seele, Herz, Menschlichkeit, Freundschaft. Der Mensch ist gut, und Puschkin ist großartig und Heine wunderbar. Und alle Menschen sind Brüder. Wir reden und reden und reden. Tiefes ins Auge schauen. Und trotzdem Mißtrauen. Ist berechtigt. Sie weint:»Mußte Treffen melden, muß Bericht machen.« – Ich versteh' das, hab' s erwartet.

Den Bericht konzipieren wir gemeinsam. Notwendig glaubwürdige Mischung. Also nicht unbedingt Sowjetfreund, aber Friedensfreund (Wer ist das nicht!) Bäuerliche Herkunft, (dies für die Rubrik Klassenbewußtsein), Verehrer russischer Literatur. Vergesse dabei nicht Scholochow, den Dichter des ›Stillen Don‹ zu erwähnen. (Nicht einmal gelogen, bewundere die dichterische Kraft, verdränge dabei den Bolschewiken Scholochow).

Die junge Dame ist zufrieden. Ich auch. Die Tränen versiegen. Trotzdem: Spiel hin, Spiel her – Stachel der Traurigkeit bleibt. Hoffnungsloser Slawophiler, besonders bei Frauen. Schwärmte in meiner Jugend für die

216

Filmstars Olga Tschechowa und Lida Baarova, ja, ja, die
mit Goebbels!
Treffe die Studentin am nächsten Tag wieder im Lift.
Sie nickt mir zu. ›Vsjo w' porjadke‹ – Alles in Ordnung.‹
Aktuelle Ergängung –
Aus meinem Tagebuch (13.3.95): *»Höre gerade, daß*
am Sonntag, dem 12. März, in einem Fernsehbericht
zum Thema Abhörpraktiken der Stasi neben Kinkel und
Genscher auch mein Name als ein von der Stasi über
Jahre hinweg abgehörter Politiker genannt wurde. Bin
wahrscheinlich der einzige Politiker, den offiziell so-
wohl Organe der DDR als auch der Bundesrepublik in
schöner Eintracht abhörten. Denke jetzt milder über die
damalige sowjetische Wanze. Denke auch, vielleicht ha-
ben die westlichen und östlichen Organe ihre Erfahrun-
gen sogar untereinander ausgetauscht? Bei den engen
Beziehungen, die beispielsweise Franz Josef Strauß zu
dem Stasi-Obristen Schalck-Golodkowski unterhielt,
halte ich dies nicht mehr für ausgeschlossen. Bin über-
zeugt, daß der ehemalige bayerische Ministerpräsident
Max Streibl mit seiner Annahme recht hat, daß nach
unserem ersten Treffen Datum und Zeitpunkt eines
weiteren vom bayerischen Verfassungsschutz abgehört
und in die Presse lanciert wurde. Streibl müßte es eigent-
lich wissen, denn noch in seiner Amtszeit wurde die
Überwachung der Republikaner beschlossen. Ein Bume-
rang? Viel Lärm um nichts; das Treffen mit Streibl war
harmlos. Es bestätigte nur, was er von Strauß mensch-
lich hielt, nichts! Und von manchen seiner ehemaligen
Parteifreunde nicht viel mehr. Ein böser Gedanke blitzt
mir durch den Kopf. Denke an Willy Brandt: ›Jetzt wächst
zusammen, was zusammen gehört‹, – zumindest bei
der Gattung der Wanzen!«

In unserem Moskauer Hotel sieht es nicht sehr viel besser aus als im Bahnhof. Schaut man genauer hin, ähnelt es einem Puff. Dickbäuchige Amerikaner beherrschen die Szene. Ungeniert schleppen sie grell bemalte und schamlos aufgetakelte »Damen« in ihre Hotelzimmer. Hier triumphiert die wahre Perestroika, der Umbau. Die »Damen« wickeln ihre Liebesgeschäfte nicht mehr im Dienste des KGB ab. Sie haben sich privatisiert und unterwerfen sich jetzt dem freien Markt und ihren Zuhältern aus Mafiosikreisen und deren »Postillons d' amour«, den dollargierigen Taxifahrern. Meine Kolleginnen und Kollegen betrachten dieses Treiben im Hotel mit runden, manche Herren mit lüsternen Augen. Wenn man bloß könnte, wie man wollte! Aber als Politiker, gar als Mitglied einer Europa-Delegation? So reagiert man sich verbal ab.

Spöttische Bemerkungen über die Art der Befreiung vom kommunistischen Joch machen die Runde. Ich kann das ganze so komisch nicht finden. Mir kommt in den Sinn, wie der große russische Publizist und Reformer Alexander Iwanowitsch Herzen bereits vor mehr als 100 Jahren den Kapitalismus gegeißelt hatte, nämlich als »syphilitischen Schanker, der das Blut und das Mark der Gesellschaft vergiftet«. Meine Aversion gegen diese Art westlicher Invasion stößt bei den »grünen« Delegationsteilnehmern auf Sympathie. Überhaupt hat sich die Einstellung der Delegationsteilnehmer mir gegenüber spürbar verändert. Die anfangs praktizierte Ausgrenzung weicht korrekten bis freundlichen Umgangsformen. Das hat sicher auch praktische Gründe. Man ist dankbar, wenn ich bei den nur russisch sprechenden Bedienungen bei der Essens- oder Getränkebestellung Hilfe leiste; man bittet mich, da und dort bei Gesprächen mit Passanten den Dolmetscher zu spielen. Herumgesprochen hat sich auch, daß ich mit den historischen und

218

politischen Abläufen in der Sowjetunion gut vertraut bin, und so will man das eine oder andere erfahren.

Nach ein paar Tagen gehöre ich wie selbstverständlich überall dazu, halte mich allerdings von den englischen Labourabgeordneten fern, deren griesgrämige und besserwisserische Art mir auf die Nerven geht. Sie grummeln auch pikiert herum, wenn mir die übrigen Delegationsteilnehmer bei Zusammenkünften mit sowjetischen Offiziellen in den Frage- und Antwortspielen gern die Vorreiterrolle zubilligen und sich diebisch freuen, wenn ich die Sowjetmenschen in Verlegenheit bringe. Nach diesen offiziellen Anläßen gehen wodkabefeuerte Gespräche mit einigen Delegationsteilnehmern und Parlamentsmitarbeitern auf den Hotelzimmern weiter.

Einige dieser hier geknüpften Beziehungen halten auch nach der Rückkehr in Straßburg und Brüssel, andere lockern sich wieder. Alte parteioffizielle Vorurteile überwuchern die gewonnenen menschlichen Kontakte. Aus den Handschlägen von Petersburg und Moskau wird wieder ein verstecktes Kopfnicken oder flüchtig hingemurmeltes »Wie geht' s?«

In Moskau fällt mir ein weiterer Unterschied zu früher auf: Das Wort »Delegatija« ist kein Zauberwort mehr, kein Schlüssel und »Sesam öffne Dich« bei allen Gelegenheiten. Delegatija hieß früher, sich nicht anstellen zu müssen, beispielsweise in der endlosen Schlange derer, die beim einbalsamierten Lenin im Mausoleum ihren mehr oder minder obligatorischen Besuch abstatteten. Diesmal hätte es allerdings dieses Privileges gar nicht bedurft. Lenin ist kein Symbol mehr, er ist nur noch eine Leiche. Als unsere Delegation am Roten Platz ankommt, sind wir fast die einzigen Besucher des Mausoleums. Ich bin nun schon zum dritten Mal »Besucher«, denke, das ist wohl das letzte

Mal. Amüsiere mich anschließend über die kopfschüttelnden Reaktionen unserer »Linken« in der Delegation auf das strenge militärische Zeremoniell bei der Wachablösung. Preußischer Stechschritt, perfektes Griffeklopfen! Es erinnert mich jedesmal an die Leibstandarte. Nur allmählich fangen die Linken an zu begreifen, daß die Picasso' sche Friedenstaube für die Sowjets lediglich ein Exportschlager war, im heimischen Luftraum aber unerwünscht.

Der Mausoleumsbesuch war für mich eine Art »Delegationspflicht«, der Besuch einer Ballett-Aufführung von Rimskij-Korsakows Oper »Der goldene Hahn« im Bolschoi-Theater eine gern absolvierte Kür. Jedesmal bin ich aufs neue fasziniert von diesem Haus, dem Mekka des Balletts. »Schwanensee« sah ich hier, »Tosca« mit der großartigen Edda Moser als Gast, »Rigoletto« und dann die russischste aller Opern »Boris Godunow« von Mussorgskij. Der auf der Bühne durch Lichtspiele dargestellte Kreml-Brand war so realistisch, daß man glaubte, den Brandgeruch zu verspüren. Und dann, wenn auch leicht verschlissen, das überall mit Plüsch versehene Zuschauerrund. In der Mitte die Zarenloge. Wer saß nicht alles hier! Der aus Lothringen stammende französische Präsident Poincaré lehnte sich zufrieden zurück, nachdem er die »Entente Cordiale« geschmiedet und dabei die für Deutschland positive Rußlandpolitik Bismarcks gesprengt hatte. Auf der Bühne sang damals der große Schaljapin unter ekstatischen Ovationen des Publikums die Marseillaise.

In der Zarenloge gaben sich im September 1955 Adenauer, Bulganin und Chruschtschow nach einer Gala-Vorstellung von »Romeo und Julia« zur Musik von Prokofjeff die Hand, ein Befreiungsschlag für Hunderttausende von deutschen Kriegsgefangenen. Aber wo saß der große Ballettomane Stalin? In der Pause frage ich eine ältere Saaldienerin, die ich von meinem letzten Besuch her kenne, wo er denn genau bei seinen häufigen Besuchen Platz genommen habe? – »Ah, Sie erinnern sich an Stalin? Dort, in der linken Loge saß er meistens. Er kam immer kurz nachdem der Vorhang sich gehoben hatte.« Ihre Augen füllten sich mit Tränen. – »Ein großer Mann, ein guter Mann.« Sie wischt sich über die Augen, geht ein paar Schritte weiter, schaut sich verstohlen um, kommt zurück und flüstert fast verschwörerisch: »Glauben Sie nicht das Schlechte, was man über ihn sagt, bitte!«

Stalin lebt also weiter, nicht nur in seiner georgischen Heimat. An Stalin kommen seine Nachfolger nicht vorbei.

Wir sprechen im Kreml mit Vertretern der Parteien und Bewegungen. Hier ist Stalin kein Thema, weder im Guten, noch im Schlechten. Aber Parteien insgesamt haben keinen guten Ruf. Das erste Mal höre ich den Namen Schirinowski. Einige Parteivertreter tippen sich dabei an die Stirn und lachen. Dies dürfte ihnen mittlerweile vergangen sein.

Mich behandeln die Russen zuvorkommend und aufmerksam. Einige hatten in den Zeitungen über mich gelesen und Interviews im Fernsehen verfolgt. Sie kennen meine Auffassung, daß Europa nur Frieden haben kann, wenn Deutschland und Rußland partnerschaftlich zusammenarbeiten.

Europa, die alte Hure

Unser nächstes Reiseziel ist Kiew. Zu den Aufgaben der Delegation gehört es auch, Stichproben in den Wahllokalen anläßlich des Referendums in der Frage der Unabhängigkeit am 1.Dezember 1991 zu machen. Vorher

221

aber kommt es zum üblichen Polittourismus. Eine Szene bleibt mir im Gedächtnis. Wir besuchen die weltberühmte Sophienkirche. Eine junge, liebenswürdige und außergewöhnlich gut aussehende Kunststudentin führt uns durch dieses Bauwerk, das von der Mystik und Religiosität slawischen Empfindens durchdrungen ist. Ein englischer Labour-Delegierter stellt die Frage: »Wie überstand das Kloster die Kämpfe im Zweiten Weltkrieg? Wie haben sich die Faschisten verhalten?« Unmut überzieht das Gesicht der Ukrainerin: »Oh, die Deutschen waren gute Leute. Die Deutschen haben die Kirchen nicht nur geschont, sondern sogar geschützt; im Gegensatz zu Stalin, der vorhatte, diese Kirche zu einer Parteischulungsstätte zu machen.« Einige Sekunden Stille. Es gibt dazu keine weiteren Fragen. Ich kann es mir nicht verkneifen, den englischen Kollegen etwas spöttisch anzuschauen.

Dabei denke ich an eine historisch verbürgte Begebenheit, wo ebenfalls eine Antwort anders ausfiel, als vom Fragesteller erwartet. Darüber berichtet Heinz Karst, Brigadegeneral a.D. der Bundeswehr, in seiner Schrift: »Die Wehrmacht im Urteil des damaligen Gegners«: »de Gaulle besuchte 1944 Stalingrad und war durch die Trümmer gewandert. Bei einem Empfang in Moskau fragte ihn ein Journalist nach seinen Eindrücken in der zerstörten Stadt. Antwort: ›Stalingrad? Das ist schon ein fabelhaftes Volk, ein sehr großes Volk!‹

Der Pressemann nickte zustimmend: ›Ja, die Russen!‹ de Gaulle fiel ihm ungeduldig ins Wort: ›Aber nein doch! Ich spreche nicht von den Russen! Ich spreche von den Deutschen, daß sie trotz allem so weit vorgedrungen sind‹«.

Man stelle sich vor, dies hätte ein deutscher General gesagt!

Aus meinem Tagebuch (2.12.1991): »Die ukrainische Kunststudentin, welche Fairness! Und welche Ohrfeige für den Rassedünkel der damals herrschenden NS-Führung. Wen die Götter verderben wollen, den schlagen sie mit Blindheit. Nicht nur der »General Winter« hat uns besiegt, sondern auch unser General Hochmut und sein Adjutant, der Rassismus. Haben die Ukrainer in ihrer Mehrheit die deutschen Soldaten nicht mit Brot und Salz willkommen geheißen? Unsere Antwort: Die These vom slawischen Untermenschen. Resultat: Aus Hunderttausenden von Sympathisanten wurden Tausende von Partisanen auf sowjetischer Seite. Also, nichts gelernt aus der Geschichte? Nicht gelesen, wie Napoleon sich geirrt hat: »Die Barbaren sind dumm und abergläubisch. Ein furchtbarer Schlag gegen das Herz des Reiches, gegen Moskau, liefert mir augenblicklich diese blinde, passive Volksmasse aus.«

Damit mißbrauchte Napoleon auch das Vertrauen, das zunächst die progressiven und liberalen Kräfte Rußlands in ihn gesetzt hatten. Die Antwort der Geschichte auf den Vertrauensbruch und die Arroganz des Korsen blieb nicht aus: »Mit Mann und Roß und Wagen hat sie der Herr geschlagen.« Und anderthalb Jahrhunderte später auch uns. Napoleon und Hitler haben die Leidensfähigkeit und Widerstandskraft der slawischen Völker gröblich unterschätzt. Das deutsche Volk mußte dafür einen fürchterlichen Preis zahlen.«

Auch in Kiew setze ich meine Solo-Wanderungen fort. Immer wieder zieht es mich zu jenem steil zum Dnjepr abfallenden Uferhang, auf dem das pompöse sowjetische Siegesdenkmal steht. Die in den Inschriften geehrten »Helden« waren Ukrainer. Sie verteidigten weniger den Sowjetstern als den Boden ihrer Heimat. Der Widerstand der

Ukraine gegen das stalinistische Regime wurde nie gänzlich gebrochen.

Die Dummheit des NS-Regimes im Umgang mit der ukrainischen Bevölkerung wurde nur noch von seiner Doppelzüngigkeit übertroffen. Auf der einen Seite standen die Rassisten und Chauvinisten. Der Reichskommissar für die Westukraine, Erich Koch, wollte die Bewohner noch mit der Reitpeitsche traktieren. Seinen Mitarbeitern untersagte er den Umgang mit der einheimischen Bevölkerung. Auf der anderen Seite agierten die Pragmatiker, die die Ukrainer für einen Opfergang gegen die Sowjetunion gewinnen wollten. So wurde ein Teil der Bevölkerung in einen tiefen Zwiespalt gestürzt: Wo liegt das größere Übel? Bei den sich als Angehörige einer Herrenrasse aufführenden deutschen Okkupanten oder bei den Todesschwadronen der stalinistischen Organe? Die Entscheidung fiel nie hundertprozentig nach einer Seite hin aus. So habe ich im Kriege Ukrainer getroffen, die in der Waffen-SS Division Galizien dienten, aber aus ihren antideutschen Gefühlen keinen Hehl machten. Verschwiegen darf auch nicht werden, daß es auch NS-Politiker gab, die aus Überzeugung und Zuneigung für die Selbstbestimmung der Ostvölker eintraten, sich aber nicht durchsetzen konnten, darunter unter anderem auch Alfred Rosenberg.

Warum werden in den Massenmedien so wenig Zeitzeugen präsentiert, dafür umso mehr Historiker, die ihr Wissen vor allem aus Büchern schöpfen?

Aus meinem Tagebuch (15.3.95): »Kann den kürzlich erfolgten erbitterten Ausbruch des ukrainischen Dichters und stellvertretenden Vorsitzenden der Demokratischen Partei der Ukraine, dem Parlamentsmitglied Dimitro Pavlischko verstehen, der hinsichtlich des Ver-

haltens des Westens auch in unserer Zeit sagte: »Europa, die alte Hure, versteckt ihr verräterisches Gesicht hinter einem Schleier«. Man denke an das Verhalten des *»offiziellen«* Europas, was den Bürgerkrieg im ehemaligen Jugoslawien angeht. *Flüchte mich in den bescheidenen Trost, daß der Verrat an der Ukraine und Rußland in diesem Jahrhundert nicht allein ein deutscher war.*

Denke daran, wie die »demokratische« tschechische Legion den Führer der Weißgardisten in Sibirien, Admiral Koltschak, an die Sowjets und damit dem sicheren Tod ausgeliefert hat; denke daran, wie die englisch-französischen Interventionstruppen im Bürgerkrieg die weißgardistischen Truppen ihrem bitteren Schicksal überlassen haben...«.

Jetzt während des Aufenthalts in Kiew meldet sich nicht nur der historisch interessierte Mann, sondern auch der ehemalige Sportjournalist in mir. War der legendäre Eisschnelläufer und Olympiasieger Ewgenij Grischin nicht auch in der Ukraine aktiv? War er nicht Major der Sowjetarmee? So genau weiß ich das nicht mehr. Aber ich erinnere mich an so manches Zusammensein mit ihm und seinen Mannschaftskameraden im oberbayerischen Inzell, der deutschen Eisschnellauf-Hochburg. Schon damals, Ende der sechziger Jahre, »tauten« die Sowjetsportler allmählich auf. Besonders im Laufe gemütlicher Abende in Inzeller Gaststuben. »Nachhaltig« bleibt mir eine Nacht in Erinnerung, in der wir, Grischin und ich, freimütig diskutierend, eine ganze Flasche Perezewka, jenen teuflischen mit Zwiebeln versetzten bräunlichen Wodka getrunken hatten.

Wo kann ich Grischin finden? Niemand kennt seine Adresse. In Moskau ging es mir ebenso. Schade, hätte gern

225

mit ihm darüber gesprochen, wie der Sport mit dem Umschwung fertig geworden ist.

Aus meinem Tagebuch (16.3.1995): »Lese soeben, daß der einstige Vorzeige-Ossi, der Boxweltmeister Henry Maske von Bundeskanzler Helmut Kohl zu einem freundlichen Plausch im Kanzler-Bungalow empfangen wurde. Erinnere mich an Teilnahme Max Schmelings bei Hitler-Empfängen in der Reichskanzlei. Ziehe jetzt keine falschen und fatalen Schlüsse! Der Max ist ein Idol, behielt auch in der NS-Zeit seinen jüdischen Manager und soll auch ein sportliches Vorbild bleiben. Und Herr Kohl ist alles andere als ein Hitler. Es geht um Beobachtungen bei Wendeübungen, beim Überlebenstraining. Meine, daß Spitzensportler im allgemeinen, Boxer im besonderen und kühle Konterboxer im ganz speziellen die besten Überlebenskämpfer sind. Konterboxer stürzen sich nicht einfach ins Getümmel, sie sind kühle Rechner und lauern auf ihre Chance. Die nehmen sie dann allerdings unbedenklich wahr, überall! Sie schreiben ihre Geschichte mit Fäusten und hinterlassen keine Spuren, es sei denn in den Gesichtern ihrer Gegner.

Da haben es bei Wendemanövern die Damen und Herren der schreibenden Zunft schon schwerer. Hier können Zitate zu k.o.-Niederschlägen werden. Aber sowohl bei der einen wie der anderen Zunft gab es Spitzenleute in der Disziplin Charakter. Da lebte in Deutschland ein Meister im Ringen. Er rang aber nicht nur auf der Matte, sondern auch im Leben. Er hatte seine politische Überzeugung. Er wechselte sie nicht. Er war und blieb Kommunist, auch im Dritten Reich. Wegen Widerstandes endete er unter dem Fallbeil. Sein Name: Werner Seelenbinder. Eine Halle in Berlin trägt seinen Na-

men, zurecht! Wie komme ich auf das alles? Ach ja, Grischin!«

Am Tage nach dem Referendum am Montag, dem 2. Dezember ist die Delegation bei der Pressekonferenz mit dem neugewählten Präsidenten Krawtschuk. Er gibt unter großem Beifall das Ergebnis des Referendums bekannt: Über 90 Prozent votierten bei einer Wahlbeteiligung von 83,7 Prozent für die Unabhängigkeit der Ukraine. Die Vertreter der zahlreichen Delegationen aus Europa, Kanada und Amerika bringen ihre Freude über den Wahlausgang zum Ausdruck. Ich gratuliere im Namen der Delegation und in meinem.

Beklemmender Abschluß des Besuches: Treffen mit jener Kommission, die sich mit den immer noch schrecklichen Folgen der Tschernobyl-Katastrophe beschäftigt und sie aufzuarbeiten versucht. Unvorstellbar, daß von 51 Millionen Ukrainern 23 Millionen mehr oder minder von der Katastrophe betroffen, ganze Gebiete noch heute verseucht sind, daß die Gefahr noch immer nicht gebannt ist, daß über das Grundwasser die radioaktive Verseuchung in den Dnjepr-Fluß gelangt, der für die Wasserversorgung der Ukraine von entscheidender Bedeutung ist. Mit innerer Erschütterung sehe ich jene Bilder, die Kühe mit sechs Beinen zeigen, kahle Bäume, die wie Mahnmale zum Himmel ragen. In Statistiken wird auf die manchmal um das Zehnfache angestiegene frühe Sterblichkeit hingewiesen, auf den drastischen Rückgang von Geburten, auf Mißbildungen Neugeborener. Die Selbstmordziffer ist sprunghaft angestiegen.

Mit bewegter Stimme sagt der Vorsitzende der Kommission: »Ein weiteres Tschernobyl, vielleicht sogar in Ihrem Land, und wir brauchen uns nicht über die Evakuierung ganzer Länder den Kopf zu zerbrechen, sondern wir ha-

ben dann am besten den ganzen Planeten zu räumen.«
Wenn ich nicht schon vorher ein Kernkraftgegner gewesen wäre, hier wäre ich einer geworden.

Der »Alte« wird immer grüner

Als ich nach meiner Rückkehr die Partei auf meine Erfahrungen aufmerksam mache, dabei betone, daß wir eine sozialpatriotische Kraft mit hoher ökologischer Verpflichtung seien und auf programmatische Defizite gerade in der Ökologie hinweise, folgt man mir nur zögernd. Häufig gehört: »Wir sind doch keine Grünen!« Auch daß ich im Straßburger Parlament in Fragen der Ökologie meistens mit den Grünen stimme, trifft da und dort auf Mißtrauen.

Es tut mir heute noch leid, daß meine Treffen mit Herbert Gruhl, dem Initiator der grünen Bewegung, letztlich erfolglos geblieben waren. In ökologischen Fragen stimmten wir überein, auch unsere nationale Komponente störte ihn nicht; was ihm offensichtlich Unbehagen bereitete, war das poltrige Auftreten von nicht wenigen unserer Funktionäre. Den eher zu leisen Tönen neigenden Gruhl erschreckten sie. Er muß auch gespürt haben, daß die Mehrheit der Parteimitglieder mit der Farbe grün wenig anfangen konnte. Viele klammerten sich an einen Patriotismus, der nichts kostet außer markigen Bekundungen, aber in der Verbindung von Ökologie und Patriotismus nur die Preisgabe liebgewonnener Gewohnheiten und die Gefährdung von Besitzständen sahen. Meine Ablehnung der Kernkraft und die Befürwortung einer Geschwindigkeitsbegrenzung ironisierten viele Vorstandsmitglieder

228

unter sich mit der Bemerkung: »Der Alte wird immer grüner!«

Wenn ich mich auch sonst mit meinen Vorstellungen durchsetzen konnte, so gelang es mir nur teilweise, die Einsicht zu vermitteln, daß unser Kampf gegen die geistige Umweltverschmutzung nur dann einen Sinn hat, wenn er Hand in Hand mit dem Bestreben geht, die natürliche Umwelt, unsere Heimat, nicht zerstören zu lassen. Mein Hinweis, jedes Land habe die Aufgabe, das eigene Zimmer im europäischen Haus sauber und wohnlich zu halten und Nachbarschaftshilfe nicht zu verweigern, beeindruckte nicht sonderlich.

Bei jenen Parteifreunden, die zwar das NS-Regime generell ablehnten, in Details aber da und dort auch positive Ansätze sahen, versuchte ich es mit einem »Trick«. Ich wies darauf hin, daß in einer der ersten Ausgaben des Organs der NSDAP, »Der Völkische Beobachter,« vor einer Zubetonierung unserer Städte gewarnt worden war und daß beim Bau der Autobahnen auch landschaftspflegerische Aspekte eine Rolle gespielt hätten. Sture Antwort: »Freie Fahrt für freie Bürger!« Freiheit, die ich nicht meine! Freiheit bedeutet auch die Übernahme von Verantwortung, um ihren Mißbrauch zu verhindern. Umweltschutz ist Heimatschutz. Verantwortung kann der einzelne Mensch nur für überschaubare Größen übernehmen.

In Fragen der Ökologie haben Kommunismus und Kapitalismus gleichermaßen versagt. Das Grundübel: Beide sind materialistische Weltanschauungen, die den geistigen und emotionalen Anteil des menschlichen Wesens leugnen. Die Kommunisten handelten gegen ihren Schlachtruf, die Ausbeutung des Menschen durch den Menschen verhindern zu wollen. Sie beuteten Menschen und Umwelt gnadenlos aus, um ihre wirklichkeitsfremden Planspiele nicht als das erscheinen zu lassen, was sie waren, hybrid und unmenschlich. Bei den Kapitalisten galten auch hier menschliche Werte wenig, wenn sie den ökonomischen Erfolg zu schmälern drohten: Money first, nach uns die Sintflut!

Ich warb in der Partei um grenzüberschreitende Zusammenarbeit. Argument: Flüsse verändern an Grenzmarkierungen nicht ihren Verschmutzungsgrad, Berge und Gletscher haben nicht Schokoladenseiten da und apokalyptische Vorboten dort. Von den Meeren ganz zu schweigen. Immer wieder hält man mir entgegen: In meinem Dorf ist von Deinen Horrorgemälden nichts zu spüren. Und was ist mit den Arbeitsplätzen, die durch Deine Vorstellungen gefährdet sind? Und mit dem Tourismus, wenn der von Dir geforderte Stopp für die Errichtung neuer Lifte und Bergbahnen durchkäme? Meine Vorschläge eines ökologischen Umbaus von Industrie und Wirtschaft fruchteten wenig. Aber ich habe zuweilen auch Verständnis für meine Parteifreunde. Viele von ihnen leben auf der Schattenseite des Daseins. Sie verteidigen deshalb erbittert die wenigen angenehmen Dinge des Lebens. Für sie hat ihr kleines Auto einen ungleich höheren Stellenwert als das Auto für Angehörige begüterter Klassen, die in ihrem Fuhrpark mehrere Luxuskarossen stehen haben. Schließlich müssen politische Rahmenbedingungen für ökologisches Verhalten geschaffen werden. Solange für eine mehrköpfige Durchschnittsfamilie eine längere Bahnfahrt unerschwinglich ist, kann man dieser kaum vorwerfen, daß sie weiterhin die Straßen mit ihrem PKW verstopft. Die Interessen der Ökologie vertrat ich stets auch im Parlament, beispielsweise am 15.2.1990:

»Ich hoffe, einen sachlichen Vortrag halten zu dürfen. Warum spricht die Technische Fraktion der Europäischen Rechten dieser Kommission auch in der Umweltpolitik ihr Mißtrauen aus? Die Kommission produziert zahlreiche Verordnungen und Richtlinien für den Umweltbereich in der Gemeinschaft, hat aber bisher deren Durchsetzung sträflich vernachlässigt. Die Zentrale in Brüssel ist ohnmächtig, weil sie sich gegen bereits zentral organisierte Kräfte der Wirtschaft nicht durchzusetzen vermag. Die Wälder sterben inzwischen weiter, und die landwirtschaftlich genutzten Böden quellen über von Nitraten und anderen Schadstoffen. Hier sollte man die Mitgliedsländer endlich in eigenständige Verantwortung bringen.

Nach der Katastrophe von Tschernobyl zeigte die Kommission ein ebenso erschreckendes Versagen. Sie ließ durch ihre wissenschafltichen Dienste behaupten, dieser nukleare Unfall werde 5000 bis 8000 Krebstote hervorrufen. Private amerikanische und europäische Wissenschaftler bester Reputation erklärten jedoch, daß die Anzahl der Krebstoten in den nächsten 80 Jahren bis auf eine Million ansteigen werde. Welch ein Versagen im administrativen und auch im menschlichen Bereich! Daran sehen Sie, wie berechtigt unser Mißtrauen ist. Wir sprechen dieses Mißtrauen in aller Ruhe und gebotenen Sachlichkeit aus.«

Diese Linie setzte ich fort beim Thema Abwanderung von Atomsöldnern aus der GUS am 10.3.1992 in Straßburg:

»Im Falle der »Nuklearsöldner« gebe ich einem Manne recht, den ich im Gegensatz zur veröffentlichten Meinung nicht übermäßig schätze, Herrn Gorbatschow, der einmal sagte: Wer zu spät kommt, den bestraft das Leben. Wie so häufig, sind wir auch in dieser Frage zu spät gekommen. Infolge des

Festhaltens an der Gorbatschow' schen Politik, die auf den Erhalt der Union abzielte – hier war besonders die Linke federführend –, kam eine Entwicklung in Gang, die absehbar war. Der Ausverkauf der sowjetischen Atomwissenschaftler begann schon, als die Union zumindest auf dem Papier noch existierte. Dieser Ausverkauf hat sich dann rapide beschleunigt, und er ist so gut wie unumkehrbar.

Das Atomkind ist schon in den Brunnen gefallen. Was tun? Es geht jetzt um Schadensbegrenzung. Dies aber ist nur möglich, wenn wir uns an Grundsätzen orientieren. Und da meine ich: Es gibt nicht gute und nicht schlechte Atombomben, keine guten israelischen und keine schlechten irakischen. Alle Atombomben sind schlecht, sind geeignet, die Menschheit auszulöschen. Sie müssen überall, ich betone überall, zerstört werden. Dazu brauchen wir eine Organisation, die diesen Vorgang überwachen sollte. Alles andere ist Stückwerk. Zu all dem brauchen wir nicht die Amerikaner als Weltpolizisten.

Die meisten sowjetischen Atomwissenschaftler sind schon weg. Nicht alle sind Söldner, sind käuflich. Es gibt auch Überzeugungstäter, sei es aus politischen oder religiösen Gründen. Hier müssen wir Überzeugungsarbeit leisten, nicht nur mit dem Geld winken. Also – machen wir uns zum Vorreiter einer globalen Regelung. Doktern wir nicht an den Rändern herum, sondern beschäftigen wir uns mit dem Zentrum. So ehrenwert die Entschließungsanträge auch sein mögen, sie bringen der Sache nichts. Nur eine Weltkonferenz könnte hier eine Änderung bringen, materielle, geistige und politische Hilfe ist gefragt.«

Aus meinem Tagebuch (27.6.1995): Strahlender Sommertag. Fahre in meine Ferienwohnung. Frisch gemähtes, duftendes Gras ein paar Meter vor meiner

Haustür. Atme tief. Bin durchdrungen von wohligem Glücksgefühl. Der ehemalige Schauspieler meldet sich. Im Zweifelsfall Goethe: »*Laß' mich zum Augenblicke sagen, verweile doch, du bist so schön.*« *Blut und Boden, warum nicht! Kann mir jetzt durchaus vorstellen, was grüne Fortschrittsapostel beim Lesen dieser Zeilen denken, die Mundwinkel indigniert nach unten ziehend. Achselzucken. Na ja, kommt eben nicht los von Blu-Bo der NS-Zeit. Zuviel Kolbenheyer, Klages, Löns gelesen. Um im* »*Wiesenbild*« *zu bleiben, ihr Schafsköpfe. NS-Blu-Bo war Unsinn, weil rassistisch gedüngt. Aber sonst? Kriegerischer Standardsatz auch der Demokraten: Verteidigung der Heimaterde bis zum letzten Blutstropfen! Spüre, je älter, umso* »*erdiger*« *werde ich. Kann Tito verstehen. Ließ gegen Ende seines Lebens ein Zelt im Garten seiner Residenz aufstellen. Erinnerung an Jugend und Partisanenzeit.*

Ein Lied aus meiner Jugendzeit fällt mir ein: »*Der Wind streicht über Felder, ums regennasse Zelt.*« *Willst Du Dir auf Deine alten Tage noch die Gicht holen? Kann Mussolini verstehen.*

Krallte sich während des italienischen Rückzuges im Ersten Weltkrieg verzweifelt in die Erde: Patria nostra! Kann den Papst verstehen. Einen Kuß des Dankes für den Boden des Gastlandes. Ohne Patriotismus kein Umweltschutz. Wer sein Land liebt, hält es sauber, hält es rein. Und die Grünen? Der Asphalt steht ihnen näher als der vielbeschworene Waldboden. Man stelle sich Cohn-Bendit oder Joschka Fischer als Waldläufer vor. Hieß ihr Kampforgan in Frankfurt nicht »*Pflasterstein*«. *Das paßt. Ihr literarisches Idol Tucholsky:* »*Gebirge sind Geschwüre der Landschaft!*« *Hatte diesen Satz einmal als Publizist verbreitet. Hätte beinahe Konsequenzen gehabt. Vorstel-*

lung vor meiner Wahl zum Hauptabteilungsleiter im Rundfunkrat des Bayerischen Rundfunks. Frage des Vertreters der jüdischen Kultusgemeinde von München Dr. Hans Lamm:»Wie stehen Sie zur sogenannten Asphalt-Literatur?« – Meine Antwort:»Ob Heimat- oder sogenannte Asphalt-Literatur, für mich gibt es nur ein Kriterium: gute oder schlechte Literatur.« Dies gilt für die Linken kaum. Erinnere mich: Linke machen einen Fund. Entdekken, was ernsthafte Historiker längst wußten. Ludwig Thoma, Bayerns bedeutendster Heimatdichter, tauchte als Mitarbeiter des»Miesbacher Anzeiger« seine Feder in die Galle schwärzesten Antisemitismusses. Aufschrei in linken und liberalen literarischen Zirkeln: Was, dieser Thoma, dieser Nazi! Und da gibt die Stadt München einen Zuschuß für die Erhaltung des Thoma-Hauses in Rottach-Egern? Und da läuft die Prominenz auch noch zur Lesung seiner wundervollen Mundartdichtung»Heilige Nacht« während der Festtage eben in diesem Haus. Boykott, Boykott – kein anständiger Demokrat! Und so reiht sich eine Leerformel an die andere. Manche Konservative ziehen den Kopf ein, sagen ab, verweisen auf den Terminkalender. Aber Thoma hatte einen Schutzengel. Und der wird jetzt von einigen Konservativen»reaktiviert«. War seine langjährige Lebenspartnerin nicht eine Jüdin, die außergewöhnlich kontaktfreudige und geschäftstüchtige»Maidi« von Liebermann? Na also. Großes Aufatmen. Es konnte weiter gelesen werden:»Im Wald is so staad, alle Weg' san verwaht...« Sätze»grüner« als alle polit-grünen Pamphlete zusammen.

Verkehrte (Literatur-)Welt. Linken werden alle Fehler, ja Verbrechen verziehen, Rechten wird kein Pardon gewährt. So lautete wörtlich das Verdammungsedikt gegen Joachim Fernau. Da kann ein Lion Feuchtwanger dem Monster Stalin in den Hintern gekrochen sein, die Säuberungen in den dreißiger Jahren als korrekt bezeichnet haben; es wird auf den Roman »Erfolg« verwiesen. Hat er nicht Hitler vorausgesagt? Und Ehrenburg, einer der schlimmsten Schreibtischtäter der Weltgeschichte, Anstifter der Morde an Deutschen, an Vergewaltigungen der deutschen Frauen. Hat er nicht »zauberhafte« Feuilletons geschrieben, das »Tauwetter« angekündet?

Was hat das alles mit Umweltschutz zu tun? Alles! Ohne Schutz von Geistes- und Gedankenfreiheit gibt es keinen glaubwürdigen Umweltschutz. Das heutige Polit-Grün ist Talmi. Die echten Umweltschützer sind die Patrioten. Und um beim Gras zu bleiben: Die Linken und Grünen werden am Ende nichts ernten; sie dreschen nur leeres Stroh.

Estland

Einige Zeit nach meinem Besuch in Rußland breche ich zu einer weiteren Reise auf, nach Estland. Ich folge vom 7. bis 9. Februar 1992 der Einladung junger Baltendeutscher, die dort die estnischen Republikaner gründen wollen. Es ist mein dritter Besuch der Hauptstadt Tallin.

Ankunft bei klirrender Kälte am Talliner Flughafen. Die Delegation, die mich erwartet, hat eine ungewöhnliche Zusammensetzung: drei Baltendeutsche – so nennen sie sich – und eine junge Russin, die die Rolle des Mädchens für alles übernimmt. Von Beruf ist sie Lehrerin für Deutsch und Geschichte und mit einem russischen Marineoffizier verheiratet. Was die Kälte angeht, ist sie von uns allen am besten dran; sie trägt einen dicken Pelzmantel. Als sie ihn ablegt, kommt modischer Schick zum Vorschein. Darauf angesprochen, erwidert sie mit einem koketten Anflug von Selbstbewußtsein: »Selbst geschneidert, aber nicht nach westlichen Modejournalen.« Im Gegensatz zum äußeren Klima – fast überall in der Stadt sind die Heizungen ausgefallen, ich schlafe im Mantel – entwickelt sich unter uns sehr schnell menschliche Wärme.

Meine drei baltischen Freunde sprechen nur gebrochen deutsch; so unterhalten wir uns meistens auf russisch. Die jungen Leute, etwa 25 bis 31 Jahre alt, fühlen sich von der Bundesrepublik vernachlässigt. Die zur Anerkennung als Deutsche verlangten Sprachkenntnisse können sie nur schwer erbringen. Wie sollten sie auch? Aufgewachsen zum Teil in Rußland, zum Teil in einem Estland, das noch zur Sowjetunion gehörte, waren sie in ihrer Jugend Komsomolzen. Sind sie Balten? Die Anzahl direkter Nachkommen der Balten, darunter laut einer Volkszählung von 1989 dreitausend Angehörige der sogenannten deutschen Nationalgruppe, ist relativ gering. Der größte Teil der Deutschen ist nach Estland erst nach dem Zweiten Weltkrieg aus anderen Regionen der Sowjetunion gekommen. Sie hofften, hier besser als in der inneren Sowjetunion ihre Identität bewahren zu können. Diese Hoffnung erwies sich als trügerisch. Auch hier entgingen sie als Abkömmlinge von »Faschisten« nicht der Diskriminierung und Verfolgung. Deshalb wagten die Eltern, auch die meiner Freunde, kaum deutsch zu sprechen. Sie leisteten auch keinen Widerstand gegen die Russifizierung ihrer Namen. Da lange Jahre in Estland auch die estnische Sprache mehr oder minder unterdrückt wurde, die Deutschen sie sich daher mehr schlecht als recht aneignen konnten, sind meine Freunde jetzt doppelt und dreifach isoliert: keine

Deutschen, keine Russen, keine Esten. Die offiziellen Vertreter der Bundesrepublik, mit denen sie es zu tun hatten, machten auf sie den Eindruck von arroganten, mit der Geschichte und den Verhältnissen dieses Landes wenig vertrauten Leuten. Ich kann mir das gut vorstellen. Es ist das österreichische »Piefke-Syndrom« auf estnisch. Von mir erwarten die drei im menschlichen Niemandsland lebenden Freunde wahre Wunderdinge. Noch in der Sowjetunion erzogen, sitzt ihnen der Respekt vor »Würdenträgern« in den Knochen. Europaabgeordneter und Parteivorsitzender, der Mann muß ihnen doch helfen können! Ich muß sie enttäuschen. Auch wenn es weh tut. Eine offizielle Intervention seitens eines in der Bundesrepublik stigmatisierten Parteivorsitzenden bewirkt eher das Gegenteil. Mir wird in Tallin sehr schnell klar: Die Gründung der Partei »Die Republikaner« in Estland würde ihre Situation verschlimmern, würde die schon vorhandene Isolierung zur totalen machen. Sie lassen sich nicht abbringen: Sie gründen! Die Freude siegt nun über meine Bedenken. Jetzt endlich lasse ich mich von ihrer Begeisterung anstecken. Bei der kleinen Feier ist auch die Russin anwesend. Sie betrachtet das Ganze wohlwollend, aber auch mit einer Portion amüsierter Skepsis.

Um aus meinem inneren Zwiespalt herauszukommen, bespreche ich mit meinen Freunden Pläne, wie man in Deutschland und in der Partei über ihre Situation aufklärend wirken und den neuen Parteimitgliedern moralisch und materiell helfen könne. Bei meiner Rückkehr nach Deutschland muß ich allerdings die Erfahrung machen, daß die Parteispitze wenig am Schicksal der neuen Parteifreunde interessiert ist; sie ist nicht in der Lage, über ihren parteipolitischen Kirchturmshorizont hinauszublikken. Das immer wieder geäußerte Desinteresse rechter

Stammtischbrüder muß man aber auch verstehen. Diese Menschen sind durch den geduldeten und geförderten Asylantenstrom längst überfordert. Dazu kommt der Modernisierungsschock im technisch-politischen Bereich ebenso wie die Angst um den Arbeitsplatz. Den meisten Aussiedlern sollte man deshalb im Interesse ihrer Identitätswahrung auch empfehlen, nicht ins »Reich« zu kommen. Dazu kommt parteipolitischer Egoismus. Für viele Mandatsträger ist es wichtiger, gute Listenplätze zu gewinnen, als ihr Wissen zu vermehren. Nach wie vor sind wir weitgehend die Partei der zu kurz Gekommenen; nicht wenige Mandatsträger sind bei anderen Parteien gescheitert. Immer wieder gehört: Was gehen uns die im Osten an?

Mit meinem Redebeitrag zur Situation in den baltischen Staaten in Straßburg vom 21.1.1991 können sie wenig anfangen:

»Die Zeit sollte endgültig vorbei sein, daß nach Clausewitz der Krieg oder Invasionen die Fortsetzung der Politik mit anderen Mitteln sind. Bei den heutigen unvorstellbar schrecklichen Vernichtungsmitteln ist es müßig, über gerechte und ungerechte Kriege oder Invasionen nachzudenken.

Gerechtigkeit muß allein durch politische Mittel hergestellt werden. Eines der fundamentalsten Rechte ist das Selbstbestimmungsrecht der Völker. Davon sprach bereits im Ersten Weltkrieg der amerikanische Präsident Wilson. Seit diesem Zeitpunkt wird das Selbstbestimmungsrecht überall in der Welt verletzt. Heute erleben wir im Baltikum, in den baltischen Staaten erneut flagrante Verletzungen des Selbstbestimmungsrechtes durch die Sowjets.

Hier gebe ich Herrn von Habsburg recht: Dies ist die Fortsetzung jener menschenverachtenden sowjetischen Politik, deren Blutspur vom damaligen Ostberlin über Posen, Budapest, Prag und Afghanistan reicht. Diese Untaten liefen in der Tat stets nach dem gleichen Szenario ab: Der Westen ist in Schwierigkeiten, die Sowjetunion schlägt zu. Hier folgte Gorbatschow den historischen Vorgaben Stalins, Chruschtschows und Breschnews.

Deshalb sind die deutschen Republikaner der Meinung, daß Gorbatschow bei der Verleihung des Friedensnobelpreises in der Tat eine Fehlbesetzung war. Ich glaube an den guten Willen der geschätzten Kollegin Hoff zu Ausgleich, Vernunft und Mäßigung, aber ich glaube auch dem deutschen Sprichwort, daß gut gemeint das Gegenteil von gut ist. Gerade wir Deutschen sind aus historischen Gründen besonders gefordert, für das Selbstbestimmungsrecht der Balten einzutreten, denn die Unterdrückung Litauens, Lettlands und Estlands ist eine makabre Folge des unseligen Hitler-Stalin-Paktes.

Ich fordere die gleiche Entschiedenheit gegenüber Gorbatschow, Pugo und anderen, die dann angewandt wird, wenn es sich offensichtlich um geschäftliche Interessen handelt. Nach meiner Meinung ist Freiheit unteilbar, ob ölgetränkt oder nicht.

Es spricht sehr für die Reife des russischen Volkes, daß es in Massendemonstrationen für die Freiheit der baltischen Staaten eintritt. Gerade wir Deutschen sollten uns von den Russen nicht beschämen lassen und nicht, wie es hochrangige deutsche Regierungspolitiker getan haben, den Litauern und Letten huldvolle Ratschläge zur Mäßigung geben. Chamberlain läßt grüßen! Ich verneige mich mit Respekt und Trauer vor den Opfern der sowjetischen Invasion. Ich fordere das Parlament auf, von den sowjetischen Machthabern die sofortige Gewährung des Selbstbestimmungsrechtes zu fordern.«

In Tallin, dem früheren Reval, reden wir uns die Köpfe heiß über die Entwicklung in Estland und vor allem in Rußland. Auch hier fällt der Name Schirinowski. Hier hält ihn keiner für verrückt. Für meine Freunde ist er ein großrussischer Nationalist, der sich nicht mit der Preisgabe der baltischen Staaten abfinden will. Einen anderen Namen höre ich hier zum ersten Mal: Dudajew. Von diesem Mann, der hier die sowjetische Luftwaffe befehligte, sprechen sie mit Respekt. Der Tschetschene hatte Verständnis für den Selbstbehauptungswillen der Esten.

Ausdruck meiner Solidarität gegenüber den baltischen Staaten ist auch mein Redebeitrag im Europaparlament am 6.2.1991:

»Alles nutzt sich ab, vor allem sich immer wiederholende Entschließungen. Sie werden, wenn keine Taten folgen, kaum zur Kenntnis genommen oder erreichen das Gegenteil.

Ich möchte einen konkreten Vorschlag machen, vielleicht ist er etwas utopisch. Gorbatschow hat in seinen guten Tagen immer von einem anzustrebenden europäischen Haus gesprochen, zu dem auch einst die Sowjetunion gehören solle. Nehmen wir ihn doch beim Wort. Er könnte eigentlich nichts dagegen haben, wenn man ihn von hier aus bittet, die vorgesehenen Gästezimmer in diesem europäischen Haus besuchen zu können, um zu sehen, was dort wirklich vorgeht.

Folgen wir dem Beispiel der vielen Solidaritätsbesuche nach Israel, schicken wir wirklich eine höchstrangige Delegation nach Vilnius, Riga und Tallin. Dies würde den baltischen Staaten helfen und außerdem den dort herrschenden Eindruck abschwächen, das Unabhängigkeitsstreben der baltischen Staaten spiele nur die zweite Geige. Außerdem könnte man testen, wie ernst es Gorbatschow mit der Kooperation meint, und ob er dazu überhaupt noch in der Lage ist, woran ich persönlich zweifle.

Es hilft den baltischen Staaten wenig, wenn man ihnen zu verstehen gibt, daß erst das Kuwait-Problem gelöst werden müsse. Für die baltischen Länder ist und bleibt die sowjetische Militärmacht eine latente Gefahr, und sie haben recht: Hat nicht erst vor ein paar Tagen der amerikanische Verteidigungsminister Cheney erklärt, die Sowjetmacht bleibe die militärische Bedrohung Nr.1?

Viele Politiker des Westens, ich meine besonders aus meinem eigenen Land, Deutschland, tun sich sehr schwer mit einer nüchternen Einschätzung der Lage. Sie wollen einfach das über Jahre liebevoll gezeichnete Gorbatschowbild mehr oder minder fleckenlos erhalten. Sie wollen ja garnicht wahrhaben, daß aus der Taube ein Falke geworden ist. Gorbatschow hat das Feuer der Demokratisierung unter Unabhängigkeitsbestrebungen solange angefacht, als es ihm persönlich nützte. Da er sich nun die Finger verbrannt hat, handelt er nach dem Stück »Biedermann und die Brandstifter«. Beim Löschen des Feuers der Freiheit und der Unabhängigkeit ist er der erste Feuerwehrmann. Er hat sich außerdem mit Verbündeten umgeben, die nichts Gutes für die baltischen Staaten ahnen lassen.

Die baltischen Staaten, und ich glaube, sie – auch aus Besuchen – gut zu kennen, fürchten die Gefahr eines Bonapartismus in der Sowjetunion. Die Marschälle scharren mit den Füßen. Setzen sie zum Sprung an, könnte es politisch zu einer neuen Eiszeit kommen. Ich glaube, das nimmt man hier im Westen nicht so ernst, wie es in der Tat ist. Wir begnügen uns damit, immer wieder Sympathieadressen abzugeben, aber auch die nutzen sich, wie ich anfangs sagte, ab.

Ich kann verstehen – das sind edle und gute Motive –, daß auch in diesem Hohen Hause von einigen Mitgliedern genauso wie von einigen Ministern Geduld gepredigt oder Mäßigung empfohlen wird. Vergessen Sie aber bitte nicht – und ich weiß, daß hier lauter geschichtsbewußte Menschen sind –, daß die baltischen Staaten schon ein halbes Jahrhundert in Unfreiheit und Unterdrückung leben. Ihre Geduld ist überstrapaziert. Die Schatten Hitlers und Stalins lasten auf ihnen. Hunderttausende von Menschen sind von der Roten Armee ermordet worden. Das hat man in den baltischen Staaten nicht vergessen.

Unser aller Glaubwürdigkeit steht auf dem Spiel. Gesten und Bekundungen nutzen nichts mehr! Handeln ist geboten.«

Auch in Estland stehen Wahlen an. Das Wahlgesetz ist hart. Wer nicht estnisch spricht, bleibt von der Wahlteilnahme ausgeschlossen. Betroffen ist die große russische Minderheit, die fast 40 Prozent der Bevölkerung ausmacht. Nur jeder zehnte Russe ist unter diesen Bedingungen wahlberechtigt. Unsere ebenfalls betroffene Russin findet das ungerecht. Auch ich hege zwiespältige Gefühle. Bei allem Verständnis für die Reaktion auf die brutale Unterdrückung des Selbstbehauptungswillens der Esten durch die Sowjetmacht: Bei Ausgrenzungen reagiere ich allergisch. Die eigene Betroffenheit meldet sich.

Die meisten Diskussionen erfolgen »zu Fuß«. Wir verbringen wahre Meisterleistungen in Fußwanderungen. Und obwohl zum dritten Mal hier, faszinieren mich immer wieder die steinernen Überreste aus der alten Hansestadt Reval. Oben auf der die Stadt beherrschenden Burg zieht es mich zu den alten Grabkreuzen und Steinen mit den Namen deutscher Ritter. Versteinerte Geschichte. Im wahrsten Sinne des Wortes. Diese Geschichte ist abgeschlossen. Da gibt es keine Wiederbelebung. Das ist auch die Meinung meiner jungen Freunde. Dem baltischen Adel und seinem historischen Wirken stehen sie skeptisch gegenüber, ich übrigens auch. Hier in Tallin spüre ich, daß mir diese jungen, nach ihrer Identität suchenden Menschen weit näher stehen als jene Abkömmlinge der baltischen Barone, die ich in der Bundesrepublik kennengelernt habe. Die jungen Leute von Tallin sind eigentlich »linke« Rechte, so wie ich auch hier meinen politischen Standpunkt definiere. Das auch bei den Balten in der Bundesrepublik häufig feststellbare »Klassenbewußtsein«, fallweise nicht weit von Hochmut entfernt, haben sie nicht. Sie sind Unterprivilegierte. Deshalb haben sie auch keine Lobby, weder in den baltischen Kreisen Estlands noch in der Bundesrepublik. Auch wenn sie offiziell als Deutschstämmige anerkannt würden, könnten sie sich wohl nicht so schnell in das bundesdeutsche Establishment integrieren, wie das den baltischen Adeligen gelungen ist. Diese Balten erlangten in der Bundesrepublik zwar nicht soviel Einfluß wie ihre Vorfahren an den zaristischen Höfen, aber draußen vor der Tür blieben sie gewiß nicht. Man schaue sich einmal die Namen von Spitzenleuten in den Medien und in der Politik an. Die von Wrangels, die von Cubes, von Stackelbergs, von Ungern-Sternbergs usw. schwammen sehr bald wieder obenauf in der bundesdeutschen Suppe.

Die Stunde des Abschieds ist gekommen. In gedrückter Stimmung fahren wir zum Flughafen. Die Russin bittet mich, ihr ein paar deutsche Bücher zu schicken; die angegebenen Titel verraten gute Kenntnisse der gegenwärtigen deutschen Literaturszene.

Ist es ein Abschied für immer? Wohl ja – verwehte Spuren, schade! Wie oft habe ich Abschied nehmen müssen, auch von Freunden in fremden Ländern? »Partir, c'est

243

mourir un peu« – Abschied nehmen, heißt immer ein bißchen sterben.

Noch stärker als die in Tallin erlebten Eindrücke deprimiert mich ein Treffen mit einer Delegation des Vereins »Edelweiß« aus Memel, den sogenannten Wolfskindern im November 1993 in München. Es sind die Nachfahren jener unglücklichen ostpreußischen Menschen, die, um dem Terror der sowjetischen Organe nach Kriegsende zu entgehen, mit ihren Kindern nach Litauen geflüchtet waren. Dort lebten sie teilweise jahrelang in Wäldern und Höhlen und überlebten nur durch die geheime Hilfsbereitschaft, die sie von Litauern erfahren haben. Elternlose Kinder, die Wolfskinder, waren auf sich alleingestellt. Als billigste Arbeitskräfte fristeten sie ihr Dasein. Einige Jugendliche wurden später an Kindesstatt von Litauern angenommen. Sie legten ihre deutschen Namen, soweit sie diese überhaupt noch kannten, ab. Obwohl in der Mehrzahl dem Zufluchtsland Litauen in Dankbarkeit verbunden, bekannten sie sich nach dem Zusammenbruch des Sowjetreiches zu Deutschland und nannten sich Memeldeutsche.

Neun »Wolfskinder« wurden von der Partei zu einer Deutschlandreise eingeladen und weilten dabei auch vom 25. bis 28.11.1993 in München. Sie zeigten sich begeistert von dem äußeren Rahmen der Bundesrepublik. Wahrscheinlich rührte dieser Eindruck daher, weil die sprachliche Barriere sie daran hinderte, hinter die Kulissen blikken zu können und sie deshalb nur die Schokoladenseiten kennenlernten. In der Tat sprachen nur zwei oder drei Mitglieder der Delegation noch gut oder gebrochen deutsch, die anderen nur litauisch und russisch. Ich war Gastgeber der Delegation. Vor mir saßen früh gealterte Frauen und Männer, deren grausames Schicksal bittere Spuren in den Gesichtern hinterlassen hatte. Sie waren

244

dankbar für jedes gute Wort, für jeden aufmunternden Blick. Wieder mußten wir uns der von ihnen ungeliebten Sprache ihrer einstigen Peiniger bedienen, also der russischen. Ich konnte die aufsteigende Traurigkeit kaum verbergen. Sie spürten dies. Sie, die während ihres Aufenthaltes längst mitbekommen hatten, daß wir zu den »bösen« Deutschen gezählt wurden, versuchten mich mit dem Hinweis zu trösten, im Memelland würde man unsere Arbeit für die Auslandsdeutschen durchaus schätzen.

Am nächsten Tag sind sie Ehrengäste bei der Feier zum zehnjährigen Jubiläum unserer Parteigründung. Voll Stolz übergeben sie meiner Frau als Geschenk eine typische Bernsteinkette aus Memel. Bei allen Gesprächen vermeide ich es sorgsam, sie auf eine Parteigründung anzusprechen. Ich weiß, daß ich sie damit auf einen Weg schicken würde, der sie am Ende in eine Sackgasse, in die Isolation, führen würde. Für einen »Rechten« gehen mir ketzerische Gedanken durch den Kopf. Müßte man den »Wolfskindern« nicht ehrlich sagen, daß sie in der Bundesrepublik wohl kaum ein Zuhause fänden, nicht überall mit offenen Armen empfangen würden? Dies spüre ich sogar bei manchen meiner Parteifreunde. Mir entgehen nicht die abschätzigen Blicke, mit denen sie die abgetragenen Kleider der Delegationsteilnehmer mustern. Ich vernehme geflüsterte Bemerkungen: »Nicht mal deutsch können die, ausschauen tun sie wie Russen.«

Einen besonders provinziellen Funktionär aus Landshut, der nicht bemerkt hatte, daß ich in seiner Nähe stehe, höre ich sagen: »Muß denn der ›Alte‹ mit denen hier in München auch noch russisch sprechen?« Ich denke, wäre es unter den gegebenen bundesrepublikanischen Umständen nicht besser, die »Wolfskinder« blieben Litauer oder »Memeldeutsche in Litauen« und vergäßen eine Hoffnung, die kaum in Erfüllung gehen wird? Ich kann mir nicht vorstellen, wie diese einfachen, offenherzigen und gutmütigen Menschen den Bedingungen unserer brutalen und amerikanisierten »hire and fire«-Gesellschaft gewachsen sein könnten. Die Bundesdeutschen wollen sich ihre Wohlstandsfestung nicht gefährden lassen. Um nicht als Ausländerfeinde stigmatisiert zu werden, akzeptieren sie es, daß ein Asylant leichter nach Deutschland kommen kann als ein Deutschstämmiger aus dem Osten. Ein sich ewig schuldig fühlendes Volk bleibt ja manipulierbar. Es will mit keinem historischen Vorgang in Verbindung gebracht werden, der zu einer eindeutigen politischen und völkerrechtlichen Aussage zwingt. Dies gilt auch gegenüber jenen Menschen, die Opfer geschichtlicher Veränderungen sind. Vorgegeben wird dieses Denken von dem Verhalten der drei weisen Affen: Nichts hören, nichts sehen, nichts reden!

Ich weiß nicht, was aus den Memeldeutschen geworden ist. Ich hoffe, ihr Ausflug nach Deutschland hat sie daran gehindert, den Boden unter ihren Füßen zu verlieren. Ihr Heimatboden liegt an der Memel, nicht am Rhein, nicht an Elbe, Saar, Donau oder Mosel.

Angebote zu Gesprächen mit rechten Gruppierungen in ganz Osteuropa bekam ich des öfteren. Konkrete Kooperationswünsche lagen vor aus Ungarn, Polen, Bulgarien, Rußland, Albanien und der Ukraine. Ich hielt mich weitgehend fern. Fast alle diese Gruppierungen erschienen mir diffus in der Programmatik, unübersichtlich in der Organisationsstruktur; bei manchen war die Nähe zu nationalistischem, ja sogar chauvinistischem Denken unübersehbar.In Rußland selbst gibt es nunmehr Gruppierungen, die sich offen zum Nationalsozialismus oder Faschismus bekennen. Für sie ist beispielsweise Schirinowski bereits ein zionistischer Agent. Diese Kräfte in Rußland sind offen antisemitisch eingestellt. Nach ihrer Meinung tragen unterschiedslos die Juden die Verantwortung für das schlechthin Böse in der Welt. Die stärkste Organisation auf dieser Ebene dürfte Pamjat sein. Diese Partei ist nicht ohne Einfluß gerade auf junge, orientierungslose Menschen. Inzwischen gibt es mehrere »Pamjats«.

Während meines Besuches in Kiew führte ich auch Gespräche mit den Vertretern der ukrainischen Republikaner, die dort zur Rada, dem Führungskreis des »offiziellen« Parteispektrums zählen. Auch hier das leider schon gewohnte Bild. Ich treffe Funktionäre, die voller Haß auf Rußland, dabei aber intellektuell eher einfach strukturiert sind. Für sie gibt es nur simple Lösungen. Einige Funktionäre scheinen mir aus einem zerrütteten sozialen Umfeld zu stammen. Fazit: Ihr ukrainischer Patriotismus ist gewiß ehrlich gemeint, wenngleich deutlich rückwärtsgewandt. Aber habe ich das Recht, dies zu verurteilen? Habe ich etwa die Säuberungen am eigenen Leib erlebt, die Drangsalierung patriotischer Ukrainer durch die sowjetischen Unterdrücker? Bloß keine westliche Arroganz bitte!

Resümee meiner Begegnungen mit Rechten in Osteuropa: Sie sind mehr oder minder chancenlos, weil überflüssig. Die Rolle des Patriotismus, des Kampfes gegen fremde Einflüsse haben die Postkommunisten übernommen. Sie haben sich gehäutet und all das abgestreift, was nach Internationalismus riecht und jahrelang die Doktrin der »Mutterpartei« war. Sie verbinden ihre Agitation geschickt mit Anklagen gegen die »seelenlose kapitalistische Gesellschaft«, wettern gegen die Allmacht der Banken und Versicherungen, den Verlust von menschlicher Würde, die sittliche und moralische Verkommenheit. Mit ihrer antiwestlichen Einstellung treffen sie den Seelenzustand von

Menschen, die ihr Vaterland von den überheblichen Kapitalisten gedemütigt sehen. Hierbei laufen die Frontlinien kreuz und quer durch die politische Landschaft. Manche der eigenwilligen Vorstellungen des unbeugsamen Antikommunisten Solschenizyn scheinen ungeniert auch in den Verlautbarungen der Postkommunisten auf. Ihre große Chance besteht darin, daß sie festgefügte und intakt gebliebene Kader haben, die den Rechten an politischer Cleverness weit überlegen sind. Dies erklärt auch die Wahlerfolge, die die Postkommunisten fast überall in Osteuropa erringen konnten, und auch die der PDS in der früheren DDR. Der Traum vom »Nationalbolschewismus«, wie er das Denken von Ernst Niekisch durchzog, scheint zumindest in Teilbereichen Realität geworden zu sein. Es war dieser Ernst Niekisch, der stets daran erinnert hat, daß der Patriotismus nicht das Privileg der Rechten sei. Die heutige Linke verleugne nur einen Teil ihrer eigenen Tradition. Er wollte damit an die ursprüngliche Nationalitätenpolitik Lenins erinnern. Die Postkommunisten haben die Richtigkeit eines Rates des Historikers Heinrich Leo an Otto von Bismarck begriffen: »Man kann in politischen Dingen den Leuten die Sache noch so klar ins Maul schmieren –, es hilft doch nicht. Denn es ist ein großer Irrtum, wenn man glaubt, des Menschen Wille hinge von der Erkenntnis ab, (es ist) umgekehrt: die Erkenntnis hängt vom Willen ab.«

Und den haben die Postkommunisten. Erst wenn die Rechten sich diese Erkenntnis zueigen machen, haben sie wieder eine Chance.

Zweiundzwanzigstes Kapitel
Der Schatten Haiders

Eine tatsächliche Chance scheinen die Rechten in Österreich zu haben. Dies wurde mir besonders deutlich als Mitglied des »Gemischten Parlamentarischen Ausschusses EG-Österreich« in der zweiten Hälfte der Legislaturperiode. Wie schwer sich die österreichischen Spitzenpolitiker mit dem Phänomen Haider tun, konnte ich bei diversen Sitzungen in Wien, Straßburg und Brüssel beobachten. Pikanterie am Rande: Das Parlament genehmigte bei den Wien-Reisen die Teilnahme meines Leibwächters. Der athletische ehemalige Champion in Taekwon Do erregte Aufmerksamkeit unter den zahlreichen Mitarbeiterinnen der Delegation. Dieses Interesse nahm sprunghaft ab, als bekannt wurde, in wessen (Partei)-Diensten er stand.

Die Besetzung der österreichischen Delegation war hochrangig. Außenminister Dr. Alois Mock stellte sich den Fragen der Delegationsmitglieder ebenso wie auch Staatssekretäre und Fraktionsvorsitzende. Mir wurde die ehrenvolle Aufgabe übertragen, bei der ersten Sitzung in Brüssel vom 3. bis 6.11.1992 Gedanken zum Beitritt Österreichs zu formulieren. Hier der Redetext:

»Verehrte österreichische Gäste,
Lassen Sie mich bitte meinem kurzen Vortrag von fünf Minuten ein paar persönliche Bemerkungen voranschicken, damit Sie meinen Standort kennen und dadurch auch meine Folgerungen richtig einschätzen und bewerten können.
Ich bin unweit der deutsch-österreichischen Grenze, etwa 40 km von Salzburg entfernt, geboren worden und habe oft

und gerne unser Nachbarland besucht. Dabei ist mir der Fluß Salzach nie wie ein Grenzfluß vorgekommen. Gravierende Unterschiede in der Mentalität der Menschen diesseits und jenseits des Flusses, also zwischen den Oberbayern und den Bewohnern des Salzburger Landes dürften kaum feststellbar sein. Diese persönlichen Erfahrungen und die daraus erwachsene Sympathie mögen gewiß auch zu meiner Einschätzung beigetragen haben, daß von allen Ländern, die jetzt Einlaß bei dem sich erweiternden europäischen Hause begehren, die Tür für die Österreicher am weitesten aufgemacht werden sollte. Sie, verehrte Gäste, sollten auch wissen, daß ich für ein Europa der Vaterländer und Regionen eintrete, dies unter weitestgehender Wahrung der nationalen Identität und unter strenger Beachtung des Prinzipes der Subsidiarität. Das europäische Haus kann meines Erachtens nur dann über dauerhafte Fundamente verfügen, wenn es vom Willen der Völker und nicht allein von den Absichten der Politiker und der jeweiligen Regierungen errichtet wird. Wenn es also je zwingende Gründe für eine Volksabstimmung gegeben haben mag, dann bei dem Jahrhundertwerk der europäischen Einigung. In Österreich ist gottlob diese Volksabstimmung zwingend vorgeschrieben.

Im übrigen bin ich auch gegen eine Inflationierung des Begriffes Europa und halte es mit General de Gaulle, der einmal sagte: Europa endet am Ural und am Bosporus. Und bei diesem Zitat läßt sich schon aus historischen Gründen der Beitritt Österreichs rechtfertigen. Kein Land hat zäher und verlustreicher europäische Kultur, Lebensart und abendländische Religionen verteidigt als Österreich. Wäre 1683 Wien dem Ansturm der Türken erlegen, hätte die Geschichte Europas einen anderen Verlauf genommen, und es ist mehr als zweifelhaft, ob dann die Stadt, in der wir jetzt tagen, zur

250

administrativen Zentrale der sich formierenden erweiterten Europäischen Gemeinschaft geworden wäre.

Ich bin als Republikaner gewiß über den Verdacht erhaben, ein Anhänger royalistischer oder imperialer Staats- oder Regierungsformen zu sein. Trotzdem muß fairerweise eingeräumt werden, daß gerade das Haus Habsburg über Jahrhunderte in Mittel- und Osteuropa eine Art Vorläuferrolle für die EG gespielt hat. Der auch aus geographischen Gründen erwachsenen Verpflichtung, Mittler zwischen Mittel- und Osteuropa zu sein, ist auch das demokratische Österreich treu geblieben. Ich weiß aus eigener journalistischer Erfahrung, wie sehr den Ungarn und Tschechen in Zeiten brutaler kommunistischer Unterdrückung von Wien aus geholfen wurde. Und in diesen tragischen Wochen des Zusammenbruches von Jugoslawien mit den damit verbundenen grausamen Bürgerkriegen erleben wir, daß Österreich erneut in der vordersten Front derer steht, die konkrete Hilfe leisten. Das dabei von verantwortlichen Politikern gezeigte Fingerspitzengefühl läßt sich als Erbe der gemachten Erfahrungen in dieser höchst sensiblen Wetterecke Europas begreifen.

Im übrigen hat mein bayerischer Landsmann, Dr. Pirkl, unlängst bei einer Debatte im Europäischen Parlament darauf hingewiesen, daß sich gerade Österreich seit Jahren EG-konform entwickelt.

Meine Damen und Herren, ich bin kein Spezialist für wirtschaftliche Fragen, gleichwohl darf hier auf die ausgezeichnete Arbeit des Ausschusses für Außenwirtschaftsbeziehungen hingewiesen werden, aus der klar hervorgeht, daß Österreich nicht zu einer finanziellen Belastung der EG führen würde. Zweifellos aber wird die österreichische Landwirtschaft wie die deutsche durchaus mit Schwierigkeiten zu rechnen haben.

Die lange als Barriere empfundene ›Neutralitätsklausel‹ dürfte durch den erfolgten Umbruch im früheren kommunistischen Ostblock entscheidend an Gewicht verloren haben und einer weiteren gemeinsamen Entwicklung im EG-Bereich nicht mehr entgegenstehen. Im Gegenteil: Gerade jetzt, da Gesamteuropa sich in einem tiefgreifenden Wandel befindet, wird Österreich als Drehscheibe und Brücke zu Osteuropa besonders gebraucht. Die Lokomotive Wien soll helfen, Budapest, Prag, Warschau und Kiew in Richtung Straßburg zu ziehen. Die EG hat Mittel- und Osteuropa dringend nötig, um die Gewichte Europas auszubalancieren und eine westliche Dominanz zu verringern und letztlich zu beseitigen. Der Orientexpress muß den politischen Okzidentexpress ergänzen.

In unseren Geschichtsbüchern steht ein Satz, der die historische Maxime Österreichs so formulierte: Laß andere Länder Kriege führen, tu felix Austria nube, Du glückliches Österreich heirate. Jetzt gilt es nicht mehr, in Dynastien einzuheiraten, sondern sich mit der europäischen Gemeinschaft zu vermählen. Aber für beide Seiten gilt: Es prüfe, wer sich ewig bindet.«

Trotz meiner Bejahung des Beitritts war ich »hüben« wie »drüben« ins Fettnäpfchen getreten. Den einen gefiel der Hinweis auf die Türken nicht (klingt da nicht schon wieder Rassismus durch?), den anderen wollte die Erwähnung von Stammesverwandtschaften zu weit gehen (schwingen da nicht wieder »Anschlußgedanken« im Hinterkopf mit?), wieder andere fanden die Bemerkungen über die Schwierigkeiten der österreichischen Landwirtschaft störend. Am deutlichsten zeigte die Ablehnung meiner Vorstellungen Frau Dr. Heide Schmidt, damals noch Mitglied der FPÖ, aber schon spürbar auf Distanz zu ihrem Parteivorsitzenden Haider. Ich wunderte mich darüber nicht. Die im Allgäu geborene, einer sudetendeutschen Familie entstammende publikumswirksame Liberale ist eine »gelernte« Österreicherin. Da muß man halt immer wieder beweisen, daß man die Lektionen gut aufgenommen und die Prüfung bestanden hat, hundertprozentige Österreicherin geworden zu sein.

Beim zweiten Treffen in Wien setzte sich Haider des öfteren demonstrativ längere Zeit neben Heide Schmidt, um die Gerüchte einer bevorstehenden politischen Trennung zu zerstreuen. Bei allen Begegnungen war jedoch unübersehbar, daß der Schatten Haiders auch dann über den Zusammenkünften lag, wenn er selbst nicht anwesend war. Bei den Delegierten der ÖVP, der Österreichischen Volkspartei, wurde von ihm mit einer Mischung von Bewunderung für seine politische Raffinesse einerseits und geradezu ängstlicher Warnung vor einem Diktator andererseits gesprochen. Die Sozialisten gaben ihren Abscheu vor Haider schon in ihren Mienen zu erkennen. Für sie ist er der Bösewicht schlechthin.

Bei manchen seiner Gefolgsleute hörte ich immer wieder den Satz: »Was wollen Sie, solange er Erfolg hat...?« Was dann, wenn nicht? Dazu gab es keine Antwort. Aus den Gesprächen mit ihm glaubte ich heraushören zu können, daß er die Antwort kennt, sich keine Illusionen macht. Ebenfalls keine Illusionen machte er sich wohl auch um die Chancen einer »neuen« deutschen Rechten im allgemeinen und dem »Bund Freier Bürger« von Manfred Brunner im besonderen.

Als ich ihn bei einem Abendessen in Brüssel auf sein Engagement für Brunner ansprach, ihn darauf hinwies, daß dies uns Republikanern Stimmen kosten könnte, gab er die verblüffend einfache Erklärung: »Mei, da ham' s scho recht, aber der Manfred is' halt mei Freind!«

Das Paradoxe dieses ihm in Deutschland mit Tomaten- und Eierwürfen »gedankten« Einsatzes bestand darin, daß er meine Meinung teilte, mit Professorentiteln und Anzeigen in renommierten Zeitungen allein könne man keine Wahlen gewinnen, daß es gelingen müsse, Einbrüche bei der bisher weitgehend sozialdemokratisch beherrschten Arbeiterschaft zu erzielen. Im Gegensatz zu Brunners Splittergruppierung, wo der Arbeiter das unbekannte Wesen blieb, hatte Haider längst seine Wahlpropaganda auf die Gewinnung der Arbeiterschaft eingestellt. Dies brachte ihm reiche Ernte. Die bisher roten Arbeiter von Wien wechselten in den Wahlkabinen scharenweise zum Blau der nunmehr »Freiheitlichen«. Ob dies von Dauer sein wird, hängt davon ab, ob dem cleveren Kärntner der Spagat zwischen einer betont sozialen Orientierung und einer wirtschaftsliberalistischen Clientel gelingt, und seine wertfreie, rein erfolgsorientierte Yuppie-Umgebung mit der traditionellen national geprägten Funktionärsschicht auf die Dauer auskommt.

Leicht wird Jörg Haider eine »Machtübernahme« nicht gemacht werden, trotz der verheerenden Schwächen der etablierten Parteien. Obwohl Haider nicht von einem Verfassungsschutz verfolgt wird, seine Parteimitglieder nicht unter der Drohung einer Existenzvernichtung leben müssen, hat er den Kampf gegen Stigmatisierung und Kriminalisierung noch längst nicht gewonnen. Wie in Deutschland gerät bei jedem Brandanschlag auch in Österreich die Rechte sofort unter Verdacht. Groteskes Beispiel dafür: Nach dem bekannten Mordanschlag gegen Sintis im Burgenland erfolgte eine Hausdurchsuchung bei der Zeitschrift AULA, die Haider nahesteht. Dabei wurde das gesamte Adressenmaterial beschlagnahmt. Begründung: Man vermute die Täter in rechten akademischen Kreisen, und man müsse deren Spuren verfolgen. Eine »Spur« führte unter anderem zu einem Abonnenten, einem 92jährigen Professor, der von der Polizei sogar nach seinen Autofahrten zur fraglichen Zeit vernommen wurde.

Der Österreicher Haider hat wie der Italiener Fini – beide sind in ihrem machiavellistischen Machtstreben einander nicht unähnlich – ein nahezu gleiches Problem, nämlich das der Umwandlung der Parteistrukturen. Fini scheint es ja gelungen zu sein, aus einer verfemten neofaschistischen Partei ein Sammelbecken bürgerlich-konservativer Kräfte gemacht zu haben. Ob dieser Zustand von Dauer ist, wird sich zeigen. Haider muß aufpassen, daß seine angestrebte, breit gefächterte, die Parteigrenzen sprengende Bürgerbewegung nicht zu einem Wegbrechen der national gestützten Fundamente führt. Ein leises Knirschen ist bereits vernehmbar. Deshalb wird Haider Kraftakte zu vermeiden suchen. So beließ er es zunächst dabei, einige seiner langjährigen nationalorientierten Weggenossen wie den programmatischen Vordenker, Andreas Mölzer, zur »Führer-Reserve« zu versetzen.

Eines ist klar: In rechten Parteien werden herausragende Chefs im Regelfall nicht demokratisch abgewählt sondern gestürzt. Dabei kann ein Putsch durchaus mit einem demokratischen Tarnanstrich versehen werden. Haider selbst weiß, wie das geht. Er hat ein Beispiel geliefert; die Führungsspitze der FPÖ wurde von ihm am 13. September 1986 in den Orkus geworfen.

Österreich ist jetzt Mitglied der EU. Ich habe in Straßburg für die Aufnahme des Nachbarlandes gestimmt. Nicht zuletzt auch deshalb, um der deutschen Sprache hörbar jenes Gewicht zu verleihen, das ihr bisher von den Brüsseler Bürokraten verweigert worden ist. Die »Amtssprachen« sind Englisch und Französisch.

Dreiundzwanzigstes Kapitel
Prophet im eigenen Land...

Ob Reisen wirklich bildet, hängt vom Reisenden ab: seinem Charakter, seinem Bildungsstand, seiner Lernfähigkeit. Für die einen bedeuten Reisen in erster Linie die angestrengte Suche nach Bestätigung vorhandener Vorurteile über Land und Leute, für die anderen eine Erweiterung ihres Horizontes. Bestätigt bei ersteren irgendein Vorfall ihre vorgefaßte Meinung, betrachten sie dies als Beweis ihrer Urteilsfähigkeit. Generell kann man sagen, Reisen macht Kluge klüger und Dumme dümmer. Eine Zwitterstellung nehmen hier die Politiker ein. Vor einer Änderung der Einschätzung gegenüber einem Land schützt sie erstens die Parteilinie und zweitens das Besuchsprogramm der Gastgeber. Besonders in den Entwicklungsländern und Ländern, die sich, wie beispielsweise die Türkei, in einer Art demokratischer »Grauzone« befinden, werden den westlichen Politikern mehr oder minder Potemkin'sche Dörfer vorgeführt, meistens mit Erfolg. Sind unsere Politiker kaum drei Tage aus dem »heimgesuchten« Land zurück, betrachten sie sich bereits als Experten. So brachte es der damalige Innenminister von Sachsen, Heinz Eggert, fertig, nach einem Kurzbesuch am Bosporus zu dem Schluß zu kommen: »Die Türkei ist kein rassistisches Land«. Hat denn der gute Mann nie etwas von der Verfolgung der Armenier und Kurden gehört?

Ich denke an Hans-Jochen Vogel. Auch er ein Mann, der gerne seine Standpunkte ex cathedra vorträgt. Nie fiel mir das stärker auf, als bei der gemeinsamen Reise mit der Olympiadelegation in die Sowjetunion. Obwohl er im Gegensatz zu seinen profunden Kenntnissen des amerikanischen Bürgerkrieges von der Geschichte Rußlands und der Sowjetunion weit weniger Ahnung hatte, konnte er es kaum ertragen, daß die Delegationsteilnehmer meinen Erklärungen auf dem Roten Platz mit Interesse zuhörten. Ich habe noch heute seine teils hämischen, teils herablassenden Zwischenrufe im Ohr. Der ewige Klassenprimus oder der ewige Besserwisser. Die Sowjets allerdings bewunderten den damaligen Oberbürgermeister von München. Er wirkte stets »offiziell«, staatstragend. Ich bin sicher, daß Vogel zu den kühlen Pragmatikern Andropow, Suslow, Gromyko eher Zugang gefunden hätte als beispielsweise zu einem Reagan, der nicht aus der Welt der Parteizentralen kam, sondern die Vorstellung vermittelte, er stamme eher aus den in »Vom Winde verweht« beschriebenen Herrenhäusern des amerikanischen Südens.

Da ich *kein* »klassischer« Politiker war, und nie aufgehört habe, Journalist und Zeitbeobachter zu bleiben, interessierten mich stets die Kontakte zur Bevölkerung mehr als zu den offiziellen Stellen. Seit 1953 bereiste ich kontinuierlich den Ostblock. Dabei ergaben sich fast zwangsläufig enge menschliche Bindungen, durch Heirat sogar (vermeintlich) für's Leben. Gerade durch diese Kontakte, insbesondere mit den oppositionellen Kräften, war ich über Stimmungen und Strömungen beispielsweise in Ungarn gut informiert, so gut, daß man mir im Westen meistens keinen Glauben schenkte. Da half es auch nichts, daß ich unter erheblichen Gefahren Resolutionen der Opposition nach Deutschland schmuggelte. Um meine ungarischen Freunde nicht zu gefährden und die für die Einreise zuständigen Behörden in Sicherheit zu wiegen, schrieb ich ein paar auch in der »Süddeutschen Zeitung« abgedruckte positive Artikel auf dem Gebiet, wo es mir leicht fiel und sie der Wahrheit entsprachen: auf dem Gebiet des Sports. So lobte ich das ungarische Fußball-Wunderteam unter Ferencz Puskas, sowie die Leichtathleten und Weltklasse-Schwimmer. Die aus Ungarn mitgebrachten oppositionellen Resolutionen sollten über die Bundesrepublik auch die Weltöffentlichkeit erreichen. Das Unternehmen scheiterte an der Medienblockade. Mit Ausnahme von »Radio Free Europe« hielt man meine Einschätzungen der Situation für übertrieben oder gar für falsch. Linke Politiker und Medienleute verteidigten ihre Entspannungsträume mit Klauen und Zähnen. Gerade meine ehemals kommunistischen ungarischen Freunde, die infolge ihrer Damaskuserlebnisse in der Nachkriegszeit zu Antikommunisten geworden waren, verzweifelten an der Einstellung besonders jener Politiker, von denen sie Verständnis für ihren Kampf erhofften, beispielsweise von den Sozialdemokraten.

So war denn auch die Reaktion des Westens auf den Einmarsch der Russen in Ungarn im Jahre 1956 erbärmlich. Daß unter jenen westlichen Politikern aus Israel und England, die die scheinbare Schwäche der Sowjets ausnützen wollten und das verhängnisvolle Suez-Unternehmen starteten, auch das damals sozialistisch regierte Frankreich war, bleibt eine Schande für die Linken. Imperialismus, Revanchismus und Kolonialismus siegten über Solidarität zu jenen, die in Budapest für die Freiheit kämpften und bluteten. Ähnlich war die Situation 1968 vor dem Überfall auf die Tschechoslowakei durch die sowjetischen »Brüder«. Es erfüllt mich mit Stolz, daß einer der maßgeblichen Wortführer des »Prager Frühlings«, der damalige Direktor des tschechoslowakischen Fernsehens, Jiri Pelikan dankbar auf meine Unterstützung des Widerstandes hinwies. Nachdem er in Italien, wohin er von den neuen

Prager Machthabern als Kulturattaché strafversetzt worden war, um Asyl gebeten hatte, gab er mir als erstem ein Interview für die ARD, und zwar, um die Spur zu verwischen, in London, in den Redaktionsräumen der »Times«. Meine journalistischen Kontakte zu Menschen, die politisch am anderen Ufer standen, wurden mir später bei den innerparteilichen Auseinandersetzungen immer wieder vorgeworfen. Die Abgrenzungshysterie kam nicht allein von außen, sie war auch in der Partei selbst latent. Dies spürte ich besonders bei der Einschätzung der Türkei. In meinem Buch »Die Türken«, das 1989 im Verlag Langen-Müller erschien, versuchte ich, Vorurteile und Irrtümer auf beiden Seiten auszuräumen. Der gewiß über den Verdacht der Repubikaner-Nähe erhabene Extremismusforscher, der Franzose Patrick Moreau, schrieb in seinem Buch »Les Héritiers du IIIe Reich«, Untertitel »L' extreme droite allemande de 1945 à nos jours« – »Die Erben des Dritten Reichs – Die extreme Rechte von 1945 bis in unsere Tage« über mein Buch »Die Türken«: »Konfrontiert mit der Frage des Rassismus, wie er von seiner Organisation betrieben wird, versucht Schönhuber 1989 in seinem ›Die Türken‹ titulierten Werk, die Sache klarzustellen und sich von den Thesen des ›Dritten Reiches‹ abzusetzen. Dieses Buch, das keinen einzigen diskriminierenden Hinweis enthält und sogar zuweilen positive Einschätzungen über das Volk und die türkische Zivilisation Raum läßt, ist durchtränkt von den Thesen der ›Neuen Rechten‹. Die Türkei und Deutschland werden beschrieben wie Schicksalsgemeinschaften, biologische und natürliche Einheiten, deren Identität es zu bewahren gilt.«
Trotz dieser hier zum Ausdruck gekommenen Fairness teilten auch »Die Türken« das Schicksal meiner anderen Bücher. Sie wurden gerade von jenen verrissen, die sie

kaum oder gar nicht gelesen haben, und manchmal kam es zu grotesken Verrenkungen. Es war der bekannte linke Journalist und Chefredakteur der Hamburger »Morgenpost«, Wolf Heckmann, der Passagen meines zweiten Buches »Freunde in der Not« als im Stile Feuchtwangers geschrieben lobte. Groteskerweise wurde dieser Vergleich dann aber meinem Verlag angekreidet, als er darauf hingewiesen hatte.

Voreingenommene deutsche Journalisten straften »Die Türken« mit Mißachtung, haßerfüllte türkische Chauvinisten reagierten mit bewußten Verdrehungen des Textes. Wie so häufig saß ich auch in der Türkenfrage zwischen zwei Stühlen. Linke und rechte Ultras nahmen es aus höchst unterschiedlichen Gründen übel, daß meine Frau ein einfaches Ferienhaus in Bodrum gekauft hatte, keine »Villa«, wie es maliziös in manchen Zeitungen zu lesen war und sie eine Zeitlang als Türkei-Beauftragte der CSU-nahen Hanns-Seidel-Stiftung fungierte. Von deutschen linken Kreisen aufgehetzte türkische Extremisten besetzten 1990 das Haus und drohten, es niederzubrennen. Um den Nachbarn die Angst zu nehmen, hat meine Frau das Haus später verkauft. In Deutschland führten die Drohungen, die ich von extremistischen türkischen Kreisen erfuhr, zu einer Verstärkung des Polizeischutzes. Trotzdem, ein Spaziergang durch Berlin-Kreuzberg erschien mir nicht mehr ratsam zu sein.

Bei Durchsicht meiner Artikel, Presseerklärungen und Reden, auch im Europäischen Parlament, erfüllt es mich mit einer gewissen Genugtuung, daß genau das in der Türkei eingetroffen ist, worauf ich seit Jahren hingewiesen hatte: die Re-Islamisierung. Als ich meine türkischen Bekannten in Istanbul, Izmir, Bodrum oder Ankara auf die drohende Re-Islamisierung aufmerksam machte, lächel-

ten sie überlegen: Sie sehen Gespenster! Diese Gespenster
habe ich in meinem Buch nach einem Besuch Konyas, des
anatolischen Zentrums des Islam beschrieben:
»Hier in Konya ist mir klargeworden: Die alte Türkei ist
noch lange nicht tot. Im Gegenteil, sie scheint wiederzu-
kommen, auf leisen Sohlen. Als Atatürk 1926 den Orden
der ›Tanzenden Derwische‹ auflösen ließ, wäre es beinahe zu einer Revolution gekommen. Atatürk ließ sich nicht
beirren, aber die Zeit nagt an seinem Werk. Von Jahr zu
Jahr kommen mehr gläubige Mohammedaner auch aus
Nachbarstaaten hierher. Mich wundert, daß die Blumen-
kinder von einst, die Hippies, das Mevlana-Kloster nicht
entdeckt hatten. Hier hätten sie vielleicht das Mekka ihrer
Weltflucht gefunden. Sie hätten allerdings dabei übersehen müssen, daß die Tanzenden Derwische später zu den
militantesten Kämpfern der islamischen Heere geworden
waren, wenngleich ich nicht so weit gehen möchte wie
Humbert Fink, Autor des Buches ›Anatolische Elegie‹, der
sie mit den Politkommissaren der bolschewistischen Truppen verglichen hat. Aber nicht alles, was es damals an
missionarischem und kämpfendem Geist gab, ist unterge-
gangen. So dominieren in Konya wieder die Koranschulen.
Wer den auch in der Bundesrepublik stärker auftretenden
religiösen Fanatismus von türkischen Gastarbeitergrup-
pen verstehen will, muß Konya gesehen haben.
Gerade in Konya schweiften meine Gedanken immer
nach Deutschland, beschäftigten mich die Probleme
deutsch-türkischen Zusammenlebens. Ich verglich meine
Eindrücke von Türken bei uns und hier. Jedem deutschen
Politiker sollte es zur Pflicht gemacht werden, inkognito
eine Woche in Berlin-Kreuzberg und die nächsten acht
Tage in Konya zu verbringen. Das manchen Deutschen
hierzulande unverständliche Benehmen der Türken, ihre

immer wieder aufflackernde Aggressivität erklärt sich auch durch die Wurzellosigkeit. Sie haben sich von Konya entfernt, ohne Berlin zu erreichen. Konya in Anatolien ist echt, Konya in Berlin ist Talmi. Und viele Gastarbeiter, insbesondere deren Kinder und Enkel, sind gestrandet im eisigen Niemandsland einander fremder Kulturen.«

Gestützt werden diese Ausführungen durch einen Artikel über die »Almancilar«, die »Deutschlinge« in der großen chauvinistischen Zeitung »Hürriyet«:

»Wer die Almancilar sind, braucht nicht gesagt zu werden. Jetzt kommen sie nach und nach wieder nach Hause. Und sie bringen Deutschland mit. Würden sie nur Autos, Kühlschränke, Waschmaschinen, Spülmaschinen oder Videos im Umzugsgepäck mitführen, so wäre das nicht weiter bedenklich. Sie bringen aber aus Deutschland noch etwas ganz anderes mit, nämlich alles, was sie sich dort angewöhnt haben, und das ist das Schlimme. Innerlich völlig umgekrempelt, kommen die Renegaten frech daher: Was sie in Deutschland sahen, suchen sie nun hier: Jeden Satz beginnen sie mit ›in Deutschland‹. Wir werden noch viel auszuhalten haben mit diesen Almancilar und die mit uns. Am Ende wird einer nachgeben müssen. Mal sehen, wer?«

Heute erkennen die westlich orientierten Türken diese Gefahren und auch, woher sie kommen. Dazu schreibe ich in meinem Buch:

»Heute machen jene Türken, die durch die Gefahr einer Re-Islamisierung beunruhigt sind, und ein Zusammenbrechen des von Atatürk geprägten laizistischen Staates befürchten, gerade die Bundesrepublik für das Wiederaufleben der Koranschulen verantwortlich. ›Von euch kam das Gift‹, sagte mir ein türkischer Architekt. ›Ihr mit eurer verlogenen Liberalität, eurem ewigen Kuschen vor dem

262

Zeitgeist habt doch die Re-Islamisierung nicht nur erlaubt, sondern zuweilen sogar gefördert. Die Gastarbeiter haben dann nicht nur Mercedes zurückgebracht, sondern auch die sogenannten Heilslehren. Sie sind beständiger als die Autos, verdammt noch mal.‹«

Eines ist mir auch klar geworden. Meine Hinweise auf die deutsch-türkische Waffenbrüderschaft im Ersten Weltkrieg machten wenig Eindruck. Sie wirkten so, als würde ich in Deutschland vom Siebziger Krieg gegen Frankreich erzählen. Auch in der Türkei hat die Gesellschaftswissenschaft weitgehend die Geschichtskunde verdrängt.

Wie sich die Türkei fast unmerklich von den Ideen Atatürks entfernt hatte, geht aus der Verfassung hervor, die bereits unter dem Staatsgründer selbst permanent fortgeschrieben wurde. Dies kam in den verschiedenen Abänderungsgesetzen zum Ausdruck. Hieß es im Abänderungsgesetz von 1923 noch:»Die Religion des türkischen Staates ist der Islam. Die Amtssprache ist türkisch«, so lautet der Text im Abänderungsgesetz von 1928:»Die Amtssprache des türkischen Staates ist türkisch!« Die Erwähnung der Religion war bereits weggefallen. Atatürk schien sich endgültig durchgesetzt zu haben. Im Abänderungsgesetz von 1937 wurde der Staat nämlich so definiert:»Der türkische Staat ist republikanisch, nationalistisch, volksverbunden, internationalistisch, laizistisch und revolutionär.« Diese Definition würde in der Bundesrepublik zur Einstufung als rechtsextremistisches Gedankengut ausreichen.

Aber das ist Vergangenheit. Heute ist Atatürks Erbe verspielt. Mohammeds Schatten werden länger. Die Zeit der Mullahs ist gekommen, die religiösen und politischen Spannungen werden größer, können zu bürgerkriegsähnlichen Zuständen unter Türken selbst und Kurden führen, innerhalb und außerhalb des Landes. Als ich 1992 als Gast der Sendung »Einspruch« von Ulrich Meyer vor einem Ersatzbürgerkriegsschauplatz Bundesrepublik warnte, führte sich der ebenfalls eingeladene Kontrahent Norbert Blüm so erregt und empört auf, als hätte er beim Tanz der Derwische in Konya Unterricht genommen. Da sieht man es wieder, die Fremdenfeindlichkeit...! Heute gehört die Vokabel vom Ersatzbürgerkriegsschauplatz Deutschland zum Repertoire etablierter deutscher Politiker. Tempora mutantur!

Dokumentarisch soll noch festgehalten werden, was ich im Europäischen Parlament bereits am 18. April 1991 in der Debatte über die Kurden gesagt habe:

»Wenn auch ein historischer Standardsatz lautet, die Geschichte pflege sich nicht zu wiederholen, so ist dies nur bedingt richtig. Wer heute die Tragödie der Kurden vor sich sieht, der wird – wenn er mit der Geschichte vertraut ist –, den Genozid an den Armeniern vor Augen haben. Beide Tragödien vollzogen und vollziehen sich in erster Linie in der Türkei; in jenem Lande also, das Einlaß in das europäische Haus begehrt, in den eigenen Zimmern aber noch lange nicht eine demokratische Ordnung hat. Die zögerliche Haltung des derzeitigen türkischen Staatspräsidenten Özal entspringt einem schlimmen Erbe des ansonsten großen türkischen Staatspräsidenten Atatürk. Er nannte die Kurden ›Bergtürken‹ und schlug deren Aufstände zweimal grausam nieder. Zyniker würden sagen, die jetzige türkische Regierung hat in der Tat die Kurden wie Bergtürken behandelt und sie buchstäblich in den Bergen vor Hunger und Kälte krepieren lassen. Man verzeihe mir diesen harten Ausdruck.

Unsere Soldaten standen beispielsweise zum Schutz der Türkei bereit. Die jetzigen Ereignisse lassen diesen Einsatz fragwürdig erscheinen. Wir sollten, wie dies manche Vorredner gesagt haben, mit dem Finger nicht allein auf Saddam Hussein zeigen, der gewiß große Schuld an den jetzigen Zuständen hat – wir sollten auch an unsere eigene Brust klopfen. Haben nicht die Amerikaner, hat nicht Präsident Bush selbst die oppositionellen Kräfte im Irak ermuntert, Saddam Hussein zu stürzen? Haben die Iraner nicht die Schiiten aufgehetzt? Kurden und Schiiten haben diese Anregungen wörtlich genommen. Sie standen auf, kämpften und bluteten und wurden dann ihrem traurigen Schicksal überlassen, so wie es sieben Jahrzente zuvor die Armenier erlebten. Die Lösung des Problems der Kurden kann nicht in der Flucht und Emigration und auch nicht in Schutzzonen liegen, sondern in der Gründung eines autonomen Staates, sowohl auf türkischem wie irakischem Boden. Hier drängt sich die Parallele zu Palästina auf. Hier liegt der Schlüssel einer neuen Ordnung. Humanitäre Hilfen sind unendlich wichtig – aber noch wichtiger ist die Schaffung dauerhafter politischer Strukturen.«

Zur Frage der Beziehungen zwischen der Europäischen Gemeinschaft und der Türkei hielt ich am 17.11.1992 im Plenum des Parlaments folgende Rede:

»Zunächst möchte auch ich der Kollegin Dury für die große Mühe danken, die sie sich gab, um den gordischen – sprich: türkischen – Knoten zu entwirren...

Lassen Sie mich zunächst feststellen, daß es die Türkei, die Atatürk mit Blick in Richtung Westen geschaffen hat, nicht mehr gibt. Die laizistische Staatsordnung wurde durch verstärkte religiöse Einflußnahme unterminiert. Die Imame erobern Jahr für Jahr ihre unter Atatürk verlorenen Machtpositionen zurück. Selbst in der Armee, dem stabilsten Pfeiler des türkischen Staates, wächst ihr Einfluß. Die unter Atatürk eingeleitete Befreiung der Frauen aus dem patriarchalischen Joch hat einen Rückschlag erlitten. Der Tschador, der Schleier, ist überall im Straßenbild zu sehen, nicht nur im Zentrum des aggressiven Islam, in Konya.

Die Türkei hat immer noch die Züge eines Polizeistaates. Es wurde heute schon ausgeführt: In den Gefängnissen wird nach wie vor gefoltert, und zwar auf die schlimmste Art. Die Diskriminierung der Kurden und – in einem allerdings weit geringeren Maß – der Armenier ist eine nicht zu bestreitende Tatsache. Die manchmal bürgerkriegsähnlichen Zustände schwappen sogar ins Ausland über, zum Beispiel nach Deutschland. Ich glaube auch, daß das demokratische Procedere in der Türkei – sprich: Wahl und Zusammensetzung der Regierungen – weitestgehend vom Einfluß des Geldes bestimmt wird. Sicher, vom Bakschisch-Bazillus ist nicht nur die Türkei befallen, der grassiert auch in sogenannten demokratischen Musterländern, aber in der Türkei hat er einen traditionellen Nährboden. Pressefreiheit im westlichen Sinne gibt es kaum. Fälschungen von Interviews sind an der Tagesordnung; Frau Dury hat dankenswerterweise ein Beispiel angeführt. Die wirtschaftliche Lage ist instabil. Die Umweltschäden werden von Jahr zu Jahr größer – denken Sie nur an die Bucht von Izmir oder an die wachsenden Elendssiedlungen ohne sanitäre Anlagen in den Großstädten.

Generell glaube ich, daß die Türkei ihren Blick wieder stärker nach Osten richtet, um zur Speerspitze islamischer Expansion zu werden. Ich warne deshalb ausdrücklich vor Waffenlieferungen an die Türkei. Geld vom Westen bedeutet, Schwerter zum Gebrauch im Osten zu schmieden. Ich bin auch der Meinung, daß wir es unseren griechischen Partnern schuldig sind, den schnellstmöglichen Abzug türkischer Truppen aus Zypern zu fordern. Dies hat nichts mit griechischer Geiselhaft zu tun, wie das die Türken immer sagen.

Schließlich, und hier folge ich meinem geschätzten Kollegen Dillen, wie weit wollen wir unsere Europäische Gemeinschaft ausdehnen? Gibt es hier keine Grenzen? Ich halte es mit de Gaulle, der einmal gesagt hat, Europa endet am Bosporus. Die Türken selbst sprechen von einer europäischen und einer asiatischen Türkei, und da wir keine Teilung wollen oder fordern können, sollten wir es nach meiner Meinung dabei belassen und keine Assoziation zu diesem Zeitpunkt mit der Türkei wollen. Deshalb bin ich ausdrücklich gegen die Annahme dieses Berichts.«

Amman

Meine nächste Reise als Europaabgeordneter führte mich vom 28. April bis 7. Mai 1991 nach Amman, der Hauptstadt Jordaniens. Eingeladen wurde ich vom Vorsitzenden des Repräsentantenhauses Jordaniens. Ich freute mich, wieder ein paar Tage mit meiner Tochter Andrea zusammen zu sein, die von Amman aus über die Ereignisse vor, während und nach dem Golfkrieg für deutsche Radiostationen als Korrespondentin tätig war. Wenngleich sie meine politischen Ansichten nicht teilt, so hat sie stets loyal zum Vater gestanden und alle an sie herangetragenen Versuche, sich von ihm auch menschlich zu distanzieren, von sich gewiesen.

Ich war erstaunt, wie gut meine jordanischen Gesprächspartner über meine Reden im Parlament zu den Vorgängen im Nahen Osten informiert waren. Am 23. 1. 1991 hatte ich im Plenum in einer Stimmerklärung vor dem Beginn des amerikanisch-irakischen Bodenkrieges gewarnt:

»Wie und wann dieser unselige Krieg auch zu Ende gehen mag, man wird hinterher das feststellen, was Goethe nach der erfolglosen Belagerung der französischen Revolutionstruppen bei Valmy durch die royalistischen Mächte sagte: Ab hier fängt ein neuer Abschnitt der Weltgeschichte an. Auch damals hat man das zunächst nicht geglaubt. Ähnliches passiert auch heute, aber auch jetzt wird es nie mehr so sein, wie es einmal war.

Was ist zu tun? Erstens muß das Selbstbestimmungsrecht der Palästinenser verwirklicht und das Lebensrecht und die Unversehrbarkeit Israels gesichert werden. Ein schwieriger, aber notwendiger Prozeß. Bis dahin müssen alle Friedensbemühungen fortgesetzt werden. Denken wir an Coventry und Dresden! Menschen dürfen nicht leiden, weil Politik versagt hat. Manche Erklärungen hier kamen mir wie Pflichtübungen vor und demonstrieren die Ohnmacht des von mir hochgeschätzten Parlaments. Zweitens muß alles getan werden, daß beispielsweise Amerika nicht eine Art Weltpolizist wird, genausowenig wie wir es zulassen können, daß Saddam Hussein als eine Art legitimer Vertreter der Dritten Welt angesehen wird. Das wäre falsch.«

Am 13.3.1991 kam ich im Europaparlament zu folgendem Resümee:

»Wenn man rückblickend den Golfkrieg und seine Auswirkungen analysiert, so könnte man zu der Meinung kommen, daß der Teufel Saddam mit dem Beelzebub Assad unter dem Höllenlärm fanatisierter islamisch-schiitischer Mullahs ausgetrieben worden ist. Man könnte auch noch noch andere halb- und vollfeudalistische Beelzebuben nennen. Auch wenn man die Politik als Kunst des Möglichen ansieht, so darf dabei doch die Glaubwürdigkeit nicht völlig in Vergessenheit geraten.

Wie läßt sich die plötzliche Zuneigung auch Amerikas zu dem Syrer Assad rechtfertigen, der noch vor kurzem als der Welt schlimmster Terroristenhäuptling galt? Und wer den Syrer als Partner akzeptiert, kann sich nach meiner Meinung der PLO nicht verweigern. Und sollten wir auch nicht so offen sein und uns eingestehen, daß die undemokratischen Feudalsysteme von Kuweit und Saudi-Arabien nur noch auf dem Öl schwimmen? Ohne Öl gingen sie unter.

Wollen wir zusehen, wie anstelle Saddams fanatisierte Mullahs eine Art Komeinismus in den arabischen Raum bringen? Wollen wir zusehen, wie das gequälteste Volk dieser Erde, die Palästinenser, die ewigen Verlierer bleiben? Niemand will Israel das Existenzrecht absprechen. Aber das Leiden der Palästinenser muß ein Ende nehmen. Und daran hat sich auch die israelische Besatzungsmacht zu halten.

Es war die unselige Balfour-Deklaration im Jahre 1917, die den Keim des Unheils für die spätere Entwicklung in Palästina in sich trug. Hören wir auf, die Araber nach dem Motto ›divide et impera‹ zu bevormunden. Und tun wir auch nicht so, als würden uns bei der Hilfe für die arabischen Staaten nur lautere Gefühle beherrschen. Wenn man sieht, wie jetzt das Gerangel, das schon fast hyänenhafte Gerangel um Aufträge zum Wiederaufbau des zerstörten Iraks und Kuweits vor sich geht, weiß man, daß der Golfkrieg auch ein Börsenkrieg war.

Wie werden die Golfstaaten reagieren, wie werden England, Frankreich und Amerika reagieren, wenn sie erfahren, daß der Syrer Assad das Geld, das er für seine aktive Teilnahme am Golfkrieg erhalten hat, nunmehr benutzt, und zwar zur Gänze, um bei den Sowjets Waffen einzukaufen? Da wird man an das Wort von Lenin erinnert, wonach die Kapitalisten auch noch den Strick verkaufen, mit dem man sie einst aufhängen werde oder an das deutsche Sprichwort ›Nur die allerdümmsten Kälber wählen ihre Schlächter selber‹. Ich verstehe die

Israelis, daß sie gegenüber dem Beherrscher der Golanhöhen weiterhin tiefes Mißtrauen hegen. Wäre es deshalb auch für sie nicht klüger, sich mit den Palästinensern zu arrangieren und Konzessionen zu machen, um die Gefahren von ihrer syrischen Flanke abzuwenden? Aber das Wichtigste und Entscheidendste bleibt die Erfüllung des Selbstbestimmungsrechts der Palästinenser. Das hat unsere Priorität zu sein.«

Überall in Jordanien war die Enttäuschung über die Niederlage Saddams zu spüren; weniger allerdings bei der Oberschicht, die sich durch die gesellschaftspolitischen Vorstellungen des irakischen Diktators in ihren Privilegien bedroht fühlte. Am 4. Mai 91 wurde ich von der »Jordan Times« interviewt. Es erfüllt mich mit Stolz, daß das eingetreten ist, was ich bereits damals als Lösung des Problems ansah: »Es kann im Nahen Osten solange keinen Frieden geben, wie die Palästinenserfrage ungelöst bleibt.«

Meine jordanischen Gesprächspartner bedankten sich brieflich für meinen Besuch:

Herrn Franz Schönhuber
Mitglied des Europäischen Parlamentes

Sehr geehrter Herr Schönhuber!
Wir danken Ihnen dafür, daß Sie der Einladung des jordanischen Repräsentantenhauses, die vom Vorsitzenden und den Mitgliedern des Auswärtigen Ausschusses ausgesprochen wurde, angenommen haben.

Die Beratungen und Diskussionen wurden auf höchster Ebene geführt; sie waren von tiefem Verständnis geprägt und von hohem Nutzen für die Zeit nach dem Golfkrieg und der

بسم الله الرحمن الرحيم

المملكة الأردنية الهاشمية
مجلس النواب

الرقم
التاريخ ... 6.5.1991
المرافق

Mr. Franz Shouhuber,
Member of the European Parliament.

Dear Sir,

        Thank you for accepting the invitation of Jordan's House
of Representatives represented in the Chairman and Members of
the House's Foreign Affairs Committee .

        The deliberations and discussions were at the highest
level of understanding, awareness and benefit for the post-
Gulf-War era and the resultant vision for solving the question
of Palestine , the main crux of the problems of the region and
the world .

        We , in fact, have benefitted tremendously through
knowing the various viewpoints of the European parties represented in the European Parliament .

المملكة الأردنية الهاشمية

مجلس النواب

ع

ت

ن

While we reiterate our thanks, we hope that such meetings will continue between our Parliaments and Committees in order to promote a better understanding for the best interest of our peoples and the human rights of all individuals.

Best regards.

Yours Truly,

Dr. Ahmed Annab
Chairman, Foreign Affairs Committee
House of Representatives
H.K. of Jordan

GEH/sn

daraus folgenden Vorstellungen, wie die Palästinenserfrage, die den Kernpunkt der Probleme der Region aber auch der Welt darstellt, gelöst werden kann.

Wir haben in der Tat gewaltig davon profitiert, daß wir die unterschiedlichen Standpunkte der im Europäischen Parlament vertretenen Parteien kennenlernen konnten.

An dieser Stelle sei unser Dank nochmals ausgesprochen; gleichzeitig hoffen wir, daß derartige Treffen zwischen unseren Parlamenten und Ausschüssen auch in Zukunft stattfinden werden, um das gegenseitige Verständnis zu fördern zum Wohle unserer Völker und der Menschenrechte aller Individuen.

Mit vorzüglicher Hochachtung, Ihr
Dr. Ahmad Annab
Vorsitzender des Auswärtigen Ausschusses des
Repräsentantenhauses des Königreiches Jordanien

Eines ist mir bei all diesen Reisen klar geworden. Recht haben heißt nicht immer recht bekommen, besonders dann nicht, wenn man eine Meinung nicht zur richtigen Zeit, sondern zu früh äußert. So war es zum Beispiel beim Thema Wiedervereinigung und in der Asylpolitik zuhause und in der Nahost- und Jugoslawien-Frage außerhalb Deutschlands. Aber wie immer man unsere Partei oder meine Person auch einschätzen mag; ohne unsere Existenz und die Furcht vor weiteren Erfolgen hätte es unter anderem den Asylkompromiß nicht gegeben. Insofern haben wir in der Tat Deutschland verändert.

Mehr denn je glaube ich an die Richtigkeit der Ideen von Johann Gottfried Herder. Die darin enthaltenen Appelle zur Bewahrung der Identität von Völkern trugen mit dazu bei, daß der Wille zur Unabhängigkeit bei den Slowaken,

Kroaten, Slowenen, Ukrainern, Esten, Letten, Litauern nicht mehr unterdrückt werden konnte. Marx konnte Herder nicht überwinden, und Hitler konnte es auch nicht. Auch die Multi-Kulti-Apostel werden scheitern. Ich bleibe bei meinem Wahlspruch: Andere Völker achten wir, unser Vaterland aber lieben wir!

Auf Dankbarkeit im eigenen Volk darf man aber nicht hoffen. Ich erinnere mich an eine Reise des Deutschen Journalisten-Verbandes (DJV) nach Moskau, Leningrad und Jerewan im Jahre 1975. Als damaliger Vorsitzender des Bayerischen Journalisten-Verbandes und Presseratsmitglied gehörte ich der Delegation an. An der Spitze stand der DJV-Bundesvorsitzende und spätere Intendant des Saarländischen Rundfunks, Dr. Manfred Buchwald, ein eher provinzieller Journalist mit Stuyvesant-Attitüde. Er galt als der SPD nahestehend und sprach auch eher als Funktionär denn als Journalist. Er paßte sich rasch dem auf sprachlichen Stelzen daherkommenden Verlautbarungsstil der sowjetischen Kollegen an, vermied ängstlich alle Themen, die unsere Gastgeber verstimmen könnten.

Die Sowjetmenschen amüsierten sich insgeheim über das Bestreben unserer meist älteren Kollegen, die dialektisch ihren Gegenübern weit unterlegen waren, im »Paradies der Werktätigen« doch zumindest einiges gut zu finden. Die sowjetischen Delegationsteilnehmer hatten sehr schnell meine »Sonderstellung« herausgefunden. Ihr Verhältnis zu mir war zwiespältig, einerseits waren sie der Meinung, ich hätte eine slawische Seele und würde deshalb Rußland schätzen; Rußland wohl gemerkt, aber nicht die Sowjetunion. Und genau dies rief ihr Mißtrauen hervor. Einige Zeit blieb dieser Zwiespalt, der übrigens auch, was die Sowjets anging, tatsächlich in mir war, ohne größere atmosphärische Störungen. Auch gab's solche und solche auf der Gegenseite: Betonköpfe und nachdenkliche Menschen, die ihre Meinungen allerdings nur über Blickkontakte andeuten konnten. Eines Tages aber platzte mir der Kragen. Ein Sowjetfunktionär griff massiv die deutsche Presse im allgemeinen und die Springer-Presse im besonderen an. Obwohl nicht immer ein Freund der Springer-Presse verteidigte ich sie lauthals und wandte mich gegen ihre Einordnung als chauvinistisch und rassistisch. Dann verließ ich aus Protest den Raum.

Meine Kollegen schwiegen betreten. Im Nachhinein mißbilligten sie mein Verhalten mit dem Hinweis, wir wären doch schließlich Gäste. Ab dieser Reise war mein Verhältnis zu unserem Verband getrübt. Aus Gründen der Fairness sei hier eingefügt, daß mein Kollege aus Berlin Friedag, ein langjähriges SPD-Mitglied und Nachrichtenredakteur beim SFB, mich unterstützte. Der bayerische Verband revanchierte sich später, als er mir nach Erscheinen von »Ich war dabei« den Ehrenvorsitz absprach. Nahezu alle, die dieses Verdammungsurteil abgaben, hatten das Buch nicht gelesen. Sie kannten nur die dem Urteil dienlichen, aus dem Zusammenhang gerissenen Zitate. Ich gehörte nicht mehr zur Zunft. Nach meiner rechtswidrigen Entlassung aus dem Bayerischen Rundfunk war nunmehr die zweite Etappe der Stigmatisierung erreicht. Aber auch der Springer-Verlag reihte sich in den Chor derer ein, die unentwegt »Kreuziget ihn!« schrien. Als wir Republikaner in den Springer-Zeitungen teure Anzeigen schalten wollten, wurde dies von der Geschäftsleitung untersagt. Die PDS hingegen konnte inserieren.

Solche Beispiele zeigen den wahren Zustand unserer Demokratie. Während Postkommunisten hofiert werden, müssen Patrioten mit den Fängen einer politischen Medieninquisition rechnen. Eine der PDS entsprechende rechte Partei gibt es schließlich überhaupt nicht. Es müßte sich dann ja um eine NSDAP-Nachfolgeorganisation handeln. Die Rechten lernen eben aus der Geschichte!

Vierundzwanzigstes Kapitel
Halbzeit März 1995

Ein gutes Stück meines Buches ist geschrieben. Wie ein Fußballspieler, der ich in meiner Jugend war, gehe ich in die Kabine zur Halbzeitkritik. Rückblick – Ausblick! Wie war die erste Hälfte, wie soll die zweite werden? Versetze mich in die Rolle des Trainers und des Spielers.

Der Trainer sagt: Du spielst zu eigenwillig, verwendest zu oft das »ich«, könnte hybrid wirken, auf das Publikum schlechten Eindruck machen.

Der Spieler antwortet: Mir fehlen die Mitspieler, soll ich auf »man« ausweichen, auf »wir«, habe dafür keinen Spielraum.

Der Trainer sagt: Hast Du Dich schon voll ausgegeben? Bist Du Zweikämpfen aus dem Weg gegangen, hast Du Angst gezeigt? Hast Du die Fairness übertrieben?

Der Spieler antwortet: Ich hab' noch Reserven, werd' sie in der zweiten Hälfte voll ausspielen. Jetzt geht' s zur Sache.

Der Trainer sagt: Dein Stammplatz ist gefährdet. Der Sponsor ist unschlüssig, soll er den Vertrag verlängern oder nicht?

Der Spieler sagt: Kompromisse mach' ich nicht, such' mir halt dann eine andere Mannschaft und die habe ich gefunden.

Anpfiff – Ran an die Tasten!

Zuerst aber schalte ich mich durch die Fernsehprogramme. Ich stoße auf einen Bericht über den selbstinszenierten Tod von Sandra Paretti in »Spiegel TV Extra«, Vorschau auf den hundertsten Geburtstag von Ernst Jünger im ZDF,

»Kennzeichen D«. Überraschende und makabre Schnittpunkte: Die erfolgreiche Vertreterin der »Trivial-Literatur«, so Spiegel TV, zelebriert ihren Tod, die Kultfigur Jünger ihr literarisches Überleben. Beide spielten ihre Rolle perfekt. Sie lebten und leben in einer eigenen Welt, Zutritt nur nach Voranmeldung, genaue Auswahl der Gäste. Sandra Paretti kannte ich persönlich, Ernst Jünger kenne ich aus Erzählungen seines ehemaligen Privatsekretärs, meines Freundes Armin Mohler.

Zur Zeit des Kennenlernens Anfang der sechziger Jahre hieß die Paretti noch Dr. Irmgard Schneeberger, war Feuilletonredakteurin der Abendzeitung, schrieb anders als ihre mehr oder minder linksgewirkten Kollegen: distanziert, etwas manieriert, leichthändig, das Wort »artig« kam häufig vor. Auch modisch stach sie von den Kolleginnen und Kollegen ab, nichts Schlabbriges, nicht Protest in prallenger Hose und offener Bluse, eher zugeknöpft, lange weite Röcke, viel weiß, viel altes Venedig.

Sie lud mich zu ihrer Familie ein, spontane Zuneigung zu ihrem kultivierten Bruder. Er handelt mit Antiquitäten. Familienatmosphäre – seltsam! Sie mögen sich alle, haben Scheu, dies zu zeigen, alles wirkt leicht verspielt, kokett. Ehrgeiz wird kleingeschrieben, aber groß praktiziert. Die Kollegin fragte mich, was ich von Josef von Ferenczy hielte? Antwort: Was der anfaßt, macht er zu Gold, pardon Geld! Denkt nicht an sich selbst zuletzt; aber hat eine goldene Nase für Erfolge seiner Schützlinge. Was wäre aus einem Oswald Kolle und seiner von Millionen angetriebenen Sexwelle ohne den Ungarn geworden? So kam eine Kunstfigur zur anderen. Über die Kunstfigur von Ferenczy schrieb ich in meinem Buch »Freunde in der Not«: »Seit ein Ungar namens von Ferenczy in München residiert und im Nobelhotel ›Vier Jahreszeiten‹ an be-

278

stimmten Tagen Hof hält, weiß man hierzulande, was ein Medienmanager ist...

Sein eigenartig gefärbtes Ungarn-Deutsch hat auch den jahrzehntelangen Aufenthalt in der Bundesrepublik ›unbeschädigt‹ überstanden. Obwohl er mit seinem Menjou-Bärtchen, den bestechenden k.-und k. Umgangsformen, gepflegten Handküssen und gekonnten Komplimenten wie ein geradezu typischer Bonvivant aus einem der Boulevardstücke seines Landsmannes Franz Molnar wirkt, ist er in seinem Geschäftsgebaren ein Preuße: zuverlässig, pünktlich, diszipliniert, arbeitsam. Seine Geschicklichkeit ist allerdings nicht die der Märkischen Heide, sondern die der Pußta.« Ich kenne ihn seit Mitte der fünfziger Jahre, hatte ein enges berufliches und menschliches Verhältnis zu ihm.

Inzwischen hat er sein Rollenfach gewechselt. Aus einem belächelten Operettenbaron ist ein anerkannter Professor, Medienbeauftragter, Goodwill-Botschafter und Ehrenoberst der ungarischen Armee geworden. Ich erinnere mich seiner Anfänge als Medienmakler. Komme 1954 aus Ungarn zurück und berichte über die Zustände. »Joschka« macht Angebot: »Franz, schreib' Artikelserie ›Ich sah die Teufel‹.« Er meinte die roten. Ich schrieb nicht, wollte wieder nach Ungarn. Er verstand dies. Er verstand so vieles und amüsierte sich. Zum Beispiel darüber, daß es der einstige Ehemann seiner jetzigen Frau Kitty, Dr. Racz, fertiggebracht hatte, Rabbi bei »Free Europe« und gleichzeitig ein bekannter Fußballspieler-Vermittler zu sein. Die Berliner würden sagen: Schon eine dolle Nummer, der Mann.

Die Darstellung seines Lebens schreit nach einem Autor vom Format eines Balzac, Gustav Freytag oder Kurt Tucholsky. Es geht dabei nicht vordergründig um die

Befragung der Wiener Kriminalakten oder deutscher Steuerbehörden. In Umbruchzeiten muß jeder schauen, wo er bleibt. Und Spießer dürfen nicht zu Richtern gemacht werden über zeitbedingte und farbige Cagliostro-Figuren. Was an Ferenczy so fasziniert, ist seine instinktsichere Einschätzung der deutschen Mentalität. Es ist die Bewunderung für alles Fremde, besonders für das, was dem Deutschen eine gewisse teutonische Schwerfälligkeit überwinden hilft. Nicht allein durch ihre kunstvoll steppenden Beine war Marika Rökk zum deutschen Publikumsliebling geworden; mindestens ebenso wichtig war ihr sorgsam gepflegter Akzent. Das gleiche galt für Zarah Leander, Olga Tschechowa, Johannes Heesters und viele andere. Eine sehr bekannte Schauspielerin sagte mir einmal:»Viele von uns begannen ihre Karriere auf dem Sofa von Produzenten oder Regisseuren; hast Du Erfolg, wird das Sofa vergessen, hast Du keinen, bleibt es an Dir hängen.« Im übertragenen und durchaus nicht bös gemeinten Sinne gilt das für alle Berufe, die eine bestimmte öffentliche Prostitution verlangen, heute mehr denn je. Ausdruck höchster Anerkennung: Er/Sie verkauft sich gut!

Und am besten verkaufte sich Ferenczy. Dabei half ihm seine Frau Kitty, eine zeitlose Schönheit wie ihre Landsmännin Zsa Zsa Gabor. Die kluge und geschäftstüchtige Jüdin aus dem bekannten, jüdisch dominierten Budapester Stadtteil Lipotvàros lieferte ihm eine stilgerechte Umgebung, einschließlich Butler. Aber wie auch immer: Jetzt Professor, Oberst und Ehrenbotschafter zu sein, ist leicht, dieses zu werden, erforderte die Gewandtheit und Trittsicherheit eines Drahtseilkünstlers. Über mich sprach »Joschka« nie schlecht, bedauerte meine gesellschaftliche Ächtung, wollte sie ein paarmal durchbrechen, fürchtete aber dann doch den Zorn der etablierten Politiker und unversöhnlicher Journalisten. Ich trag's ihm nicht nach. C'est la vie!

In diese Welt des Scheins tauchte Dr. Irmgard Schneeberger ein, ging dabei nicht unter, sondern kletterte als Sandra Paretti zielbewußt nach oben. Ihre Schuhe blieben sauber. Aus der geborenen Regensburgerin wurde die Schloßherrin über dem Zürichsee. Warum ich das alles erwähne? Weil nahezu die gesamte deutsche Nachkriegsgesellschaft von Kunstfiguren geformt wurde. Sie ließen »very important persons« der Talmigesellschaft tanzen zu den Klängen der Zigeuner-, pardon Romamusik oder des unsterblichen Walzers. Einer hat's früh begriffen: Arthur Schnitzler, in seinem Theaterstück »Der Reigen«: »Dreht Euch, dreht euch im Kreise...«. Die Paretti hat's nachempfunden. Sie stand amüsiert daneben und klatschte erfolgreich Beifall. Fin de siècle!

Apropos: Politisch haben sich Sandra Paretti und ihr damaliger Manager Ferenczy nie festgelegt. So brachte es der Sohn der Pußta fertig, rotchinesische Literatur zu vermarkten, Genscher zu promoten, die Süßmuth und Glotz für sich einzuspannen und für all dies den Segen des bewunderten Kohl zu bekommen. Und hier treffen sich die Paretti und Ferenczy, wenngleich dazwischen Welten liegen, mit Ernst Jünger. Auch dieser blieb Zuschauer, genialer kühler Beobachter! Nur so kann man wohl hundert Jahre alt werden. Das bißchen Koketterie gehört dazu! Kein Zufall, daß sein größter Bewunderer der Franzose François Mitterrand ist, auch er eine selbststilisierte Kunstfigur; der andere Bewunderer, Helmut Kohl, ist allerdings keine Kunstfigur; er ist handlicher Pragmatiker mit einer ausgezeichneten Witterung für den Zeitgeist.

Ich freute mich trotzdem, als mir Armin Mohler nach einem Besuch bei seinem Meister Ernst Jünger berichtete, dieser habe sich wohlwollend nach mir und meinen Erfolgsaussichten erkundigt. Gekitzelte Eitelkeit? Kann eines nicht verstehen: Warum überläßt man den Versuch, das Rätsel Jünger zu lösen, vor allem jenen Greenhorns, die zu einer Zeit, als die deutsch-französische Kultfigur verschiedene Entwicklungen durchmachte, noch nicht geboren waren? Warum läßt man nicht einen Sachkenner wie Mohler zu Wort kommen? Er könnte auf einen Jünger verweisen, in dem das Heroische, das Abgehobene neben durchaus menschlichen, allzu menschlichen Zügen lebte.

Die Fernsehberichte wurden dem Phänomen Jünger jedenfalls nicht gerecht. Und Jünger selbst? Die augenzwinkernde Komplizenschaft mit manchen Medienvertretern, seine zuweilen selbstgefällige und zeitgerecht aufgearbeitete Präsentation seines Lebenslaufes dürfte ihm einige Sympathisanten gekostet haben. Hatte der große Mann das nötig?

Fünfundzwanzigstes Kapitel
Das Jahr der Entscheidung

Die Generalprobe für das Superwahljahr 1994 geht daneben. Bei den vorgezogenen Hamburger Bürgerschaftswahlen am 19.9.1993 verfehlen wir um exakt 1430 Stimmen die Fünfprozentmarke. Wir kommen auf 4,8 %. Wieder kandidieren Rechte gegen Rechte. Die DVU kommt auf 2,8 %. Die Etablierten reiben sich die Hände. Bei meinem Eintreffen im Hamburger Rathaus bekomme ich die ganze Häme der Journaille zu spüren. Ich glaube an Wahlschiebung, sage es auch. Gesendet wird nichts. Was sagte einmal der frühere SPD-Landtagsabgeordnete und jetziges Mitglied des Verwaltungsrates des Bayerischen Rundfunks, Dr. Jürgen Böddrich, über die Journalisten: Ein Haufen mietbarer Zwerge. Er muß es wissen. Er hat ja dauernd mit ihnen zu tun. Ich selbst bin Journalist und will nicht verallgemeinern.

Wir konzentrieren uns auf die erste Wahl im Jahre 1994, die Landtagswahl in Niedersachsen am 13. März. Ich habe ein schlechtes Gefühl. An der Spitze des niedersächsischen Verbandes steht ein wirtschaftsliberaler Dampfplauderer ohne politisches Gespür namens Werner Haase. Was seine Kenntnisse über die Organisation des Verbandes angehen, trifft der Spruch zu: Ich heiße Hase und weiß von nichts. Der Börsianer aus Göttingen gilt in der Partei als Millionär. Durch Spekulationsgewinne wurde er Schloßbesitzer und begeht die Instinktlosigkeit, Fernsehinterviews in den Räumen seiner prunkvollen Residenz zu geben. Die Außenansichten werden selbstverständlich dazu geliefert. Hämische Reaktionen in der Presse: Die

Schönhuber-Partei, angeblich die Partei derer, die im Schatten stehen, der Unterprivilegierten, der Gegner des Kapitalismus, der Börsenspekulanten zeigt jetzt ihr wahres »Schloß«-Gesicht. Was für ein politischer Stümper, dieser Haase! Das Wort sozial ist für ihn ein Fremdwort. Er ist ein typischer Vertreter eines Wirtschaftsliberalismus à la F.D.P. Insgeheim bekämpft er meine Ablehnung des american way of life. Er will die Aussagen der Partei in Richtung amerikanische Ostküste steuern. Von Wahlkampf hat er keine Ahnung. Die Quittung ist eindeutig. Die Partei, die mit Direktkandidaten nicht flächendeckend antreten konnte, erlebt eine Niederlage: 3,7 Prozent! Werner Haase, der sich bereits als Fraktionsvorsitzender im niedersächsischen Parlament sah, der dem späteren Parteiverräter Udo Bösch schon einen lukrativen Vertrag für den Geschäftsführerposten vorgelegt hatte, sitzt bei der Verkündung der Wahlergebnisse mit verkniffenem Gesicht dabei. Diesmal falsch spekuliert. Menschen sind keine Aktienpakete.

Die Presse jubelt. Ich weiß, jetzt werden wir nach hinten durchgereicht. Der Schuldige ist bereits gefunden. Der Sieg hat viele Väter, die Niederlage nur einen. Noch in der Nacht beginnt die Hatz auf den angeschlagenen Leitwolf, gezielte Indiskretionen folgen. Der für uns zuständige SPIEGEL-Korrespondent Klußmann ist glänzend informiert – aber nicht nur er. Die Zuträger sitzen auch in der Parteispitze. Der geschäftsführende stellvertretende Bundesvorsitzende Alexander Hausmann entrüstet sich in meinem Beisein über die SPIEGEL-Artikel. Ich schaue ihn nur stumm an, verlegen wendet er seinen Blick ab. Da wir mit Sicherheit abgehört werden, sind die parteipolitischen Gegner über unseren internen Zustand voll im Bilde. Am 3. Mai 1995 erzählte mir der Stadtrat der Republikaner in

Rosenheim Rudi Hötzel von einem Gespräch mit dem bayerischen Innenminister Beckstein. Dabei sagte ihm dieser, schon einen Tag nach jeder Landes-, bzw. Bundesvorstandssitzung, aber auch nach den Präsidiumssitzungen hätten seine Verfassungschützer einen Bericht auf dem Tisch! Interessant in diesem Zusammenhang: Der derzeitige REP-Bundesvorsitzende Dr. Schlierer zog hier bereits aus der bereits erwähnten Affäre Rosenberger/ Bösch am 10.4.95 in einem Brief an den Bundesvorstand folgendes Resumé: »Die Tatsache, daß sich das bayerische Innenministerium auf eine Quelle im engsten Kreis beruft, bestärkt mich in dem Verdacht, daß zwischen Bösch/ Rosenberger und dem Verfassungschutz eine direkte Verbindung besteht.« Interessant der Hinweis von Schmidt-Eenboom in seinem Buch über Kinkel »Der Schattenkrieger« auf die BND-Tätigkeit von Bösch in Brasilien. Die hatte er uns bei seiner Einstellung verschwiegen. Eine weitere Frage: Stimmt seine Erklärung, daß er wegen seiner Ablehnung der Ostpolitik den Dienst beim BND vorzeitig quittiert hat oder ist er gutgetarnt immer noch dabei?

Nicht nur mich erinnert dies an Höhenflug und Absturz der NPD im Jahre 1969, die der damalige Vorsitzende von Thadden mit dem Hinweis kommentierte, auf allen Ebenen habe es Agenten gegeben. Der Fall Lutz Kuche bestätigt ihn 26 Jahre später. Der stets als gut informiert eingeschätzte Journalist Kuche – unter anderem Redakteur des »Rheinischen Merkur« – war im Auftrag der Stasi in die NPD eingetreten. Nach deren Zerfall setzte er seine »Kundschafter«-Tätigkeit bei den etablierten Parteien fort.

Nichts aber hat unserer Partei mehr geschadet als der immer wieder von Medien und etablierten Parteien unternommene Versuch, uns mit den verachtenswerten Brandanschlägen in Verbindung zu bringen. Brannte irgendwo ein Asylantenheim, oder wurde es angegriffen, so konnte man in den Medien sofort die Standartformel hören: Der Verdacht konzentriert sich auf rechtsextremistische Kreise, um perfiderweise in den nächsten Sätzen von rechtsradikalen zu sprechen. Eine sowohl rechtlich wie politisch unhaltbare verbale Klammer. Aber sie erfüllte den gewollten Zweck. So konnten alle sogenannten Medien-Rechten, von Spinnern, Schlägern und Provokateuren bis hin zu ernsthaften demokratischen Politikern in einen Sack gesteckt werden. Gröhlende Skins, Bierflaschen in der linken, Baseball-Schläger in der rechten Hand geisterten als »Rechte« und »Neo-Nazis« durch die Titelseiten deutscher und europäischer Magazine. Allein ihre Firmierung als »Neo-Nazis« ist ein Witz, wenn auch politisch ein perverser. Keiner dieser kaputten Typen hat wohl je eine Zeile der NS-Programme gelesen.

Besonders auffällig in diesem Zusammenhang ist das mediale Bestreben, dem Begriff »radikal« seinen ursächlichen Sinn zu nehmen und zu kriminalisieren. Dabei bedeutet auch in der Politik »radikal« nichts anderes als den Dingen an radix, an die Wurzel zu gehen. Bewußt negiert wurde auch die historische Tatsache, daß beispielsweise in Frankreich die Radikal-Sozialisten lange Zeit staatstragende Funktionen und Positionen inne hatten. Wie dem auch sei: In Deutschland wurde uns das Siegel »Geistige Brandstifter« unauslöschlich aufgedrückt. Unter den »Drückern« taten sich neben Bubis und Friedmann besonders hervor: Die Damen Däubler-Gmelin, Süßmuth, Laurien und die Herren Geißler, Blüm, Stoiber, Hintze, Pflüger, Scharping, von Lambsdorff usw. Diese Todesspirale war für uns genau so verheerend wie die sich mit ihr abwechselnde Schweigespirale. In diesem Würgegriff ging uns die

Luft aus, unsere Abwehrkräfte ließen nach. Im übrigen lasse ich mich nicht davon abbringen, daß manche der den Rechten zugeschriebenen Brandanschläge »hausgemacht« waren und Stammes- oder Familienfehden entsprangen.

Freiwillige oder unfreiwillige Helfer bei diesen gegen uns gerichteten Kampagnen fanden sich auch in der sogenannten »rechten Szene«. Auf diese »Szene« trifft zu, was einer der geistigen Wegbereiter des ungarischen Volksaufstandes, der jüdische Schriftsteller Tibor Deri, in seiner Novelle »Niki – die Geschichte eines Hundes« an die Adresse der damaligen kommunistischen Machthaber geschrieben hat: »Ihr sollt die jungen Hunde nicht an die Kette legen: entweder sie verkümmern oder sie werden böse.«

Die Rechte liegt hierzulande seit Jahrzehnten in Ketten. Die Käfighaltung hat zu einem unbezähmbaren Beißzwang geführt. In ihren neurotischen Vorstellungen wittern diese Lordsiegelbewahrer des »echten« rechten Gedankengutes überall Agenten, Spitzel, Söldner. Aus Gerüchten basteln sie sich Thesen von Weltverschwörungen zusammen. Ich weiß, wovon ich rede, geriet ich doch selbst zuweilen auch hier in »Acht und Bann«. Ursachen waren dabei nicht selten Erfolgsneid oder persönlicher Haß, weil ich sie aus Gründen der politischen Hygiene aus unserer Partei hinausdrängte. Eines Tages entsprang diesen Kreisen die absurde Idee, mich als Stasi-Mitarbeiter zu denunzieren. Erst waren es dunkle Andeutungen in dem dubiosen Schmierenblatt »Code« aus der Gerüchteküche der Weltverschwörung, dann tauchten verschlüsselte Zahlenangaben auf. Zunächst nahm ich das Ganze nicht ernst. Aber als dann auch die sogenannte »seriöse« Presse auf diesen Schurkenstreich einging, wurde es mir zu bunt. Ich verklagte »Code« und deren Hintermänner. Und selbstverständlich bekam ich beim Landgericht Stuttgart recht. Zu offenkundig und durchsichtig waren die Verleumdungen gewesen. Fairerweise muß ich hier anführen, daß über die Agentur ADN die Gauck-Behörde selbst Stellung bezog. Sie bestätigte, daß es eine Akte Schönhuber gäbe; diese sei aber keine Täter- sondern eine Opferakte. Verwundert aber hat mich dann in der Folge, daß ich trotz meiner damaligen Position als Bundesvorsitzender und Europaabgeordneter, obwohl mehrfach erbeten, bis heute keinen Einblick in meine Akte bekommen habe. Vielleicht könnte ein Einblick manche, auch innerparteiliche Auseinandersetzungen erhellen. Daß die DDR Agenten auf mich angesetzt hat, ist inzwischen bekannt. Die Frage: Kamen sie auch aus den eigenen Reihen?

Im Zusammenspiel mit den Medien verstärken die Altparteien den Außendruck auf die Republikaner.

Frühjahr 1994: Deutschland wird von Hysterie geschüttelt. Ein behindertes Mädchen behauptet, sie sei von Rechtsradikalen überfallen worden, die ihr ein Hakenkreuz in die Wange geschnitten hätten. Die veröffentlichte Meinung hat ihr Lieblingsthema: die Neonazis. Überall Demonstrationen, Minister nehmen teil, bekunden ihre Abscheu. Dann stellt sich heraus, daß das Mädchen sich selbst das Hakenkreuz in die Wange geritzt hatte. Erst betroffenes Schweigen, dann der Hinweis, es hätte aber auch tatsächlich so passieren können.

Die Medieninquisition schlägt eben gegen rechts unabhängig von der Beweislage zu, wenn dies nur zur Kriminalisierung dieses politischen Lagers verhilft. Jüngstes Beispiel: Die Briefbombenattentate. Nach Erkenntnissen der »Welt am Sonntag« (18.6.95) haben hier möglicherweise Palästinenser ihre Hand im Spiel gehabt. Bis zur endgülti-

Jedes Jahr kommen Delegationen aus ganz Europa um ihrer Kameraden zu gedenken.

PAUL GRIFFNUT
ROBERT DOFFAT
SERGE NADTOFF
JEAN ROBERT
8 UNBEKANNTE

Es waren durchwegs blutjunge Franzosen, die von den Amerikanern nach Kriegsende an die Franzosen übergeben wurden.

Der Auto als Redner bei Totenehrungen: »Wer die Toten nicht ehrt, ist das Leben nicht wert.«

Der Autor bei einer Signierstunde nach Erscheinen seines Bestsellers »Ich war dabei«.

So fing es an: Das Gründungstrio der Republikaner. Rechts neben dem Autor die damaligen Bundestagsabgeordneten Franz Handlos und Ekkehard Voigt, die kurz zuvor die CSU verlassen hatten.

Die Angriffe beginnen. Fälschungen sind an der Tagesordnung. Dieses Bild war gestellt, wurde jedoch als echt verkauft und verbreitet.

*Schönhuber beim Europawahlkampf in der Münchener Olympiahalle.
Über 8.000 Zuhörer folgten begeistert den Ausführungen des Bundesvorsitzenden der Republikaner.*

Geheime Zusammenkunft mit Jean Marie Le Pen in der oberbayeri-schen Ferienwohnung des Autors.

Das erste Treffen der technischen Fraktion der Europäischen Rechten in Bad Reichenhall. Jean Marie Le Pen freut sich über bayerische Folklore.

Das Ehepaar Schönhuber mit Jean Marie Le Pen.

Das Ehepaar Le Pen mit Franz Schönhuber.

Besuch des Kongresses des Front National in Nizza, 1990.

Dem Europaabgeordneten Franz Schönhuber wird zum dritten Mal die Einreise in die »Übergangs-DDR« verweigert. Vopos versperren den Weg.

Kontrastprogramm.
Im nüchternen Konferenzsaal.

In aufgeheizter Versammlungsatmosphäre.

Franz Schönhuber als Mitglied einer Delegation des Europäischen Parlaments beglückwünscht Präsident Krawtschuk zur Unabhängigkeit der Ukraine.

Bei einer Tagung der Tschernobyl-Kommission in Kiew.

*Erinnerung an
einen Besuch des
Kreml.*

*Vor dem Theater
in Tallin mit
balten-deutschen
Freunden.*

An der deutschen Schicksalsgrenze. Auf dem heute polnischen Ufer der Neisse. In Hintergrund Görlitz.

Blick vom deutschen Ufer der Neisse.

Das Werden einer REP-Zeltveranstaltung auf einem dörflichen Acker.

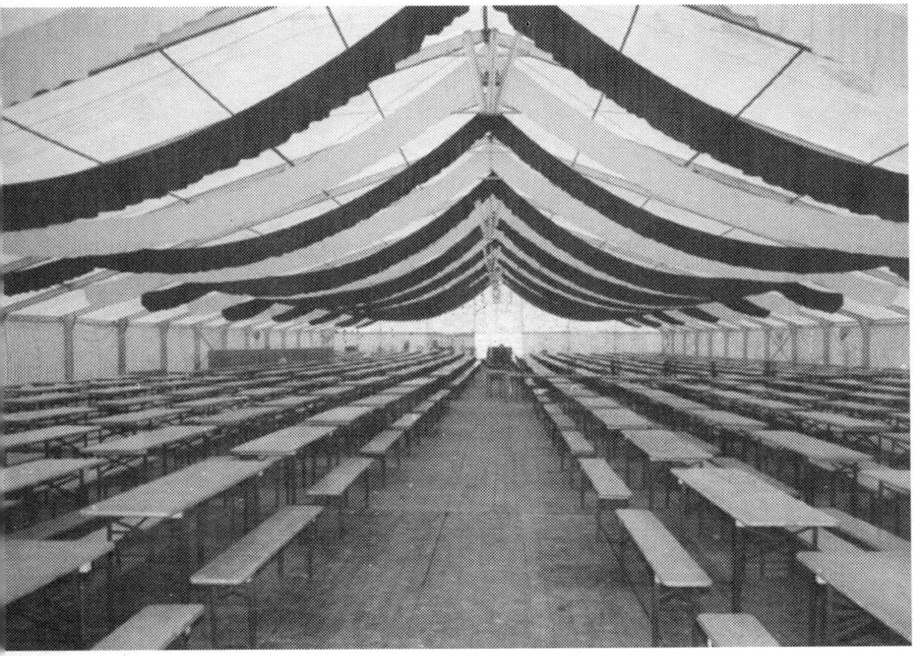

Die größte Aschermittwochveranstaltung, die Bayern jemals erlebte: Es kamen über 10.000 Menschen, die dem damaligen Bundesvorsitzenden der Republikaner einen jubelnden Empfang bereiteten (Februar 1994).

Sommer 1995. Die letzten Zeilen von IN ACHT UND BANN werden geschrieben.

gen Klärung wird freilich ostentativ behauptet werden, es handele sich um »Rechte«. Und: Jeder Taschendieb ist in dieser Republik zunächst ein reiner Taschendieb und ein »soziales Opfer« meist noch dazu. Nur wenn er zufällig Republikanermitglied ist oder allgemein einen kurzen Haarschnitt trägt, firmiert er in der Presse als »rechtsradikaler« Taschendieb.

Es wurde auch vergessen oder verdrängt, daß die besonders abscheulichen Briefbomben ihre Absender auch mal in Israel hatten. Opfer waren deutsche Raketenforscher, die in ägyptischen Diensten standen.

Ein besonders typischer Fall gezielter Kriminalisierung ereignete sich in Bergheim (Nordrhein-Westfalen). Die gesamte deutsche Presse, besonders ausgeschlachtet in »Report München« (Branchenjargon »Schwarzer Kanal«), stürzte sich auf die angebliche Beteiligung von zwei jungen Republikanern bei einem Angriff auf das dortige Asylantenheim. Das alles »zufällig« kurz vor der Europawahl. Unserem brillanten Anwalt, Konrad Hüttner, gelang es trotz erbitterten Widerstandes der Leitung des Bayerischen Rundfunks zwei Gegendarstellungen durchzusetzen. Eine mußte sogar zweimal verlesen werden, das zweite Mal ohne den sogenannten »Redaktionsschwanz«. Aber das Rennen war gelaufen, die Wahl vorbei. Auch die zuständige Staatsanwaltschaft ließ nichts mehr von sich hören, für die Medien war Bergheim »gestorben«. Wieder griff nach der Todesspirale die Schweigespirale. Aber mit Vogelfreien kann man ja alles machen.

Den Vogel bei der Kampagne auf alles, was rechts steht, schoß der Vorsitzende des Zentralrates der Juden, Ignatz Bubis ab. Im Vormittagsprogramm von ARD/ZDF, vertrat er im März 94 die Meinung, Parteien wie die »Reps«, deren Anhänger Häuser anzündeten, hätten in der politischen Landschaft nichts zu suchen. Das schlug dem Faß den Boden aus. Sturm der Entrüstung unter den Parteimitgliedern. Tenor: Der »Alte« muß 'was tun! Ich tat es, und es fiel mir nicht schwer. In seinem Haß hatte Ignatz Bubis die gesamte Partei kriminalisiert, sie zu einer Bande von Brandstiftern gemacht. Meine Antwort: »Das ist Volksverhetzung, Herr Bubis!« Und dabei bleibe ich bis heute. Es war ein Stich ins Wespennest. Die veröffentlichte Meinung überschlug sich in Beschimpfungen meiner Person. Führende Politiker aller etablierten Parteien wollten mich lieber bereits heute als morgen hinter Gittern sehen. Nach Meinung beispielsweise der Berufsbewältigerin der SPD, der stellvertretenden Bundesvorsitzenden Herta Däubler-Gmelin, müßten für mich schon einige Jahre »drin« sein. Es hagelte Anzeigen wegen Volksverhetzung gegen mich.

Gift und Galle spie der Schriftsteller Ralph Giordano, stets zur Stelle, wenn es gilt, zum Halali gegen alles Deutsche zu blasen. Er behauptete in den »Kieler Nachrichten«: »Daß diesem Schönhuber nicht sofort der Garaus gemacht wird, ist empörend.« Aufruf zu Mord und Totschlag? Ich zeige den Herrn an. Verfahren wird eingestellt. Giordano: Er habe den »Garaus« nicht physisch gemeint. Man stelle sich vor, diesen Satz hätte ein Rechter über Herrn Bubis gesagt!!!

Zur Enttäuschung aller Rep-Verfolger stellte aber die zuständige Staatsanwaltschaft Landshut am 8.4.94 das Verfahren wegen Volksverhetzung gegen mich ebenfalls ein. Mit meinem Satz hätte ich mich nur gegen eine Person, nämlich Bubis, gewendet. Im Umkehrschluß muß man sich fragen, was ist dann mit Bubis, der eine ganze Gruppe von Menschen gemeint hat? Aber für Bubis gelten andere Maßstäbe. Die Mahnung meines Vaters fällt mir

290

ein: »Gegen Weihrauch und Knoblauch...« Die Tatsache, daß Ignatz Bubis 1952 von der Großen Strafkammer des Landgerichts Dresden wegen Schiebereien zu zwölf Jahren Zuchthaus verdonnert wurde, – der Haft entzog er sich durch Flucht – wird heute in manchen Kreisen als eine Art Widerstandshandlung gegen die sowjetische Besatzungsmacht interpretiert. Und selbst Rainer Werner Fassbinder scheiterte mit seinem Versuch, die Figur eines Grundstückshais, hinter der man Bubis vermuten durfte, in seinem Stück »Der Müll, die Stadt und der Tod« auf die Bühne zu bringen. Bubis aber macht weiter seine Geschäfte weltweit.

Mit Landshut war der zweite Versuch, mich auch persönlich zu kriminalisieren gescheitert. Der erste Versuch erfolgte bereits 1989. Unmittelbar nach der Europawahl wurde ich durch eine anonyme Anzeige der Veruntreuung von Parteigeldern bezichtigt. So idiotisch die Beschuldigung auch war, ich befand mich damals in einer schwierigen Situation. Bis zum Inkrafttreten meiner Immunität als Europaabgeordneter waren es nur noch wenige Wochen, dann hätte das Verfahren ruhen, ich aber fortan mit dem Makel eines schwerwiegenden Verdachtes leben müssen. Meine Frau als Rechtsanwältin, der Schatzmeister Klaus-Dieter Pahl, sowie der damalige bayerische Landesvorsitzende Harald Neubauer arbeiteten zusammen mit der Münchner Staatsanwaltschaft fieberhaft an der Aufklärung der Vorwürfe. Sie stellten sich wie erwartet von A bis Z als falsch und erlogen heraus. Drei Tage vor Beginn meiner Immunität war ich rehabilitiert. Die Münchner Staatsanwaltschaft hatte bewiesen, daß es noch eine Justiz gibt, die allein dem Recht und nicht der politischen Opportunität verpflichtet ist.

Am Rande vermerkt: Das eine Verfahren lag am Anfang meiner Straßburger Abgeordnetenzeit, die Bubis-Affäre am Ende. Aber auch nach der Einstellung des Verfahrens durch die Landshuter Staatsanwaltschaft ging das publizistische und politische Kesseltreiben gegen mich weiter. Der Hans Dampf in allen Mediengassen, Salonpolitiker und selbsternannter Verfolger aller nationalen Strömungen, Michel Friedmann, verlangte meine Ächtung und die Aberkennung des aktiven und passiven Wahlrechtes. Ich wehrte mich: Dieses Land ist nicht allein Friedmann- oder Bubisland, dies ist und bleibt auch mein Land. Hinter vorgehaltener Hand flüsterten mir Parteifreunde des CDU-Bundesvorstandsmitgliedes Friedmann zu: Der spinnt ja, aber sag' was dagegen, schon bist Du Antisemit! Sie verhehlten auch nicht ihre Erbitterung über die insbesondere von den Medien und hier vor allem vom ZDF vorangetriebene Karriere des Frankfurter Rechtsanwaltes. Auch hier: Der wird uns noch zu schaffen machen. An dieser Stelle möchte ich jenen Satz wiederholen, der mir viele Angriffe eingebracht hat: Übersteigerter Philosemitismus ist nicht selten die Ursache von Antisemitismus. Dies ist historisch beweisbar.

Im Europäischen Parlament kam es zu einem Nachspiel. Die Europaabgeordnete der F.D.P., Mechthild von Alemann fordert die Verurteilung meiner Attacke gegen Bubis durch eine Parlamentsresolution. Der französische Abgeordnete der Sozialisten, Max Gallo, springt der deutschen Liberalen bei. Bruno Gollnisch vom Front National verteidigt mich. Ich melde mich zur Geschäftsordnung und gebe eine persönliche Erklärung ab:

»Frau Präsident, meine Damen und Herren! Ich möchte Ihnen Ihre Entscheidung erleichtern. Ich nehme kein Wort, keinen Punkt und kein Komma von meinen Äußerungen zurück.

Zweitens: Ich verwahre mich gegen den Vorwurf des Antisemitismus. Man hat die Reihenfolge der Erklärung verdreht. Es muß möglich und denkbar sein, daß ein Vorsitzender einer Partei sich vor seine Anhänger stellt, wenn ein Herr Bubis erklärt, die Anhänger dieser Partei zündeten Häuser an. Ich kann Ihnen versichern, kein einziger Anhänger dieser Partei hat jemals Häuser angezündet. Meine Antwort war klar. Es war die Reaktion auf einen Angriff, den ich für unakzeptabel halte. Ich sage noch einmal, mein Wort bleibt bestehen. Ich nehme nichts zurück.«

Reaktion im Plenum: Verhaltene Unruhe. Einige Abgeordnete kommen später zu mir, sagen, daß sie meinem

293

Mut respektierten und die in Umlauf gebrachte Resolution zerreißen würden.

Die Unterschriftensammlung für meine Verurteilung läuft schleppend. Es müssen die Hälfte der Abgeordneten, also 260 Personen, unterschreiben. Die Frist für die Unterschriftenabgabe wird auf Freitag, den 6. Mai, 12.00 Uhr verlängert, den überhaupt letzten Tag der Parlamentsperiode. Wie die Wegelagerer lauern die Eintreiber der Resolution den Abgeordneten auf, am Liftausgang, in den Korridoren, im Plenum und schleppen sie zu dem eigens eingerichteten Raum. Endlich, um 12.00 Uhr haben sie es geschafft. Mit Müh und Not. Einige Abgeordnete drücken sich schuldbewußt an mir vorbei. Ich habe buchstäblich das letzte Wort in der zu Ende gehenden Legislaturperiode, sage erneut, daß ich nichts zurücknähme und den Vorgang als eine Auszeichnung für mich betrachte. Die Präsidentin erwidert, man werde einen Brief mit der Resolution an den Deutschen Bundestag schicken. Aus! Die Sitzung ist geschlossen. Die Legislaturperiode zu Ende. Ich gehe in mein Büro zurück. Meine Assistentin Frau Dr. Saniewski und mein Leibwächter Hermann Steingraber sitzen bereits auf gepackten Koffern. Wir lassen nichts zurück. Reise ohne Wiederkehr? Auch wenn wir es uns nicht offen eingestehen: Es war wohl unser letzter Tag im Europäischen Parlament. Leise Wehmut! Ich verabschiede mich gesondert von den Chefs der Fahrbereitschaft, die uns gegenüber stets sehr zuvorkommend waren. Sie sagen »Au revoir« – Im September sehen wir uns wieder. Selbstverständlich, sage ich mit belegter Stimme und »Schöne Ferien«.

Über die Grenze fahren wir besonders langsam, so als würden wir die letzten Minuten unseres Frankreichaufenthaltes verlängern wollen. Mein Fahrer scherzt: »Wenigstens fahren wir diesmal wieder im eigenen Wagen«. Er spielt auf den Diebstahl unseres BMW einige Wochen vorher an. Die Diebe hatten aber wohl Schwierigkeiten mit dem Verkauf des gepanzerten Autos, und so fand die französische Polizei es nach ein paar Tagen ziemlich demoliert auf einem Abstellplatz am Rande Straßburgs wieder. Der zuständige französische Beamte schloß allerdings ein gegen mich gerichtes politisches Manöver nicht aus.

Es geht weiter im Wahlkampf. Wir stehen mit dem Rücken zur Wand. Ich verspüre zunehmende Müdigkeit. Sollte es zutreffen, was de Gaulle einmal gesagt hat:»La vieillesse c' est un nauffrage« – Das Alter ist ein Schiffbruch. Ich wehre mich: Und Adenauer, Hindenburg, Pétain, Clémenceau? Gegenstimme: Aber die spielten doch in anderen Mannschaften, und zum Schluß waren sie auch nur noch bespöttelte Edelreservisten, schossen keine Trophäen mehr, sondern nur häufig Böcke. La Tristesse du matin – die morgendliche Traurigkeit stellt sich immer häufiger ein, insbesondere als Kontrastprogramm zu einer mit ein paar Gläsern Rotwein nachgeholfenen Euphorie der vorangegangenen Nacht.

Mir wird klar, daß der Ausgang der Europawahl auch mein eigenes politisches Schicksal entscheidet. Zwar hatte mich die Partei mit jeweils fast hundertprozentiger Mehrheit als Spitzenkandidat für alle drei kommenden Wahlen – Europa-, Bayern-, Bundestagswahl – aufgestellt, aber einige Funktionäre lauerten bereits auf die Chance eines Wechsels an der Spitze. Besonders taten sich dabei jene hervor, die an einen »Liebesentzug« glaubten. Mir war die Anhimmelei durch einige Spitzenfunktionäre auf die Nerven gegangen, und ich zeigte dies auch. Außerdem bestätigte sich in unserer Partei die alte Erfahrung, daß

Menschen ohne fundierte Bildung weniger gefährlich sind als jene mit Halbbildung, was sich Monate später nach dem Führungswechsel in der Partei als allzu wahr erwies. Diese Halbbildung zählte zur »Ausrüstung« insbesondere der Spitzenleute in Nordrhein-Westfalen. Schlechte Voraussetzungen also für die kommenden Wahlen im bevölkerungsreichsten Land der Bundesrepublik. Das Ergebnis bei den Landtagswahlen am 14. Mai 1995 war dann auch dementsprechend: 0,8 Prozent. In schöner »Eintracht« dazu Bremen: 0,27 Prozent – absoluter Tiefstand! Wie konnte es dazu kommen?

Zu den innerparteilichen Schwierigkeiten gesellte sich die zunehmende Stigmatisierung. Die Privatsender brachten kontinuierlich Warnungen: Keine Stimme den Reps! Dazu kamen bewußte Demütigungen. Als ein Parteifreund bei SAT 1 unseren Wahlwerbespot abgeben wollte, wurde ihm das Betreten des Hauses verweigert: »Wir wollen keine Reps sehen, geben sie das Band beim Pförtner ab.« Die zunehmende Gewalt gegen uns wurde entweder verniedlicht oder gar bespöttelt. Ein Beamter der Bayerischen Grenzpolizei, die für die regelmäßige Bestreifung meiner Ferienwohnung zuständig war, zeigte mir ein Schreiben des Bonner Innenministeriums, worin zu größerer Wachsamkeit aufgefordert wurde. Es lägen Erkenntnisse vor, daß ein von jüdischen Geschäftsleuten bezahltes Killerkommando mit dem Auftrag unterwegs sei, mich, wo auch immer, zu töten. Als ich auf Anraten eines befreundeten Polizeibeamten in einer Art Präventivmaßnahme an die Öffentlichkeit ging, wurde dies in einigen Zeitungen hämisch als »Werbegag« abgetan. Rechte sind in diesem Land vogelfrei.

Weiteres Beispiel: Am 20.5.1994 bin ich bei einer Wahlveranstaltung in Heidenheim. Zu Zeiten des in Heidenheim wohnhaften ehemaligen Landesvorsitzenden von Baden-Württemberg, dem Europaabgeordneten Klaus-Peter Köhler, war diese Stadt eine republikanische Hochburg, die rund 20 Prozent Stimmen bei Wahlen herausholte. Wie üblich: Gewalttätige Randale unserer sattsam bekannten Antifa-Begleiter. Vor Betreten des vollbesetzten Versammlungsraumes kommt der zuständige Sicherheitschef auf mich zu und bittet mich dringend, die Veranstaltung abzusagen. Grund: Ein ernstzunehmender Anruf! Demzufolge sei ein mit bewaffneten Türken besetztes Auto auf dem Wege nach Heidenheim. Ein Überfall sei zu befürchten. Ein anderes Auto habe man noch abfangen können. Schwere Entscheidung. Es geht nicht allein um meine Sicherheit, sondern auch um die des Publikums. Ich denke daran, daß wir schon viele Bombendrohungen heil überstanden haben, lehne die Bitte ab. »Auf Ihre Verantwortung«, meint der Beamte, der korrekt und gekonnt die Sicherheitsmaßnahmen leitete. Während meiner ganzen etwa anderthalbstündigen Rede werde ich jedoch das Gefühl der Bedrohung nicht los, bin froh, als ich den Schlußsatz hinter mir habe. Anschließend dann ein Interview mit dem für die Europapolitik zuständigen ARD-Mann Nikolaus Brender. Gehässige Fragen. Ich bin diesmal nicht sonderlich konzentriert. Außerdem kann ich meinen Unmut über diese Art von voreingenommenen Interviews kaum verbergen. In Gedanken bin ich bei meinen Sympathisanten, die sich ihren Weg durch die johlenden Demonstranten bahnen müssen. Tage später sehe ich mir die natürlich tendenziös zusammengeschnittene Interview-Aufzeichnung an, bemerke die Erschöpfung in meinem Gesicht, die dunklen Ringe um die Augen. Wieder wird mir die Hoffnungslosigkeit und Hilflosigkeit gegenüber der Allmacht der Medien vor Augen geführt.

Warum verweigert man mir Live-Sendungen? Aus »volkspä-dagogischen« Gründen? Dies wird sogar manchmal einge-räumt. Wenn ich wirklich einmal die Chance bekam, sahen die Medienvertreter nämlich alt aus.

Der Bayerische Rundfunk, mein Heimatsender, brachte die »Meisterleistung« fertig, mich während meiner elfjäh-rigen Zeit als Bundesvorsitzender von jedem Live-Studio fernzuhalten. Gelebte Demokratie? Kontroverses kontro-vers dargestellt? I wo! Der Blick hat starr auf die Karriere-leiter gerichtet zu sein. Man will ja schließlich Direktor von CSU-Gnaden werden.

Die Medien werden in diesem Land immer stärker zum Machtfaktor, der von den Parteien geschickt unter dem Deckmantel einer angeblich überparteilichen »öffentli-chen Rechtlichkeit« beherrscht wird. Wer in den Medien nicht genannt wird, existiert für den Wähler nicht – ein Teufelskreislauf.

Am 23. Mai 1994 findet in Berlin die Bundespräsidenten-wahl statt. Im Präsidium wurde vorher einstimmig be-schlossen, ich solle mich als Kandidat aufstellen lassen. Erbat mir Bedenkzeit, weiß aber bereits, daß ich es nicht tun werde.

Amüsantes Zwischenspiel im VIP-Raum des Münchner Flughafens. Ich treffe dort vor dem Flug nach Berlin auf das Ehepaar Scheel. Freundliche Begrüßung. Die charman-te Gattin des Ex-Bundespräsidenten macht ein paar ironi-sche Anmerkungen zur äußeren Provinzialität des wohl zukünftigen Bundespräsidenten Herzog. Auch Scheel läßt durchblicken, daß er von dem Landshuter nicht viel hält.

Aus meinem Tagebuch (26.5.94):» Warum sprechen die Politiker bloß immer mit zwei Zungen? Ausnahmen bestätigen die Regel. Die eine war Franz Josef Strauß. Er nannte einmal Kohl in einem größeren Kreise vor den

Funktionären der Jungen Union einen total unfähigen Politiker, der sich die Frage stellen müsse, warum er niemals Kanzler würde. Kohl wurde es. Und ist es schon seit 13 Jahren. Zeit zum Wechsel! Der Herr wird immer selbstgerechter. Und immer onkelhafter.«

Am Vorabend der Präsidentenwahl schlage ich unseren von der Stuttgarter Landtagsfraktion bestimmten Wahlmännern vor, Hans Hirzel als Präsidentschaftskandidaten zu benennen. Zögerliche Zustimmung. Warum Hirzel, der noch nicht lange in der Partei sei? Ich weise darauf hin, daß Hans Hirzel nicht wie ich mit einer Belastung leben müsse, sondern als Mitglied der »Weißen Rose«, wenn auch nur als Randerscheinung, dem Zeitgeist keine Angriffsfläche böte. Daß er einmal gesagt hatte, man behandle heute die Republikaner so wie man im Dritten Reich die Juden behandelte, war in der veröffentlichten Meinung verdrängt worden. Die »Weiße Rose« war sein Schutzschild. Wir beauftragen Dr. Schlierer, die Nominierung bei der Versammlung zu begründen. Er kann das gut. In formalen Dingen kann man sich auf ihn verlassen. So dachten wir.

23.5.94, Berlin: Tag der Präsidentenwahl. Die Sicherheitsmaßnahmen für mich sind optimal. Im Saal herrscht eine angespannte Atmosphäre. Unwillen kommt hoch, als neben Herzog, Rau und Hamm-Brücher ein weiterer Name genannt wird. Die Präsidentin nuschelt den Namen Hirzel so undeutlich, daß niemand eine Ahnung hat, um wen es sich handelt. Dann tritt Dr. Rolf Schlierer ans Mikrofon und vergißt in der Aufregung zu erwähnen, daß er im Namen der Republikaner spreche. Seine Landtagskollegen sind sauer. Da hängt ganz Deutschland am Bildschirm und der verhaut uns die Chance, erwähnt zu werden! Ich beschwichtige und nehme Schlierer in Schutz. Größere

Sorgen bereitet mir Hans Hirzel. Er ist dauernd unterwegs, sucht Gesprächspartner. Wir haben Angst, daß er den Namensaufruf verpaßt. Es kommt zum ersten Wahlgang. Das Ergebnis: 12 Stimmen für unseren Kandidaten. Hirzel hat also drei Stimmen mehr bekommen als wir Wahlmänner haben. Der Vertreter der »Deutschen Liga für Volk und Heimat« Ingo Stawitz hat nach eigenem Bekunden für ihn gestimmt und zwei Stimmberechtigte aus der CDU. Zweiter Wahlgang: Hirzel kandidiert wieder. Er bekommt diesmal eine Stimme weniger.

Anschließend stehe ich mit ihm plaudernd im Vorraum. Da kommt der bekannte, aus der Frankfurter Schule stammende Soziologieprofessor Habermas auf uns zu. In wenig freundlichen, von Ironie durchzogenen Worten glossiert er die von Hirzel stets angeführte Mitarbeit bei den »Frankfurter Heften« und seine Freundschaft zu Professor Adorno. Hirzel macht ein belämmertes Gesicht. Seine gestotterte Selbstverteidigung ist wenig überzeugend. Mir ist die Angelegenheit peinlich. Innerlich spüre ich, daß Habermas so unrecht nicht hat. Schon seit geraumer Zeit hatte ich das Gefühl, daß Hirzel ein politisch Gescheiterter bei der CDU war, deshalb zum Wanderer durch Politwelten wurde und bei uns landete.

Im Laufe der später ausbrechenden innerparteilichen Auseinandersetzungen stellt sich heraus, daß gerade jene, von mir nachhaltig geförderten Seiteneinsteiger die ersten Umfaller waren. Sie fanden sich auf einmal in den Reihen derer, die mir, übrigens zu Recht, wegen meiner Karrieren-Nachhilfen für Seiteneinsteiger böse waren und mir dies nunmehr heimzahlten.

Hirzel gegen mich zu gewinnen war nicht schwer. Meine Kontrahenten erkannten seine altväterliche Eitelkeit und gaben in ihren Lobreden, wie man im Theaterjargon sagt, dem Affen Zucker. Plötzlich sah sich der seit Jahren in Vergessenheit geratene Herr umworben. Die »Junge Freiheit«, geleitet von einem ehemaligen Republikaner, stellte ihn als Gralshüter republikanischer Tugenden groß heraus. So wurde er zum Telefon-Troubadour für all jene, die landauf, landab zum Aufstand bliesen. Man warf Hirzel einen weiteren Köder hin, nämlich eine Art Spiritus Rektor ausgerechnet bei jener parteieigenen Stiftung zu werden, die den Namen »Franz-Schönhuber-Stiftung« tragen soll. Daraus wird wohl nichts mehr werden. Aber wir eilen den Ereignissen voraus. Zunächst kommt es zur Europawahl. Und die verlieren wir klar (siehe Kapitel Eins). Und meine Situation wird immer schwieriger. Bismarck hatte recht: Der Sieg eint, die Niederlage spaltet. Die rivalisierenden Spitzenfunktionäre wollen im Gegensatz zur Basis beweisen, daß nicht mehr gilt, was der einstige bayerische Landesvorsitzende Harald Neubauer einmal geschrieben hatte: »Schönhuber ist die Partei, und die Partei ist Schönhuber!« Noch sagen meine potentiellen Nachfolger nicht laut: »Der Alte muß weg!«, dafür aber heißt es wie in solchen Fällen üblich: »Es muß was passieren.« Aber was? Jeder Funktionär weiß, daß ich bei den im Dezember 1994 anstehenden Vorstandswahlen nicht mehr zum Vorsitz kandidieren werde. Also gleich zurücktreten? Das wäre ein Eingeständnis meiner Schuld am Wahldebakel. Und außerdem würde es unsere Chancen für die kommenden Landtagswahlen in Bayern, Sachsen, Sachsen-Anhalt und der Bundestagswahl schmälern.

Die Atmosphäre in Präsidium und Bundesvorstand verschlechtert sich. Es ist kaum zu fassen. Jene, die noch vor ein paar Monaten alles getan hatten, um an meiner Seite in die Versammlungssäle einzuziehen, die die Namensschilder vertauschten, um ja in meiner Nähe sitzen zu können, wegen Karriererangeleien kaum Zeit zum Wahlkampf fanden, sind nun eifrig dabei, Komplotte zu schmieden, um den Parteiapparat in die Hände zu bekommen. Mich berührt das kaum noch; ich investiere meine ganze Kraft in den Wahlkampf. Dabei gelingt es mir immer weniger, meine Verachtung gegenüber jenen Funktionären zu verbergen, die ihre Stühle mir verdanken und die dafür jetzt umso eifriger an meinem Stuhl sägen. Geglaubte menschliche Bindungen stellen sich als reine Zweckbindungen heraus. Ich ziehe mich mehr und mehr zurück, nehme kaum noch an geselligen Runden nach Vorstandssitzungen teil. Bei den Sitzungen aber mache ich einen Fehler, den auch meine Verbitterung nicht entschuldigen kann. Ich beginne, bestimmte Vorstandsmitglieder vorzuführen, ihr geringes intellektuelles Potential bloßzustellen. Die Rache bleibt nicht aus.

Mit einer Mischung aus nicht angebrachtem Amüsement und echter Sorge betrachte ich das inzwischen voll im Gange befindliche Nachfolgerennen. Erbittert balgen sich die Kontrahenten um das Fell des Bären, den sie allerdings erst noch gemeinsam erledigen wollen.

Am schamlosesten verhält sich dabei der geschäftsführende stellvertretende Vorsitzende Alexander Hausmann. Sein Opportunismus war in der Partei sprichwörtlich geworden. Der Finanzberater oder Wertpapierhändler, wie er sich unterschiedlich nannte, kam von der CSU. Dort waren seine Blütenträume von Karriere nicht gereift. Zu uns stieß er, wie nicht wenige Spitzenfunktionäre auch, nach unserem parlamentarischen Durchbruch bei den Abgeordnetenhauswahlen in Berlin 1989. Erst im Juni 1995 erfuhr ich, daß Alexander Hausmann unter anderem hauptamtlicher Mitarbeiter der CSU-Landesleitung gewesen war. Im Nachhinein wird mir nun vieles klarer!

Bei parteiinternen Auseinandersetzungen verhielt er sich abwartend. Noch am Abend vor dem Parteitag in Ruhstorf im Juni 1990, wo die aus damaliger Sicht wohl richtig gewesene Abgrenzung zu anderen Rechtsparteien beschlossen wurde, gehörte er zu meinen Gegnern. Als sich am nächsten Tag eindeutige Mehrheitsverhältnisse für mich abzeichneten, setzte er zu einem atemberaubenden Salto an und landete auf der Gewinnerseite. Davon erfuhr ich leider erst später. Immer wenn er zu einer Umarmung ansetzte, mußte ich daran denken, was ich in meinem Buch »Freunde in der Not« geschrieben hatte: »Apropos Schulterklopfen. Dazu gibt es in politischen Zirkeln eine böse Version. Frage: Warum klopfen sich bayerische Politiker so gern auf die Schulter und umarmen sich? Antwort: Um zwischen den Schulterblättern die weichste Stelle für den politischen Stilett-Stich zu ertasten...«. Gemeint war hier vor allem die CSU. Hausmann war schließlich von 1969 bis 1989 CSU-Mitglied gewesen.

Für Überraschungen war dieser Mann auch in der Zukunft gut. Nach der Bubis-Auseinandersetzung wies er in einem Gespräch mit mir, meiner Assistentin Dr. Ursula Saniewski und dem damaligen Schatzmeister Klaus-Dieter Pahl darauf hin, daß er Halbjude sei. »Na und«, sagte ich, »meine erste Frau war auch Halbjüdin.« Aber dann enthüllte Hausmann seine Hintergedanken. Auf den Soldaten der Waffen-SS könnte doch jetzt ein Halbjude als Vorsitzender der Republikaner folgen. Von mir in den Sattel gehoben! Dies ließe sich gut verkaufen! Mir war das ganze zuwider. Die Abstammung als Karrierejoker? Ich erwiderte, es wäre sicher gut, wenn er bei der anstehenden Pressekonferenz auf seine jüdische Herkunft hinwiese, dies würde helfen in dem Bemühen, uns gegen den latenten und unberechtigten Vorwurf des Antisemitismus zur Wehr zu setzen. In der Frage der Nachfolge aber hielt ich mich bedeckt. Dies fiel mir umso leichter, weil mich weitere Enthüllungen Hausmanns immer argwöhnischer machten. Der Alkohol löste seine Zunge. Er wies auf sein Freimaurertum hin, auf angebliche Kontakte zu der berüchtigten Loge P2 in Italien. Später bestätigte Hausmann zwar seine Aussagen, aber mit dem Zusatz, sie stimmten nur zur Hälfte, den Freimaurern habe er inzwischen den Rücken gekehrt, und das Ganze habe er überdies nur in Szene gesetzt, um die Reaktionen der Partei zu testen. Später rückte er auch von der Bezeichnung »Halbjude« ab. Offensichtlich hatte er Zeitungsmeldungen gelesen, worin die Benennung Halbjude als der NS-Terminologie entstammend verteufelt wurde. Die Journalisten, die dies von sich gaben, kannten sich in der Weltliteratur schlecht aus. Auch jüdische Autoren fanden die Bezeichnung Halbjude in keiner Weise diskriminierend. Für Hausmann aber war dies eine gute Gelegenheit, jetzt nur noch von »jüdischem Blut« in einem Familienzweig zu reden. Das ganze war schlichtweg abstoßend. Die Reaktionen bekam er beim Bundesparteitag im Dezember 1994 in Sindelfingen zu spüren, wo sein Auftreten mit wütenden Pfiffen und dem Hochheben von Geldscheinen begleitet wurde. Was will der Mann eigentlich, fragten sich immer mehr Parteifreunde.

Die weiteren öffentlichen Wahlen trugen nicht zur Klimaverbesserung bei. In Sachsen-Anhalt kamen wir trotz Einsatzes unseres Spitzenkandidaten Dr. Rudolf Krause, der als Bundestagsabgeordneter der CDU zu uns gewechselt war, nur auf 1,4 Prozent.

Große Hoffnung setzte ich auf Sachsen. An der Spitze des Verbandes stand Professor Dr. Günter Bernard. Noch in seiner Eigenschaft als Professor für Marxismus-Leninismus an der Universität Leipzig war er nach langen, gründlichen und offen geführten Gesprächen mit mir zu uns gekommen. Ich hielt zu ihm, obwohl ich mich heftiger Angriffe in manchen Parteigliederungen wegen seiner einstigen Zugehörigkeit zur SED zu erwehren hatte. Auch generell war meine Öffnung für ehemalige SED-Mitglieder, soweit sie keine Stasi-Angehörigen oder Spitzel waren, nicht unumstritten. Gerade Parteifunktionäre, die aus der CDU und CSU kamen, waren in dieser Frage eher negativ gestimmt. In meiner Argumentation für die Öffnung vies ich darauf hin, daß uns die Entnazifizierung nach dem Zweiten Weltkrieg als warnendes Beispiel vor Augen stehen müsse, wo allein die formale Zugehörigkeit zu NS-Organisationen und nicht die charakterliche Haltung der Betroffenen den Ausschlag gegeben habe. Wie sollte ausgerechnet ich einen jungen Mann verurteilen, der in einem Alter, als ich mich freiwillig zur Waffen-SS gemeldet hatte, aus idealistischen Gründen zur »Nationalen Volksarmee« gegangen war. Nur wer die braune Propaganda erlebt hat, kann die rote voll verstehen. Außerdem sei meiner Meinung nach die DDR weniger russifiziert als die BRD amerikanisiert worden.

Leider hatten wir in den sächsischen Großstädten wie zum Beispiel Leipzig keine Direktkandidaten, und so fiel das Ergebnis sehr mager aus: 1,27 Prozent. Daß wir in Sachsen ein gutes Potential hatten, bewiesen unsere Ergebnisse im Erzgebirge und im Vogtland, wo uns Einbrüche in traditionell rote Bezirke gelangten.

Ich grübelte und grübelte. Wie kann man den offensichtlichen Niedergang noch stoppen? Hamburg trieb mich um. Zwei Rechtsparteien, zusammen hätten wir es geschafft, einzeln scheiterten beide an der Fünf-Prozent-Hürde. Da stellte ein Ereignis die Weichen, dessen Auslöser zunächst eher zufällig war.

Sechsundzwanzigstes Kapitel
Das Frey-Treffen und die Folgen

In der »Süddeutschen Zeitung« vom 11.8.94 las ich, groß aufgemacht, daß der bayerische Innenminister Dr. Günther Beckstein dem Herausgeber der »Nationalzeitung«, Dr. Gerhard Frey, eine Verlängerung seines Waffenscheins, der ihm das Tragen einer Schußwaffe erlaubte, abgelehnt hatte. Beckstein ist ein Mann, der seine ausländerfeindliche Gesinnung dadurch in den Medien zu kompensieren sucht, daß er auf alles einschlägt, was sich zu Rechts auch offen bekennt. Das alte Väter/Söhne Problem. Becksteins Vater hatte in der NS-Zeit, wie mir Max Streibl genüßlich erzählte, das katholische Kloster Ettal als Hitler-Bewunderer gründlich »nazifiziert«.

Der Innenminister begründete seine Entscheidung mit dem Hinweis, Waffen gehörten nicht in die Hände von Extremisten. Beckstein mußte aber wissen, daß Dr. Frey extrem gefährdet ist. So sah es später auch das Gericht. Becksteins Entscheidung wurde aufgehoben. Empört über das perfide Vorgehen des Innenministers schrieb ich Dr. Frey spontan einen kurzen Brief. Darin brachte ich die Hoffnung zum Ausdruck, daß er und seine Familie keinen Schaden nehme. Dr. Frey bedankte sich seinerseits, verurteilte Becksteins Haltung und schlug ein persönliches Treffen vor.

Vorausgegangen waren mehrere Briefe von Dr. Frey, worin er zur Zusammenkunft aufgefordert hatte. Das Präsidium unserer Partei lehnte jedesmal einstimmig jegliche Zusammenarbeit ab. Allerdings glaubte ich seit Monaten immer weniger daran, daß uns diese Verweigerungshal-

tung ein Entkommen aus den Fangarmen des Verfassungsschutzes ermöglichen würde. Ich verglich die Programme
beider Parteien, das unsere mit dem der DVU. Es gibt
kaum signifikante Unterschiede. Immer weniger leuchte-
te mir ein, daß wir in Triumphgeheul ausbrachen, wenn
irgendein Funktionär aus den Reihen der etablierten Partei-
en den Weg zu uns fand, wir aber jedem barsch die Tür
wiesen, der als Vertreter anderer rechter Parteien bei uns
anklopfte. Inzwischen waren wir in fast allen Bundesländern via Verfassungsschutz Zellennachbarn der DVU geworden, unsere »Aufseher« waren die Etablierten. Die Abgrenzungsfetischisten bei uns aber wollten selbst jene
Klopfzeichen untersagen, in denen gemeinsame Aus-
bruchsüberlegungen angestellt werden sollten. Eine wahrhaft kafkaeske Situation. Nicht verschwiegen darf in diesem Zusammenhang auch werden, daß in der Vergangenheit Frey und ich manch harten Strauß ausgefochten und
dabei Sätze gewechselt hatten, die später in Zitatform dem
einen wie dem anderen unter die Nase gerieben werden
konnten.

Wie dem auch sei: das persönliche Treffen fand am 22.
August 1994 am Tegernsee statt. Anwesend waren Dr.
Frey und sein Sohn, meine Frau und ich. Es kam zu keinen
wie auch immer gearteten verbalen Umarmungen. Die
Gesprächsatmosphäre war sachlich. Übereinstimmung
herrschte von Anfang an in der Beurteilung der politischen Situation, der immer größer werdenden Gefahr von
links. Einig waren wir uns auch darin, daß ein weiteres
Aufeinandereinschlagen unter den rechten Parteien ein-
zig und allein den etablierten Parteien nützt. Es sollten
daher Mittel und Wege gefunden werden, die auch ein
Gegeneinanderkandidieren in bestimmten Fällen aus-
schlössen. Ein Signal des Nachdenkens über die Situation

der Rechten in Deutschland würde somit gesetzt werden. Mir war klar, daß der Vorgang für mich zu einem Ritt über den Bodensee führen würde. Aber zu ihm stehe ich nach wie vor. Auch für Dr. Frey war die Unterzeichnung der hier abgedruckten gemeinsamen Presseerklärung kein leichter Schritt.

Kaum waren die Unterschriften trocken, brach der seit langem von einigen Funktionären geschürte Sturm los. Endlich war die Gelegenheit da! Jetzt packen wir ihn. Vorreiter Hausmann! Dr. Rolf Schlierer, ein eher labiler, entscheidungsschwacher Mann, stets auf bürgerliche Reputation bedacht, hielt sich noch bedeckt, versicherte mir zunächst seine Loyalität, war aber insgeheim bereits ins Lager der Putschisten übergeschwenkt. Vergebens wies ich darauf hin, daß wir unmittelbar nach der Presseerklärung in den Umfragen wieder gestiegen waren und erst dann ins Uferlose fielen, als der interne Streit von meinen »Parteifreunden« publik gemacht und öffentlich ausgeschlachtet wurde.

Und plötzlich wurde mir sogar meine Auseinandersetzung mit Ignatz Bubis zum Vorwurf gemacht. Hatten führende Funktionäre mich im März noch händeringend gebeten, endlich etwas zu unternehmen, wollten sie jetzt plötzlich nichts mehr davon wissen, ja sie hätten schon immer so gedacht. Gar zu genau erinnere ich mich der privaten Gespräche, in denen damals mein Vorgehen gerade von Hausmann und Dr. Schlierer enthusiastisch begrüßt wurde. Auch Dr. Schlierer hielt mein Verhalten nun für einen Fehler, denn in solch einem Falle sollte man nach dem Motto handeln: »Immer daran denken, nie darüber reden«. Ich habe es stets anders gehalten: Nicht schweigend einstecken, sondern offen und ehrlich darüber reden, wenn es um die Ehre des Volkes und der Partei geht.

Meinungsaustausch zwischen Franz Schönhuber und Dr. Gerhard Frey

Alarmiert durch Nachrichten, daß nun auch die CDU auf die Linie
der doppelten Staatsbürgerschaft einschwenkt, das
Abstammungsprinzip aufweichen will und somit Deutschland als
Land der Deutschen in Frage gestellt wird, trafen die
Vorsitzenden der DVU und der Republikaner, Dr. Gerhard Frey und
Franz Schönhuber, zu einem Meinungsaustausch zusammen.

Franz Schönhuber und Dr. Frey wenden sich mit aller Schärfe
gegen die zunehmende Kriminalisierung und Terrorisierung der
demokratischen Rechten. Sie weisen hierauf gerichtete
rechtswidrige Machenschaften, etwa des bayerischen
Innenministers Dr. Beckstein sowie der SPD-Innenminister Schnoor
und Dr. Birzele, auf das entschiedenste zurück.

In einer Zeit, in der Gespräche zwischen Gregor Gysi und Edzard
Reuter als normal registriert, Ex-Kommunisten von den Medien
hochgepäppelt werden und die rote Volksfront die Bundesrepublik
umzukrempeln droht, wollen die beiden Parteivorsitzenden ein
Zeichen setzen.

Beide Vorsitzende sind sich darin einig, daß der linken
Volksfront eine rechte Abwehrkraft entgegengesetzt werden muß,
zu der die CDU/CSU mit Exponenten wie Süßmuth, Geißler, Blüm,
Pflüger und Glück weder willens noch in der Lage ist.

Einig waren sich die etablierten Parteien in der Anwendung des
Prinzips divide et impera uns gegenüber. Deshalb wollen die
beiden Parteivorsitzenden unter Beachtung bestehender und
verbindlicher Parteibeschlüsse ihren Parteien empfehlen,
Auseinandersetzungen einzustellen und zu einem Verhältnis zu
gelangen, das insbesondere bei Wahlen eine Selbstblockade
verhindert.

Dr. Frey und Franz Schönhuber verurteilen bedingungslos jede
Mißachtung der Rechtsordung - insbesondere die immer mehr um
sich greifende Gewalt - als Mittel der politischen
Auseinandersetzung. Sie warnen weiter vor den auf der
sogenannten rechten Szene herumvagabundierenden
Kleinstgruppierungen, Ligen und Vereinigungen, die nach
bestehenden Erkenntnissen nichts anderes als die trojanischen
Esel der sogenannten Verfassungsschutzämter darstellen.

Über die zukünftigen Formen des Verhältnisses der beiden
Parteien entscheiden jedoch nicht die Vorsitzenden. Dies ist
Sache der jeweiligen Parteibasis und wird bei den kommenden
Parteitagen zur Diskussion gestellt und entschieden werden.

Wenn es wie jetzt um entscheidende Weichenstellungen für unser
Land geht, muß es in Kauf genommen werden, daß die Gegner
jeglicher Form des Patriotismus auf diesen Meinungsaustausch mit
Unterstellungen und Verdrehungen reagieren werden. Die CSU sei
in diesem Zusammenhang daran erinnert, daß ihrer früheren
Parteispitze die engen Beziehungen zwischen führenden CSU-
Politikern wie dem einstigen Innenminister Dr. Seidl sowie dem
Kultusminister Professor Maunz und Dr. Frey durchaus bekannt
waren.

(Franz Schönhuber)   (Dr. Gerhard Frey)

Das Schicksal der Partei interessierte die Putschisten kaum mehr; es ging jetzt nur noch darum, sich den Apparat und wohl auch die Finanzen unter den Nagel zu reißen. Mit Erstaunen erlebte ich die Metamorphose eines großen Teils des Bundesvorstandes. Aus braven Musterschülern, die in den vorangegangenen elf Jahren vor allem ihre Nickmuskeln strapaziert und fast immer mit überwältigender Mehrheit meine Vorschläge akzeptiert hatten, waren außer Rand und Band geratene Umstürzler geworden, wobei sich menschliche Abgründe auftaten.

Eigentlich spricht das gegen Dich, merkte ich selbstkritisch an, also doch Führerpartei? Nein, so war's doch auch nicht. Sie versteckten sich halt allzu gerne hinter meinem breiten Rücken, wußten wohl auch, daß ihr eigener Bekanntheitsgrad häufig über die Verwandtschaft nicht hinausreichte. Aber um des persönlichen Erfolges willen wollte jetzt auch der Unbedarfteste einen St. Just oder Robespierre spielen. Mein Kopf mußte fallen. Was kümmerte es sie, daß eben dieser Kopf noch auf den Wahlplakaten prangte, über die Wahlspots millionenfach in die Haushalte gesendet wurde.

»Haie im Blutrausch« nannte ich in einem SPIEGEL-Interview die Aktion meiner Amtsenthebung am 1. Oktober 1994 genau 14 Tage vor der Bundestagswahl, erzwungen von einem Bundesvorstand, der mit Mühe und Not, das heißt mit drei Stimmen gerade noch über der notwendigen Beschlußfähigkeit lag. Von 38 Mitgliedern waren lediglich 22 nach Bonn gekommen. Es war in der Parteiengeschichte der Nachkriegszeit ein einmaliger Vorgang. Natürlich hielt dieses Hauruckverfahren vor Gericht nicht stand, und ich wurde wieder in mein Amt als Bundesvorsitzender eingesetzt. Aber der Bruch war nicht mehr zu kitten. Unsere etablierten Gegner und die Medien genossen das Schauspiel und erhoben jede Verlautbarung eines bisher unbekannt gewesenen Funktionärs zu einem Medienereignis.

Noch nie hat eine Partei so lustvoll ihren Selbstmordversuch inszeniert. Wenn ich auch nur kurze Zeit Schauspieler war, so konnte ich es nicht lassen, bestimmte Vorgänge in die Welt des Theaters zu transponieren; also: eine Tragödie lief da nicht ab, eine Posse schon eher, eine Klamotte sicher! In jedem Fall aber ein Schmierenstück. Die ganze Absurdität dieses Geschehens zeigte sich auch darin, daß ich weiterhin meinen Wahlkampfverpflichtungen nachkam und in der Öffentlichkeit eine Partei pries, die jeden Tag aufs Neue ihre Unfähigkeit zu jeder Art von Konfliktbewältigung zeigte.

Betrachte ich heute die damaligen Ereignisse aus der Distanz von fast einem Jahr, so weiß ich immer noch nicht so recht, ob mir zum Lachen oder zum Weinen zumute sein soll. Eine Kommentierung der Vorgänge kommt einem Wehrmachtsbericht gleich. Unsere Bonner Bundesgeschäftsstelle in der Plittersdorfer Str. 91, im Parteijargon »Villa Bonn« genannt, glich zeitweilig einer Festung. Sie wechselte mehrfach den Besitzer. Dabei verlief die »Frontlinie« mitten durch das Haus. Ständig in meiner Hand blieb lediglich der zweite Stock. Hier befand sich mein Europabüro. Der darunter agierende Bundesgeschäftsführer Paul-Uwe Tomaszewski mußte sich auf seinem »Gefechtsstand« von Woche zu Woche auf eine andere »Heeresleitung« einstellen. Kaum war er den Befehlen der neuen Herren, der Putschisten, gefolgt, mußte er sie auf Geheiß des bei seinem Gegenangriff erneut Herr der Festung gewordenen alten Anführers wieder zurücknehmen.

Kämpften die Putschisten mit Verleumdungen, pathetischen Aufrufen und fingierten Pressemeldungen, so beschränkte sich meine Strategie auf kühle juristische Gegenmaßnahmen, die vor allem von meiner Frau getragen wurden. Sie erwiesen sich als erfolgreicher.

Mitentscheidend für den Ausgang der nahezu täglich aufflammenden Kämpfe war die Verfügungsgewalt über die Faxgeräte. Faxten die Putschisten unten, so antwortete mein Fax oben. Militärisch gesehen war die Lage so: Ordre, Contreordre, Desordre. Auch Nebenkriegsschauplätze wurden von den Scharmützeln nicht verschont. Wurde meine den zweiten Stock erbittert verteidigende Assistentin von den anderen Mitarbeitern freundlich gegrüßt, wies dies auf einen von mir erzielten Geländegewinn hin; dreht man ihr den Rücken zu, hatte die Situation wieder gewechselt. Dann durfte sie nicht einmal mehr die Briefmarken benützen.

Besonders hartnäckig wurde um das Erscheinen der Zeitung »Der Republikaner« gestritten, deren Herausgeber und Chefredakteur ich war. Mit bis an den Rand der Erpressung reichenden Drohungen wurde die Druckerei in Varel/Niedersachsen Pressionen ausgesetzt. Der Inhaber sollte Herstellung und Vertrieb dieses wichtigsten Informationsinstrumentes verweigern und mich nicht mehr als Zeitungschef akzeptieren. Andeutungsweise wurde sogar mit Polizeieinsatz gedroht. Der Druckereibesitzer blieb standhaft, auch der Geschäftsführer des REP-Verlages, Klaus-Dieter Pahl, damals zudem Schatzmeister der Partei.

Mich erinnerten diese grotesken Vorgänge an historische Auseinandersetzungen in anderen Parteien, in undemokratischen wie der NSDAP und der KPD, aber auch in solchen, dem demokratischen Verfassungsbogen zugeordneten Parteien wie der CSU.

Ging es bei den Putschversuchen höchster SA-Führer, wie der Hauptmänner Stennes und Pfeffer von Salomon

1931, wenn auch auf ganz anderem politischem Hintergrund, formal nicht ähnlich zu? Gab es damals zwischen Hitler und Otto Strasser (»Die Sozialisten verlassen die NSDAP«) nicht Auseinandersetzungen, die weit unter der Gürtellinie geführt wurden? Vergessen wir auch nicht die mit allen Haken und Ösen ausgetragenen Fraktionskämpfe unter den Kommunisten. Der Richtungsstreit zwischen dem bei den Massen populären Hamburger »Teddy« Thälmann als Anführer der Stalinisten und dem eher Trotzki zuneigenden, vorwiegend von jüdischen Intellektuellen inspirierten Reformflügel endete für letztere in vielen Fällen tödlich.

Aber auch bei der CSU ging es in den Anfangsjahren nicht ohne Hauen und Stechen ab. Das »Hauen« ist durchaus wörtlich zu nehmen. In den Auseinandersetzungen zwischen dem tiefschwarzen und klerikalen Hundhammer-Flügel und dem eher liberalen Clan um den wegen seiner ländlichen Herkunft »Ochsensepp« genannten Rechtsanwalt Dr. Joseph Müller ging es bei einem Parteitag in Niederbayern so wild zu, daß die Journalisten ausgeschlossen wurden. Die findigen Pressevertreter zogen sich dann auf den Dachboden zurück und beobachteten vergnügt durch Löcher und Ritzen, wie sich die Delegierten höchst unchristliche Grobheiten an die Köpfe warfen.

Bei unseren gemeinsamen Reisen erzählte mir Franz Josef Strauß manch köstliche Pointe aus diesem Streit. Er endete übrigens mit der Niederlage des zwar engstirnigen, aber standhaften Alois Hundhammer, den sein Widerstand gegen die Nationalsozialisten nach Dachau gebracht hatte. Um den »Sieger« Müller, im Kriege Mitarbeiter der »Abwehr« und Vertrauter von Admiral Canaris, gibt es dagegen über seine Rolle im Dritten Reich weiterhin Fra-

314

gezeichen. Adenauer beispielsweise vertraute ihm partout nicht.

Es kann mich allerdings nicht beruhigen, daß unsere innerparteilichen Auseinandersetzungen lediglich die Karikatur eines ernsthaften Richtungsstreites waren. Zur Geschichte reichte es nicht; es waren Geschichten am Rande der Lächerlichkeit.

Die Quittung blieb nicht aus. Es kam, wie es kommen mußte, wir erlitten bei der bayerischen Landtagswahl und der Bundestagswahl verheerende Niederlagen. Die Partei war in ihren Grundfesten erschüttert. Der Bundesparteitag in Sindelfingen vom 17. bis 18. Dezember 1994 war nur noch eine Farce, aber mit der Atmosphäre einer Leichenhalle, wie ein Journalist zutreffend bemerkte. Obwohl heftig von vielen Parteifreunden gedrängt, noch einmal zu kandidieren, blieb ich bei meinem ablehnenden Entschluß. Nach Meinung nicht weniger Medienvertreter wäre nach der Beurteilung der Beifallsbekundungen ein Abstimmungssieg meinerseits sicher gewesen.

Um die Partei nicht noch mehr zu belasten, verzichtete ich bei meiner Abschiedsrede auf die allseits erwartete Abrechnung. Dr. Schlierer rang sich mir gegenüber in seiner Erwiderung zu dem Eingeständnis durch: »Es wird keinen geben, der ihm ihn seinen großen Schuhen nachfolgen wird. Er bleibt einzigartig.«

Eine große Mehrheit sprach sich dann dafür aus, mich zum Ehrenvorsitzenden zu ernennen, was aber an Ort und Stelle aus Satzungsgründen nicht möglich war. Bei diesem Vorgang war ich nicht mehr anwesend. Als ich von dem Vorschlag hörte, ließ ich verlauten, daß ich von dem jetzt gewählten Vorstand, in dem an maßgeblichen Positionen die Putschisten saßen, diese »Ehre« niemals annehmen würde. Ehren kann nur der verleihen, der selbst Ehre

315

besitzt. Und diese spreche ich nicht wenigen der jetzigen Bundesvorstandsmitgliedern ab. Anders verhielt es sich bei Ehrungen aus der Basis. Ich wurde Ehrenvorsitzender des Landesverbandes Sachsen, Berlin, des Bezirkes Oberfranken, der Jungen Republikaner Bayern, des Kreisverbandes Deggendorf und Heidelberg und Ehrenmitglied des Landesverbandes Thüringen.

Der Vorhang war gefallen. Der Partei blieb ich verbunden. Auch ohne positionellen Ehrgeiz werde ich jedoch zum Wohle Deutschlands weiterkämpfen, in Wort und Schrift.

Aus meinem Tagebuch (4.Mai 1995): »Kein anderes Kapitel ist mir so schwer gefallen wie dieses. Wut und Enttäuschung lähmten in der Erinnerung tagelang meine Arbeit an diesem Buch. Mußte das alles so kommen? Mußten wir das Vertrauen, das Millionen von Deutschen in uns gesetzt hatten, derart enttäuschen? Ich weiß mir keine andere Erklärung als die: Die Zerstörung der Partei wurde von außen planmäßig betrieben. Im Innern, bis hinauf zur Spitze müssen sich »Hilfskräfte« angesiedelt haben. Namen liegen mir auf der Zunge. Überraschungen sind zu erwarten.«

Fazit und Ausblick

Deutschland, 8. Mai 1995: Orgien des Nationalmasochismus. Befreiungsfeiern aller Orten. »Die Freiheit hat Geburtstag« nennt sich eine große Fernsehshow; zu den medialen Geburtshelfern gehören Männer wie Alfred Biolek, als Hebammen fungieren Damen wie Hannelore Elsner und Hildegard Knef. Schauspieler deklamieren gegen das braune Böse, Sänger besingen das edle Gute. Das sind die Sieger. Das Ganze ein amerikanisches Spektakel. Erotische Hüftschwungeinlagen von Popsängerinnen, die vermutlich überhaupt nicht wissen, wer eigentlich von wem »befreit« wurde, neben spiritueller schwarzer Musik und »hochmoralischer« Antikriegsliteratur mit Mario Adorf, Marke Betroffenheitsblick. Show statt Opfergedenken. Selbst wenn man den 8. Mai als »Geburtstag der Freiheit« hätte feiern wollen, wäre das Gebotene unwürdig gewesen.

Neu ist das nicht. »Wes' Brot ich eß', des Lied ich sing!« Nur die Regisseure und die Texte waren bei den Braunen vor 1945 andere, die Schauspieler und Sänger die gleichen. Innerlich waren sie selbstverständlich alle dagegen gewesen, nur bemerken konnte man dies damals noch nicht.

Meister in Tarnrollen. Es gab Ausnahmen. Ich sah in der Wochenschau den für mich nach wie vor größten deutschen Schauspieler, Heinrich George, begeistert aufspringen, als Goebbels im Sportpalast brüllte: »Wollt Ihr den totalen Krieg?« – »Jaaaa!« Er überlebte nach dem Krieg das sowjetische Konzentrationslager nicht. Daß der jugendliche Held Horst Caspar als Halbjude tapfer das Dritte Reich überstanden habe, erfuhr ich erst nach dem Krieg; daß sein Nebenbuhler Will Quadflieg schon immer dagegen gewesen sei ebenfalls. Und Bernhard Minetti erlebte ich vorher als gehätschelten Staatsschauspieler und nachher als Hohenpriester der Linken, samt Söhnchen! Und Hildegard Knef? War sie nicht die Lebensgefährtin des Tobis-Chefs Ewald von Demandowsky? Geschenkter Gaul? Und das Idol meiner Kindheit, der Mann mit dem gipfelwärts gerichteten Blick, der filmische Freiheitskämpfer aus dem Grödnertal, Luis Trenker? Er überraschte mich nach dem Krieg als Herausgeber der gefälschten Tagebücher von Eva Braun. Und Gegner der NS-Politik war er natürlich auch gewesen. Und habe ich damals geträumt, als ich die Fotos mit den sich glücklich um den »Führer« scharenden Schauspielerinnen bei seinen Teerunden in der Reichskanzlei sah? Nein, ich hatte nicht geträumt, aber jetzt bekam ich den Traum gedeutet. Sie gingen alle nur widerwillig hin. Und jetzt las ich von den heroischen Verteidigerinnen ihrer wohlgeformten Busen gegen die Grabschangriffe des »Bocks vom Babelsberg«, Joseph Goebbels.

Als ich später dann als Journalist mit den damaligen Leinwandgrößen zu tun hatte, erzählten sie mir, natürlich nicht vor der Kamera, aber nachher beim gemütlichen Zusammensein, etwas anderes. Da priesen sie die hervorragende Organisation der Ufa, Terra, Tobis usw., lobten die handwerklichen und künstlerischen Qualitäten der Starregisseure Liebeneiner, Harlan, Steinhoff, Rabenalt und anderer Regiegrößen der »Goebbels-Zeit«. Häufig gehört: »Na ja, wenn ich die mit den heutigen Jungfilmern vergleiche...! Aber was soll man machen, man muß ja leben.«

318

Und mit spürbarer Verachtung erzählten mir einige Exgrößen, wie bestimmte damalige Kolleginnen übergangslos aus den Betten ihrer braunen Förderer in die Arme auch der jüdischen aus dem Exil heimgekehrten Produzenten, Agenten, Journalisten und Schriftsteller wechselten.

Für sie gab es das Non-Fraternization-Gebot nicht. Es wurde im Schlaf überwunden. Es waren bekannte Namen, die die Runde machten. Nein, ein langes Leben ist nicht nur eine Gnade, es kann auch eine Belastung sein. Les illusions perdues – Übrigens, viele Stars des geschriebenen Wortes verhielten sich nicht anders als die des gesprochenen. Sie paßten sich damals wie heute an. Wie rührend, daß der einstige Kriegsberichterstatter der Waffen-SS und heutige Autor vieler TV-Serien Herbert Reinecker dem Leser seiner Memoiren mitteilte, er habe sie vorher einem jüdischen Mitbürger zur Beurteilung gegeben, und so sahen sie denn auch aus: Brav, ausweichend, nichtssagend.

Die künstlerisch vielleicht bedeutendste unter all den Stars im Dritten Reich war meines Erachtens Leni Riefenstahl. Sie verhielt sich, von verständlichen, für das Überleben wichtigen Akzentverschiebungen in punkto Vergangenheit am glaubwürdigsten. Sie war nicht, wie ihre Kolleginnen und Kollegen nachher sagten, schon »immer dagegen« gewesen, nein, sie bekannte freimütig, daß auch sie eine gewisse Zeit der dämonischen Faszination des Nationalsozialismus und ihres Führers Adolf Hitler erlegen gewesen sei. Ich sah den Dokumentationsfilm »Die Macht der Bilder«, den Ray Müller mit ihr drehte. Ich kannte den Filmemacher aus der Zeit als Hauptabteilungsleiter im Bayerischen Fernsehen. Seine filmischen Beiträge waren handwerklich gut gemacht, mit viel Sinn für die optische Umsetzung der jeweiligen Themen. In Leni Riefenstahl aber fand er seinen Meister. Seine Versuche, auch die grandiosen Bilder und Szenen aus Riefenstahls Olympiafilm als Ausdruck faschistischer Ästhetik in Frage zu stellen, trafen ins Leere. Am überzeugendsten aber fand ich jene Szenen, in denen es Ray Müller Leni Riefenstahl erlaubte, in herzerfrischender Form die Doppelbödigkeit des Verhaltens ihrer in- und ausländischen Gegner anzuprangern. Dieser Film wäre ein angemessener Beitrag zum 8. Mai 1945 gewesen. Um Differenziertheit war man jedoch in den Medien an diesem Tag wieder einmal nicht bemüht.

Aber muß sich ein Volk wirklich so demütigen lassen, sich selbst so erniedrigen, eine förmliche »Entdeutschung« anzustreben? All das erinnert mich fatal an den Ruf »Raus mit uns«, der aus den dreißiger Jahren stammt. Es waren jene nationalstolzen deutschen Juden, die während der Weimarer Republik angesichts der hereinströmenden, von ihnen abwertend als »Kaftan-Juden« bezeichneten Glaubensgenossen aus Osteuropa, diesen Ruf anstimmten. Sie mußten das »Raus« allerdings nicht selbst besorgen. Dies setzten Angehörige jenes Volkes in die Tat um, das sie so sehr liebten. Es waren Deutsche, die sie vertrieben oder umgebracht haben. Und zwar unterschiedslos, die »Kaftan-Juden« im Osten und die Emanzipierten im Westen, von denen einige aussahen wie nordische Lichtgestalten. Ihnen gegenüber wirkte ein »Reichsheini«, der Reichsführer der SS und Polizei Heinrich Himmler wie ein nach SS-Maxime »rasseuntauglicher« Untermensch.

So, und jetzt sind wir dran. Vae victis – wehe den Besiegten. Jetzt will man jene Deutschen in Acht und Bann schlagen, die sich verzweifelt dagegen wehren, daß unser Volk auf ewig als »auserwähltes Volk«, des Bösen selbstverständlich, stigmatisiert wird. Also, »Deutschland, verrecke!«

Man muß ja ein Volk nicht unbedingt physisch vernichten, obwohl dies zum Teil bereits geglückt ist. Es genügt, die Hirne zu vernebeln und die Seele zu verderben, alles weitere wird sich schon finden. Deshalb findet eine ehrliche Ursachenforschung für die Katastrophen dieses Jahrhunderts nicht statt. An ihre Stelle trat eine zweckgesteuerte Umerziehung. Und die will, wie gerade von Ignatz Bubis in diversen Interviews und Talkshows mit der Beharrlichkeit einer tibetanischen Gebetsmühle wiederholt, die Wurzel allen Übels am 30. Januar 1933 festmachen. Aber dies ist nur zum Teil richtig. Bubis und die Umerzieher übersehen gewollt, daß die Geburtsstunde des Nationalsozialismus, die zum 30. Januar geführt hat, nicht in München schlug. Nein, sie schlug vorher, und zwar am 28.6.1919 in Versailles. Ohne diese »Friedensdiktate«, die Deutschland und Österreich in Versailles und St. Germain aufgezwungen worden waren, hätte es keinen Hitler gegeben. Die menschenverachtenden, auf Wünsche und gewachsene Traditionen von Völkern keine Rücksicht nehmenden Grenzziehungen, die künstliche und konfliktträchtige Gebilde wie Jugoslawien entstehen ließen, sind auch die Ursache dafür, daß der Balkan noch heute nicht zur Ruhe kommt.

Die Liste ließe sich fortsetzen. Sie umfaßte auch Palästina. Hier trägt das fortwirkende Unheil einen Namen: Arthur James Balfour! Es war dieser britische Außenminister, der mit seiner »Declaration« im Ersten Weltkrieg die Araber zur Mithilfe gegen die Deutschen lockte, um sie später umso schamloser um ihre Heimat betrügen zu können. Dies alles wird im heutigen Deutschland nicht mehr zur Kenntnis genommen. Da muß man schon nach Südtirol fahren, um in der Zeitung »Dolomiten« unter der Überschrift »8. Mai ist nicht nur Befreiung« folgende Zeilen anläßlich eines Kameradschaftstreffens von Veteranen aus Südtirol, Österreich und Deutschland zu lesen:

»Altsenator Karl Mitterdorfer führte in der Festrede aus, das Kriegsende sei mit Erleichterung aufgenommen worden, aber es habe nicht allen die Befreiung gebracht. Mitterdorfer erinnerte an die nach dem Waffenstillstand erfolgte Vertreibung von 14 Millionen Deutschen aus dem Osten, die für etwa 2-3 Millionen den Tod bedeutete. Millionen von Soldaten hätten einen Marsch in die Gefangenschaft angetreten, der für viele zum Todesmarsch wurde. Man habe damals an den Deutschen die selben Verbrechen begangen, die man ihnen vorwarf. ›Davon ist in diesen Tagen aber wenig die Rede‹, sagte Mitterdorfer. ›Wir müssen uns gegen die Vereinfachung der Geschichte wehren‹, erklärte der Redner. Man könne nicht einfach alle Wehrdienstverweigerer zu Widerstandskämpfern (machen) und alle Soldaten zu Mitläufern des Nationalsozialismus...‹

›Wir sollten 50 Jahre nach Kriegsende endlich mit Schuldzuweisungen aufhören‹, sagte Mitterdorfer abschließend. ›Die wahren Schuldigen sind die Siegermächte des Ersten Weltkrieges und die nachfolgenden Diktaturen in Italien und Deutschland‹.«

Sicher heißt die Reaktion auf diese Worte vielerorts: »Na ja, die Ewig-Gestrigen, die lernen's nie mehr, aber Gott sei Dank, die sterben ja bald aus!« Es sind unter diesen jungen Bewältigungsfetischisten gewiß auch solche darunter, deren Mütter und Großmütter zigmal von den Russen vergewaltigt worden sind. »Zur Strafe«, werden sie sich sagen und damit ihr weithin verloren gegangenes Gewissen gänzlich zum Verstummen bringen. Dafür aber preisen sie umso mehr die sogenannten Goldenen Zwanziger, die sie fast ausnahmslos nicht selbst erlebt haben. Für wen waren denn diese Jahre golden? In erster Linie doch wohl für Spekulanten, Schieber und eine Clique von Künstlern, die sich wechselseitig hochlobten. Das protzige Zurschaustellen angehäuften Wohlstandes durch Neureiche hat nicht unwesentlich zum Aufkommen des Nationalsozialismus beigetragen. Nicht Antisemitismus, im Gegenteil, Sorge vor einem neuaufkommenden Antisemitismus bewegt mich, den Herren Bubis und Friedmann zuzurufen, übertreibt Eure Medienauftritte nicht, strapaziert nicht permanent Eure erhobenen Zeigefinger. Ihr seid keine Schulmeister und wir keine Hilfsschüler oder Insassen einer Besserungsanstalt. Denkt eben auch an die zwanziger Jahre, in denen jüdische Überpräsenz in bestimmten Berufen, vor allem bei Juristen und Ärzten, in Journalismus, Film und Theater nicht unbedingt zum Philosemitismus führte. Denkt an die Warnungen eines Walter Rathenau. Er tat dies allerdings in einer Form, die von jüdischem Selbsthaß zeugt und als rassistisch zu bezeichnen ist. Angesichts jüdischer Spaziergänger in der Umgebung von Berlin sprach er von asiatischen Horden auf märkischem Boden.

Und wenn ich unmittelbar vorher einen Südtiroler zitierte, den der Zeitgeist in die gestrige Ecke weht, so möchte ich jetzt einen Mann zu Wort kommen lassen, der ein authentischer und nicht selbsternannter Antifaschist war. Es handelt sich um Erich Kästner. Ich habe ihn in München noch selbst erlebt. Es bleibt mir unvergeßlich, wie bescheiden dieser Mann wirkte, mit welch wohlwollend zurückhaltender Art er auf die Interviewwünsche des jungen, gerade in den Journalismus hineinriechenden Spundes reagierte. Dankbar und respektvoll möchte ich in diesem Zusammenhang vermerken, daß mir Kästners Lebensgefährtin Lieselotte Enderle freundschaftlich zugetan und beruflich behilflich war.

Diese Zeit stand wieder vor mir, als ich im SPIEGEL vom 8. Mai 95 las, was Erich Kästner am Kriegsende zum 8. Mai sagte:

»Jodl hat die bedingungslose Kapitulation unterzeichnet. In Reims. Der Rundfunk überträgt die Siegesfeiern und den Jubel, der draußen herrscht. Alle miteinander sind stolz darauf, was sie in fünf Jahren geleistet haben. Und sie haben Grund sich zu rühmen. Aber sie werfen uns vor, daß es ihrer Anstrengung bedurfte. Was sie getan hätten, sei unsere Aufgabe gewesen. Wir, die deutsche Minorität, hatten versagt. Das ist ein zweideutiger Vorwurf. Er enthielt nur die halbe Wahrheit. Sie ignorieren ihre Mitschuld. Wer hat denn, als längst der Henker bei uns öffentlich umging, mit Hitler paktiert? Das waren nicht wir. Wer hat denn Konkordate geschlossen? Handelsverträge unterzeichnet? Diplomaten zur Gratulationscour und Athleten zur Olympiade nach Berlin geschickt? Wer hat denn den Verbrechern die Hand gedrückt statt den Opfern? Wir nicht, meine Herren Pharisäer! Sie nennen uns das ›andere‹ Deutschland. Beliebt es Ihnen vergessen zu haben, daß dieses andere Deutschland das von Hitler zuerst und am längsten besetzte und gequälte Land gewesen ist? Wissen Sie nicht, wie Macht und Ohnmacht im totalen Staat verteilt sind? Sie werfen uns vor, daß wir nicht zu Attentaten taugen: Daß noch die Trefflichsten unter uns dilettantische Einzeltäter unübertrefflicher Massenmörder waren? Sie haben recht. Doch das Recht, den ersten Stein gegen uns aufzuheben, das haben Sie nicht!«

Hier sprach jemand differenziert über Krieg und Nachkriegszeit. Ich weise darauf hin, gerade weil mein Leben im Dritten Reich anders geprägt worden ist. Was habe ich

324

denn am 8. Mai, in einem Gefangenenlazarett in Schleswig liegend empfunden? In meiner Erinnerung zunächst wohl auch Erleichterung, dann Dankbarkeit, überlebt zu haben. Es gab keine Jabo-Angriffe (Jagdbomber) mehr. Die Gefahr, vielleicht doch noch in russische Hand zu fallen, schien gebannt; der nicht selten von den Sowjets gegen Soldaten der Waffen-SS angewandte Genickschuß oder Verstümmelungen sind mir erspart geblieben. Die Blutgruppentätowierung unter meiner linken Achselhöhle wurde nicht zum Freifahrtschein zur Hölle. Aber befreit? Nein, befreit fühlte ich mich nicht. Wie hätte ich dies auch sein können, bei den im Lager kursierenden Gerüchten, unsere »Zukunft« seien zwanzig Jahre Zwangsarbeit in belgischen Kohlegruben, und das für einen 22jährigen! Wie hätte ich mich befreit fühlen können, angesichts der Sorge um meine Familie. Mein Vater war »alter Kämpfer«, wenn er auch nach der Machtübernahme 1933 relativ schnell die Machenschaften des Regimes durchschaute und den Krieg voraussagte. Meine Mutter gehörte der NS-Frauenschaft an, mein Bruder dem Jungvolk. Ich trauerte um die Opfer unter meinen Kameraden. Und sehr schnell wurde mir klar, daß wir Soldaten der Waffen-SS auserkoren waren, in Zukunft als Prügelknaben der Nation zu dienen. Nicht selten sogar im wahrsten Sinne des Wortes. Ich erinnere mich der Schläge, die ich um diese Zeit in Schleswig von befreiten polnischen Zwangsarbeitern bezogen hatte. In gewisser Hinsicht war ich selbst schuld. Welcher Teufel ritt mich, in voller Uniform den Einzug der englischen Truppen zu beobachten. Die polnischen Zwangsarbeiter mögen für ihr Tun persönliche und leidvolle Gründe gehabt haben. Aber wir waren Wehrlose. Wir waren nicht Befreite, wir waren Besiegte. Unsere Zukunft das Lager. Aber ich kam einigermaßen heil davon. Was bedeuten die paar blauen Flecke an meinem Körper im Vergleich zu dem infernalischen Vorgehen von tschechischen, polnischen und serbischen Chauvinisten gegen Sudetendeutsche, Schlesier und andere Volksdeutsche. Auch deshalb hat jeder das Recht auf persönliche Erinnerungen an das Kriegsende. Für die Überwindung von Ängsten, Freude, Trauer, Traumata und Neurosen gibt es kein von Herrn Bubis auszustellendes verschreibungspflichtiges Rezept.

Meine Frau erzählte mir, wie sie als Schulmädchen um ihr Leben rannte, als ein Tiefflieger die Uferstraße in Rottach-Egern am Tegernsee mit Maschinengewehrgarben bestrich. So wie ihr erging es vielen Zivilisten. Nicht wenige amerikanische Jagdbomberpiloten schossen gegen Kriegsende unbehelligt von deutscher Flak oder Jagdflugzeugen auf alles, was unter ihnen kreuchte und fleuchte, von weidenden Kühen und Pferdegespannen auf dem Acker bis zu spazieren gehenden Kindern oder zur Arbeit fahrenden Radfahrern. Sie hätten wohl auch auf Feldhasen geschossen, wenn sie in ihr Visier geraten wären. Dieser »sportliche« Ehrgeiz war fern von jeder von den »Befreiern« propagierten Ritterlichkeit. Verdrängt und vergessen!

Auch erzählte mir meine Frau voll Anteilnahme, wie sie und ihre Schulfreundinnen die im gleichen Internat untergebrachte Tochter Brigitte des als Kriegsverbrecher in Nürnberg hingerichteten Generalgouverneurs von Polen, Hans Frank, rücksichtsvoll und mitfühlend behandelten. Dies taten auch die Lehrerinnen. Aber die waren anders als ein Teil der heutigen. Sippenhaft fand man unwürdig. Menschliches Mitleid war noch nicht von politischen Revanchegedanken verdrängt worden.

Ich kann aber auch verstehen, daß die Niederlage des Dritten Reiches von meiner ersten, der ungarischen Frau wiederum anders empfunden wurde. Sie ist Halbjüdin.

Ein großer Teil ihrer Familie kam in den Lagern um. Ihre Mutter überlebte nur, weil es ihrem mit einem englischen Paß versehenen Ehemann gelang, sie unter die Fittiche der schwedischen Botschaft zu stellen. Für Eva, meine erste Frau, war es mit Fug und Recht eine Befreiung. Aber sie vergaß nie während unserer Ehe, alle Bekannten auch auf die bitteren Opfer der Befreiung in Budapest hinzuweisen, auf Mord, Plünderung, Vergewaltigung.

Wieder ein anderer Fall: Gewiß war der 8. Mai auch ein Tag der Befreiung für die Mutter meiner ehemaligen Assistentin, die sich gegen Kriegsende in einen polnischen Kriegsgefangenen verliebte und dabei Gefängnis oder Galgen wegen Rassenschande riskierte.

Jeder Mensch hat sein Schicksal. Er soll das Recht haben, darauf zu bestehen, sich freuen oder bereuen zu dürfen. Nur herausschwindeln dürfte er sich nicht.

Aber man sollte auch nicht auf Schicksalen und von ihnen herrührenden Gefühlen herumtrampeln, wie es gerade 1995 viele deutsche Politiker taten, Bundeskanzler Kohl nicht ausgenommen. Wie ein Handlungsreisender in Sachen Schuldeingeständnisse pilgerte er von einer Hauptstadt zur anderen. Seine Canossagänge führten ihn am 8./9. Mai von Bonn nach London, Paris und auch nach Moskau. Wie konnte er gerade dorthin fahren? Er ist doch Historiker. Er muß doch erfahren haben, wie die Rote Armee, aufgeputscht auch von den Totschlageparolen eines von Haß gegen alles Deutsche zerfressenen Ilja Ehrenburg in den von ihr eroberten Gebieten hauste. Die verzweifelten Schreie von rund einer Million vergewaltigter und geschändeter deutscher Frauen, darunter Mädchen im Kindesalter und Greisinnen müßten ihm in Moskau in den Ohren geklungen und den Schlaf geraubt haben. Wäre die Rote Armee mit denselben drakonischen Mitteln wie in Wehrmacht und Waffen-SS üblich gegen Vergewaltiger vorgegangen, nämlich mit der Todesstrafe, wäre eine zahlenmäßig stark geschwächte Sowjetarmee in Berlin angekommen.

Ich erinnere mich an den von mir ansonsten politisch nicht übermäßig geschätzten Bundeskanzler Adenauer. Er zeigte mehr Würde als sein politischer Enkel Kohl. Furchtlos hielt er 1955 bei seinem Moskau-Besuch den aufheulenden Machthabern Chruschtschow und Bulganin auch das Verhalten der Roten Armee entgegen, als die beiden auf deutsche Greuel hingewiesen hatten. Kohl dagegen sammelt eifrig Duzfreundschaften mit ehemaligen Bolschewisten und KGB-Leuten wie Jelzin und Gorbatschow. Überhaupt ist Kohl jedermanns »Freund«, der gerade an der Macht ist.

Franz Josef Strauß, dem jetzigen Bundeskanzler an Intellektualität überlegen, dessen machiavellistischem Machtinstinkt jedoch nicht gewachsen gewesen, nannte Kohl einen Spießer und Provinzler. Wohl nicht gänzlich falsch. Aber vielleicht ist er gerade wegen eben dieser Eigenschaften jener Kanzler, den sich das deutsche Volk in seinem jetzigen Zustand wünscht, weil er seine Bewußtseinslage bestens verkörpert.

Nur keine Fragen stellen, die gefährliche Antworten zur Folge haben könnten. Warum wies kein verantwortlicher deutscher Politiker wie Kohl bei seinem Bußgang nach Moskau darauf hin, daß der Zweite Weltkrieg ohne den Hitler-Stalin-Pakt und dem anschließend gemeinsam erfolgten Feldzug nach Polen nicht zu dieser Weltkatastrophe geführt hätte? Nur nicht daran erinnern. Niemanden reizen.

Deutschland ist ängstlich und klein geworden. In jeder Hinsicht. Es hat ja nicht nur ein Drittel des Staatsgebietes verloren, es hat auch einen fast nicht mehr reparablen Substanzverlust erlitten. Nach zwei verlorenen Weltkriegen ist das Volk ausgeblutet. Zwei Friedensdiktate haben ihm das Rückgrat gebrochen. Es hat sich abgefunden mit seiner geistigen babylonischen Gefangenschaft, an Ausbruchsversuche denken nur noch wenige. Und werden sie dabei von der Gedankenjagdpolizei, den Medien, erwischt, drohen harte Strafen. Unsere einstigen Gegner mögen sich beruhigt zurücklehnen. Trotz noch vorhandener wirtschaftlicher Stärke, der Traum von einer deutschen Weltmacht ist längst ausgeträumt. Jugendlicher Elan, jugendliche Risikobereitschaft sind nur noch rudimentär vorhanden. Die modischen Zweireiher unserer Yuppie-Generation sind politische Schlafanzüge.

Deutschland ist greisenhaft zahnlos geworden. Nie ist mir dies stärker bewußt geworden, als im Sommer 1991 bei einer Reise von Görlitz nach Breslau, wo ich als junger Soldat in Garnison gelegen war. Hüben, an einem Sonntag in Görlitz, sah ich in der Kirche ein paar alte traurig blickende Menschen, grau in grau; drüben, am anderen Ufer der Neiße, im heutigen Zgorzelec waren die Kirchen vollgestopft mit Menschen, in den Straßen flanierten junge, fröhliche Leute.

Diesen Eindruck vermittelten auch jene Städte, die wir auf der Reise besuchten. Das alte Schlesien fand ich nur noch in der von Polen kunstvoll restaurierten Breslauer Altstadt wieder, auf den Grabsteinen in Liegnitz und Hirschberg im Riesengebirge. Da sprechen die verwitterten Grabsteine noch wirklich deutsch. Ob sie früher in Breslau, wie dies stets der Kardinal und polnische Nationalist Wyszynski behauptete, jemals polnisch gesprochen hatten, ist hingegen mehr als zweifelhaft. Breslau war zu meiner Zeit jedenfalls deutscher als Wroclaw heute polnisch ist.

Schmerzhafte Tatsache aber ist und bleibt: Schlesien ist weitgehend polonisiert worden. Das enthebt uns nicht der Verantwortung für die deutsche Minderheit. Eine andere Frage ist, ob die aus der Westukraine umgesiedelten Polen mit ihrer Situation im jetzigen polnischen Staat glücklich sind. Gibt es eine alle Seiten zufriedenstellende Lösung? Es gibt gedankliche Ansätze dazu. Um sie zu verdeutlichen, muß man auf geschichtliche Geistesbewegungen zurückgreifen. Funktionäre wie Herbert Hupka sind dazu nicht in der Lage.

Europa sollte sich, wie an anderer Stelle schon angedeutet, wieder mehr auf die Ideen eines Mannes besinnen, die gerade bei den Völkern Osteuropas den Willen zur Unabhängigkeit geweckt und gestärkt haben. Gemeint ist Johann Gottfried Herder. »Völker sind Gedanken Gottes« war sein Wahlspruch. Und hierin sollten wir Gott und seinem Sprachrohr Herder folgen. Herders Ideen passen besser in unsere Zeit als jene der Französischen Revolution, die dem Werden und Erhalt einer Nation höchste Priorität gaben. Der Umbruch in Osteuropa Ende der achtziger Jahre bewies, daß auch Karl Marx Herder nicht vergessen machen konnte.

Ich habe daraus meine politischen Konsequenzen gezogen. Nach wie vor halte ich unseren Slogan von 1989 zur Europawahl für richtig: »Europa ja, diese EG nein!« Gemeint war dabei auch, daß man die Neuordnung und Gestaltung Europas nicht den Brüsseler Technokraten überlassen dürfe. In einem gemeinsamen Haus, das Europa heißt, müßte jedoch die Ausgestaltung der Zimmer den Mitgliedsstaaten überlassen bleiben. Hier stocke ich. Ist damit Staatengemeinschaft gemeint? Sollte es nicht besser Völkergemeinschaft heißen? Gibt es nicht Völker, die in Staaten leben, denen sie sich nicht zugehörig fühlen? Sie

330

gibt es! Denken wir an Korsen, Basken, Iren, Bosnier, Flamen, Südtiroler. Sagte ich früher bei meinen Wahlreden, ich dächte, was Europa angeht, wie de Gaulle an ein »Europa der Vaterländer«, so würde ich heute hinzufügen »...und der Völker und Regionen.« Vielleicht ist in einigen Teilen Europas eine behutsam vorgenommene Regionalisierung ein aus Konflikten herausführender gangbarer Weg. Bestehen wir auf dem Selbstbestimmungsrecht der Völker! Die vom damaligen amerikanischen Präsidenten Woodrow Wilson feierlich proklamierten »14 Punkte« zu »ewigem Frieden« und Selbstbestimmung standen nur auf dem Papier, blieben Makulatur. Stets obsiegten in der Wirklichkeit dynastische, ideologische und nationalistische Erwägungen.

Meine Vorstellungen werden bei der europäischen Rechten mit Ausnahme der Flamen auf wenig Gegenliebe stoßen. Die europäischen Rechten nennen sich selbst Nationalisten. Die von mir meinen französischen Freunden gegenüber ins Spiel gebrachte Unterscheidung zwischen national und nationalistisch hat sie nicht sonderlich beeindruckt. Cui bono, wozu soll das gut sein? Und was ist mit Schirinowski? Was der denkt, ist schwer zu sagen. Er spricht zu oft unterschiedlich und sagt zuweilen jeden Tag etwas anderes. Er nennt sich einerseits Freund der Deutschen, will aber, daß Königsberg Kaliningrad bleibt. Er will die baltischen Staaten heimholen, die Sowjetunion wiederherstellen. Trotzdem bedauere ich es heute, daß ich seine Einladung zum Kongreß seiner Partei in Moskau 1992 nicht angenommen habe. Parteipolitische Gründe und die Sorge vor negativen Schlagzeilen in den Medien führten zur Ablehnung. Überzeugt bin ich jedoch, daß die Darstellung in den Medien nur ein Zerrbild dieses Mannes und seiner Bewegung abgibt. Daß

Schirinowski es ihnen durch seine exhibitionistische Art leicht macht, steht auf einem anderen Blatt. Würde man allerdings mit den gleichen »BILD«-Manieren Jelzin behandeln, sähe dieser vermutlich sogar schlechter als Schirinowski aus. Vielleicht aber wäre die Bundesrepublik gut beraten, sich darauf einzustellen, daß sie es eines Tages eher mit Schirinowski als mit Jelzin zu tun haben könnte. Ob Einreiseverbote hier dienlich sind, wage ich zu bezweifeln.

Bezeichnend ist auch die Einstellung eines Teils der Weltpresse gegenüber dem exzentrischen Russen. Medienvertreter bezahlen ihm hohe Honorare für ein Interview und geißeln jene, die sich mit ihm zu einem Gespräch treffen.

Unsere Geschichte ist nicht mehr die vorangegangener Generationen. Der Hurra-Patriotismus, der die erste Hälfte unseres Jahrhunderts beherrschte, mag aus damaliger Sicht seine Gründe gehabt haben; heutzutage wäre er tödlich. Kein französischer Patriot kann sich jene heroischen Zeiten zurückwünschen, als junge Franzosen 1914 bei ihrem Abmarsch an die Front riefen: »Vive la tombe, la mort est rien!« – Es lebe das Grab, der Tod ist nichts. In Spanien gilt nicht mehr das falanguistische »Viva la muerta!« – Es lebe der Tod. Kein deutscher Partiot möchte seinen jungen Landsleuten das Schicksal der Studentensoldaten von Langemarck vom Jahre 1914 wünschen, die, der Deckung mißachtend, mit dem Deutschlandlied auf den Lippen in den Tod stürmten. Auch der im Dritten Reich hochgehaltene Satz: »Du bist nichts, Dein Volk ist alles« erregte schon damals mein Mißbehagen. Aus lauter Nullen kann keine Eins werden.

Nein, das kann niemand mehr wollen. Das wäre so, als würde man sich in jene Zeit des Zweiten Weltkrieges zurückversetzen, wo – zumindest den Legenden nach – polnische Ulanen mit angelegten Lanzen gegen deutsche Panzer vorsprengten. Heute lautet die Alternative: Unter Wahrung legitimer nationaler Interessen Zusammenraufen am Verhandlungstisch oder Ende der Erde mittels Knopfdruck.

Gerade aus dieser Einstellung heraus und aufgrund geschichtlicher Erfahrungen und jahrzehntelanger Diffamierung unserer Soldaten bin ich heute gegen jeden Einsatz der Bundeswehr außerhalb der Landesgrenzen. Junge Deutsche sollen weder für amerikanische Ölinteressen verbluten noch für die Erhaltung fragwürdiger Feudalsysteme oder die Schlichtung irrationaler Stammesfehden.

In erster Linie muß die Bundeswehr ihre eigene Geschichte neu definieren. Sie kann sich nicht weiter außerhalb einer soldatischen Tradition positionieren, die von Scharnhorst eben doch bis zur Wehrmacht mit ihren besten Soldaten reicht. So wie es die Politiker nicht zulassen sollten, daß von einigen Historikern aus einem Volk der Dichter und Denker ein Volk der Scharfrichter und Henker gemacht wird, so sollte die Führung der Bundeswehr alles tun, damit die Beurteilung des Spruches »Soldaten sind Mörder« nicht allein den Juristen überlassen bleibt. Die Bundeswehr muß heraustreten aus ihrer selbstgewählten Haltung des laissez passer! Sie darf nicht in Schweigen verharren oder ängstlich zurückweichen, wenn wieder einmal ein linker Lehrer und selbsternannter Historiker die Umbenennung einer Kaserne fordert.

Ihre jetzt im Ruhestand befindlichen Generale, die selbst noch Teilnehmer des Zweiten Weltkrieges waren, sollten ihren Nachfolgern klar machen, daß die Soldaten, die bis zum bitteren Ende an der Front standen und sie zu halten versuchten, dies nicht in der Auslegung eines Satzes von

Norbert Blüm taten: »Die Konzentrationslager standen, solange die Front hielt«. Auch wenn man nicht alles auf die Goldwaage legen sollte, was dieses quirlige Plappermäulchen so von sich gibt; dieser Satz war eine Beleidigung und eine Schmähung der Gefallenen. Nie zuvor hatte ich bei Franz Josef Strauß eine solch erregte Reaktion erlebt wie damals, als ich ihm diesen Satz übermittelte. Er wurde vor Wut bleich. Die Flut von Schimpfwörtern, die er in Richtung dieses von ihm als »Polit-Zwerg« titulierten Ministers ausstieß, läßt sich nicht wiedergeben. Strauß war Soldat gewesen, Blüm nie. Soldaten, die damals weiterkämpften, darunter auch jene, die sich längst vom Nationalsozialismus abgewendet hatten, taten dies, weil sie dem Land die inzwischen bekannt gewordenen, an Deutschen begangenen Greueltaten und die Demütigung einer bedingungslosen Kapitulation ersparen wollten.

Auch Strauß ließ auf die deutschen Soldaten nichts kommen. Das muß trotz seiner sonstigen Unberechenbarkeit und gelegentlichen Doppelzüngigkeit ehrlicherweise vermerkt werden. Er ironisierte stets das salbungsvolle Drumherum-Gerede Richard von Weizsäckers. Bei vielen Gesprächen waren wir uns einig, daß Väterbewältigung nicht selten zu Lasten des Vaterlandes geschieht. Gewiß hat der damalige Bundespräsident versucht, auf noble, vor allem aber familiendienliche Art seinen Vater zu entlasten. Was aber sein Volk anging, zog er es vor, über den Wolken zu schweben, und geruhte von dort unterschiedlich deutbare Grußworte herniederzuschicken. Da der deutsche Untertanengeist unausrottbar zu sein scheint, Adelsprädikat und Silberhaar den Eindruck von Würde und Distinguiertheit vermitteln, konnte er seine Rolle beifallsträchtig spielen. »Wasch' mir den Pelz, aber mach' mich nicht naß!« Und wie dies früher bei »Hofe« so üblich war, rankten sich bald auch im demokratischen Deutschland Anekdoten um diese Lichtfigur.

Manche Medienvertreter rückten sie sogar in die Nähe des Widerstandes. Erinnern Sie sich, verehrte Leser, an die Geschichte der »Mutprobe« des Freiherrn? Sie geisterte vor Jahren durch viele Gazetten. Beim Lesen dürften sich die Weltkriegsteilnehmer vor Lachen geschüttelt haben. Also, da habe doch ein vornehmer Offizier in dem wegen seines hohen Anteils an Adeligen scherzhaft »Graf 9« genannten Infanterie-Regimentes Nr. 9 in einem gewiß auch vornehmen Kasino einen Schuß auf das dort hängende Hitlerbild abgegeben. Dies passierte anläßlich eines feuchtfröhlichen Gelages. Daraufhin sei es, um die Spuren des Täters zu verwischen, zu einer großartigen Solidarisierung gekommen. Auf Vorschlag von Weizsäckers hätten alle Offiziere auf Hitler geschossen. Eine verschworene adelige Gemeinschaft! Einer für alle, alle für einen. Noblesse oblige!

Ich halte es für undenkbar, daß der ehemalige Bundespräsident selbst diese Geschichte unter die Leute gebracht hat, aber unangenehm dürfte sie ihm auch nicht gewesen sein. Von einem Dementi habe ich jedenfalls nichts gelesen. Si non e vero, ben trovato! Wenn nicht wahr, doch gut erfunden.

Aber trotz angestrengten Bemühens, noch traut man unserer Lernfähigkeit nicht ganz über den Weg. Die Lehrmaterialien bleiben uns vorgeschrieben, manches dürfen wir nicht lesen. Aber wie heißt es in Artikel 5 des Grundgesetzes, Absatz 1: »Eine Zensur findet nicht statt.« Stimmt nicht. Sie findet statt. Wir einfachen Deutschen dürfen zwar die Werke Lenins, Stalins, sogar die des unsäglichen Ilja Ehrenburg lesen, Hitlers »Mein Kampf« aber nicht. Wieso eigentlich nicht? Haben denn die Umerzieher uns

Deutschen nicht vorgeworfen, wir hätten lediglich »Mein Kampf« lesen müssen, dann wäre uns klar geworden, wohin die NS-Reise gehen könnte? Und jetzt, da wir durch die Lektüre eine Bestätigung dieser These finden könnten, was zum Immunisierungsprozeß gegen den sogenannten »Nazi-Bazillus« beitragen würde, dürfen wir nicht. »Erkläret mir, Graf Orindur, diesen Zwiespalt der Natur!« Übrigens, die Israelis dürfen neuerdings »Mein Kampf« lesen.

Wir brauchen halt immer noch Nachhilfeunterricht. Eine Erinnerung an die NS-Zeit: Immer wenn bei Aufführungen von Schillers »Don Carlos« die berühmte Stelle kam, in der sich der Marquis Posa an den spanischen König Philipp II. mit dem Satz wendet: »Sire, geben Sie Gedankenfreiheit«, gab es demonstrativen Beifall. Das ging den damaligen Machthabern auf die Nerven. Und so nach und nach verschwand »Don Carlos« aus dem Repertoire der Bühnen. Heute kann das Stück gefahrlos gespielt werden, nicht weil wir keine Typen wie Philipp mehr hätten; nein, wir haben keinen Marquis Posa mehr!

Warum das so ist, hat Hellmut Diwald in seinen Reflexionen zum Kriegsende zum Ausdruck gebracht:

»›Befreit‹ wurden wir aber auch in einem anderen Sinn: Von dem Elementarsten, was ein bewußter Mensch besitzt, von unserer Selbstachtung und unserem Stolz, von unserem Anstand, unserer Tapferkeit, von der Selbstbestimmung, von unserem Wissen, daß wir ein Volk sind, von der Freiheit der Erkenntnis, von unserer Geschichte. Millionen wurden von ihrer Heimat ›befreit‹.«

Zu diesem Thema schrieb Hellmut Diwald weiter unter dem Titel »Unsere gestohlene Geschichte«:

»Amerikaner, Franzosen, Italiener, Spanier, Portugiesen, Russen, Tschechen besitzen ein einheitliches Geschichtsbild. Auch für uns Deutsche existiert ein solches

Geschichtsbild. Allerdings existiert es seit 1945 nicht mehr im Geschichtsunterricht, nicht mehr bei den professionell tätigen Historikern, nicht mehr im Bewußtsein des Volkes. Man hat es uns gestohlen. Zunächst mit dem Werkzeug der Umerziehung, dann mit seiner verfeinerten Weiterentwicklung, dem über der Bodenlosigkeit schwebenden Pluralismus.«

Zu der von Diwald mit erbarmungslosen Sätzen aufgezeigten Wirklichkeit darf ich mir einen Nachtrag erlauben. Bei aller Unvergleichbarkeit der Untaten Napoleons und Hitlers aus heutiger Sicht; zu Zeiten des französischen Kaiserreiches war Napoleon in weiten Teilen Europas ebenso verhaßt wie es anderthalb Jahrhunderte später Hitler war. Der Dichter Heinrich von Kleist schrieb in einem Aufruf über Napoleon: »Schlagt ihn tot, den Hund, die Weltgeschichte fragt Euch nach den Gründen nicht!«

Wie aber reagierte Frankreich auf die größte Niederlage seiner Geschichte, auf Waterloo, die gleichzeitig zu Napoleons endgültigem Ende führte? Mit Ausnahme royalistischer Zirkel haben die Franzosen Waterloo gewiß nicht nach Jahren als Befreiung gefeiert, sondern als schmähliche Niederlage empfunden, wobei die einen sie für Frankreich gut, die anderen für schlecht fanden. Aber 25 Jahre nach Waterloo wurde der Leichnam Napoleons von St. Helena nach Paris heimgeholt. Die Fahrt des Schiffes mit dem Sarg auf der Seine glich einem Triumphzug. Im Pariser Invalidendom ruhen die sterblichen Überreste des großen Korsen in einem prunkvollen Grabmal.

Wie reagierte Frankreich auf die Kapitulation der Armee Kaiser Napoleons III. 1870 in Sedan, auf den im Friedensvertrag enthaltenen Verzicht auf Elsaß-Lothringen? Zur Erinnerung an den Verlust beider Provinzen blieben zu Zeiten des republikanischen Frankreichs im Senat zwei Stühle demonstrativ unbesetzt, der Stuhl von Elsaß und der Stuhl von Lothringen. Sicher, diese Beispiele sollen und können nicht auf unsere Zeit übertragen werden, die Epoche der Revanchen ist vorbei. Es wird und soll auch beileibe kein Pantheon zu Ehren Hitlers errichtet werden, aber die moralische Haltung eines Volkes darf nicht allein von Sieg oder Niederlage abhängig gemacht werden.

Hierzu eine Fußnote: Es war der Buchhändler und Verleger Johann Philipp Palm aus Nürnberg, der sich mit dem Druck der Flugschrift »Deutschland in seiner tiefsten Erniedrigung« gegen Napoleon auflehnte und dafür 1806 in Braunau am Inn – welch makabre geschichtliche Pointe! – standrechtlich erschossen wurde. Wo sind die Palms unter den heutigen Buchhändlern, die sich gegen den verordneten Zeitgeist zur Wehr setzen? Der Zeitgeist wehte damals freiheitlich und national. Napoleon spürte dies. Er sagte gerade auch in Hinblick auf europäische Freiheitsbewegungen: »Vier feindselige Zeitungen müssen mehr gefürchtet werden, als tausend feindliche Bayonette.« Dies gilt mehr denn je für heute.

Das Wort des Jahres heißt Versöhnung. Es ist jedoch nichts anderes als eine leere Beschwichtigungsformel, für einen Teil der Opfer schlichter Hohn. Wahre Versöhnung kann nicht darin bestehen, daß sich die Staatsmänner duzen und vor laufenden Kameras gegenseitig jovial auf die Schulter klopfen. Die politische Klasse in Europa ist ein Insiderzirkel geworden; das Volk bleibt draußen vor der Tür. Bei bestimmten, als feierlich oder historisch deklarierten Anlässen gönnt man ihm großmütig einen Blick in die Vorhöfe des Machtkartells, natürlich nicht in dessen Kommandozentralen. Übrigens, als »historisch« gilt auch, was lediglich der Tagespolitik dient.

Unberücksichtigt bleiben dabei die wirklichen historischen Begebenheiten. In Dresden zum Beispiel, wo die Zahl der Toten dramatisch heruntergelogen wurde. Schließlich war Dresden angeblich ja die Rache für Coventry. Das ist blanker Zynismus einem Volk gegenüber, das man planmäßig verdummt. Kein Mensch weiß, daß es sich bei Coventry um einige hundert Tote handelte, die bei der Bombardierung von Industriezielen ums Leben gekommen sind, während die britischen Bomber in Dresden peinlichst bemüht waren, die Industrieanlagen nicht zu treffen und dabei über 100.000 Menschen töteten. Coventry war »kriegswichtiges« Ziel, in Dresden hielten sich nur Frauen, Alte, Kinder, Flüchtlinge und Verwundete auf. Aufrechnung? Nein, nur Gerechtigkeit. Aber,»deutsche Täter können keine Opfer sein«, war die von den Politikern unwidersprochene Parole der Linksextremisten.

Ein französisches Sprichwort sagt, der Schlüssel zur Versöhnung ist die Wahrheit. Dieser Schlüssel ist aber noch nicht gefunden, ja nach ihm wird nicht einmal mehr gesucht, weil man die Wahrheit nicht hören will. Es ist die mühevolle Arbeit von Historikern, Wahrheiten zumindest scheibchenweise zusammenzutragen, damit eines Tages ein der historischen Wirklichkeit entsprechendes Gesamtbild entstehen wird. Es sind nicht die großen und bekannten Namen, die sich dieser Wahrheitssuche unterziehen; sie fühlen sich an »political correctness«, was immer man darunter verstehen mag, gebunden; auch an die Fleischtöpfe der Macht.

Sie kennen die verminten Tabuzonen und hüten sich, diese zu betreten. Aber diese Tabuzonen werden kleiner. Die Minenräumarbeit jener Historiker, die fast unter Ausschluß der Öffentlichkeit arbeiten, bleibt letztlich nicht erfolglos. Und die Lorbeerkränze um die Köpfe der großen Demokraten dieses Jahrhunderts beginnen zu welken. Ihr Tun war nicht immer so edel, wie es die Hofschreiber darstellten. Gerade die Größten waren bereit, auch über Leichen zu gehen, wenn es sich in den Wahlurnen auszahlte.

Der von der offiziellen Historikerzunft heftig attackierte, aber unbeirrt forschende Dr. Alfred Schickel wies unlängst auf ein jüngst veröffentlichtes Telefongespräch zwischen US-Präsident Roosevelt und dem englischen Premierminister Churchill vom 29. Juli 1943 hin. Dieses Transatlantikgespräch hatte die damals gerade aktuellen Vorgänge um Mussolini und den unter mysteriösen Umständen erfolgten Unfalltod des polnischen Exil-Ministerpräsidenten Sikorski zum Inhalt. Der Duce befand sich zur Zeit des Telefongesprächs in den Händen der Badoglio-Anhänger, die ihn mit Hilfe des hinterhältigen Königs Victor Emanuel gestürzt hatten. Was tun? Die beiden ehrenwerten Herren waren sich zwar einig, daß er »am Ende am Strick sterben wird«, so Roosevelt, aber sie konnten sich über seinen Weg zum Galgen nicht einigen. Churchill wollte einen öffentlichen Prozeß, Roosevelt war für einen »plötzlichen Tod«. Ihm wäre es am liebsten, »wenn Mussolini stürbe, bevor ein solcher Prozeß stattfinden könnte«. Bei einem Prozeß mache er sich Sorgen, daß italienische Sympathisanten Mussolinis in den USA ihm ihre Stimme bei den bevorstehenden Präsidentschaftsvorwahlen verweigern könnten. Roosevelt wörtlich zu Churchill: »Ich denke vor allem an die bevorstehenden Wahlen hier. Der Prozeß würde bestimmt nicht innerhalb einer Woche vorüber sein, und je näher er an die Nominierung herankommt, und schließlich an die Wahlen, desto größer würde die Gefahr sein, die Italiener zu entfremden, die,

wie ich meine, per Saldo ein bedeutendes Gewicht haben... Wenn Mussolini stürbe, bevor ein solcher Prozeß
stattfinden könnte, käme uns das in vieler Hinsicht besser
zustatten.«

Churchill fragte nach. »Sie schlagen also vor, daß wir
ihn (Mussolini) einfach erschießen, wenn die Italiener
ihn uns übergeben? Unter Ausschluß der Öffentlichkeit
natürlich?«

Wie perfide Roosevelt dachte, geht aus seiner Antwort
hervor: »Ich glaube, wenn Mussolini sterben würde, während er noch in italienischem Gewahrsam wäre, würde
uns das alles weit besser dienen, als wenn er erst durch ein
Prozeßverfahren liefe.«

Und dann ließ er die (Wahl)-Katze vollends aus dem
Sack: »Ich hatte mir vorgestellt, wenn wir uns darüber
einig werden, daß wir ihn beseitigen, solange er noch in
ihrem (der Italiener) Gewahrsam ist...dann würde es niemals einen Zweifel darüber geben, wer ihn getötet hat.
Und dieser Zweifel würde später nicht aufkommen, um
die hiesigen italienischen Wähler zu beunruhigen...«

Churchill hatte Bedenken: »Ich kann mir nicht vorstellen, daß eine Handvoll Italiener in Ihrem Land einen ernsthaften Einfluß auf Ihre Entscheidung haben könnte.« Roosevelt aber blieb von der Richtigkeit seiner Argumentation
überzeugt und wies dabei auf den Fall Sikorski hin, der
ihm von polnischstämmigen US-Amerikanern recht unan-
genehme »Nachfragen« eingebracht habe und ihm auch
Stimmen kosten könnte.

Es gibt übrigens den durchaus begründeten Verdacht,
daß es die alliierten »Freunde« waren, die das Flugzeug mit
General Sikorski, dem führenden Mann der Exilpolen
abstürzen ließen, um einen unbequemen Mahner loszu-
werden und Konflikte mit den Sowjets zu vermeiden.

Es war die Befreiungsaktion Skorzenys, die zunächst diesem menschenverachtenden Spiel der beiden Vorzeigedemokraten um Mussolini einen Strich durch die Rechnung machte. Letztlich aber ging, wenn auch verspätet, das Kalkül Roosevelts auf. Es waren italienische Partisanen, die Mussolini und seine Geliebte Clara Petacci erschossen; es waren Italiener, die die an einem Pfahl aufgehängten Leichen in Mailand viehisch schändeten.

Im Lichte neuester historischer Erkenntnisse dürfte auch Otto von Habsburg nicht mehr allzu gerne daran erinnert werden, daß er einmal zum Beraterstab Roosevelts gehörte und gegen Kriegsende eine österreichische Legion zum Kampf gegen Deutschland aufstellen wollte. Ohne es mit dem hier Geschriebenen in Verbindung bringen zu wollen, folgende Fußnote: In dem Bestreben, päpstlicher als der Papst zu sein, lassen sich in der Regel die Lehrlinge von den Lehrmeistern nicht übertreffen. Ich erinnere mich, daß Roman Herzog vor seiner Wahl zum Bundespräsidenten erklärte, er würde diese nicht annehmen, käme dieser Sieg nur mit den Stimmen der Republikaner zustande.

Die entscheidende Schlußfrage bleibt: Wie kann es gelingen, in Deutschland den Zeitgeist umzudrehen, um unserem Wappentier, dem Adler, wieder zu einem kräftigen rechten Flügel zu verhelfen und die linke Dominanz abzubauen?

In Deutschland hat es sich gezeigt, daß für mehrere Rechtsparteien, die zwar annähernd das gleiche Programm haben, jedoch verbissen gegeneinander kandidieren und vom Aus- und Abgrenzungsbazillus befallen sind, kein Platz ist. Noch nie war trotz der spektakulären Erfolge der NPD unter von Thadden in den sechziger Jahren, im Norden der DVU unter gewaltigem Einsatz persönlicher Geldmittel durch Dr. Gerhard Frey eine rechte Partei dem Durchbruch so nahe wie die Republikaner. Die Chance ist für längere Zeit, wenn nicht überhaupt verspielt. Ehrgeizige und geldgierige Funktionäre, für die die Parteikarriere ein Teil ihrer Lebensplanung wurde und deren Nichterfüllung sie nicht überwinden konnten, gerieten außer Rand und Band. Ihr weiteres Verhalten glich dem Zug der Lemminge. Nicht auszuschließen, ja sogar höchst wahrscheinlich ist, daß manche Spitzenfunktionäre als Auftragstäter handelten. Ein mit den Praktiken des Verfassungsschutzes und der Parteien bestens vertrauter Journalist im Dienste einer etablierten Partei sagte mir auf dem Höhepunkt der parteiinternen Auseinandersetzungen: »Geh' davon aus, daß ein guter Teil Deiner Spitzenleute auf der Gehaltsliste des Verfassungsschutzes steht.« Die bereits erwähnten Äußerungen, die der bayerische Innenminister Beckstein gegenüber einem Parteifreund machte, weisen in diese Richtung.

Die Frage ist auch, ob es für einen Zusammenschluß der Rechtsparteien nicht schon zu spät ist, ob er überhaupt sinnvoll wäre, weil alle gleichermaßen diskriminiert und verbraucht sind. Außerdem mangelt es an wirklich guten und integeren Leuten. Sie wandten sich ob der »Schlachtfeste« schaudernd ab. Eine umso größere Bedeutung kommt nun dem vorpolitischen Raum zu. Dazu bedarf es einer Vernetzung seriöser rechter Publikationen, die sich an unterschiedliche Schichten der Bevölkerung wenden sollen. Die Schlachten von gestern zu schlagen wäre jetzt für alle tödlich. Erst wenn dieser vorpolitische Raum ein tragfähiges Fundament bildet, kann an einen parteipolitischen Neuanfang gedacht werden. Setzt man sich dabei selbst unter Zeitdruck, wird das Ganze ins Auge gehen.

Vor allem muß man aus gemachten Fehlern lernen. Unsere kodifizierten Abgrenzungsmechanismen führten zur Selbstfesselung, bei nicht wenigen Mitgliedern bis zur Hörigkeit gegenüber dem Verfassungschutz. Dr. Schlierer antwortete einmal auf die Frage, wen er zu dem verfassungsfeindlichen »rechten Narrensaum« – ein Lieblingswort von ihm – zähle: »Die Grenze verläuft sicher schon dort, wo unser Bundesamt und unsere Landesämter für Verfassungsschutz gewisse, leider Gottes nicht justitiable Grenzen ziehen.« Damit macht sich Dr. Schlierer zueigen, was der ehemalige Vorsitzende des Bundesschiedsgerichtes, Herr Mühlberger (sic) in seinem Satzungskommentar vorgegeben hatte: »Wenn eine Organisation vom ›Verfassungsschutz‹ aufgrund der vom Verfassungsschutz erarbeiteten Begriffsbestimmung als extrem(istisch) eingestuft wird, so besteht eine tatsächliche Vermutung, daß die Organisation auch im Sinne der Satzung extrem(istisch) ist.« Eine Anmerkung: Herr Mühlberger ist Beamter. Er ist Richter am Landgericht München I. Die Stimme seiner Herren?

Kurz nach den »Narrensaum«-Thesen von Dr. Schlierer tauchten auch die baden-württembergischen Republikaner im Verfassungsschutzbericht auf, wurden also ebenfalls in den Narrensaum eingenäht. Illusionen platzten. Die Ausgrenzung wurde rigoroser denn je. Die Garotte, das Würgeisen des Verfassungsschutzes begann zu arbeiten. Aber die Aussagen des jetzigen REP-Bundesvorsitzenden sind in anderer Hinsicht mehr als fatal, wenn man sie in Zusammenhang mit der Bundessatzung bringt. Da heißt es zur »Mitgliedschaft« unter § 3, Absatz d: »Mitglied der Partei die Republikaner kann nicht werden oder sein, wer einer verfassungswidrigen Organisation oder einer links- oder rechtsextremisischen Gruppe angehört oder sie unterstützt.« Was ist die Folge? Nachdem Dr. Schlierer das Einstufungsrecht de facto akzeptiert, gäbe es nur zwei Möglichkeiten, um nicht verfassungsfeindlich zu handeln: Austritt oder Auflösung der Partei!

Durch die Schlierer'schen Einlassungen wird auch das Hauptargument gegen den Verfassungschutz infrage gestellt, er handle nach rein parteipolitischen Überlegungen. Im übrigen kann letztendlich nur das Bundesverfassungsgericht über die Einstellung der Partei zur Verfassung entscheiden. Die Verfassungschützer haben keine Begriffe zu definieren, sondern Fakten über Verletzungen demokratischer Normen zusammenzutragen. Die Aufgabe der Republikaner wiederum ist es, selbst in verantwortungsbewußter Weise und unbeeinflußt zu definieren, wo die Grenzen zur Verfassungsfeindlichkeit zu ziehen sind.

Ich werde trotz der selbst erzeugten babylonischen Begriffsverwirrung nicht austreten oder die Auflösung der Partei aus diesem Grunde empfehlen, weil ich an die Unabhängigkeit des Verfassungsschutzes nicht glaube und die Verdikte der diversen Landesbehörden nicht akzeptiere. Sie sind rein machtpolitisch diktiert.

Wir müssen in Zukunft Themen besetzen, die volksnah sind. Nicht die verbrauchten Eliten müssen gewonnen werden, sondern das Volk. Das 20. Jahrhundert ist, wie wir spätestens seit Ortega y Gasset wissen, ein Massenzeitalter. Und während sich die Altparteien vom Volk entfernen, muß sich eine junge sozialpatriotische Kraft ihm im gleichen Maße nähern.

Klar muß man sich auch über die Rolle der Beamten in einer rechten Partei werden. Solange das Damoklesschwert der beruflichen Benachteiligung oder gar Entlassung durch eine unbarmherzige Inquisition über ihnen schwebt, bleiben sie in Spitzenpositionen ein Risikofaktor. Man darf und soll ihre Standfestigkeit nicht überfordern, insbesondere wenn sie Familie haben.

Aber man darf nicht glauben, daß der Abgrenzungsvirus auf Deutschland beschränkt bliebe. Er grassiert in ganz Europa. Haider grenzt sich von Fini ab und umgekehrt; beide von Le Pen, dem zu allem Überfluß der sogenannte Rechtskonservative de Villiers die Zusammenarbeit verweigert. Was ist das Resultat? Sie können keine einheitliche Fraktion bilden und sitzen heute unter Ex-Sozialisten und Kommunisten auf der Bank der Non-Inscrits, der Fraktionslosen im Europaparlament: 5 Abgeordnete der FPÖ, Österreich; 2 Abgeordnete des Vlaams Blok, Belgien; 1 Abgeordneter des Front National, Belgien, 11 Abgeordnete des Front National, Frankreich und 11 Abgeordnete der Alleanza Nazionale, Italien. Ihre Redezeiten sind beschränkt, die finanziellen Zuwendungen im Vergleich zu den Fraktionen spärlich. Reisen mit Propagandaeffekt können nicht mehr getätigt werden. Auf das Gebiet des Sportes übertragen, bedeutet dies, sie alle sitzen auf der Ersatzbank und haben keine Chance, in das Spielgeschehen einzugreifen. Heller Wahnsinn! Dabei wären es hochkarätige »Spieler«.

Die stärkste Persönlichkeit, dem das Kapitänspatent zufallen sollte, ist zweifellos Le Pen. Nach meiner Meinung ist die politische Stoßrichtung des Front National und die des Vlaams Blok erfolgversprechender als die Integrationsversuche von Haider und Fini. Während Le Pen und auch Dillen einen grundsätzlichen Umbau der Gesellschaft anstreben, suchen Haider und Fini, durch Korrekturen in Details die jeweiligen Systeme erträglicher zu gestalten. Sind sie aber erst in der Verantwortung, werden auch sie für die Fehler der Regierungen, obwohl sie nicht von ihnen begangen worden sind, zur Rechenschaft gezogen werden.

Uns deutsche Rechte gibt es derzeit nicht. Wir wurden vom Wähler vom Platz gestellt. Auch die Tatsache, daß keine andere europäische Rechtspartei auch nur annähernd mit solchem Außendruck zu kämpfen hat wie eine deutsche, soll dieses unser Versagen nicht bemänteln. Trotzdem glaube ich an ein Comeback, unter welchem Namen auch immer. Ich setze dabei auf junge Menschen, denen jegliches Pfötchengeben und Verneigen vor den Etablierten zuwider ist. Man muß sie allerdings immunisieren, auch gegen »Umarmungen« durch die Etablierten. In jedem Büro der Rechten sollte der Satz zur Warnung hängen, den laut SPIEGEL Franz Josef Strauß am 16.3.1970 in Bad Reichenhall sagte:

»Man muß sich der nationalen Kräfte bedienen, auch wenn sie noch so reaktionär sind. So hat es auch de Gaulle gemacht. Hinterher ist es immer möglich, sie elegant abzuservieren. Denn mit Hilfstruppen darf man nicht zimperlich sein.«

Daran sollten jene Kräfte in der heutigen REP-Parteiführung denken, die meinen, der Sprung an das rettende CDU/CSU-Ufer könnte gelingen. Sie würden sich dabei die Beine brechen. Auch in Baden-Württemberg. Die Meyer-Vorfelders und Co. waren alle gelehrige Schüler des bayerischen Urgesteins.

Aus meinem Tagebuch (10.1.1995): »Mein 72. Geburtstag. Danke der Nachfrage, noch gesund! Hoffentlich bleibt es so. Nervliche Belastungen haben nachgelassen. Schreibe entspannt an diesem Buch. Halte fest: Im Alter gewonnene Einsichten lassen sich aus biologischen Gründen nicht oder kaum mehr in Absichten und Aktionen umsetzen. Dies erleichtert die Arbeit, schließt faule Kompromisse aus. Brauche niemanden mehr zu gewinnen.

Ein Resümee: Offen gestanden, ein mediengerechter Musterdemokrat war ich nie. Aber war dies nicht eine Reaktion auf die Zustände hierzulande? Gibt es in diesem Lande denn überhaupt noch Demokratie? Haben wir an ihrer Stelle nicht eine Mediendiktatur? Ist gerade in Deutschland die Demokratie nicht vor allem institutionalisiertes Mittelmaß? Aber hat Mittelmaß nicht auch sein Gutes? Sagte Ex-Bundeskanzler Helmut Schmidt nicht so etwas Ähnliches? Höhenflügen starker Persönlichkeiten sind dadurch Schranken gesetzt. Churchill vertrauten die Engländer eigentlich nur zu Kriegszeiten, im Frieden kaum.«

Ich lege meine Lieblingsplatte auf. Edith Piaf singt das Lied der französischen Legionäre:»Non, je ne regrette rien – nein, ich bedauere nichts!« Halt, eines doch! Ich habe meine Familie, die für dieses Outsider-Leben weder vorbestimmt noch eingestimmt war, schweren Belastungen ausgesetzt. Trotz zuweilen harter Auseinandersetzungen hat sie es ertragen. Vielleicht wäre es für alle besser gewesen, ich wäre diesen Weg allein gegangen. Nur, was für ein Weg wäre es geworden? Hätte ich mich nicht manchmal verlaufen oder wäre gar auf der Strecke geblieben? Meine Frau hat mir viel geholfen. Vor allem in meiner beruflichen Karriere. Nicht selten allerdings wollte der aus großbürgerlichen Kreisen stammenden Rechtsanwältin nicht in den Kopf, was ich für selbstverständlich hielt. Dies betraf manche meiner aggressiven Formulierungen bei Wahlveranstaltungen. Meine Entgegnung, ich spräche doch nicht vor einem Mädchenpensionat, beeindruckte sie wenig.

Für unnötig hielt sie es auch, daß ich nie einen Hehl daraus machte, daß ich während meiner Zeit als Kriegsgefangener in einem Kieler Gefängnis ein paar Wochen in Untersuchungshaft gesessen hatte, weil ich unsere englischen Bewacher um einige Geräte »erleichtert« hatte, die früher Wehrmachtseigentum waren. Ich hielt das zwar nicht unbedingt für eine Wiedergutmachungsaktion, aber für ehrenrührig wiederum auch nicht. Schließlich gehörten die optischen Geräte einmal uns. Und Hunger hatten wir auch. Meine Frau hielt diesen ihr entgegen gehaltenen Hinweis für mißverständlich und meinem gesellschaftlichen Ruf abträglich. Meine Antwort, das mag sein. Aber ändern oder gar schönen wie so manche meiner in Politik, Kultur und Wirtschaft tätigen Zeitgenossen und ehemaligen Kameraden möchte ich meine Biographie in ihren Höhen und auch Tiefen nicht. Wie mag es der SS-Hauptsturmführer Schneider, alias Professor Dr. Schwerte ein halbes Jahrhundert mit seiner Lebenslüge ausgehalten haben?

Auf einen Nenner gebracht: Über die Richtigkeit des Satzes, den der ebenso visionäre wie exzentrische französische Schriftsteller Pierre Reverdy geschrieben hat »Das gesellschaftliche Zusammenleben ist ein riesiges Banditenunternehmen« sind wir sicher unterschiedlicher Meinung. Wenn auch mühsam und mit Rückfällen belastet, gelang es meiner Frau und mir mit der Zeit, eine tragfähige Konfliktlösungsstrategie zu entwickeln. Auch zur Überwindung ihrer manchmal nicht unberechtigten eifersüchtigen Anwandlungen.

Denn trotz ihres Bemühens, meine parteipolitische Arbeit nicht zu belasten, waren es aus ihrer Sicht elf verlorene Jahre. Mir entging auch nicht, daß sie sich mit der Zeit innerlich von der Partei immer mehr entfernte, daß ihr die nicht selten überzogenen Lobeshymnen auf mich auf die Nerven gingen. Versammlungen und Parteiveranstaltungen begann sie zu meiden. Das hat sie aber nicht daran gehindert, formal und mit großem Einsatz sowie profunder Sachkompetenz ihre kommunalpolitischen Aufgaben als Fraktionsvorsitzende im Münchner Stadtrat wahrzunehmen. Gleichzeitig aber zog sie sich immer mehr von der Gesellschaft zurück, kroch in ein selbstgewähltes Schneckenhaus. Ihre von allen Bekannten stets hochgelobte offene Art im gesellschaftlichen und beruflichen Bereich wich einer spürbaren Traurigkeit und sensiblen Verletzbarkeit. Dazu gesellte sich ein ihrem Wesen ansonsten fremdes Mißtrauen. Dies führte zu einer steigenden Gereiztheit im persönlichen Umgang, auch bei der Behandlung politischer Themen. Immer häufiger fragte ich mich: Was kann ich meiner Frau noch zumuten? Wann ist ihre Schmerzgrenze erreicht? Ich wollte meine Familie erhalten, ohne die Partei zu verlieren. Ein Spagat, der immer schwieriger zu bewältigen war.

Hinzu kam die Sorge um meine Kinder. Wie werden sie mit dem Namen fertig? Eine bestimmte Entfremdung war nicht zu übersehen, auch wenn sie sich Dritten gegenüber stets loyal zu mir verhielten. Sie stehen heute fest im Leben. Ich stelle dies mit Erleichterung fest, gerade weil ich in meiner politischen, vor allem aber journalistischen Tätigkeit einen tiefen Einblick in Schicksale von Politikerfamilien werfen konnte. Wie oft mußte ich registrieren, wie manche Ehefrau zur Trinkerin und die Kinder rauschgiftsüchtig geworden waren. Die Preise für den politischen Erfolg waren hoch, manchmal, so schien es mir, zu hoch. Man muß auch damit leben, daß Politiker, besonders jene, die sich der Botmäßigkeit gegenüber den Medien entziehen, zu Freiwild werden und die Jagd auf sie auch vor Familienmitgliedern nicht haltmacht.

Stolz bin ich darauf, daß es meinen Gegnern und Partei-»Freunden« trotz angestrengter Bemühungen nie gelungen ist, die moralische Integrität meiner Familie und meiner Person anzutasten. Es gab weder Affären noch Finanzskandale. Meine Frau und ich waren nie gezwungen, von der Politik zu leben.

War ich egoistisch, ein Honigsauger? Auch, aber das stand der Hilfsbereitschaft Freunden gegenüber nie im Wege. Und der Politiker, der vorgibt, nur Altruist zu sein, ist entweder ein Heiliger oder ein Schwindler. Ich war alles andere als ein Heiliger, bin aber auch kein Schwindler. Im Gegenteil. Meine Wahrheitsliebe hat sich oft nicht gerade als karriereförderlich erwiesen.

Eitel? Ja, aber meistens auf seltsame und unpolitische Weise. Mich freute die hohe Wertschätzung, die mir Franz Beckenbauer in einem Interview mit PENTHOUSE 9/92 zuteil werden ließ. Er sagte unter anderem: »Ich will den Franz Schönhuber nicht abqualifizieren. Er ist ein hochintelligenter Mann, sonst würden ihm nicht so viele folgen. Er hat natürlich seine Qualitäten.

Frage: Und die wären?

Beckenbauer: Er ist ein hervorragender Rhetoriker, ein Scharfdenker.«

Mich ermutigten die Glückwünsche zu Erfolgen, die mir Max Schmeling über einen gemeinsamen Freund, den Sportjournalisten Ludwig Maibohm, übermitteln ließ. Auch in der Politik dachte ich stets in den Kategorien des Sportes, des Fairplay. Übrigens erweckten die Sport- und Feuilletonseiten der Zeitungen in mir ebenso großes Interesse wie die politischen Nachrichten. Entscheidend aber für mein politisches, vor allem aber für mein berufliches Leben war meine unersättliche Neugierde auf Menschen. Sie interessierten mich weit mehr als Landschaften oder Bauwerke. Bezeichnend, daß mich dabei die Denkmäler berühmter Persönlichkeiten am meisten anzogen. Insbesondere aber Frauen bewegten meine Phantasie und stimulierten auch meine politischen Aktivitäten.

Ich genoß beruflich das freie und nicht immer gefahrlose Reporterleben. Dabei lernte ich Kaiser und Könige, Diktatoren und Desperados kennen. Als persönlicher Abgesandter von Strauß machte mich der togoische Staatspräsident Ejadema zu seinem Blutsbruder; bei Kaiser Haile Selassi von Abessinien fiel ich in Ungnade, weil ich versehentlich auf einen seiner herumwieselnden Zwerghündchen trat; von meinem Interview mit dem jordanischen König Hussein in Amman vor mehr als 30 Jahren bleibt mir in Erinnerung, daß der Monarch sich angeregt nach Schwabing und dem Busenwunder Barbara Valentin erkundigte. Am meisten imponierte mir allerdings der kenianische Staatsgründer Jomo Kenyatta, der unsere zur Audienz angereiste Olympiadelegation schlicht und einfach wieder in ihr Hotel zurückschickte. Der alte Herr hatte es vorgezogen, statt eines Gespräches ein Nickerchen zu machen, sich wohl auch vom anstrengenden Umgang mit seiner gut 50 Jahre jüngeren Frau zu erholen. Menschlich, allzu menschlich. Am nächsten Tag geruhte der alte Herr, uns zu empfangen. Mir konnten danach die nach Straßburg in das Europaparlament angereisten Potentaten nur noch wenig imponieren. Die waren das Gegenteil von Kenyatta, beflissen und anbiedernd.

Es mag auf einige Zeitgenossen in der ehemaligen DDR und in Osteuropa zynisch und menschenverachtend wirken, wenn ich jetzt gestehe, daß mir heute bei Grenzüberschreitungen das nervöse Prickeln fehlt, das mich damals beispielsweise in Hegyeshalom an der ungarisch-österreichischen Grenze überfiel. Meistens hatte ich geheime Botschaften und Pamphlete ungarischer Oppositioneller gegen das kommunistische Regime dabei. In der Regel setzte ich mich dabei unnötigen Gefahren aus, denn die Botschaften interessierten die Adressaten herzlich wenig. Erstens, weil man hierzulande sowieso alles besser wußte und zweitens, weil Antikommunisten, die früher selbst Kommunisten waren, sehr schnell unter Faschismusverdacht gerieten.

An dieser Stelle soll an Arthur Koestler erinnert werden. Kein Schriftsteller unseres Jahrhunderts hat so kenntnisreich und gnadenlos beide Diktaturen beschrieben, die braune wie die rote. Koestler war Jude, zeitweilig Zionist. Von ihm kann man mehr über jüdische Verhaltensweisen erfahren als heutzutage in sämtlichen Tagungen und Kolloquien über dieses Thema zusammen. Er machte es sich nicht so einfach wie der Pragmatiker Adenauer. Laut Augstein in der SPIEGEL-Nummer 19 vom 8.5.95 begründete der schlaue Fuchs aus Rhöndorf seinen Weg der Wiedergutmachung mit dem Satz: »Denn, meine Damen und Herren, dat Weltjudentum is eine jroße Macht.«

Das habe ich später selbst erfahren, ich brauchte dazu nur amerikanische Zeitungen zu lesen; sie übertrafen an Aggressivität gegen mich sogar die »Allgemeine Jüdische Wochenzeitung«. Mein Verhältnis zum Judentum war geprägt von persönlichen Erfahrungen. Zuerst als Schauspieler – ich habe darüber in »Ich war dabei« berichtet –, dann durch meine »ungarische Hochzeit«, das heißt meine erste Ehe mit einer Budapester Halbjüdin. Durch Eva, eine angehende Dramaturgin, lernte ich jüdische Künstler und Schriftsteller kennen und schätzen. Ich denke vor allem an den Dramatiker Julius Hay, der vom Stalinisten zu einem maßgeblichen Wegbereiter der ungarischen Revolution von 1956 wurde. Seine Stücke »Haben« und »Der Putenhirt« verdienten es, wieder aufgeführt zu werden.

Ich habe später als Chefredakteur der Münchner tz den umstrittenen jüdischen Schriftsteller Hans Habe für das Blatt als Kolumnisten gewonnen. Als der jüdische Historiker, Hochschulprofessor und Kämpfer für Rotspanien Alfred Kantorowicz die DDR verließ, habe ich in meiner Münchner Wohnung eines der ersten Interviews mit ihm gemacht. Sehr zum Mißfallen der sogenannten »linken Intelligentsija«, die in Kantorowicz nur einen Überläufer sehen wollte.

München war in der Nachkriegszeit überhaupt eine der aufregendsten Städte Europas. Sie entwickelte sich zur Hauptstadt der Ostemigranten. Dies war auch die Folge der Einrichtung jener Sender, die zur Hauptwaffe der Amerikaner im Kalten Krieg wurden, »Radio Free Europe« und »Radio Liberty«. Sie erreichten mit ihren Antennen Osteuropa und die Sowjetunion. Viele der Mitarbeiter waren mir gut bekannt. Sehr schnell wurde mir auch die unterschwellige Animosität deutlich, die zwischen den nationalen bis nationalistischen Mitarbeitern der Sender und den eher liberal eingestellten jüdischen Mitarbeitern bestand. Als Journalist bewegte ich mich zwischen den Welten. Ich konnte an einer Silvesterfeier in der Wohnung des »Vaters« der »Gruppe 47«, Hans-Werner Richter teilnehmen, obwohl er meine Zugehörigkeit zur Waffen-SS kannte und in den folgenden Tagen mit meinen ungarischen, russischen, tschechischen oder polnischen Freunden von Free Europe im Lokal »Piroschka« trinken und diskutieren, obwohl beide »Lager« sich weiß Gott nicht mochten.

Zu dieser Zeit hatte ich meine ersten Erfahrungen mit politischen Grenzgängern schon hinter mir. In der Redaktion der weit links angesiedelten »Deutschen Woche«, wo ich mich als Sportberichterstatter betätigte, war ich erstmals einem Repräsentanten der Weimarer Republik begegnet, dem ehemaligen Reichskanzler Josef Wirth. Mein gewiß auch gewollter Respekt vor dem alten Herrn verflüchtigte sich jedoch rasch, als ich bemerkte, wie er am finanziellen Gängelband jener Redaktionsmitglieder hing, die gut getarnte Kommunisten waren. Aber dies war zu einer Zeit, als die Amerikaner noch eine »mild left«, eine gemäßigte Linke, favorisierten.

Dies führte zu grotesken Konstellationen. Ich erinnere mich an die Sportreporterzeit in der neutralistischen, glänzend gemachten Wochenzeitschrift »Die Nation«, für die Tauroggen den politischen Standort fixierte. Da war der Chefredakteur Hermann Schäfer, der erste von den Amerikanern eingesetzte Stadtrat einer »befreiten« Stadt, nämlich Aachen. Daneben stand der Chef des Kulturressorts, Hans W. Hagen, jener für die weltanschauliche Schulung zuständige einstige Leutnant der Wehrmacht, der seinen Chef, den damaligen Major und späteren Generalmajor Ernst Remer während des Putsches vom 20. Juli 1944 zu Goebbels schleppte. Dort hörte Remer am Telefon die Stimme Hitlers. Seine Reaktion: »Jawoll, mein Führer!« Die Niederschlagung des Putsches begann.

Mich interessierte später auch die Version Remers. Er war der Verehrer Hitlers geblieben. An das Gespräch erinnere ich mich vor allem wegen der Lautstärke des Generals. Er schien weniger zu mir zu sprechen, sondern eine Kompanie von Soldaten zu kommandieren. Dabei saßen wir im Münchner »Café Roma« in der Maximilianstraße und alle drehten sich indigniert nach uns um.

Zugegeben, die politische Selbstfindung fiel mir nach Krieg und Gefangenschaft nicht leicht. Außerdem werden berufliche Entscheidungen auch vom Magen mitbestimmt. Es war eine verdammt hungrige Zeit damals, in jeder Hinsicht. Die Selbstfindung fiel auch anderen, zu jener Zeit schon in höheren Positionen tätig, nicht leicht. Beispielsweise Gustav Heinemann. Er war als Innenminister zurück- und aus der CDU ausgetreten. Ihm paßte die eindeutige Westorientierung Adenauers und die Wiederbewaffnung Deutschlands nicht. Zusammen mit Freunden, zu denen Helene Wessel und Johannes Rau gehörten, gründete er die GVP, die Gesamtdeutsche Volkspartei, die aber bald sang- und klanglos einging. Mir fallen die heißen Diskussionen in der »Deutsche Woche« ein, wo man zunächst getreu der Sprachregelung der DDR Heinemanns Bemühungen sehr positiv gegenüberstand, dann aber jenen Kräften zuneigte, wie Pastor Niemöller, die eindeutig im kommunistisch dirigierten Friedenslager standen. Vieles konnte ich mir damals nicht zusammenreimen. Aber meine Neugierde ließ nicht locker. Und es kam mir zustatten, daß mich die Damen mancher »Salons« gerne zu Diskussionen einluden, weil sie sich Anregung und erotische Spannung erwarteten. Dabei ging es manchen der Diskutanten weniger darum, politische Standpunkte zu erobern als eine Dame fürs Bett. Je fescher die Salons waren, umso mehr spreizten die Pfaue rhetorisch ihre Gefieder. Jedenfalls, langweilig war es damals nie, dafür umso widersprüchlicher. Ich erinnere mich eines wortgewaltigen Verfechters des Pazifismus, der zuhause im Schrank seine Majorsuniform wie eine Reliquie behandelte und sie liebevoll pflegen ließ. Manches hielt ich damals für nicht möglich, was später eingetroffen ist. Rückblende: Cocktail bei einer politisch interessierten Familie. Unter den Eingeladenen Heinrich Graf Einsiedel, ein Bismarck-Enkel, Jagdflieger und nach der Gefangennahme Mitglied des »Nationalkomitees Freies Deutschland«. Er kam nach meiner Erinnerung in Begleitung der zauberhaften Schauspielerin an den Münchner Kammerspielen Gundel Thormann. Sie verfolgte teils amüsiert, teils indigniert die bramarbasierenden Ausführungen des von Einsiedel, die bei steigendem Alkoholkonsum immer wirrer wurden. Der Mann, der gegen alles und gegen jeden war, sitzt heute für die PDS im Bundestag. Also für die Nachfolger jener Kommunisten, die ihm in Ostberlin angeblich die Hölle so heiß gemacht hatten, daß er deshalb in die Freiheit des Westens wechselte. Oder war es zu den Fleischtöpfen?

Namen tauchen auf, die Vornamen sind mir entfallen oder umgekehrt. Zerr' nicht alles an die Öffentlichkeit. Vor allem, bleib' diskret. Das werd' ich, keine Angst!

Die Platte krächzt. Die Piaf hat ausgesungen. Wie wär's mit Verdis »Aida«? Lege den Chor der Gefangenen aus Nabucco auf. Draußen dämmert es. Zeit für einen Schoppen Roten. Spült Erinnerungen wieder hoch. War nicht der Faden gerissen bei Budapest? Also, wie war's? Wie hat sich dein Verhältnis zu Juden weiterentwickelt? Grundsätzlich: die ungarischen jüdischen Intellektuellen haben mir viel gegeben. Bei einem Zusammensein mit den ehemaligen Stettl-Juden aus Osteuropa, besonders den Handwerkern unter ihnen stellte sich sehr schnell wohlige, menschliche Wärme ein. Aber nie werd' ich's können mit pseudointellektuellen Juden wie dem obendrein arroganten Michel Friedmann oder Herrn Bubis, dessen undifferenziertes Einschlagen auf alles, was rechts ist, sich einer rationalen Beurteilung entzieht. Im übrigen nützt dies noch nicht einmal seiner eigenen Partei, wie der Niedergang der F.D.P. dokumentiert.

Kämpfen sie nicht in verkehrter Schlachtordnung? Es waren doch Linke in Deutschland, die Menachim Begin einen Faschisten nannten und Israel faschistische Handlungsweisen unterstellten. Aber was soll's? Es wird ja

357

doch wieder mißverstanden werden. Diese Rolle ist eine »Wurzen«, wie man beim Theater sagt, also eine nahezu unspielbar schlechte Rolle. Der Gott der Juden kennt das Wort Verzeihung nicht. Also weiter mit »Auge um Auge, Zahn um Zahn«?

So kann jedoch aus Versöhnung nichts werden. Allzu straff gespannt, zerspringt der Bogen. Aber man darf nicht kapitulieren. Selbstkritik ist angemahnt. Also, was ist? Stehst Du zu Deinen Taten? Ja, ich wollte so leben, wie ich gelebt habe. Und genauso würde ich nochmals leben wollen.

Auch mit den Fehlern? Was heißt Fehlern, nachher weiß man es immer besser. Meine persönliche Freiheit in der Wahl meines Umgangs ließ und lasse ich mir von niemandem nehmen. Warum sollte ich nicht mit dem höchstdekorierten deutschen Soldaten des Zweiten Weltkrieges, Oberst Hans Rudel, Skirennen gefahren sein oder Tennis gespielt haben? Gut, er war, wie es heute heißt, ein »Unverbesserlicher«, sagte nie Hitler sondern bis zu seinem Tod stets »der Führer«. Aber war er nicht ein Flieger, der Tausenden von Menschen das Leben gerettet hat, als er mit tollkühnen Tiefflugangriffen auf russische Panzer schoß und damit den Flüchtlingen die Wege freimachte. Sein Kriegsgegner Pierre Clostermann, der legendäre Fliegerheld des Freien Frankreich und spätere gaullistische Abgeordnete im französischen Parlament nannte Rudel seinen Freund und den überragendsten Kriegsflieger der Geschichte. Fairness – ein versunkener Mythos.

Warum sollte ich mich nicht mit Hitlers Sekretärin Christa Schröder oder mit Henriette von Schirach unterhalten haben, um mehr aus dem inneren Führungskreis des Drittes Reichs zu erfahren? Warum der Aufschrei des »demokratischen Deutschland«, als ich mich mit meinem langjährigen Freund und politischen Gegner Max Streibl getroffen hatte? Verlogener geht es nicht. Franz Josef Strauß konnte einen der größten Massenmörder der Geschichte Mao Tse Tung treffen und fand Beifall. Besuchte er jedoch den chilenischen Staatspräsidenten Pinochet, erntete er Pfiffe. Und wer machte nicht dem rumänischen Blutsäufer Ceaucescu seine Aufwartung, von Egon Klepsch bis Helmut Kohl!

Was wir tun, wir tun es so, wie uns der französische Staatsmann Clémenceau beschrieben hat: »Die Deutschen kennen keine Mittellinie. In guten Zeiten verherrlichen sie ihre Ideale bis zur Selbstaufopferung, nach der Niederlage beschmutzen sie ihr eigenes Nest, nur um uns zu gefallen.« Erinnere ich mich richtig, daß der damalige Hauptmann Ernst Jünger dem großen französischen Patrioten stets freundlich zugeblinzelt hat, wenn er während der Okkupationszeit mit seiner Kompanie am Denkmal des »Tigers« Clémenceau vorbeizog? Natürlich war Clémenceau ein Deutschenhasser. Wir haben es ihm jedoch leicht gemacht.

72 Jahre, und kein bißchen weise? Im Sinne der Umerziehung nicht.

Aus meinem Tagebuch (25.4.95): »Registriere das großartige Abschneiden Le Pens bei den französischen Präsidentschaftswahlen: über 15 Prozent für ihn, dazu Mehrheit in 7 Départements und in zahlreichen Großstädten. Auch Fini legt mit seiner Alleanza Nazionale bei den italienischen Kommunalwahlen erneut zu. Freude und Trauer! Überall in Europa, in Frankreich, Italien, Belgien, Holland machen die Rechten Boden gut. Bei uns verlieren sie. Leider hatten wir keinen Staatspräsidenten wie François Mitterrand, der dem Front Natio-

*nal das staatliche französische Fernsehen öffnete, um
die konservativen Kräfte in Frankreich zu spalten. Daß
er damit die Rolle des Zauberlehrlings spielte, (»Die ich
rief, die Geister, werd' ich nun nicht los«), dürfte ihn
wenig gestört haben. Er wurde 1988 wieder Präsident.
Für uns aber galt ein anderer Satz des Zauberlehrlings:
›In die Ecke Besen! Besen! Seid' s gewesen.‹«*

Was haben wir, was habe ich falsch gemacht? Vorausbe-
merkung: Es sind die Rechten der Siegerstaaten, die Erfolg
haben. Wir waren und sind die Rechten eines Volkes, das
wie kaum ein anderes vernichtend geschlagen wurde. Für
alles, was von Deutschland der Welt Böses angetan worden war, gelten in der Weltmeinung die »rechten« Deutschen als verantwortlich. Aber reicht dieser Hinweis als
Erklärung für unser Desaster aus? Nein! Es reicht auch
nicht die Erwähnung der Tatsache, daß es in den vor-
genannten Ländern keinen Verfassungsschutz wie in
Deutschland gibt, der nichts anderes als eine Bestandsga-
rantie für die etablierten Parteien bedeutet. Wir hätten
darauf nicht soviel Rücksicht nehmen dürfen. Wir waren
auf dem Weg zu einem Beamtenerhaltungsverein. Unsere
Aktionen wurden von den Reaktionen auf die vorangegangenen bestimmt. Wir wurden in unseren Aussagen zahm
und zahmer. Wir nahmen dankbar jedes noch so kleine
etablierte Lob zur Kenntnis und winkten unwirsch ab,
wenn uns gleiches von anderen Rechtsparteien wider-
fuhr.

Habe ich an dieser Entwicklung Mitschuld? Zum Teil ja,
wenn man die Situation aus dem Blickwinkel der etablierten Parteien sieht. Habe ich nicht bei der Parteigründung
und den folgenden programmatischen Auseinandersetzungen erklärt: »Ich war fasziniert von den Erfolgen Le
Pens in Frankreich. Eindeutig rechts muß unser Weg sein«.

360

Ich erinnere mich an den damaligen Gegensatz: Parteimitgründer Franz Handlos sagte: »Unsere Position ist links von der Mitte; wir sind Linksliberale!« Handlos verlor! Wir bekannten uns als Rechte. Dann aber wurde es mulmig. Der Verfassungsschutz ließ erstmals seine Muskeln spielen. Und das Erschrecken in der Partei begann. Die sogenannten Bürgerlichen in unserer Partei schrien Zeter und Mordio: Bloß keine Reizformeln, keine Angriffe auf etablierte Spitzenpolitiker, keine Vergangenheitsbewältigung! Wir schafften den Rechts-Links Spagat nicht. Auch nicht die Co-Existenz zwischen den »Harten« und den »Braven«. Ich machte Konzessionen und drängte die »harten« Rechten aus der Partei. Es waren nicht selten die aktivsten. Wir opferten sie auf dem Altar der Gebete um Gnade beim Verfassungsschutz. Wir wollten vor allem die Beamten schützen. Es hat nichts genützt! Heute weiß ich: Wir hätten auf dem Münchner Marienplatz das Ave Maria singen können, die Verfassungsschützer hätten das Horst-Wessel-Lied herausgehört.

Verhehlen aber möchte ich in diesem Zusammenhang nicht das menschenverachtende Vorgehen der Verfassungsschutzämter. Unsere Beamten wurden einzeln vorgeladen und mit Zitaten von mir und anderen führenden Republikanern konfrontiert: »Na, was sagen Sie dazu? Stehen Sie hinter diesen Aussagen?« Die Verfassungsschützer als ständige Beobachter bei unseren Versammlungen wußten genau, daß auch bei diesen Passagen die meisten unserer Beamten vor Begeisterung aufsprangen und sich die Hände wund klatschten. Aber jetzt ging' s um die Existenz. So wie der französische König Heinrich IV. seinen Übertritt zum katholischen Glauben mit den Worten begründete: »Paris vaut bien une messe« – Paris ist eine Messe wert, um das Königreich Frankreich zu retten, dachten auch viele der Beamten, als sie vor der Frage standen, loyal zur Partei zu stehen oder ihre beamtete Haut zu retten. Ich habe Verständnis dafür, daß sich die meisten für ihr berufliches Überleben entschieden und vom Vorsitzenden abrückten. Kein Verständnis aber habe ich für einen Staatsapparat, der Menschen in diese Gewissensnöte zwingt und ihnen ihre Selbstachtung nimmt. Ich habe bereits erwähnt, daß ich aus dieser Sachlage heraus Jahre zuvor auch den Radikalenerlaß gegen Kommunisten abgelehnt hatte. Mit meinem Demokratieverständis haben solche Vorgehensweisen nichts gemein.

Auch bei den Präsidentschaftswahlen in Frankreich zeigte es sich: Es gewinnen immer die Harten, die Standhaften. Schwerwiegende Probleme verlangen harte Lösungsvorschläge. Daran ist der »Softie« de Villiers mit seiner »Bewegung für Frankreich« gescheitert. Er konnte zwar mit seinen nationalliberal verblasenen Thesen dem FN-Chef Le Pen bei den Europawahlen einige Prozent abnehmen, aber die Franzosen hatten dies rechtzeitig erkannt. Bei der Präsidentschaftswahl ging er mit 4,7% unter und bei den anschließenden Kommunalwahlen im Mai 95 gänzlich. Dies als Mahnung an die Richtung derer, die wie der größte Opportunist der Republikaner, der bayerische Landesvorsitzende Alexander Hausmann, die Republikaner in die Mitte rücken wollen und den Segen von Herrn Bubis dazu erwarten.

Im Front National dagegen gelang die Integration der verschiedendsten Strömungen. Da haben sowohl die Angehörigen der Résistence wie auch die Jünger des nationalistischen Deutschenhassers Maurras gemeinsam gekämpft mit ehemaligen Kollaborateuren und Anhängern Pétains. Sympathisanten des Königtums und Befürworter der Republik halfen zusammen. Da vereinten sich über-

zeugte Christen, Anhänger des Kardinals Lefèbvre, Partei-
gänger Moons mit prononcierten Atheisten. Warum konnte ich in unserer Partei nicht über die Kirchensteuer diskutieren lassen, ohne daß mein Nachfolger Dr. Schlierer
bereits die Fundamente des christlichen Abendlandes ein-
stürzen sah? Es war übrigens Dr. Schlierer, der sich von
Anfang an gegen eine Zusammenarbeit mit Le Pens Front
National und auch gegen die MSI ausgesprochen hatte. Er
orientierte sich mehr an Haiders Freiheitlichen. Er über-
sah dabei, daß die Verhältnisse einer zutiefst in Korruption verstrickten politischen Klasse, die in Österreich Jörg
Haider erfolgreich machten, bei uns nicht gegeben sind.

Unsere Abgrenzungsbemühungen, die 1990 zu den
sogenannten Ruhstorfer Beschlüssen führten und die jede
Zusammenarbeit mit allen anderen Rechtsparteien in
Deutschland untersagten, waren auch indirekt der Anlaß
zum Bruch der Fraktionsgemeinschaft mit dem Front
National und meinem damaligen Ausscheiden aus der
Technischen Fraktion. Einige Zeit war mein Verhältnis zu
Le Pen und dem Front National getrübt, bald aber gewan-
nen unsere freundschaftlichen Bande wieder die Ober-
hand. Ich stimmte im Parlament gemeinsam mit dem FN
ab, traf mich mit Le Pen und seinen Freunden des öfteren
zum Abendessen. Ich war besonders herausgestellter Gast
bei einem Treffen der elsässischen Kandidaten des FN in
einem Dorf bei Straßburg. Da ich wegen einer Wahlveranstaltung in Deutschland an den großen Feierlichkeiten
anläßlich des 20. Jahrestages der Gründung des Front
National am 5.11.1992 in Le Bourget bei Paris verhindert
war, überbrachte meine Frau meine Grüße und die der
Partei. Sie saß als Ehrengast an der Seite des französischen
Parteiführers. In der Parteizeitung des FN wurde dies groß
herausgestellt. Die Abgrenzungsfetischisten in unserer

Parteispitze grummelten hinter vorgehaltener Hand. Offen traute man sich noch nicht, die Vorbehalte mir gegenüber auszusprechen.

Aber die Zeit der Offenlegung ist gekommen. Wenn ich für eine fundamentale Opposition plädiere, so darf dies nicht mit dem Hinweis diskreditiert werden, dies sei außerparlamentarischer Widerstand. Fundamentale Opposition muß ihren Platz auch im Parlament haben. Interessant in diesem Zusammenhang ist, was der CSU-Politiker Peter Gauweiler zu diesem Thema in einem Interview mit der Zeitung »Die Woche« auf die Frage »Sie haben nichts dagegen, wenn ich Sie einen Fundamentalisten nenne?« antwortete: »Überhaupt nicht. Für mich ist das kein Vorwurf. Die Alternative ist Flugsand.«

Im Front National wurden interne Spannungen ausgehalten, weil das intellektuelle Niveau der Partei ungleich höher als bei uns war und ist.

Ich schickte ein Telegramm nach Paris: »Vive La France, Vive Jean Marie Le Pen! On reviendra!« Spontan niedergeschrieben, habe jedoch wieder Zweifel, ob uns das »reviendra«, das Wiederkommen, gelingen wird. Zumindest unter dem Namen Republikaner. Übrigens, nach unserer Niederlage bei den Europawahlen 94 lud mich Le Pen spontan nach Straßburg ein und versicherte mich seiner Freundschaft. Fini verhielt sich anders.

Der Kreis schließt sich. Jener Mann, der mich 1989 zu den Fraktionsverhandlungen nach Vevey in der Schweiz fuhr, um dort Le Pen zu treffen, ist Bürgermeister von Toulon geworden, der mit 180.000 Einwohnern vierzehntgrößten Stadt Frankreichs. Welch ein Triumph für den diskret auftretenden Europaabgeordneten und Schatzmeister der Fraktion der Europäischen Rechten, Le Chevallier, der stets um ein gutes Verhältnis zu den deutschen

Kollegen bemüht war. Toulon ist aber nicht allein eine Großstadt. Toulon ist geschichtsträchtiger Boden. Hier versenkte sich nach dem Einmarsch der Deutschen in den bis dahin unbesetzten Teil Frankreichs die französische Flotte, um nicht in deutsche Hände zu fallen. Hier zeigte bei der Belagerung Toulons 1793 Napoleon erstmals, daß er den Marschallstab im Tornister trug. Vielleicht gilt dies, politisch gesehen, auch für Le Chevallier. In der Ära nach Le Pen dürfte er eine herausragende Rolle spielen.

Die Reaktion der linken demokratischen Gralshüter auf den Triumph des Front National war typisch. Sie handelten nach dem Spruch Bismarcks: »Vox populi – vox Rindvieh!« Mehrheiten gelten nur dann als demokratisch, wenn es linke sind. Der einst jüngste französische Premier Laurent Fabius, als jüdisch-sozialistisches Wunderkind gefeiert, forderte einen Boykott gegen drei Städte, die einen Bürgermeister des Front National haben. Fabius ist überall, potenziert vor allem in der Bundesrepublik Deutschland!

Achtundzwanzigstes Kapitel
Und was bleibt?

Meran, den 12.Mai 1995: Die letzte Zeile des Rohmanu-
skriptes ist geschrieben. Ich denke daran, daß ich im
Bayerischen Fernsehen vor rund 15 Jahren eine Senderei-
he eingeführt habe mit dem Titel: »Und was bleibt?«. Zu
Wort kamen namhafte Persönlichkeiten aus verschiedenen Gebieten, deren Karriere zu Ende ging oder gegangen
war. Ich stelle mich selbst auf den Prüfstand: Und was
bleibt? – »Von der Parteien Haß und Gunst verzerrt,
schwankt sein Bildnis in der Geschichte«? Bleibt das, was
der stets um Objektivität bemühte Korrespondent der
FAZ, Roswin Finkenzeller, nach meinem Abgang aus der
Parteipolitik schrieb:

»Schönhuber schmeichelt sich, in einem Alter, in dem
bravere Leute sich pensionieren lassen, ganz Mitteleuro-
pa in Aufregung versetzt zu haben. Der Schauspieler, der
er einmal hatte werden wollen, ist er im Grunde stets
geblieben. Ein Nachruf wird der Wahrheit die Ehre geben und zugestehen müssen, daß der erste politische
Standpunkt, mit dem die damalige Ein-Mann-Partei der
Republikaner unangenehm auffiel, der war, daß die beiden deutschen Staaten in jedem Fall und unbedingt wie-
derzuvereinen seien. In den achtziger Jahren galt eine
solche Behauptung als extremistisch, als Beleidigung der
DDR und somit als Gefährdung des Weltfriedens...« (FAZ,
4.10.94)

Bleibt die wohlwollende Beurteilung durch Professor
Hellmut Diwald oder Armin Mohler? Oder bleibt das von
den Medien gezeichnete Bild des Störenfrieds der bürger-

lichen Ruhe, der von den Linken gehaßte »Ewig-Gestrige«?
Man kann es kaum ändern, es sei denn durch Bußübun-
gen. Jeder Mensch hat sein Schicksal, er kann es nur mar-
ginal korrigieren. Ich glaube an Symbole. Mein Schicksal
nahm eine entscheidende Weichenstellung, als ich beim
Eintritt in die Waffen-SS die Blutgruppentätowierung am
linken Oberarm erhielt. Damit war ich abgestempelt. Ich
konnte die Tätowierung zwar nach dem Krieg beseitigen
lassen, aber nicht nur eine sichtbare Narbe blieb. Letztlich
blieb ich von da an mein ganzes Leben stigmatisiert. Nicht
gänzlich ohne meine eigene Schuld.

Mußte ich etwas so emotional verteidigen, was ich eigentlich in mancherlei Hinsicht gar nicht so verteidigens-
wert fand? War es Trotz? »Wenn alle untreu werden, so
bleiben wir doch treu«. Ja, es waren auch Trotz und Verachtung angesichts der Beobachtung, daß aus 90 Prozent
NS-Anhängern unter Hitler 95 Prozent Widerstandskämpfer nach Hitler geworden waren. Aber meine Impulsivität
und Emotionalität lagen dauernd im Streit mit meinem
Verstand, der es mir durchaus ermöglichte, die Dinge kühl
und sachlich zu analysieren und nach emotionaler Abküh-
lung dementsprechend zu handeln.

Und dieses Handeln blieb nicht ohne Einfluß auf das
politische Geschehen in der Bundesrepublik. In einem
gewissen Sinne stimmen die Aussagen linker Ideologen,
wir Republikaner hätten unter meiner Führung die Republik nach rechts gerückt und sie verändert. Richtig ist, daß
unsere Warnungen vor einer immer größer werdenden
Überfremdung Deutschlands 1992 zum Asylkompromiß
geführt haben. Den Patriotismus holten wir aus der Mot-
tenkiste der Umerziehung. Als wir in Bayern in den Umfragen bei über 20 Prozent lagen, schrillten auch in Bonn die
Alarmglocken. Und Pardon wurde uns nun nicht mehr

gegeben. Der Verfassungsschutz wurde von der Leine gelassen.

Die Jahre 1994/95 werden in die deutsche Nachkriegsgeschichte als entscheidende Jahre eingehen. Sie markieren einen Wendepunkt. Aufgrund der Wahlergebnisse, insbesondere in Nordrhein-Westfalen und Bremen kam es zu einer verhängnisvollen Weichenstellung. Die Signale sprangen auf rot/grün. Das bürgerliche Lager steht heute mit dem Rücken zur Wand. An dieser fatalen Situation sind die Spitzenpolitiker der sogenannten bürgerlichen Parteien aus CDU/CSU selbst schuld. Durch die Schwäche der F.D.P. ist ihnen der Stützpfeiler weggebrochen. Hätte man uns Republikaner nicht mit allen, darunter auch undemokratischen Mitteln zerstört, könnten wir uns heute anstelle der F.D.P. zu einem Stützpfeiler entwickeln.

Sprichwörter fallen einem ein: Wer anderen eine Grube gräbt... Und so weiter und so fort. Aber nicht Schadenfreude ist angesagt, sondern tiefe Sorge angebracht. Und die Frage, wie konnte es dazu kommen, wer trägt die Verantwortung? Diese hat Namen. Unter der geistigen Anleitung von Politikerinnen und Politikern wie Geißler, Süßmuth, Blüm, Pflüger, Hintze und der Bundespräsidenten von Weizsäcker und Herzog hat man es für wichtiger gehalten, nach dem Beifall der amerikanischen Ostküste und Israels zu schielen, statt das Auge auf das Zustandekommen einer nationalbürgerlichen Abwehrfront gegen die vordringenden linken Bataillone zu werfen. Sie handeln wie einst Alexander Kerenskij als letzter Chef einer bürgerlich-liberalen und sozialdemokratischen Regierung, die zwar das Zarentum abschaffen konnte, dann aber beim Sturm der Bolschewisten auf das Petersburger Winterpalais kapitulierte. Kerenskij stahl sich durch eine Hintertür aus der

Verantwortung und rettete seinen Kopf. Seine Anhänger wurden erschlagen.

Die Herrschaft von Hammer und Sichel dauerte ein Menschenalter. Das Bürgertum hat sich bis heute von der damaligen Niederlage seiner politischen Vertreter nicht erholt. Für die deutschen Kerenskijs darf es keine Hintertür geben. Sie haben sich der Verantwortung zu stellen und die Bürde zu tragen. Eine Bürde, die für das deutsche Volk von Jahr zu Jahr schwerer wird. Diese, wie einige bürgerliche Schönredner den Menschen suggerieren wollen, durch Gewinn der absoluten Mehrheit für die Unionsparteien abschütteln zu können, ist ein Witz, ein makabrer obendrein. Schon jetzt haben sich die gesellschaftspolitischen Verhältnisse in Deutschland so geändert, daß für eine Unionsmehrheit keine Chance mehr besteht. Auch daran ist die Feigheit der bürgerlichen Politiker schuld. Selbst der Kommunismus regt sich wieder unter der Tarnkappe PDS. Der Freispruch für den Tschekisten Markus Wolf und seine Komplizen paßt genau in das sich wandelnde Bild auch bei der Justiz.

Wir sind eine permissive und gleichgültige Gesellschaft geworden. In Holland hat die Polizei eingestanden, daß sie den Kampf gegen den Rauschgifthandel verloren hat. Holland ist überall, auch in Deutschland. Und die gleichen Leute, die mit nassen Augen das beklagenswerte Schicksal der von ihrer Familie in Stich gelassenen Fernseh-Oma vor dem Bildschirm verfolgen, finden nichts dabei, die eigene Großmutter gnadenlos in ein Altersheim abzuschieben. Der Generationenpakt ist zerbrochen. Und die sogenannte Frauenbefreiung geht Hand in Hand mit einer immer schamloser werdenden Vermarktung der Frau als Konsumbeute.

Die Zukunft wird immer düsterer. Experten wie Professor Dr. Ing. Klaus Goebel aus München haben errechnet, daß bis zum Jahre 2015 bei unverändertem Geburtsverhalten der deutschen Bevölkerung diese auf etwas 50 Millionen geschrumpft sein wird. Die restlichen 35 Millionen der dann 85 Millionen Bewohner werden Ausländer sein. In den größeren Städten wird es durchweg eine ausländische Bevölkerungsmehrheit geben. Der allergrößte Teil der Ausländer wird dabei nicht aus Angehörigen der Europäischen Union bestehen. Zum Vergleich: Nach der vom Bundestag eingesetzten Enquete-Kommission »Demographischer Wandel« gab es in Deutschland 1990 noch 75 Millionen Deutsche und etwa 6,5 Millionen Ausländer. Diese Entwicklung kommmt, wie Prof. Dr. Goebel in einem Leserbrief an die FAZ schrieb, einem »Bürgerkriegsszenario« gleich.

Die Renten werden nicht mehr sicher sein, Deutsche verlieren Arbeitsplätze, aber auch ein Großteil der Zuwanderer wird arbeitslos bleiben. Die sozialen Spannungen nehmen zu, der Zusammenbruch des Sozialsystems ist zu erwarten. Die innere Sicherheit kann nicht mehr gewährleistet werden. Deutschland wird noch weit mehr als bisher zum Ersatzkriegsschauplatz für rivalisierende, gewalttätige ausländische Gruppierungen. Sarajewo läßt grüßen!

Von dieser Gesamtentwicklung ist auch die deutsche Sprache bedroht. Sie wird nicht mehr die Sprache Luthers oder Goethes sein, ihre Amerikanisierung wird eines Tages dazu führen, daß Schüler beim Studium klassischer deutscher Texte ein Wörterbuch brauchen werden. Auch Glaubenskriege werden aufflackern. Die Islamisierung wird beschleunigt weitergehen. Der Tag ist nicht mehr fern, an dem sich Deutsche nicht nur in Städten an den fünfmaligen Ruf des Muezzin zu gewöhnen haben. Schuld sind aber nicht nur Politiker, sondern auch die Vertreter der Wirtschaft. Hätten sie nach dem Schweizer Rotationsmodell den Gastarbeitern lediglich Zeitverträge gegeben, was ich bei jeder Veranstaltung forderte, wäre aus einem regulierbaren Rinnsal kein reißender Strom geworden. Das haben die Golfstaaten vermieden. Sie geben den Gastarbeitern aus westlichen Ländern zum Aufbau ihrer Wirtschaft lediglich Zweijahresverträge mit der Auflage, keine Familienmitglieder nachkommen zu lassen. Sie haben aus ihrer Geschichte gelernt.

Hätten unsere Wirtschaftler einen Blick in die Geschichte der arabischen Staaten geworfen, wäre ihnen nicht entgangen, daß die faul und träge gewordenen Bagdader Kalifen, die um ihre Sicherheit besorgt waren, türkische Soldaten als Schutztruppen ins Land riefen. Es dauerte nicht lange, bis aus den Knechten die Herren wurden. Und auch die Geschichte der Türkei selbst liefert Beispiele, wie es einem Volk ergeht, das fremde Hilfe in Anspruch nimmt. Die gefangenen Christenkinder, die umerzogen wurden, um später als fanatische Janitscharen eine Art Waffen-SS der Sultane zu werden, waren an fast allen Putschversuchen gegen die jeweiligen türkischen Herrscher beteiligt.

Wie lange noch schläft der deutsche Michel den Schlaf des (scheinbar) Gerechten? Ältere, geschichtsbewußte Menschen plagen Ahnungen und Zukunftsängste. Sie beschwichtigen sie mit dem Hinweis: 2015 – da lebe ich nicht mehr! Also, carpe diem – genieße den Tag!

Und viele junge Menschen sind beim unentwegten Tanz um das »Goldene Kalb« so atemlos geworden, daß ihnen sowohl der Wille wie auch die physische und psychische Kondition zum Widerstand fehlen.

Also doch, Deutschland verrecke? Ersticke im Wohlstandsmüll?

Was tun? Rückgriff in die Geschichte? Erinnerung an den Appell, den der Dichter unserer Nationalhymne, Hoffmann von Fallersleben, vor eineinhalb Jahrhunderten an das deutsche Volk, oder was man damals darunter verstand, gerichtet hat:

>>Nicht Mord, noch Brand, noch Kerker
noch Standrecht obendrein;
es muß noch kommen stärker,
wenn's soll von Wirkung sein.

Zu Bettlern sollt ihr werden,
verhungern allesamt,
zu Mühen und Beschwerden
verflucht sein und verdammt.

Euch soll das bißchen Leben
so gründlich sein verhaßt,
daß ihr es weg wollt geben
wie eine schwere Last.

Dann, dann vielleicht erwacht doch
in euch ein neuer Geist,
ein Geist, der über Nacht noch
euch hin zur Freiheit reißt!<<

Selbst wenn diese von edlem Pathos und ekstatischer Vaterlandsliebe durchzogenen Verszeilen in der damaligen Lage hilfreich waren und der Freiheitsbewegung gegen das System Metternich Impulse verliehen, darf man sie dann heute zum Leitmotiv patriotischer Kräfte machen? Darf man, um das Protestpotential in parteipolitische Kanäle zu lenken, das Prinzip Hoffnung mit Warten auf verbrannte Erde verbinden? Haben die patriotischen Heilskräfte nur dann eine Chance? Erinnert nicht eine solche Erwartung beispielsweise an die Strategie der Jungsozialisten in den sechziger und Anfang der siebziger Jahre? Sie vertraten auch auf kommunalpolitischem Gebiet die Ansicht, daß die Mithilfe zur Verbesserung in Details zur Stabilisierung der reaktionären Kräfte im ganzen führte. Nein, das ist kein Weg, vor allem führte er am Menschen vorbei. Ich glaube an die selbstheilenden Kräfte in diesem Land, die Patriotismus mit Augenmaß verbinden und Rückschläge gelassen wegstecken. Nur so kann man dem deutschen Michel den Schlaf aus den Augen reiben. Schockt man ihn zu sehr, fällt er in neue Ohnmacht.

*

Voraussetzung für den Erfolg dieser insbesondere im vorpolitischen Raum angesiedelten Bestrebungen ist, daß die »Alten« ihre historischen Erfahrungen ehrlich und ungeschminkt weitergeben können und die »Jungen« sie in zeitgemäßer Sprache aufarbeiten.

Für Volk und Partei gilt gleichermaßen der Satz des hispanischen Philosophen Santayana: »Ein Volk, das sich seiner Geschichte nicht erinnert, ist dazu verurteilt, sie erneut durchleben zu müssen.«

Finis Germaniae?

Nein, solange es Menschen gibt, die von dem Gedanken beherrscht sind: Solange ich atme, lebe ich, und solange ich lebe, kämpfe ich!

Dank

In erster Linie möchte ich mich bei meiner Frau für Ihre Geduld und kritische Begleitung meiner Arbeit bedanken. Sie gab mir richtungsweisende Denkanstöße und wichtige Hinweise auf Begebenheiten, die meinem Gedächtnis entfallen waren.

Mein weiterer Dank gilt meiner Assistentin während meiner Zeit als Europaabgeordneter, Frau Dr. Saniewski. Sie war mir nicht nur bei der Sammlung und Sichtung des umfangreichen Materials behilflich; Sie zeigte sich auch als verantwortungsbewußte Stütze bei der Beurteilung von Begegnungen und Aufhellungen ihrer Hintergründe.

Meinem Lektor Andreas Molau schulde ich Dank für seine gewissenhafte Betreuung des Textes, für wertvolle Anregungen und Ergänzungen. Die Zusammenarbeit war nicht zuletzt deshalb so angenehm, weil sie vom Gleichklang der politischen Ansichten begleitet war.

Herr Rechtsanwalt Konrad Hüttner, ein juristischer Helfer in vielen Bereichen, hat das Manuskript mit dem kritischen Blick eines Juristen durchgesehen. Für entsprechende Hinweise und Ratschläge danke ich ihm aufrichtig.

In meinen Dank möchte ich auch all jene Freunde, Anhänger und Mitstreiter einschließen, die für unsere Ideale und Visionen mich auf dem politischen Weg während des vergangenen Jahrzehnts begleiteten. Sie haben mit dazu beigetragen, daß Deutschland in vieler Hinsicht verändert wurde.

Namenverzeichnis

379

383